전남대 어연총서 12

# 세계의 문자체계

## Writing Systems

Geoffrey Sampson 著

신 상 순 譯

한국문화사

# 세계의 문자체계

## Writing Systems

Geoffrey Sampson

한국문화사

# Writing Systems

Geoffrey Sampson

Hutchinson

London   Melbourne   Sydney   Auckland   Johannesburg

*Sophie's Book*

위의 헌제(獻題)는 *gadub ᵍᵉᵐᵉ nam-igi-gal* 즉 문자 그대로 'Miss Wisdom의 명판(銘板) 수집(收集)'이라고 해석되는 것으로서 5000년 된 고체(古体) 수메르어 글자체로 쓰인 것이며 문자의 가장 오래된 형식으로 알려졌고 또한 몇몇 학자들의 견해로는 이 지구상에서 쓰인 다른 모든 문자 체계의 조상(祖上)이다.

Sylvia's book

# 차    례

# 머 리 말

이 책을 쓰면서 나는 내가 전문이 아닌 분야에 관한 타인의 지식에 많이 의지했다. 많은 학자들이 나에게 격려와 조언을 주었는데 그들에게 많은 시간을 소모케 하는 경우가 많았을 것이다. 나는 다음 분들에게 뜨거운 감사를 표하고자 한다: Lancaster대학 심리학과 Andrew Ellis; Lancaster대학 언어학 및 현대 영어학과 함수내; Keele대학 심리학과 James Hartley; Pennsylvania대학 언어학 연구소 William Labov; Birmingham대학 고대사 및 고고학과 W. G. Lambert; 서울대학교 국어국문학과 이기문; Chicago대학 언어학과 J. D. McCawley; Oxford Somerville대학 Anna Morpurgo Davies; British Columbia대학 아시아학과 E. G. Pulleyblank; Leeds대학 신학 및 종교학과 Michael Pye; Lancaster대학 고전 및 고고학과 John Randall; 나의 처 Vera van Rijn; Newcastle upon Tyne대학 종교학과 J. F. A. Sawyer; Manchester대학 영어 영문학과 D. G. Scragg; London대학 동양·아프리카학부 극동과 W. E. Skillend; Reading대학 인쇄 및 도해전달학과 Michael Twyman; Aberdeen대학 심리학과 Valerie Yule.

그들의 다양한 전문지식을 비전문인에게 설명하는데 나는 그것을 곱새 기지 않도록 노력했다. 그러나 여러군데서 이 노력이 실패했으리라 믿는다. 그렇다면 그 잘못은 나의 것이오, 그들의 것이 아니다.

저작권 자료의 전재를 허락해 주신 Ford자동차 회사와 국립 서울대학교 어학연구소에 사의를 표한다.


요오크주 Ingleton,
1983년 7월

# 역자의 말

원 저자 Geoffrey Sampson은 영국 Sussex 대학에서 컴퓨터와 인공지능을 전공한 석학이다. 그의 근저 *Writing Systems*는 인류의 위대한 발명인 문자의 기원을 인류 역사를 거슬러 올라가 탐색하고 오늘에 이르기까지의 발전 과정을 탐색했으며, 유럽의 주요 언어의 문자 체계를 비롯하여 전 세계의 주요 문화권의 문자 체계, 특히 한국, 중국, 일본의 문자 체계를 각각 한 장을 할애하여서 역자의 관심을 끌었다. 저자의 관심의 대상이 범 세계적이기에 역서의 제호를 *세계의 문자체계*로 한 것이다.

역자에게 번역을 맡겨준 전남대학교 언어교육원에 감사하며 번역과정에서 한글과 중국어에 관해 귀중한 학문적 자문을 아끼지 아니한 전남대학교 국어국문학과의 이돈주 교수에게 감사하고 원고 정리에 수고한 언어교육원의 이혜은 양과 오은영 양에게 사의를 표한다.

원전의 정확한 이해와 번역에 최선을 다했다고는 하나 오역을 범한 곳이 없지 않을까 두려움이 앞선다. 그러한 과오는 오직 역자의 천학비재함의 탓이요 원 저자의 것이 아님은 물론이다.

1999년 5월
역　자

# 제 1 장  서 론

이 책은 문자언어는 언어의 한 형태라는 믿음에서 쓰인 것이다. 그러므로 이 책은 마땅히 수 십년간 음성형태의 언어에 관한 우리의 이해를 증가시켜 준 현대적, 과학적 언어연구 방법으로 다루어져야 한다.

문자(writing)가 말(speech)과 똑 같이 언어로서 취급될 자격이 있다고 말하면 독자에게는 뻔한 이야기로 들릴지 모른다. 그러나 사실은, 이제 사정은 바뀌기 시작하고 있지만, 20세기의 대부분 동안 거의 전적으로 문자를 무시해 왔다. 문자를 '언어학의 방황하는 추방자'로 묘사한 프랑스 평론가 †Jacques Derrida (1967, p. 44)와 동의하기 위하여 그의 모든 이론을 수용할 필요는 없다. 그는 Ferdinand de Saussure에 의해 창시된 언어학의 유럽적 전통을 주로 묘사하고 있다. 그러나 북아메리카에서의 사정도 다를 바가 없었다. F. W. Householder (1969, p. 886)는 미국 언어학자 Leonard Bloomfield의 추종자들에 의해 공리(公理)로 받아들이는 8개 명제를 열거하고 있는데 그 첫째가 '언어는 근본적으로 말이며, 문자는 이론적 관심이 없다'는 것이고, Harvey Minkoff (1975, p. 194)에 의하면, '문자조직이라는 것은 현대 미국 언어학자들에 의해 사실상 묵살되고 있다'. 최근까지 문자를 진지하게 생각하는 유일한 언어학자 집단은 프라그 학파(예컨대 Vachek 1973)였다. 그러나 그들의 생각은 유럽 대륙 밖에서는 거의 논의되지 않았다.

과학적인 언어학 내부에서는 모든 언어는 연구의 적합성에 관해서는 동등한 관계에 있다는 것이 20세기 초부터 기본 원칙이었다. 이는 분명 언어학에 관한 책은 있는 수천의 언어 하나 하나를 언급해야 한다는 뜻이 아니다. 그것은 오히려, 우리 자국어에 의하여 (또는 어느 특정어에 의하여) 보여지는 구조적 원칙들에 특별한 자격을 부여하고 싶어하는 과오를 피해야 한다는 뜻이며 또한 그 언어를 다른 언어들에 대한 척도로 만들어서 낯선

---

† 인용된 인명, 참고사항은 p. 301에서 시작되는 참고문헌란에 게재되어 있음.

언어들이 정상 언어의 괴상한 변형처럼 느껴지게 되는 과오를 피해야 한다는 뜻이다. 우리의 모국어는 우리의 일부분이어서 언어의 차이에 대한 이 민족중심주의적 태도는 지극히 자연스런 것이다. 그러나 과학적인 언어학은 우리로 하여금 그것을 초월할 수 있게 할 것이다.

더욱이 과학적 언어학의 또 하나의 원칙은 언어는 기호들의 구조로서 그 기호들은 상호연결에 의하여 규정지어진다는 것이다. 한 언어의 어느 특정 요소에 그 언어 내에서의 역할을 부여하는 것은 그 요소의 표면상의 물리적 특성이 아니고 오히려, 그 요소가 그 언어의 다른 요소들과 함께 맺는 관계이다. 예를 들어 프랑스어의 *il*이 현재와 같이 발음된다는 사실은 비교적 사소한 사항이다. 즉 그 남성 대명사가 어쩌다 달리 발음된다 하더라도 프랑스어는 어느 점으로 보나 같은 언어일 것이다. 프랑스어에서는 *il* 요소가 영어의 *he, she, it*와 비슷한 세 갈래의 선택에 소속되지 않고, 오직 *elle* 요소와만 대립한다는 사실, 또는 *il*은 영어에는 대등어가 없는 *lui* 어형과 특수 관계가 있다는 사실, 즉 요소간의 관계에 관한 이와 같은 사실들은 프랑스어의 본질의 중요 부분이다.

문자는 지적 가설들에서 이들 변혁에 의해 영향받을 언어의 다른 국면들 보다 훨씬 긴 시간이 걸린 언어의 한 국면이다. 위에서 인용한 Harvey Minkoff의 글은 계속된다, '대개의 문자 연구는 언어학 이론과 방법론을 묵살한다'. 문자에 관한 책들은 아직도 글씨의 요소들 간의 형태상의 관계의 분석에 보다는 글자체의 물리적 겉모양에 더 치중하는 경향이 있다. 이 책들은 우리들 자신의 문자체계와 그와 관련된 체계들을 그들의 견해의 초점에 확고히 두고 있다는 데서 민족중심주의적이며 비교적 '생소한' 문자체계에 대해서는 기껏해야 조잡하거나, 어떤 경우에는 사실상의 틀림이 가득한 취급을 하고 있다.

그렇다면, 우리가 고려해야 할 첫째 질문은 왜 문자언어는 언어학자들에 의해 대부분 묵살되어 왔느냐는 것이다. 전적인 음성언어에 대한 오랜 선입관을 이해할만한 것으로 만드는 수 개의 요인들이 있다. 물론 편견을 이해한다는 것은 그것을 용인한다는 것은 아니다.

왜 20세기 언어학자들이 문자언어를 배제하면서 까지 음성언어를 강조했는가의 하나의 이유는, 마찬가지로 반대 방향으로 편파적이었던 옛 언어 연구의 전통에 대한 단순한 반동으로서이다. 20세기 전에는―그리고 19세기 전에는 훨씬 더 했는데―언어 문제와 관계있는 학자들은 평가하는 정신으로 그 문제에 접근하는 경향이 있었고, 그들은 '좋은', 인정된 용법을 밝혀내고, 대중들의 언어적 잘못으로 여기는 것은 제거하려고 했다. 언어에 관해서 이렇게 생각하는 사람은 누구나 문자언어에 주로 집중하기 쉽다. 왜냐하면 우리가 세련된 완제품을 만들기 위해 우리의 표현을 숙고하고 편집하면서, 말하자면 언어의 최상품을 내보이는 것은 문자에 있기 때문이다. 더욱이 20세기 초에 일어난 공시적 언어 분석으로 초점이 이동하기 전에 학자들은 그들의 역사적 어원론을 주로 예상하여 당대의 언어형태를 연구했다. 이는 또한 말과 대립하는 문자 쪽으로 주의를 끌게 된다. 아주 많은 언어들에 있어 문자형태는 음성형태와 비교해서 비교적 보수적이기 때문이다. 실로, 19세기 말까지 언어학자들은 언어의 음에 관한 정확한 서술을 할 어휘를 전연 갖고 있지 않았다. 음성학은 아직 없었고, 문헌학자들은 문제의 언어가 아직 문자형태가 없었던 초기에 관해서 조차 '글자'의 변천이라는 견지에서 낱말의 역사적 발전을 억지로 논의했다.

금세기에 성장한 공시언어학이라는 신 학문은 언어를 '규범적이 아니고 기술적으로' 연구하는 주제로서의 타당성을 확립하기 위하여 길고 긴, 때로는 힘든 싸움을 했어야만 했다. 이 주제는 국민이 어떻게 언어를 사용하는가에 중점을 둔 것으로서, 국민이 어떻게 언어를 사용해야 하느냐를 규제하는 순수론자들의 규칙이 국민의 용법과 일치하느냐는 것과는 무관한 것이었다. 많은 언어학자들에게는, 특히 금세기 중반에서, 또한 특히 북아메리카에서, 만약 일단의 영어화자들이 예컨대 *ain't*라고 보통 발음했을 때는 언어학자는 그들 언어의 기술에 그 어형을 포함시켜야 하며, 그렇게 하면 사회적으로 비난받을 용법을 정당화 하는 것이라는 문외한들의 무서운 반대는 무시해야 한다고 끊임없이 주장하는 것은 전도자적 열성과 같은 것이 되었다. 아주 당연스럽게도, 배척된 언어 형태들을 조사하는 것은 자기네의 할 일이라고 주장했던 학자들은 문자보다는 말에 치중하기 마련이었다. 즉 말할 때 무의식적으로 *ain't*로 발음하는 화자도 그가 글을 쓸 때는 순수론자들의 교훈에 항상 따르려고 할 것이기 때문이다. Ruth Weir (1967, p. 170)를 인용하자면, '언어를 그 문자로 표시된 것을 통해서 만이 보는 것을 면하는 것은 아주 어려운 일이었다.... 음성언어가 제일임을 받아들인 승리는 아주 어렵게 얻어진 것이어서 문자에 대한 어떤 양보도 후퇴의 느낌이 들었다.'

하나의 극단에서 그 정반대로의 이와 같은 반응은 충분히 이해할 만하나, 그것은 언어학이 취할 올바른 자세로서 영구히 받아들일 수는 없다. 만약 우리가 언어를 기술적으로(descriptively) 접근하기로 한다면, 문자를 포함해서 언어의 모든 면을 기술해야 한다. 어쨌든, 음성언어를, 혹은 최소한 예사롭고 빠른 말을, 인위적이고 규범적인 규칙에 의해 더럽혀지지 않은 '자연' 언어로 생각하는 것은 언제나 언어학자들이 약간 낭만적이었던 것이다. 모든 종류의 언어는 사회적 압력에 의해 여러 가지로 영향을 받으며, 사회적 위신을 위해 자기 언어를 수정하는 것은 결국 일종의 언어행위이며, 그것으로서 언어연구의 정당한 주제라는 것은 오늘날 잘 이해되고 있다.

그러나 음성언어는 역시 더 깊은 의미에서 문자언어와 대비해서 '자연적'이라고 감지되어 왔다. 언어학 연구가 많은 사람들에게 매력적인 주된 이유는, 언어는 인간을 동물과 구별하는 뛰어난 특징으로 보이기 때문이다. 언어는 인간특성들 중 가장 특이하게 인간적인 것으로 보인다. 이러한 생물학적 견지에서, 말은 중심적이고 문자는 주변적이라는 것은 분명하다. 음성언어는 계통발생적으로나 개체발생적으로나 첫째다: 즉, 문자언어가 있기 훨씬 전에 음성언어가 있었고 (약간의 인간공동체들은 아직도 문자체계가 없는 반면 모든 인간공동체는 음성언어를 갖고 있다). 그리고 문자를 해득하는 사회에서 자란 개개의 아이는 읽고 쓰기를 배우기 전에 음성언어를 말하고 이해하는 것을 배운다. (그리고 어떤 아이들은 결코 문자해득을 못하면서도, 귀먹음이나 벙어리라는 생리적 장애가 있는 아동들을 제외하고는 말이란 언제나 잘 숙달하게 된다.

인간의 입과 목구멍의, 그리고 아마 청각기관의, 해부학적 구조는 인간에 가장 가까운 진화론상의 동족종(同族種)에 대해서보다는 말소리(speech-ounds)의 발음과 감지를 생물학적으로 인간에게 더 효과적으로 만들기 위해 진화해 왔으리라는 약간의 증거도 있다. (이와 대조해서 우리의 손과 눈은 글쓰기와 읽기의 일에 적응시키기 위해 특수한 생물학적 발달을 받아왔다는 제안을 한 사람은 아무도 없다. 그리고 이와 같은 생각은 문자언어에 관련된 짧은 시간척도로 보아 극히 믿기 어려울 게다.) 1960년대와 1970년대 중, 아주 많은 언어학자들이 언어에 대한 생물학적 적응은 단순히 비교적 광범위한 음성을 말하고 들을 수 있는 일 이상의 것이라는 견해에 의하여 영향을 받았다. 이론가들은 논쟁하기를 언어를 구성하는 복잡하고, 추상적인 통사론적, 의미론적, 음운론적 규칙들을 배우고 사용하는 우리의 능력은 뇌내의 생물학적으로 유전된 구조에 결정적으로 의지하며, 그 구조가 언어 규칙의 대부분의 면을 미리 조정하고, 어른들의 언어에서 경험으로 배울 수 있는 오직 소량만을 아이에게 남겨준다고 했다.

이러한 생각을 문자매체에 까지 확대하는 것은 문제가 되지 않았을 것이다. 문자는 대체로 생물학적 현상이라기 보다는 전적으로 문화적 현상으로서 언어의 다른 면들로부터 격리되었고, 따라서 문자가 인간지능의 생물학적 구조로 통하는 창구를 제공했다는 사고에 의해 언어학에 매혹된 학자들에게는 부적절하게 느껴졌다. (약간의 학자들은 문자해득이 언어 자료를 오염했고, 그래서 표준 불어와 같은 언어들도 문맹인 성인 화자들의 극히 격식 벗어난 소수를 전적으로 통해서 연구됨이 마땅하다는 제안을 하기까지 했다. Love 1980, pp. 205-7 참조.)

만약 언어에 대한 이 '생득론적' 견해가 정확하다면 그 견해는 문자연구와 언어의 다른 부문의 연구와의 사이의 불연속성을 족히 암시할지도 모른다. 즉 후자의 영역에서 전자의 영역으로 분석적 원칙과 수법들의 큰 '이월'(carry-over)을 기대하지 못할지도 모른다. 그렇다 하더라도 이것은 문자연구를 전적으로 회피하는 이유가 되지 못할 것이다. 생물학적으로 유전된 신경구조의 연구가 가까운 과거에 어쩌다 특이하게 유행한 동기였기는 하지만, 그 연구는 언어에 대해 관심을 갖는 유일한 이유이다. 문화적 현상도 흥미가 있다. 그리고 만약 언어학자들이 문자라는 문화현상을 연구하지 않는다면 다른 누가 그 일을 할 능력이 있을지 분명치 않다. 어쨌든 생득론적 언어관은 한때 그랬던 것 보다 이제는 상당히 덜 그럴듯하게 보인다.

저자는 다른 곳(Sampson 1980b)에서, 증거가 있는 한 그것은 음성언어의 복잡한 구조는 다른 어떤 것과 마찬가지로 '문화' 산품이지 생물학적으로 예정된 것은 아니라는 것을 암시한다고 논하였다. (음성언어의 출현은 대부분의, 또는 모든 다른 문화 현상의 출현 보다 분명 앞섰고 또한 그 선결 조건이었을지 모르지만).

이 총체적 견지는 수년 전보다는 논쟁의 여지가 덜한 것 같다. 만약 그것이 수용된다면 언어학자들이 문자를 등한히 한 것은 아주 불합리하게 느껴지게 된다. 왜 특이한 문화현상을 그것이 비교적 새롭다는 이유만으로 (즉 수 천년밖에 안된다는) 등한히 해야 하는가? 현대 서구 사회에서도 문자 매체는 사회 성원의 소수 집단에게는 접근이 어렵다는 의미에서 보조적 역할을 하고 있고, 문자를 해득하는 다수집단은 틀림없이 문자 매체보다는 음성 매체를 통하여 훨씬 많은 낱말을 교환하고 있다. 반면에 문자가 사용되는 전갈은 흔히 더 중요한 것일 수 있다. 사람들은 개인의 지적 활동과 복잡한 사회생활에서 문자해득의 결정적 역할을 번번이 크게 주장해 왔다. J. H. Breasted는 문자의 발명은 '다른 어떤 지적 업적보다도 인류의 향상에 더 큰 영향을 미쳤다. . . . 그것은 싸운 모든 전투와 고안된 모든 헌법보다 더 중요했다'고 믿었다 (1926, pp. 53-4). 이 영향에 관한 상세한 분석에는 다음을 참고하라. Goody and Watt (1963); Havelock (1978); Stratton (1980).

명백히 문자해득의 지적 사회적 중요성이 많은 점에서 과장되어 왔을지 모른다. Elizabeth Einstein (1979)은 문자의 발명과 보통 관련된 많은 현상들은 사실은 훨씬 최근의 인쇄술의 발명과 더불어 나타났을 뿐이라고 논했다. Sylvia Scribner와 Michael Cole (1981)은 흔히 문자해득의 탓으로 돌려지는 지적 습관은 오히려 학교교육의 훈육에 의해 일으켜지는 것이 아닌가 하고 생각했다. 그들은 글자체의 사용 (Liberia와 Sierra-Leone의 국경의 Vai의 글자체)을 조사함으로써 이것을 시험했는데 그 글자체는 전적으로 비공식적이고 비학교적인 환경에서 배워진 것이다. 그래서 그들은 문자해득이라는 것의 지적 함의(含意)는 상당히 제한될 수 있다고 결론지었다. 의론(議論)의 여지가 있는 것은, 국가가 문맹을 없애려고 노력하는 이유는, 개인에 대한 문자해득의 혜택과 관계가 있다기보다는, 문자해득이 국민들로 하여금 시

민으로서의 그들의 의무의 완수를 가능케 한다는 사실과 관계가 있다
(Stubbs 1980, p. 14 참조). 그러나 어쨌든 문자는 언어행위의 변두리의 없어
도 될 가두리 장식 이상의 것이다. 그러므로 문자언어가 언어학의 영역 내
에 당당히 자리한다는 것을 언어학이 인정해야 할 적기라고 느껴진다.

그러므로 이제부터는 문자의 언어학적 연구는 가치 있는 기획임을 당연
시 할 것이다. 이제 이와 같은 연구가 어떤 일반적 제목으로 분류되는가의
문제를 고려해 보자. 그 제목의 어떤 주된 국면들이 구별될 것인가? 이 질
문에는 여러 답들이 분명 제시될 수 있을 것이다. 그러나 나는 그 답들간
의 문제의 대부분을 망라하는 세 범주를 제안한다. 그들은 유형론, 역사,
심리학이라 칭할 수 있을 것이다.

'유형론'의 제목 하에 우리는 이렇게 묻는다: 어떤 종류의 문자체계가 있
는가? 아마 음성언어를 가시적(可視的) 형태로 바꾸는데 유효한 오직 제한
된 수의 택일적 원칙만이 있을 수 있다. 그 원칙이란 무엇일까? 일단 우리
가 이론적으로 가능한 원칙의 범위를 가지면, 그 원칙은 현재 혹은 과거에
실제로 사용된 수 백의 개개의 글자체를 분류하는 계획으로서 역할을 할
것이다. 그러나 우리는 실제의 문자체계는 그것이 문자의 한 특정 원칙의
'순수' 표시물인 만큼은 다르리라고 생각할 수 있다. 그리고 많은 글자체들
은 여러 원칙들의 혼합물로서 성격지워져야 할 것이다.

'유형론'의 제목 하에 하나의 특별히 흥미로운 문제는, 특정한 유형의 글
자체가 특정한 유형의 음성언어와 관련되는 경향이 있나 없나의 문제다.
특정 종류의 음성언어는 음성을 부호로 바꾸는 여러 가지 택일적 방법들
중 어느 하나와 본질적으로 더 잘 어울리는가, 혹은 여러 언어공동체에 의
해 이루어지는 문자 체계의 선택은 전적으로 외부의 역사적 요인에 달려
있는가?

분명 언어구조의 외부 요인들은 여러 공동체들이 특정 글자체를 채택할
때 주된 역할을 한다. 그리하여 많은 경우에 '글자체는 종교를 따른다'고
지적되어 왔다. 왜냐하면 종교란 흔히 성경에 근거한 것이며, 또한 문자해
득의 전파는 흔히 종교 당국의 기능이었고, 여러 문자체 간의 지역적 경계
(境界)는 종교간의 경계와 번번이 일치하며 또한 그로써 설명이 되기 때문

이다. 하나의 분명한 예가 여러 동유럽 언어의 화자들에 의한 로마 알파벳과 시릴 알파벳의 쓰임새다. 즉 러시아인, 불가리아인, 세르비아인은 시릴자를 쓰고 폴란드인, 체크인, 크로아티아인은 로마자를 사용하며, 그 경계선은 희랍 정교회와 서방 카톨릭 교회와의 경계선과 일치한다. 그 쓰임새는 언어의 차이와는 관계가 없다. 열거된 나라들은 모두 아주 긴밀히 관련된 슬라브 언어들을 사용하며, 실로 세르비아인과 크로아티아인은 서로 다른 글자를 글로 쓰지만 동일 언어를 말한다.

하지만 글자체와, 종교와 같은 외부 요인 사이의 이런 상관관계의 중요성은 음성언어의 내부적, 구조적 특성과 그 언어를 글로 쓰는데 사용된 글자체의 유형 사이의 상관관계일 수도 있다는 가능성을 배제하지 않는다. 이 책이 진전함에 따라 우리는 음성언어의 유형의 영향이 글자체 유형에 미치게 될 것 같다는 데 주목할 것이며, 만약 그렇지 않다면 그것은 분명 이상한 것일 것이다.

'역사'의 제목 아래서 분명 우리는 여러 글자체가 시간의 경과를 통해 겪어온 발달상을 검토한다. 전통적인 역사언어학이 예컨대 (음성) 앵글로-색슨어가 서서히 현대(음성)영어로 진화하고, 혹은 (음성)라틴어가 스페인어, 프랑스어, 기타 현대 음성 로만스 언어로 발전하게 한 여러 변화들을 연구하는 것과 마찬가지로, 우리는 한 문자체계가 과거 수 세기에 걸쳐 다른 문자체계로 변하게 한 과정들을 조사할 것이다.

여기서 음성언어에 관한 역사언어학과 문자에 관한 역사언어학 사이에 하나의 큰 차이가 있음을 언급할 가치가 있는데, 이 차이는 아마도 전자가 일반 음성언어 언어학의 보람있는 분야인 이상으로 후자를 일반적 문자연구의 보다 더 보람있는 분야로 만들 것이다.

음성언어는 시작이 있었던 현상이다. 원시인간, 즉 그로부터 오늘의 인간이 진화해 온 인종이, 오늘 우리가 알고 있는 언어와 같다고 우리가 생각하고 싶은 어떤 행동방식이 없었던 때가 있었을 것이다. 어떤 시점에서 별개의 공동체 내에서 아마도 단 한번 또는 어려 번 독립적으로 언어가 나타났을 것이다. 우리가 아는 그런 본격적인 언어가, 어느 거대한 생물학적 변이를 통해 돌연히, 말하자면 하룻밤 사이에 나타나지 않는 한,-이는 분명 심히 받아들이기 어려운 생각인데 (그것은 근래 이론언어학 분야에서 연구해 온 몇몇 엉뚱한 사람들에게는 기분 좋은 것일지 모르지만), 시초의 음성언어는 종류가 아주 다르고, 그 후손인 현대어보다 훨씬 단순하고 조잡했을 것이다. (흔히 제시되는 것인데 언어는 다른 인종에 의해 사용된, 비교하면 극히 조잡한 신호체계로부터 문화적 진화 과정에 의해 서서히 발전했을 것이고, 그래서 무언어 단계에서 언어 단계로의 변천이 일어났던 것을 명시할 수 있는 하나의 단계가 원칙적으로는 없었을 것이라는 것이다.) 하지만 우리가 특정 음성언어의 역사를 조사할 때, 우리가 어떤 자세한 지식을 얻을 수 있는 시간대(time-span)란－가장 유리한 경우라도 수 천년－음성언어가 발전해 오면서 걸린 있음직한 시간의 길이와 비교해서 아주 짧은 것으로서, 내가 아는 최저의 신중한 판단은 3만년이지만, 이 또한 일백만년 혹은 그 이상일 수도 있다. 19세기 초에 언어학의 독창적 성장의 힘의 대부분은, 언어의 역사를 조사하면 복잡한 현대의 전달 체계가 더 원시적인 선례에서 진화해 오게 한 법칙들을 밝혀 줄 것이라는 희망에서 나온 것이지만, 오늘날에는 자료의 입수가 가능한 최고(最古)의 언어도 우리 현대 언어들과 본질적으로 같은 높은 수준의 발전을 표시하며, 따라서 중대하게 덜 진화된 단계는 영원히 사라진 것이라고 생각하는 것이 더 그럴 듯이 느껴진다 (아마도 오늘날의 피진이나 크레오울 말이 우리 자신의 언어의 최초의 기원과 비슷한 현대적 유사물을 우리에게 제시해줄 수 없다면).

문자체계의 진화의 경우는 사정이 아주 다르다. 문자의 전체 역사는, 이미 언급한 대로, 음성언어보다 훨씬 짧다. 문자에 관한 논점의 대부분은 음성발화(utterances)를 전달하는 공중파에 비해 문자는 영구적이라는 것인데, 그 음성은 발음과 동시에 빨리 사라진다. 이런 이유로 우리는 글자체의 전체 역사에 비해 큰 여러 글자체의 역사의 일부에 접근할 수 있다. 실로, 가장 오래된 것을 포함하여 우리는 약간의 문자체계의 발생까지 바로 추적할 수 있을 것이다.

분명 문자의 유형 연구와 문자의 역사 연구는 관련 없는 기획은 아닐 것이다. 문자언어의 역사언어학에서 일어나는 하나의 분명한 의문은 유형(類

型)의 연속에서 어떤 규칙성이 있는가의 여부다. 예컨대, A형 글자체는 규칙적으로 발전하여 마침내 B형 글자체가 되는 것인가, 혹은 한 형이 본질적으로 임의적이고 예측 불가능하게 다른 형으로 변천하는 것인가? 이 책의 틀 안에서는 이 의문에 대한 결정적 답을 정당화할 충분한 증거를 제시하지는 못할 것이다. 그러나 문자언어 진화의 규칙성이 있음을 시사하는 암시들을 만날 수 있을 것이다.

문자체계 연구를 위해 제안된 세 번째 일반 제목은 '심리학'이다. 이 말은 여러 유형의 문자가 그것을 배우고 사용하는 사람들에게 실제로 어떻게 작용하는가에 관한 의문들을 말하는 것이다. 유창한 독자가 영어문장의 한 페이지를 마주 대하여, 저자와 인쇄자가 그 페이지에 심어 놓은 뜻을 빼내는 정신적 과정은 무엇인가? 이 과정은 다른 형의 글자체, 예컨대 한자(漢字) 사용자에게는 유의적으로 다른가?

'심리학' 제목 아래서 특히 분명한 흥미 있는 하위항(下位項)의 의문은 여러 문자 유형과 단일 유형 범주 내의 개개의 글자체의 상대적 탁월성 혹은 효율성에 관한 의문이다. 문자체계를 '좋고' '나쁜' 것으로 만드는 것은 분명 아주 다양한 고려를 적절히 받을 문제이다. 그러나 그 문제는 두 개의 주요 하위문제(sub-issues)로 나뉜다: 즉 그 문자체계는 그것에 이미 정통한 사람에게 어떻게 효과적으로 작용하는가와 배우는 것이 어느 정도 쉬운가이다. 이 두 개의 소망 사항은 어느 정도 서로 상충 관계임을 우리는 검토할 것이다.

이와 같은 평가적인 의문은 음성언어의 언어학에서는 보통 일어나지 않는다. 우리는 이미 검토하였거니와 언어학자는 특정 언어 안의 택일적 형태를 '더 좋다'느니 '더 나쁘다'느니 판단하는 것을 회피하며, 어떤 언어가 다른 언어보다 '더 좋은가'를 더욱이나 논의하지 않는다. 반대로, 모든 언어는 동일하게 '좋고', 동일하게 구조적으로 정교하고, 동일하게 효율적이므로, 이러한 의문은 무익할 것이라는 널리 퍼진 가설이 언어학자들 간에는 있다.[1]† 음성언어들은 동일하게 좋다는 이 원리 원칙은 이념상의 이유로 부분적으로 신봉되고 있다. 한 사람의 모국어는 아주 그의 인격의 일부이

---

† 어깨 숫자는 p. 296에서 시작되는 주석을 언급함.

므로 평등주의 시대에 학자들은 언어들 가운데는 '더 좋거나' '더 나쁜' 것
이 있을 것이라는 어떠한 생각도 억압하기를 원했었다. 그러나 이 원리 원
칙을 위한 더 존경할 만한 정당한 이유가 또한 있다.

특히, 역사적 발전의 장구한 기간, 이미 언급한 데로 피진과 크레오울을
제외한 모든 정상적인 음성언어들이 이 기간에서부터 전래해 온 것으로 보
이는 데, 이 장구한 기간은 문화적 진화가 비효율적 특성을 제거하고 언어
가 필요로 하는 모든 특징들을 창조하는 데 많은 시간이 걸렸으리라는 것
을 잘 암시할 것이다(적어도 그 특징들은 어휘가 아니고 음운과 문법 구조
에 관한 것인데, 어휘에서는 과학기술적 혹은 환경적 변화가 유용한 신조
어(新造語)를 제공하는 언어 능력을 앞지를 수 있다). 또한 어떤 영역에 있
어서나 '효율성'의 개념은 성취할 일(task)은 효율성이 평가되고 있는 도구
와는 관계없이 측정될 수 있음을 암시하는 것이다. 그러나 음성언어는 어
떤 의미에서 기능적으로 자기규정적이다: 즉 그 기능은 사상 혹은 사고의
표현을 위함이라고 흔히 일컬어지고 있다. 하지만 이들 사상은 그를 표현
하는 언어를 통하지 않고는 거의 밝힐 수 없다. 만약 음성언어가 도시 '도
구'라면 그것은 예정된 일을 수행하기 위해 의식적으로 만들었다는 의미의
도구는 분명 아니다. 음성언어들의 시대와 그들이 지니는 이 '자기 고용의
상태'는 그들을 평가의 척도로 등급을 매기려고 한 것은 무의미함을 암시
할 것이다.

이런 고찰들은 하나도 문자체계에 들어맞지 않는다. 문자체계는 분명 일을
수행하기 위해 만든 도구이며 그 일을 잘 할 수도 못할 수도 있을 것이다.
초기 문자체계의 경우에 그 일은 현대 서구 사회의 문자의 경우에서 보다
훨씬 빠듯하게 한정되었다. 문자는 과학기술의 한 면으로, 즉 인격의, 사람
됨됨이의, 중요한 일면이라기 보다는 사람들이 사용하는 물건이라고 아주
일반적으로 생각되고 있다. 만약 외국인이 나에게 영어 철자는 아주 비능
률적이라고 말하면 나는 사실에 근거해서 반대하고 또 영어 철자는 보이는
단점을 상당히 보상하는 숨은 장점이 있음을 주장할 것이다(이 책의 뒤에
서 주장하듯). 그러나 영어 시제(tense system)나 자음의 범위가 부담스럽고
바람직하지 않다는 말을 들을 때보다는 감정적 대응에서 덜 흥분할 것이

다. 더욱이, 문자는, 그 역사의 대부분이 점검이 가능한, 비교적 짧은 역사를 갖고 있다. 역사기록에서 관찰 가능한 많은 발전은 열등한 체계에서 월등한 것으로의 진화의 경우이었음을 부정함은 우스운 일일 것이다. (이 말은 문자체계의 모든 변화가 개선이었다고 제언하는 것은 아니다. 많은 변화는 외적 원인이 있었고 어떤 것은 더 많은 효율성보다는 더 적은 효율성으로 변했을 것이다.) 이 모든 이유에도 불구하고, 문자 언어의 언어학에, 음성언어에 관한 전통 언어학에는 거의 없는 평가적 차원을 포함시키는 것은 아주 쉽다.

이 책의 방침은 문자연구를 위해 제안된 세 제목 중의 첫째 즉 유형론을 그 조직 원리로 사용할 것이다. 다음 장에서 여러 가지 논리적으로 가능한 종류의 문자의 분류를 요약하고, 영어를 말하는 독자에게는 다소 익숙함직한 자료에서 끌어 낸 소규모의 예와 관련시켜 이론적 논의를 명시할 것이다. 그 뒤 장들은 제2장에서 밝힌 여러 유형의 문자를 논하며, 이는 각 유형의 비교적 순수한 대표로서 선택된 한 글자체의 상세한 검토를 통해서 할 것이다. 단순히 국제적으로 중요하다고 해서 어떤 글자체를 포함시킬 생각은 없다. 예로, 시릴 알파벳은 무시되었는데 그것은 우리가 관심 있는 세부(細部) 수준에서 그리이스어 알파벳과 유의적 차이가 없고, 또 그리이스어는 다루어지고 있기 때문이다. 여러 경우에, 논의된 글자체와 그 글자체를 이용하여 기록한 음성언어는 대부분의 독자들에게는 아주 생소할 것이다. 바라건데 언어학 학도에 대한 이 책의 하나의 부수적 혜택은 그가 다른 곳에서 당면한 것보다 더 색다른 (그래서 교육적인) 음성언어 자료에 그를 인도하는 것이다. 이 주제의 다른 부문 즉 역사와 심리학에 관한 고찰은 특정 글자체의 논의에서 그 부문이 적절할 때 도입될 것이다. 이 제목들은 독립된 장(章)으로 배정되지 않았다.

그러나 이 계획은 완전한 엄격성과는 약간 동떨어지게 수행되었다. 그리하여 제3장의 수메르어 문자의 논의는 이 주제의 유형론적 부문보다 역사적 부문과의 특수 관계로 보아 정당화된다. 그리고 제6장에서, 그리이스어 알파벳에서 파생된 현대 로마자의 아주 자세한 설명을 포함하기 위해 그리이스어 알파벳이 논의된 사실을 이용한다. 이 글은 신기한 이론적 원칙을 소개한다는 점보다는 영어 글자체의 기호에 관한 독자의 호기심을 만족시켜준다는 데에 동기가 있다. 영어판 알파벳 정자법은 최후 장에서 자세히 다루어져 있다.

이 서론의 장을, 이 책 잔여부에서 사용될 용어와 표기상의 관례에 관해 고려하면서 끝맺으려 한다.

글자체, 문자체계, 정자법이란 용어는, 어느 한 벌의 쓰인 기호와 더불어 그 기호 사용을 위한 특별한 한 벌의 규약을 말하기 위하여 사용하겠다. 영어와 독일어는 다소 동일한 한 벌의 기호로 쓰인다 (다소라고 함은, 영어 아닌 독일어 문자가 <ä ö ü>와 때로는 <ß>를 사용하기 때문이다. 정확하게 동일한 글자로 쓰인 유럽 언어들의 쌍을 찾기란 놀랍도록 어렵다). 그러나 '영어 글자체', '영어 문자체계', 혹은 '영어 정자법'은 '독일어 글자체/문자체계/정자법'과는 약간 다르다. 왜냐하면 그 기호들을 사용하는 규약이 약간 다르기 때문이다. (그 규약은 <ch>는, 영어체계에서 /ʃ/로, 독일어 체계에서 /x/와 /ç/로 발음되는 바와 같은 특수 사항에 관해서도 다르고, 또 개개의 각 기호나 이중자(二重字)가 독일어 체계에서는 실제 발음되는 음성과 보통 상응하는데 영어글자체는, 예컨대 *lake*의 <e>나 *doubt*의 <b>같은 '묵자'가 가득하다는 것과 같은 일반 사항에 관해서도 다르다.) 마찬가지로, 현대 규약에 따라 인쇄된 라틴어는 대문자와 소문자의 구별없이 쓰인 고전의 라틴어와는 다른 글자체를 보여주고 있다: 즉 두 글자체는 '로마자'로 보통 부정확하게 동일시되고 있는데, 그것은 전자가 후자로부터 직접 내려온 까닭이다. 그러나 현대판은 사실상 그 조어(祖語)의 2배(실제로는 2배 이상)의 기호를 갖는 다른 글자체이며, 따라서 문두(文頭) 글자의 대문자화와 고유명사에 관한 기호 사용을 위한 새 규약이 따른다.

평소의 말에서는 '글자체'란 용어는 문자의 눈에 보이는 겉모양의 표면상의 성질과 일반적으로 연관되어 있다. 그래서 다음 줄에서 예시된 독일어의 활자 자면(字面)

Kennſt Du das Land, wo die Zitronen blühen?

은 영어에서 보통 '고딕자체'라고 기술한다(통상적인 독일어 용어는 *Fraktur* 다). 그러나 언어학자로서 우리는 문자체계의 겉모양보다는 그 구조에 더 관심이 있다. 구조적 관점에서는 *Fraktur*(독일인쇄字體)로 쓰인 독일어를 로 마자로 쓰인 독일어와는 다른 글자체를 예시하는 것으로 취급하는 것은 거 의 정당화될 수 없다: 즉

Kennst Du das Land, wo die Zitronen blühen?

이 두 활자자면으로 사용되는 거의 모든 기호들 간에는 단순한 일 대 일 대응관계가 있다. 이 두 *체계*간의 유일한 차이는 독일인쇄체는 단일 로마 자 기호 <s>에 상응하는 두 기호 <ſ, ß>를 구별하는 것과 (두 예에서 첫째 와 셋째 낱말을 비교하라), 독일인쇄체는 별개의 로마자 기호 <I J>에 상응 하는 단일 기호 <ℑ>를 사용하는 것이다.

대개는 '문자체계', '글자체', 그리고 '정자법'은 상호교환적으로 사용될 것이다. 하지만 글자체가 특정 유형의 문자를 예시하는 것으로 언급될 때 에는 '문자체계'라고 사용할 것이고, 일정한 한 벌의 문자기호를 사용하기 위한 택일적 규약과 관계해서는 '정자법'이라고 사용하게 될 것이다. 문자 의 두 예가 동일한 글자체인지 다른 것인지의 의문에 대한 어떤 명확한 답 이 있다는 것을 나는 제안하지 않는다. 예로, 미국어의 현행 문자체계는, 동일한 한 벌의 기호를 사용하면서, 약간 다른 규약 (<harbor, defense>와 같 은 철자로 예시되는 바와 같이)을 미국 체계가 사용한다는 이유로 영국의 현행 문자체계와 다르다고 보아야 할 것인가? 혹은 그 두 체계는 다만 단 일 글자체의 변종인가? 영어의 택일적 규약이 미국 영어와 영국 영어 간에 다른 것 이상으로 독일어 정자법의 규약은 미국 혹은 영국 영어의 규약과 는 훨씬 더 다르다. 그러나 독일어와 영어의 규약도 강하게 관련되어 있다. 로마자 사용을 위한 규약이 현행 독일어 규약 보다 (영어 표준으로 보아) 훨씬 더 색다른 가설적 정자법을 우리는 생각할 수 있다. 그래서 독일어와 영어 화자들은 모두 단일 글자체의 변종을 사용한다고 말할 수 있을까? 결 국, 이와 같은 의문은 음성언어의 관련된 두 변종이 '다른 언어'인가 혹은

'한 언어의 방언'인가의 의문과 마찬가지로 답변 불능이다. 유관 언어간의, 혹은 유관 글자체간의, 경계선을 어디에 긋는가는 우리가 선택할 것이고, 이 영역에서는 '옳다' 혹은 '그르다'는 없다.

글자체를 논할 때 어려움의 하나는 개개의 글자체는 보통 특정 언어와 연관되어 있다는 것이고, 일반적인 말로는 글자체와 글자체가 대표하는 음성언어의 임무를 할 수 있게 단일 명칭이 만들어져 있다. 예로, 히브리어 글자체는 히브리어와 강하게 연관되어 있고, 많은 문외한들도 확실히 이 둘은 변함없이 공존한다고 생각한다. 사실은 그렇지 않다. 히브리어 글자체 (용법에 관해 대충 동일한 규약을 가진 기호의 동일한 알파벳)는 이디시말을 쓰기 위해 정상적으로 사용되며, 이디시말은 동일 종교 집단원들에 의해 사용되지만 히브리어와는 아주 다른 언어다. 이디시말은 독일어의 한 방언이다. 거꾸로 히브리 언어는 히브리 글자체 이외의 글자체로 쓰일 수 있고 또 때로는 그렇게 쓰인다. 히브리 글자체와 히브리 언어는 다같이 구어적(口語的)으로는 다만 '히브리어'로 언급될 수 있어, 구별이 있다는 것을 청자(聽者)가 잊어버리게 할 수 있다. 우리의 목적을 위해서는 이것은 아주 불행한 일이다. 까닭은 글자체는 오직 언어의 예들을 눈에 보이게 하는 도구일 뿐이라는 생각을 항상 마음 가운데 간직하는 것이 문자체계 연구에 중요하기 때문이다. 글자체 자체는 언어가 아니다. 한 언어는 여러 가지 다른 글자체로 기록될 수 있고, 동일 글자체는 다른 언어들을 기록하는 데 사용될 수 있을 것이다.

이 점이 강조되어야 할 것은, 초심자들은 흔히 이해하기 어렵기 때문이다. 되풀이해서 우리는 문자 연구자들이 '히브리어는 원래 모음이 없었는데, 중세에 그것을 얻게 되었다'와 같은 말을 하는 것을 듣는다. 물론 히브리 언어는, 다른 언어와 같이, 언제나 모음이 있었다. 아마도 중세 초에 일어났던 일은 히브리어를 기록하는 데 사용된 글자체의 확대판의 발명이었다. 그 새 글자체는 히브리 언어의 자음 뿐 아니라 모음의 완전한 표시를 처음으로 제공했다 (그러나 언어 자체는 변하지 않았다).

언어와 글자체를 분리해 두기 위하여, 명사로 사용되는 '히브리어', '영어', '한국어'와 같은 언어명은 언제나 글자체라기 보다는 언어를 말하는 것임을 명심하는 것이 중요할 것이다. 글자체를 뜻할 때는 '히브리어 글자체' 혹은 '영어 문자체계'와 같은 문구가 사용되어야 한다. 어떤 글자체는 고유한 명칭을 갖는데 그것이 언어의 명칭이 아니기도 하다: 즉 한국어는 '한글'이라는 글자체로 쓰이고, '한글'이라는 언어는 없고 이 글자체로 쓴 유일한 언어를 '한국어'라 부른다. 그러므로 '한글 글자체'와 같은 바꿔쓰기에 의지하기보다는 명사로서 '한글'을 사용하는 것이 용인될 수 있다. 그러나 독자는 어떤 고유명사가 글자체의 명칭이고 또 어떤 것이 언어 명칭인가를 기억해야 한다.

　용어에 관한 결정을 필요로 하는 또 하나의 화제는 문자체계에서 사용되는 요소에 관한 것이다. 여기서 보통의 영어 용법은 오히려 도움이 안된다. 영어글자체의 단위는 '글자(letter)'라고 부른다. 그러나 이 용어는 갖가지 문자체계의 요소를 위한 일반적 명칭으로는 두 가지 주된 이유로 적당치 않다.

　첫째, 우리가 원하는 것은 단순히 '구별이 분명한 문자 기호'를 뜻하는 용어다. 그리고 영어글자체에 관해서도 '글자'라는 용어는 그 이상의 것을 뜻한다. 따라서 구두점과 (로마자로 쓰인 다른 언어를 위한) 판독 부호, 혹은 악센트 부호는 '글자'라고 부르지는 않지만, 글자와 마찬가지로 문자체계의 중요 부분이다. 더구나, <g>와 <G> 같은 한 쌍의 기호는 '같은 글자'로 간주된다. 하지만 그들 간의 구별은 영어 글자체에서는 아주 중요하다: 즉 문장이나 고유명사를 소문자로 시작하는 것은 잘못이다.

　둘째, 글자라는 용어는 유형적으로 영어 글자체와 아주 비슷한 글자체와 결부시키는 것 같이 구어적으로 사용되고 있다. 예를 들어, 영국인은 러시아어 글자 (혹은 '시릴 글자')의 이야기하는 것을 기분 좋아하고, '아라비아어 글자'를 언급하고자 할 지 모른다(아라비아어의 낱말들은 계속적으로 인쇄된다는 사실은 이 문구를 덜 편하게 하지만). 영국인은 적어도 중국어가 어떻게 기록되는가에 관해 무엇인가 알고 있다면 '중국어 글자(letters)'라는 용어는 거부할 것이다. 중국어 글자체의 단위는 영어에서는 구어적으로 'character'로 부른다. 이 용어는 전통적으로 여하한 글자체나 그 요소들도 일컬었던 것이었으나, 중국어 문자에 관련해서는 근래에 무슨 일인지 특수화되어 버렸다. 낱말 'character'는 '문자의 단위'의 일반 명칭으로서 소생하기에는 분명 너무 귀찮고 보기 흉하다. (하지만 이 용법은 하나의 특수 영역에서, 즉 컴퓨터 기술에서, 계속 살아 남아 있기는 하다.) 정말 이 낱말이 현대 구어체 영어에서는 어떻게 사용하고 있는지 꼭 분명치는 않다. (예로, 후에 언급하겠지만, 일본어는 중국어 글자체와 동일한 요소를 포함해서 이 요소들과 외형 및 기능에서 다른 또 다른 요소와 더불어, 혼합 글자체로 글을 쓴다. 그러면 영어화자는 일본어 글자체의 모든 단위를 'character'로 부르겠는가, 혹은 중국어 글자체와 동일한 전자만을 그렇게 부르겠는가? 아마도 실제로는 대부분의 영어화자들은 일본어 문자를 모르기 때문에 그 결정의 책임을 면하게 된다.)

분명하고 (또 예사로운) 선택은 어떠한 글자체의 어떠한 단위이건 간에 그에 대한 일반 명칭으로 낱말 'graph(글씨)'를 사용하는 것이다. 표준적으로는 글씨나 글씨의 연속을 인용할 때는 모난 괄호를 친다. 그래서 '독일어 글자체는 모음 /y/의 표시에는 <ü>를 사용하고, (음소 표기는 사선으로 두른다) 영어 'my'에 해당하는 발음 /mɛin/은 네덜란드어에서는 <mijn>으로 철자하고 남아프리카의 네델란드어에서는 <myn>으로 철자한다'고 말할 수 있다.

로마자를 사용하지 않는 글자체를 우리가 논할 때는 모난 괄호 사이에 나타나는 기호는 흔히 문제의 글자체에서 실제로 사용되는 색다른 기호가 아니고, 그 기호를 옮겨 쓴 로마자이다. 그래서 히브리어 글자체에 관하여, '어형<ḥwh>는 "Eve"을 뜻하는 낱말 /ḥawwã/를 표시한다'고 기술할 수 있는데, 이 뜻은 세 개의 히브리어 글씨의 연속체는 관례적으로

ḥwh

로 표시되고 실제로 보이는 자형은

חוה

라는 것인데, /hawwa/로 발음되는 히브리어 고유명사를 쓰기 위해 사용된 것이고 이에 대한 영어 상당어는 "Eve"이다.

색다른 언어의 어형을 영어 알파벳으로 표시하기 위한 표기 체계의 선택은 아주 어려운 문제다. 비-로마글자체로 쓰인 약간의 언어를 위해서는 하나 이상의, 때로는 아주 많은, 택일적 로마자화 체계가 있다. 그리고 단일 체계가 널리 수용되고 있는 언어에 대해서도 한 언어에 관련해서 사용된 규약이 또 다른 언어와 관련해서 사용된 규약과 공통점이 거의 없는 경우가 흔하다. 이런 언어로부터의 낱말이 나의 본문의 부분으로 사용될 때는, 예컨대 토론과 관련된 기관이나 국민의 고유명사로 사용될 때, 나는 그 낱말을 문제의 언어를 위한 가장 널리 사용된 로마자화 조직으로 기록한다. 그러나 낱말들이 예로서 인용될 때는 자역(字譯)의 세밀한 점들이 때로는 중요하며 더 과학적인 방법을 취할 필요가 있다. 그래서 나는 논의된 어떤 개개의 언어에 관한 학문의 전통에 정통한 독자들을 불쾌하게 할지 모를 습관을 채택하지만, 그것은 문제된 언어를 모르는 독자들에게는 일을 가능한 한 단순하게 해 두는 이점이 있다. 예를 표기할 때 나는 국제음성학회(IPA)의 음성기호를 선호하여 특정언어를 위한 모든 표준적 표기 규약을 무시한다. 문제의 언어 중 많은 언어가 여러 방언지역에서나 여러 역사상의 시기에서 변형된 발음을 갖고 있으므로, 표기의 근거가 될 특정 발음을 때로는 임의로 선택해야 한다는 뜻이 된다. (그리고 왕왕 사라진 언어의 발음이 완전히 알려져 있지 않을 때는 이 선택은 억측을 수반할 것이다.) 그러나 이와 같이 독자는 이 책에서 널리 다양한 언어에서 인용한 모든 어형들에 상당히 근사한 발음을 부여할 수 있기 위하여 IPA음성기호에 익숙하기만 하면 된다. (당연히 나의 표기는 각각의 언어의 음운구조가 요구한 만큼 '정밀'할 뿐인데, 그 뜻은 표기는, 발음의 세부사항이 확실히 알려져 있고 문제의 언어의 여러 변종에 걸쳐 불변한 경우에도 그 세부사항을 때로는 무시한다는 것이다.)

IPA음성기호가 제공하는 기호가 불편하거나 혹은 사라진 음소의 발음이 전적으로 추측적인 경우가 있을 것이다. 이런 경우에는, 만약 문제의 언어를 연구하는 사람들에 의해 전통적으로 사용되는 기호가 편리하면, 나는 그 기호를 사용할 것이다. 그러나 어떤 표기가 특정의 음운상의 전통을 정상적으로 실천하는 것과 모순될지도 모를 사실은, 만약 일반언어학 내의 사용이 그 표기를 적절하게 만든다면, 그 표기 사용에 대한 장애로서 결코 취급되지 않을 것이다. (마찬가지로 특정 전문 분야에서 표준적인 용어나 기타 학문적 규약들을 무자비하게 버렸는데 그때마다 이런 규약에서 벗어나는 것은 관련된 사실을 찌그러뜨리지 않고 비전문가인 독자에게 일을 더 명백히 해 줄 것으로 나에게는 느껴졌다.)

불행히도 IPA음성기호 자체도 중대한 결함이 있고 해서 다음과 같이 일정하게 그 기호에서 이탈할 것이다. IPA기호는 장모음 표기에 콜론[:]을 사용하고 짧은 음에는 별다른 기호가 없다. 이것은 아주 거북할 수 있다. 특히 단모음이 '유표적' 변음일 때 그렇다. 그래서 나는 장단을 장음부와 단음부로 표시하겠다: [eˑ ě]. IPA기호는 파찰자음에 대해서는 그것이 구조적으로 단일 음소로서 기능하는데도 편리한 기호가 없다. 그래서 필요한 곳에서는 특별한 방법으로 파찰음을 표시하는 기호를 분명히 할 것이다. 대립적인 기호로서 필기체 [a]와 인쇄체[ɑ]의 사용은 실제로 자주 혼란을 일으킨다. 그래서 후설 개모음과 전설 개모음을 각각 [a]와 [æ]로 표기하겠는데, 전자는 대립이 발생하지 않는 많은 경우에 사용하겠다. (IPA가 영어 *bat*의 모음을 위해 그것이 다른 언어의 많은 모음음소와 같이 '기본'위치에 있지 않다는 이유만으로 특수 기호를 사용하는 것은 민족중심주의다.) 나는 이 완폐모음(弛緩閉母音)의 기호로 변음[ɪ ʊ]를 사용한다. 다른 점에서는 나의 영어표기는 Wells and Colson (1971)에 따른다.

어떤 경우는, 예를 들어 음운단위에 입각하지 않은 글자체를 논할 때는, 그것을 자역하기 보다는 비-로마글씨를 직접 인용하는 것이 필요할 것이다. 이 모든 경우를 모난 괄호를 치는 것은 불필요하게 현학적일 것이고, 나는 그렇게 하지 않을 것이다.

이 책을 쓰면서 수 천년에 걸친 저작물의 다른 저자에 틀림없이 일어났었을 어려움에 봉착했다. 즉 기원(AD)과 기원전(BC)과 같은 표현의 부적절함이었다. '기원 5세기'와 같은 문구는 아무 의미가 없고, 그리스도 탄생에 앞선 천년을 그것이 실은 탄생 전 최후의 천 년인데도 '그리스도 전 첫 천년'이라고 부르는 것은 이상하다. 더욱이 사건들을 늘 그리스도 탄생과 관련시키는 것은, 예컨대 고대 중국의 맥락에선 종종 편협적이며, 히브리어가 논의될 때는 어느 독자의 종교적 감정을 상하게 할 수도 있다. 구세주로서의 예수를 인정하는 우리는 우리 충성을 보여줄 더 실질적 방법이 있다. 그러므로 나는 Joseph Needham의 모범을 따라 보통 수학적 방법으로 플러스(+)와 마이너스(-) 기호를 사용하고, 혼란이 있을 수 없는 곳에서는 플러스 기호를 생략한다. 예: 수메르 문명은 -5차 천년에 발생하여 -2차 천년 초까지 계속됐고, 올림픽 경기는 -776년에 시작하여 +393년에 폐지됐다. 다른 예로, '-6세기', '+17세기'를 각각 '-6c', '17c'로 쓴다.

전문용어 '글씨(graph)'를 도입했으므로, 음성언어의 언어학과 대등한 것에 주목하면서 이 장을 끝맺겠다.

말에서 문자언어의 기본 단위인 '글씨'에 해당하는 것은 음성의 단위인 '단음'(單音)이다. 언어학의 기초원리 중 하나는 어느 음성언어 내에서는 단음간의 모든 차이가 유의적이거나 '변별적'이지는 않다는 개념이다. 어떤 경우에는 둘 혹은 그 이상의 물리적으로 판이한 단음들이 '음소'라고 하는 음족(音族)으로 통합된다. 이 경우 음소의 구성부분을 이음(異音)이라 한다. 그래서 영어에서는 낱말 *hill*에서 들리는 연구개화 설측음 [ɫ]은 *hilly*에서 들리는 평범한 설측음 [l]과는 물리적으로 다르지만 그 두 단음은 유의적으로 차별적이지 않다. 영어에서 이 두 단음의 차이는 상이한 발화(發話)를 구별하기 위해 결코 사용되지 않는다. (하지만 다른 언어에서는, 예로 러시아어에서는 비슷한 차이는 차별적이다.) 영어에서 [ɫ]와 [l]의 선택은 언제나 맥락에 의해 결정된다: 즉 모음 앞에서는 변이음 [l]만 발생하고 여타 위치에서는 [ɫ]만 발생한다. 두 개의 단음 [ɫ]와 [l]은 단일 음소 /l/의 이음이다. (관례적으로, 사선은 음소에, 모난 괄호는 정밀 음성 표기에 사용된다.)

비슷한 현상이 문자에서도 발견되는데 용어 자소(字素) 및 이철자(異綴字)를 적절히 사용하는 것이 편리하다. 음성영어의 두 설측음의 예와 아주 흡사한 예가 19세기까지 로마자에서 발견됐던 소문자 s의 택일적 변형에 의해 제시된다. (p. 23에서 본 대로, 최근에 폐용될 때까지 독일어 인쇄자체에서 유사한 교체가 발생했고 그리스어 시그마가 오늘까지 이러한 교체를 보여주고 있다.)[2] 두 글씨 <ſ s>는 단일 자소(字素)의 이철자였다. 그들은 별개의 음성을 가리키지 않았고, 오히려 그들 선택은 낱말 내에서의 위치에 의해 결정됐다. (음성적으로보다는 문자적으로 말해서), 어미에서는 <s>가 사용되고, 다른 곳에서는 <ſ>가 사용됐다. 예는 아래와 같다:

ſea   ſhell   meaſure   miſt   kiſs   circus   loſe   news

더 일반적으로는, 상이한 활자체에 있어서의, 혹은 인쇄물과 대립적인 필사물(筆寫物)에 있어서의 글자의 상이한 겉모양은 이철자(異綴字)적으로 볼 수 있다. 이러한 차이는 발음의 사소한 차이와 흡사한 것으로서, 그 발음은 한 언어의 여러 화자들이나, 여러 경우의 한 화자에 의해서도 동일 음소에 귀속된다. 그래서 글씨 <g, ɡ, ɡ>는 모두 단일 자소 <g>의 이철자이다. 반대로 <g>와 <G>는 단일 자소에 속하지 않는다. 이미 언급한대로 대문자 대 소문자의 차는 영어 글자체에서는 유의적이다.[3]

음성언어의 언어학에서 사용되는 사선과 모난 괄호의 구별과 유사한, 자소와 이철자 표기를 위한 별도의 괄호치기 규약을 채택하기까지는 하지 않겠다. 실제로 혼동이 일어날 것 같지 않으므로 모난 괄호는 자소와 이철자를 둘러 쌀 것이다. 비-로마 글자체의 검토에서는 인쇄의 활자체의 차이에 견줄만한 사소한 차이는 무시할 것이다. 그리고 단일의 표준화된 종류를 통해서 그 글자체를 명시할 것이다. <ſ s>의 구별에 견줄만한 이철자의 차이가 고려해야 할 만큼 중요할 경우에는 분명하게 그 차이에 주의를 기울일 것이다.

# 제 2 장  이론적 준비

문자란 무엇인가? '쓴다'는 것은 우선 어림잡아 정의한다면, 비교적 구체적인 생각을 항구적, 가시적 기호에 의해 전달하는 것이라고 할 수 있을 것이다.

용어 '항구적'이 이 정의에 포함된 것은 보통, 예컨대, 농아자들에 의해 사용되는 손짓 말을 우리는 '문자'의 예로 보지 않기 때문이다. 더 문제가 되는 것은 '구체적'이란 용어다. 이 낱말이 포함된 것은, 아무도 문자라고 부르고 싶어하지 않는 지속적, 가시적 매체를 통해 생각이 전달되는 경우를 배제하기 위해서다: 아주 명백한 것이 예술적인 도화나 유화다. 예로, 피카소의 그림 '게르니카'는 문자의 예가 아니면서 공포, 살육, 잔학의 생각을 전하는 데 아주 성공하고 있다. 위에서 말한 '문자'의 정의는 '게르니카'를 제외하는데, 그 근거는 그것이 전달하는 생각은 강력하지만 뚜렷이 나타나지 않고 모호하기 때문이다. 예로, '게르니카'의 의미의 영어로의 '변역'은 스페인어나 독일어의 글을 영어로 번역하는 것과 똑같은 의미의 교정을 거의 받지 않을 것이다.

바로 무엇이 가시적 전달 매체를 문자라고 묘사할 만큼 뚜렷하게 만드는가는 말하기 아주 어렵다고 일반적으로 인정되고 있다. 아마 문자의 정의의 첫 시도에서 이것을 포함시킨 것은 잘못이었을지 모른다. 문자의 특징적 성질은 문자가 *구체적인* 생각을 전달하는 것이 아니고 *관례적인* 방법으로 생각을 전달한다는 것이라고 제안할 수 있을 것이다. 분명, 글자체는 그것을 읽는 이들에 의해 이해되는데, 그것은 오직 독자들이 그것을 해석하는 규약을 배웠기 때문이다. 이와 비교하면 필사(筆寫) 예술(graphic art)은 규약과는 관계없는 것 같이 보일 것이다. 즉 그냥 그것을 보고 그것이 표현하는 바를 알아보는 것이다. 그러나 사실은 예술은 규약 투성이다. 브루겔, 세잔느, 혹은 중국 화가가 똑같은 풍경을 화포나 화지에 어떻게 달리 표현하는가 생각해 보라. 문자를 예술과 구별하기 위해 규약의 개념을 사용하기는 어렵다.

여기서 독자는 전달된 생각의 구체성도 의사전달 수단의 규약성도 중요한 요인이 아니라고 반대할지 모르며, 또 글자체는 (언어 자체라기 보다는) 언어를 대표하는 장치라고 하는, 앞장에서의, 내 자신의 진술의 요점을 놓치고 있다고 반대할 지 모른다. '문자'의 올바른 정의는 항구적, 가시적 기호로 음성언어의 발화를 표시하는 체계라는 것이다. 하지만 이 정의도 문제가 있다.

첫째, 문자언어가 음성언어의 솔직한 표기가 아니라는 것은 잘 알려져 있다. 영어 글자체는 음성영어를 직접 표시하는 데 사용할 수 있으나, 사람들이 그것을 그렇게 사용하는 것은 매우 유별난 것이다. 이 말은 단순히, 글자로 쓴 전갈은 구술에 의한 받아쓰기로 쓴 것이라기 보다는 의례 지면에 작문한 것 일뿐 아니라, 글로 쓴 전갈이 표현되어 있는 언어는 영국인 남·녀가 말하는 언어와는 약간 다르다는 뜻이다. 예로, 축약된 어형 *don't*, *I've*, *he's* 등은 문자영어로서는 단순히 완전 어형 *do not, I have, he is* 등의 임의적 변형일 뿐이고, 일반적으로 완전형으로 글을 쓰는 것이 더 보통이다. (글에서 축약형의 사용은 명백한 잘못으로 보는 사람이 많다.) 반대로 음성영어에서는 어떤 특별한 사정을 제외하고는 축약형을 쓰는 것이 의무적이다. 즉 'I've got your book' 보다는 'I have got your book'이라고 *말하면* (*have*가 대조강세 받지 않으면) 우습도록 딱딱하게 들릴 것이다. 그리고 음성영어와 문자영어의 규칙 사이에는 다른 작은 차이가 많이 있다.

더욱이, 많은 다른 언어공동체에서는 비슷한 차이가 영어에서의 차이 보다 훨씬 크다. 예로, 아라비아어 통화권 내에서 문자 아라비아어와 음성 아라비아어 사이에 어휘, 문법, 음운에 상당한 차이가 있다. 아라비아말을 직접 아라비아 글자체로 표기하는 것은 가능하지만, 이렇게 쓰면 아랍인들에게 기괴한 감을 준다. 즉 음성 아라비아어의 어형은 그대로 받아쓰기에는 아주 부적당한 것으로 인식되고 있다. 문자 아라비아어로 말할 수는 있으나 이는 공개 강의와 같은 유별난 공식 연설-상황에서만 되는 것이다. 중국에서 20세기 초 수 십년까지 있었던 상황은 더욱 더 극단적이었다. 즉 글로 쓴 의사소통에 사용된 언어는 보통은 말로 사용되지 않을 뿐 아니라 (제8장에서 논의될, 중국어의 독특한 특성과 관계 있는 이유로 해서), 만약 그 언어가 말로 쓰인다면 - 예컨대 서류가 큰 소리로 읽혀진다면 - 그 언어는 쓰인 원본을 참고하지 않고서는 교육받은 사람에 의해서도 이해되기 어려울 것이다.

만약 문자언어와 음성언어가 이 정도로 갈라질 수 있다면 일반적으로 문자를 음성언어를 대표하는 체계라고 정의하는 것은 정당화될까? 사실 그렇다고 나는 믿는데, 오직 '음성언어'라는 구절을, 역설적으로, 어떤 반드시 말로된 것은 아닌 것으로 양해한다면 그렇다. 쓰기에 사용하는 영어와 말에 사용하는 영어는, 언어학자의 전문적 의미에서, 밀접히 관련된 방언이다. 즉 그 둘은 단일 조어에서 내려온 것으로서 그것은 음성언어였다. 그러나 약간의 방언들이, 일단 별개의 주체로 인정될 만큼 충분히 갈라져서, 제한된 지역에서 사용되는 것처럼 '문어영어'라고 부르는 방언도 제한된 행동 영역 즉 글쓰기에서 사용된다. 문어영어는 음운론을 포함해서 음성조상으로 부터의 음성언어의 모든 장치를 이어받고 있다. 그러나 공교롭게도 이 특정 방언은 (글로 쓰인 문서를 소리내어 읽을 때가 아니면) 보통은 말로 쓰이지 않는다. 같은 이야기가 문어적 언어와 구어적 언어가 더 큰 차이를 보여주는 예들에 적용된다. 예로, 내가 음운론을, 문어아랍어가 구어아랍어의 여러 지역적 변종과 상이한 점들 중의 하나로 포함시킨 것을 독자들은 알았을 것이다. 문어아랍어는, 구어아랍어의 어떤 변종에 나타나지 않는 한-두 개의 음소를 포함하여, 문어아랍어는 보통은 말로 쓰이지 않는다는 사실에도 불구하고, 그 자체의 음운을 갖고 있다. (아랍어 화자는 글로 쓴 문서를 크게 읽을 적에는 특수 문어 음소를 사용해야 한다.) 문어중국어도 그것으로 쓰인 원문이 일정한 발음을 갖고 있다는 의미에서 말로 쓰일 수 있다.[1] 하지만, 공교롭게도 이 경우에는 듣는 이가 이해하지 못하므로 그 언어를 말로 한다는 것은 정말 아무 의미가 없다. 만약 우리가 '언어'를 (언어학자가 흔히 하는 것처럼) 뜻과 화음(話音) 간의 관계의 체계라고 생각한다면 글자체는 이런 의미에서 언어를 표시하는 장치일 것이다. 하지만 흔히 있는 일인데, 일반적으로 글로 기록된 언어나 언어-변종은 (낭독과 같은 인위적 상황을 제외하고는) 말로 쓰이지 않고, 말로 쓰인 언어와 언어-변종은 (녹음-테이프를 말대로 표기할 때와 같은 예를 제외하고는) 글로 기록되지 않는다.

　　그러나 문자를 본질적으로는 음성언어에 기생(寄生)하는 현상이라고 정의하는 데 대해서는 또 다른 어려움이 있다. 우리가 '문자'라고 표시하고 싶어할, 그러나 여하한 의미에서도 음성언어에 의지하지 않는, 의사전달 형식이 있다.

그림 1

　　예로 그림 1을 고려해 보자. 이 그림은 북동부 시베리아의 유카기르족의 소녀가 젊은 남자에 보낸 편지의 사본이다. 아래에 적은 설명을 읽기에 앞서, 독자는 그림이 담고 있는 어떤 의미를 독자적으로 추측할 수 있을지를 생각해보는 것이 도움이 될 것이다. 추측컨대 그는 거의 성공하지 못할 것이다.

　　그림 1에서 침엽수-모양의 물체는 사람들이다. 우측에서 두 번째는 편지 쓴 사람이다. (점선은 땋은 머리를 표시하며 따라서 그가 여자임을 보여준다.) 왼쪽으로 다음은 편지 받는 사람인데, 전에는 그녀의 애인이었으나 이제는 떠나서 러시아 여인과 살고 있다. (땋은 머리가 파니에르[스커트를 벌리기 위한 허리틀]가 붙은 스커트와 더불어 러시아 의상과 유카기르 의상을 구별해 주고 있다.) 러시아 여인은 당연히 편지 쓴 이와 수신인 사이의

관계를 끊어 버렸다. (러시아 여인의 머리에서 나온 선이 이 두 유카기르인을 잇는 선을 끊고 통과하고 있음). 그럼에도 불구하고 새 가정은 폭풍우가 감돌고 있다. (두 사람을 잇는 십자로 교차된 선들). 편지 쓴 이는 그의 집에서 홀로 (장방형의 둘러싼 구조물) 불행하다(교차된 선들). 그리고 그녀는 아직도 편지 수신인을 생각하고 있다 (곱슬곱슬한 덩굴손이 그에게로 뻗치고 있다). 다른 한 편으로는 편지 수신인은 고향의 다른 남자가 (맨 우측) 그녀에게 덩굴손을 뻗치고 있음을 유념해야 한다. 만약 편지 받는 이가 이러한 정보에 따라 행동하기를 원한다면, 그의 새 가정에 아이들(왼쪽의 작은 두 침엽수)이 생기기 전에 서두르는 것이 좋을 것이다.

　이 전갈은 아주 구체적이고 정밀하다. 즉 그것은 허공을 노려보는 시름에 잠긴 소녀를 그린 구상화에 의해 표현되는 것과 같은, 갈망에 대한 단순하고 막연한 표현을 훨씬 넘어서고 있다. 그리고 생각이 고도로 인습적인 방법으로 표현되고 있어, 전갈을 해독할 수 있기 전에 상징의 사용을 알아야 한다. 하지만 상징들은 음성언어의 특정 요소들을 표시하지 않는다. 그 편지의 내용을 말로 나타내는 방법은 많이 있고, 그 하나 하나는 똑 같이 정당할 것이다. 그 하나는 이렇게 시작할 지 모른다, '그 러시아 소녀와 의좋게 지내지 못한다면서요. 당신이 그리워요...'; 다른 편지는 또 이렇게 시작할 것이다, '비록 당신이 지금 같이 살고 있는 그 러시아인이 당신과 나를 헤어지게 했지만 나는 지금도 당신을 생각하고 있어요...'; 또 많은 다른 형식의 말들이 (영어나 혹은 유카기르어로) 가능할 것이다. 금방 제시한 '번역'은 아주 뚜렷한 발화이고, 생각을 직접적으로 표현하는 음성발화의 표시를 제공함으로써 간접적으로 생각을 전달하는 어떠한 글자체로든 그 번역은 달리 보일 것이다. 그 대신에 유카기르 체계는 생각을 직접적으로 표시하고 있다 – 말하자면 음성언어와 동일한 논리적 수준에 있으며, '글자체'가 통상적 의미에서 음성언어에 기생하고 있는 것처럼 음성언어에 기생하고 있지 않다. 비교적 원시적 문화에서는 이와 같은 의사전달 체계를 사용해온 데가 많다. 그림 1은 특별히 정교한 예이기는 하다. (Gelb 1952, 제2장은 세계 여러 곳의 비슷한 많은 예들을 논의한다.)

　유카기르의 예와 비슷한 가시적 의사전달 체계에 대하여 우리는 용어

*의미표기체계*(意味表記 體系)를 사용할 것이다. 이 체계는 음성언어 발화를 가시적으로 표시하는 *언어표기*(言語表記)*체계*와 대비하여 생각을 직접적으로 표시한다. (이 용어들과 또 이 장에서 도입될 다른 용어들은 Haas 1976a 에서 적용된 것임.) 문자 체계는 그 용어가 일반적으로 이해된 바와 같이 모두 언어표기적이다. 실로, p. 33의 상단에서 언급한 정의에 의하면 한 체계가 '문자'로 간주되기 위해서는 언어표기적이어야 한다. 우리가 (약간의 언어학자들처럼 – Chao 1968, p. 101 참조) 이 정의를 고집하여, 따라서, 의미표기를 문자 이외의 어떤 것으로 분류하기를 원할지, 혹은 의미표기 체계가 한계적 종류의 '문자'로 역시 간주될 쓰기의 '핵심'적 예와 충분히 같다고 생각할지는 (그래서 p. 32 정상에 있는 문자의 정의가, 제안된 대안을 제치고 선택되어야 한다), 궁극적으로 낱말 사용 방법에 관한 개인적 선택에 달려 있다. 어떤 쪽이든 결정을 강요할 필요는 없다.

표기의 규약을 더 추가함으로써 의미표기 체계가 드디어 음성언어만큼이나 충분히 복잡하고 표현력이 풍부해질 때까지 왜 한 사회가 의미표기 체계를 확대할 수 없었을까의 이유가 원칙적으로는 없을 것 같이 보일 것이다. 그 시점에서 그 사회는 서로 아무 관계도 없는 두 개의 어엿한 '언어'를 가질 것인데, 하나는 글자체가 없는 음성언어이고, 다른 하나는 본질적으로 가시적 매체에 묶인 '언어'이다. 의미표기 체계에서의 전갈은 대강 충실하게 음성언어로 *번역*될 수 있겠으나, 그러나 그 전갈을 한 자 한 자 소리내어 *읽는 것*에 대해 이야기하는 것은 아무 의미가 없을 것이다. 하지만 실제는 어떤 의미표기 체계도 이토록 가까이 포괄적이지 못하다. 그리고 그것은 아마 놀랄 일이 아니다. 한 사회의 성원들이 두 개의 무관한 '언어', 즉 하나는 말하는 데 쓰이고 또 하나는 글쓰는 데 쓰이는 언어에 숙달한다는 것은 많은 중복적 노력을 요한다는 것은 알 만한데, 이때는 그들의 음성언어를 표기의 매체로 부호화 하는 체계를 발전시키는 데 택일적 선택을 할 수 있다. 그런 이유로 해서, 원시 사회에서 고도로 개명된 사회로 주의를 돌릴 때, 우리는 어떤 형식이든 언어표기적 문자에 의해 의미표기적 체계가 대치되고 있음을 변함없이 발견하게 되는지 모른다. (역사적으로, 언어표기적 문자가 언제나 그 전의 의미표기적 체계에서 *생겨난* 것인지 여부는 아직도 미해결의 문제이긴 하다.)

하지만 '중복적 노력'의 논의를 지나치게 강조하는 것은 경계해야 한다. 사회 성원들이, 흔히 무관한 둘 또는 그 이상의 음성 언어에 정말 정상적으로 숙달해 있는 사회가 많이 있고, 거의 단일언어의 영국 사회란 세계적 규모에서도 아주 흔하지 않다. 그러므로 아마도, 왜 우리는 표현력에서 음성언어에 버금갈 의미표기 체계를 찾지 못하는가의 설명은, 분명치 않은 어떤 이유 때문에, 말은 사고의 발표를 위한 포괄적 체계를 발전시킬 가시적 부호보다 아주 더 적합한 매체라는 것이다. 그래서 일반적 목적의 문자 전달체계는 현존하는 음성언어의 요소를 오직 부호화 함으로써만이 기능을 발휘할 수 있다.

의미표기 체계는 음성언어와 비교하면 규모에서 보통 아주 제한되어 있지만, 우리는 그 체계가 원시 상태의 문명과 항상 관련되어 있다고 염두에 두지 않는 과오를 범해서는 안된다. 예로, 수학의 문자 '언어'는 의미표기의 고도로 정교한 한 예이다. 수학적 진술이 문자기호로 공식화되는 방법은, 만약 기호화의 체계가 언어표기적이면 그러할 것처럼, 동등한 진술이 어떤 특정한 음성언어로 공식화되는 방법에 의지하지 않는다. 그래서 공식, <$10^9$ = 1 000 000 000>은 영어로 *Ten to the ninth equals one thousand million*으로 번역되고 독일어로는 *Zehn hoch neun gleicht eine Milliarde*로 번역된다. 영어와 독일어의 표현은 다소 다른 구조를 갖고 있으나, 수학적 공식의 구조는 서로 아주 다르다. 그래서 'equals'자 뒤의 자료는 영어에서 3개 낱말이고, 독일어에서 2개 낱말이다. 하지만 수학적 기호로는 10개 자소이다. 'equals'자에 선행하는 것은 영어에서 4개 낱말 (그 중 하나인 *nin-th*는 2개 형태소로 구성됨)이고, 독일어에서 3개 낱말이며, 그리고 3개의 수학적 기호가 있다. 후자의 일치에도 불구하고 개개의 기호는 개개의 독일어 낱말과 동등시할 수 없다. *Zehn*은 첫 기호 <1>에 상응하지 않고 오히려 한 쌍의 기호 <10>에 상응한다. 기호 <1>은 두 곳에 나타나고, 기호 <0>은 그 공식에서 모두 열 곳에서 나타난다. 그러나 음성언어의 발화의 어느 곳에서도 반복은 발견되지 않는다, 등등. 수학적 기호표시는 단순히 사고(思考)를 말로 표명함을 나타내는 것이라기보다는 사고를 직접적 독립적으로 명확히 표명하는 하나의 '언어'이다. 그리고 분명히 그것은 그 영역이 엄격히 제한되어 있지만 어떤 의미에 있어서도 '원시적'은 아니다. (그것은 저자에게 수학적 추상에 관한 진술은 허용하지만, 양배추나 왕에 관한 진술은 허용하지 않는다.)

실로, 의미표기는 현대 문화가 버린 지 오래된, 문자의 미개한 선구자에 불과하기는커녕 그것은 현재 그 적용 분야를 상당히 넓혀가고 있다. '좌회전 금함'이나 '앞 큰길에서 정지'와 같은 도로 표시, '표백 금지'와 같이 의류에 붙은 세탁 지시문, 냉동 식품을 얼마 동안 안전하게 저장할 수 있는가에 관한 정보 등은, 영어나 다른 어떤 언어의 낱말들과도 관계없는 기호에 의하여 의미표기적으로 모두 표현되고 있다. 나의 세대의 어떤 이에게는, 30년 전에는 일반적인 영어 글자체가 기준이었던 공적 의사전달 영역을 의미표기가 대치한 것은 아주 충격적인 것이다. 물론 그 이유는 우리 대에 일고 있는 서유럽의 점진적인 정치적 상업적 통합이며, 이는 또한 관리와 기업가들로 하여금 다른 언어를 희생 삼아 하나의 유럽 언어를 지지하는 것을 바라지 않게 하고 있다.

의미표기가 널리 보급됨에 따라 그것은 점점 정교한 전갈을 위해 사용되어지고 있다. 예로, 최근 내가 자동 초우크가 있는 새 포오드 자동차를 샀을 때, 차양판(遮陽板)이 그림 2의 명각(銘刻)을 담은 종이 봉투를 과시하고 있었다. (반점(斑點)과 사선 부분은 원본에서 각각 청색과 적색이다.)

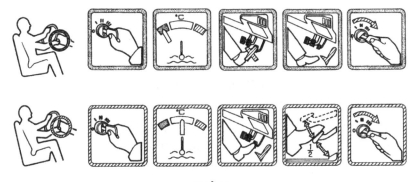

그림 2

그림 2의 영어 번역은 아주 복잡하다. 대충 이런 내용일 것이다, '냉각

상태에서 시동할 때는 연료 페달을 밟지 말고 시동을 거세요. 만일 엔진이 더우면 시동 키를 돌리면서 연료 페달을 중간까지 밟으세요.' 이러한 경향이 궁극적으로 어디까지 나아갈 것인가 궁리해 보는 것은 흥미로운 일이다. 아마 표현력에서 영어, 불어, 혹은 독어에 필적할 어엿한 의미표기 언어로 발전해 갈 것 같지는 않다. 그러나 이미 시사한 대로, 합리적으로 말해서 이와 같은 결과는 절대로 배제될 것 같지 않다.

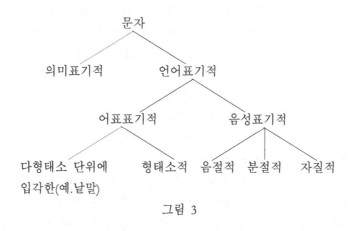

그림 3

만일 의미표기가 진정한 문자라고 여겨지지 않는다면, 이제 여러 가지 언어표기적 문자체계, 즉 '본래의 문자'를 검토해보자. 그림 3은 분류표를 보여준다.

그림 3의 정상에서 문자는 대체로 의미표기적 체계와 언어표기적 체계로 나누이며, 전자는 문자 내에 포함시킨 것이 의심스럽다는 것을 보여주기 위해 점선으로 처리했다. 언어표기 체계 내의 주된 분류는 *어표표기적* 문자와 음성표기적 문자이다.

이 구별의 기초가 된 것은 프랑스 언어학자 Andŕe Martinet가 언어의 '이중 발음'이라고 칭한 현상이다. 어떤 언어도 사고를 단위의 큰 범위가 되도록 발음하고 이 단위를 위한 음성 기호를 제공하는 체계이다. 이 단위가 낱말, 즉 '형태소'라는 낱말의 유의적 성분인데, *uncaring*의 *un*과 *-ing*과 같은 것이다. 원칙적으로 언어가 그것이 분리하는 사고의 각 단위를 기호화하기 위해 별개의 음성 단위를 제공할 수 있다면 사정은 단순할 것이다. 그러나 인간의 음성기관에 의해 마련된 가능성의 범위는, 매우 크다고는 하지만, 어느 전형적인 언어에 포함된 수 천의 유의적 단위를 위해 충분한 별개의 음성을 제공한다는 것은 어림없는 일이다. 즉 적어도 아주 많은 상이한 음성들이 사용된다면 음성간의 차이는 그 음성을 발음하고 또 알아차리는 것을 사람들이 배울 수 있는 어떠한 가능성도 좌절시킬 만큼 미세해야 한다. 그러므로 그 대신에 언어는 음성매체에 아주 독립적인 발음을 과하여, 그 것을 분석하여 비교적 작고 취급 가능한 한 조의 음운 단위를 이루는데, 이 음운단위는 단위 수에 관해서나, 단위가 결합하여 더 큰 음운 완성체를 이루는 원칙에 관해서나 그 첫 발음과는 아무런 관계가 없다. 그래서 첫 발음의 갖가지 유의적 단위는 보통 아주 임의적인 방법으로 음운단위의 집단과 관련된다. (일정한 유의적 단위를 위해 사용된 음성집단의 내부 구성이 그 단위의 의미에 관한 어떠한 사실과도 상관하지 않는다는 의미에서 그렇다.) 비교적 소수의 개개의 음성단위가 있지만 충분한 결합이 가능하여 모든 많은 의미단위를 위한 발음을 제공하고 있다.

이 의미에서 언어가 '이중으로 발음된다'고 가정할 때, 문자체계가 첫째 발음의 단위나 둘째 발음의 단위 중 어느 하나를 대표하는 가능성이 있다. 어표표기 체계는 유의적 단위에 입각한 것이고, 음성표기 체계는 음운적 단위에 입각한 것이다. 그래서 누가 영어를 위한 어표표기적 문자체계를 발명한다면 그것은 문장 *The cat walked over the mat*을 다음과 같이 표시할 것이다.

그림 4

여기서 첫째와 여섯째 자리의 가리키는 손은 낱말 *the*를 표시한 데 사용되고, 셋째 자리의 걷는 다리는 어근 *walk*를 표시하고, 넷째 자리의 시계 반대 방향의 화살이 있는 시계는 과거시제 형태소 *-ed*를 표시하고, 다섯째 자리의 토막 위의 수평 화살은 *over*를 표시하고, *cat*와 *mat*를 위한 기호는 설명의 필요가 없이 자명하다. 또 한편으로는, 하나의 특별한 음성표기 체계(국제음성협회 IPA의 것)는 같은 영어 문장을 다음과 같이 표시한다.

T, kAt w(kt ,ɷv, T, mAt

여기서 개개의 기호는 음성의 '분절음'을 표시한다.

영어 문자체계의 주변 여기저기에 약간의 분명한 어표표기적 요소가 있다. 예로, 표준 타자기 자판에는 글씨 <& %>가 들어있는데, 이것은 각각 낱말 *and*와 구 *per cent*를 표시한다. (덜 솔직한 예이지만 *at*를 표시하는 <@>를 첨가할 수 있을 것이다. 왜냐하면 <@>로 기록될 수 있는 *at*의 예들은 특별한 상업 서류에서 특정 위치에 엄격히 국한되어 있기 때문이다. 즉 소설에서 <@>를 만나보지 못할 것이다. 그리고 *pound*를 표시하는 <£>의 어표표기적 성격은 더욱 더 의심스럽다. 그 이유는 *one pound*와 <£1>에서의 어순에서의 차이 때문이고, 또한 금액을 말로 부를 때 *pound*이거나 *pounds*이거나 간에 똑같은 글씨 <£>를 사용하고 있기 때문이다. 아마 <£>를 수학의 의미표기적 표기에 속하는 것으로 보는 것이 나을 것이다.) <&> 같은 것을 3개음 /And/의 연속체를 표시하는 음성표기 기호로 생각하는 것은 매우 잘못임을 특별히 유의해야 한다. (마치 <x>가 2개 음소 /ks/의 연속을 표시하는 것처럼.) 이것은 예컨대 다음과 같은 사실에서 명백하다. 즉 보통 영어 글에서는 (어린애들의 수수께끼 책장의 그림 찾기 같은 것은 제쳐놓고) *land, Andrew* 같은 낱말은 결코 <l&>, <&rew>로는 쓰이지 않을 것이다. 이에 반하여 만약 기호가 음성표기적이라면 이것이 가능해야 한다.

(일상 용법에서 사람들은 어떤 색다른 문자체계를 표의문자라고 보통 묘사한다. 그리고 내가 여기서 이 용어를 도입한 것은 앞으로 이것을 전연 쓰지 않을 것임을 강조하기 위함이다. 이 용어를 피하는 이유는 사람들이 이것에 부여하는 의미가 매우 불분명하고, 사실 이 용어는 의미표기적 체계와 어표표기적 체계간의 중대한 구별을 흐리게끔 사용되는 것 같기 때문이다.)

　그림 3의 분류표의 하위분지(下位分枝)를 고려하기 앞서, 음성표기적, 어표표기적, 의미표기적 구별을 서로 서로 뿐만 아니라 모두를 가로지르는 2개 원칙을 더 도입하는 것이 편리할 것이다. 이들은 유연적(有緣的) (때로는 도상적[圖像的]으로 불림) 대 자의적(恣意的) 체계와 완전 대 불완전(혹은 결함적) 체계의 대립이다.

　용어 '유연적'과 '자의적'은 문자체계의 글씨(graph)와 글씨가 표시하는 음성언어의 단위 간의 관계를 말한다. 어떤 자연스러운 관계가 있으면, 그 체계는 유연적이고, 그렇지 않으면 그 체계는 자의적이다. 예로, 그림 4의 가설적인 어표표기 체계의 글씨들은 분명히 유연적이다. 즉 *cat*와 *mat*를 가리키는 글씨는 각각 고양이 (혹은 고양이 머리)와 멍석 같이 보이고, 물체를 가리키지 않는 형태소를 위한 글씨들은 각각의 생각과의 어떤 논리적 연관을 보여준다. (*the*의 경우에는 상당히 빈약한 연관이 인정된다.) 반대로 IPA 표기는 전적으로 자의적이다. 즉 글씨 <k>의 모양과 *cat*의 초성 자음 사이, 혹은 <ʌ>의 모양과 *cat*의 모음 사이에는 하등의 자연스런 연관이 없다. 다만 우리는 어떤 모양이 어떤 음과 어울리느냐를 배워야 할 따름이다.

　지금까지 제시된 예에서 우리는 어표표기적 글자체는 언제나 유연적이고 음성표기적 글자체는 언제나 자의적임을 짐작할 수 있을 것이다. 그러나 이것은 꼭 그래야만 하는 것은 결코 아니다. 예로, 어표문자 <&>의 모양은 추가나 접속의 생각과 닮은 데가 없음을 들어내고 있다. 그리고 그림 4의 가설적인 어표표기 체계가 유연의 글씨를 사용했지만, 동일한 낱말들인 *The cat walked over the mat*에 전적으로 자의적인 체계를 부여하는 또 다른 체계가 발명될 수 있을 것이다. 실로 중국어 글자체가 이러한 체계이다. *The cat walked over the mat*의 중국어는 猫走過席子로 쓰일 것이다. 영어 독자가 이 글씨들의 어떤 것을 눈에 보이는 겉모양에 근거해서 문장 속의 생각과 상호 관련시킬 수 있을까? 거의 그럴 수 없다고 나는 생각한다. 반대로 글씨의 모양이, 해당하는 소리를 낼 때의 발성기관의 위치와 관계가 있도록 음성표기적 글자체를 고안하는 것은 아주 가능할 것이다. 실로 '유연의' 음성표기적 글자체는 존재하는데, 과학적인 음성학 내의 전문적 표기체계로서도 존재하고 (Abercrombie 1967, pp. 116-20 참조), 또 한 경우에 보통의 국가적 정자법 체계로서도 존재한다 (아래 제7장 참조).

'유연적' 대 '자의적'이라는 성질은 원래 문자체계 내의 개개의 글씨의 성질이다. 체계는 유연적인 어떤 글씨와 자의적인 다른 글씨를 포함할 수도 있을 것이다. (예로, 아라비아 숫자체계에서 글씨 <0 1>은 각각 빈 구멍과 작대기를 그린 것인데 유연적이고, 한편 <6 7>은 자의적인 것과 같다.) 더욱이 개개의 글씨의 '유연성'은 단순한 그렇다-아니다의 문제라기 보다는 정도의 문제다. 돼지를 나타내는 어표표기적 기호 <🐖>은 고도로 유연적이라 하겠으나, 꼬인 꼬리를 암시하는 기호 <ੇ>은 전자보다는 못하지만 약간 유연적으로 볼 수 있는 가능한 대안(代案)이라고 할 것이다. 분명 여하한 단일 문자체계 내부에서도, 갖가지 개개의 글씨들이 그의 유연성(有緣性)의 정도에서 대충 비슷해지는 경향이 있어, 종종 한 글자체를 대체로 '고도로 유연적'이라고, 또는 '거의 전적으로 자의적'이라고 묘사하는 것이 적절할 것이다.

(일상 언어에서의 또 하나의 용어로서, 혼란을 일으킬까 해서 그것을 거부하기 위해 여기서 언급할 만한 용어는 '그림 문자' 또는 '상형문자'다. 사람들이 어떤 것을 '그림문자'라고 묘사할 때는 그것이 비교적 명백한 어떤 종류의 유연의 글자체임을 그들이 의미하는 것인지, 또는 그것이 언어표기체계라기 보다는 의미표기체계임을 의미하는 것인지 분명하지 않다. 어느 정도 이 둘은 서로 어울리는 경향이 있을 것 같지만 그러나 이 경향은 절대적인 것과는 거리가 멀다. 그림 1 (p. 35)의 의미표기적 유카기르 체계는 자의적인 요소를 상당히 포함하고 있다. 예를 들어, 십자로 교차된 선들과 불행 사이에 어떠한 자연스런 관련이 있는가? 그리고 현대의 의미표기체계의 많은 부면들도 마찬가지로 철저히 자의적이다. 예로, 아래를 가리키는 역삼각형으로 구성된 '길을 양보하라'는 표시나, 거의 어떠한 유연성도 없는 수학의 기호를 고려해 보라. 반대로, 영어글자체와 같은 더 친숙한 언어표기체계는 고도로 자의적인데, 우리는 뒤 장들에서 많은 유연관계를 보여주는 다른 언어표기 글자체들을 만나게 될 것이다. 용어 '표의문자의'와 같이 용어 '상형문자의'나 '그림-문자'의 사용은 피해야 한다. 이들 용어는 문자의 연구자가 주의 깊게 구분해 둘 필요가 있는 차이점을 흐리게 하기 때문이다.)

상이한 글자체가 불완전성의 상이한 정도를 보일 수 있다는 의미에서, 전부-아니면-전무라는 차원이라기 보다는 변화도(變化度) 있는 차원인 '완전' 대 '불완전/결함'의 차원은, 하나의 글자체가 (어표표기적이건 음성표기적이건 간에) 관련된 언어에서의 관계 있는 수준의 단위의 전 범위를 대표하는 표시를 제공하는 정도와 관계가 있다. 어느 정도까지 그 글자체는 음성언어에 있는 자료를 고려하지 않는 것인가? 매일 사용하는 어떤 글자체치고 전적인 완전성을 달성한다는 것은 있을 법하지 않다. 그러나 여러 글자체는 분명히 결함의 정도에서 상당히 다르다.

역사적으로 옛날의 글자체들은 흔히 아주 불완전하다. 왜 이래야 하는가를 설명하기 위해서는 비교적 초기의 글자체들은 음성표기적이라기 보다는 어표표기적인 경향이 있다는 사실을 먼저 고려에 넣을 필요가 있는데, 이 사실에 대해서 두 가지 이유를 들 수 있다. 먼저, 한 언어의 '최초의 발음'의 단위들은 특별히 배우지 아니해도 그 언어의 원어민들에게는 비교적 명백한 경향이 있다. 즉 어린이는 음성 문장을 별개의 낱말들로 분할할 수 있기 위해서 읽고 쓰기를 먼저 배울 필요가 없다. 그러나 한편으로 음운적인 '둘째 발음'의 단위들은, 특히 음절보다 작은 음운단위들은, 명백하지 않다. 어린이는 낱말 *cat*를 'ker-a-ter'로 듣도록 가르쳐져야 한다. 그런데 이와 같은 학습은 많은 어린이들에게는 결코 쉬운 일이 아니다. 음성연속체를 별개의 모음과 자음으로 분할하는 데 자명적이거나 자연적인 것은 아무것도 없다. (예: Downing and Leong 1982; pp. 99-100, 111; Bradley and Bryant 1983 참조.) 또한, 언어의 '최초의 발음'의 많은 단위들이 의미를 가지고 있는데 그 의미를 위해 유연(有緣) 기호를 발명하는 것은 쉽다. (하지만 한편으론 유연의 음성표기적 기호를 발명하기 위해 발성기관의 활동을 알아차린다는 것은 매우 정교한 지적 업적인 것이다.) 그리고 분명히, 글자체가 무(無)에서 창조될 때는 도상성 원리(圖像性 原理)는 발명자와 최초의 학습자의 할 일을 쉽게 해주는 특별히 명확한 방법이다. 하지만 만약, 글자체가 언어의 유의적(有意的) 단위를 위한 유연의 기호를 제공함으로써 발명된다면, 이들 단위의 어떤 것은 다른 것보다 그림으로 표시하는 것이 훨씬 쉽다는 데서 문제가 일어난다. 예문 *The cat walked over the mat*에 집착하자면, 낱말 *cat*와 *mat*는 *the*나 굴절어미 *-ed* 보다 훨씬 쉽게 필사표시(筆寫表示)에 적합하다. 그러나 '그림가능성'이 덜한 단위들은 역시 흔히 그림가능성이 훨씬 더한 부분들보다 정보에 대해 덜 중대하다는 것 또한 사실이다. 그래서 글자체는 그런 단위들은 그냥 빼버릴 것이다.—즉 영어 대신의 불완전한 어표표기 글자체는 영어문장을 단순히 다음과 같이 쓸 것이다:

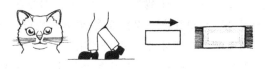

그림 5

그림 5는 *The cat walked over the mat*를 *A cat walked over the mat, The cat is walking over the mat* 등과 구별을 못하고 있다. 그러나 그 글자체가 사용되는 목적을 위해 그 차이를 분명히 하는 것이 불필요할 지도 모른다. 불완전한 글자체는 글자체가 전연 없는 것보다는 훨씬 낫다.

글자체는 어떤 언어적 단위에 대한 어떠한 표시도 제공 못함으로써 뿐만 아니라, 택일적으로 애매한 표시를 제공함으로써 '불완전'할 수 있다. 그래서 그림 5의 어표표기 체계의 더 완전한 번역은 그림☞을 포함할 것이지만, 이것을 *the* 뿐만 아니라 *this*와 *that* 대신으로도 사용할 것이다.—따라서 다음 명기(銘記)는:

그림 6

그림 5와는 달리, *A cat walked over the mat*라는 해석을 배제하는 데에는 성공하겠으나 그래도 아직, 예컨대 *The cat walked...*를 *This cat walked....*와 구별 못하고 있다.

아주 옛날 글자체는, 이미 언급한 대로, 왕왕 아주 불완전하다. 그러나 이것을 현대의 문자체계는 전적으로 완전하다는 것을 의미하는 것으로 받아들여져서는 안된다. 그래서 현대 영어 정자법이 아주 불완전한 하나의 주목할 만한 점이 있는데 그것은 억양이다. 어느 정도 구두법(句讀法)이 억양에 대한 단서를 제공하지만, 구두법에 의해 제공되는 표시는 영어 억양-차이를 완전 표시하기에는 태부족하다. (현대 영어 정자법에서 구두법은 원문의 발음의 어떠한 면보다도 원문의 논리적 구조와 더 많은 관계가 있다.) 상이한 억양형으로 말한 동일 순서의 낱말들로 구성된 일단의 문장들을 고려해 보자. (여기서는 M. A. K. Halliday (1967)의 표기 체계로 표시되는데, 이것은 우리가 논의 중인 완전성의 결함을 채우기 위한 하나의 시도인데, 이 체계에서 //와 /는 각각 '성조군'(聲調群)과 '음보'(音步)의 경계를 표시하며, 밑줄은 성조군의 '성조음절'을 표시하고, 숫자는 영어의 갖가지 '성조' 즉 음높이형(pitch pattern)을 표시한다.)

> //2 is he /<u>sure</u> of it // – 고음높이로 상승: 중립적 질문
>
> //-3 is he / <u>sure</u> of it // – 하위음높이에서 중위로 상승: '내가 "Is he sure of it?"라고 묻고 있다, 꼭 중요한 것은 아니지만. . .'
>
> //5 is he / <u>sure</u> of it // – 고음높이로 상승, 이어서 하강: '그가 그걸 믿는다고, 왜냐하면 만약 그가 *믿지* 않는다면. . .'
>
> //<u>4</u> is he / sure of it // – 저음 높이로 하강, 이어서 상승: '그가 그것을 믿는가 아닌가 묻는 거요? 물론 그는 믿고 있지요!'

이 네 개의 문장은 음성영어에서는 발음과 의미에서 아주 다르다. 그런데도 영어 정자법에서는 그 문장들은 구별할 수 없다. 사정이 급하면 셋째 문장은 *sure*를 이탤릭체로 씀으로써 다른 문장과 구별할 수 있을 것이다. 그러나 이것은 이 문장이 단순히 성조 5에서 발음될 뿐 아니라 *sure*가 대조강세를 갖고 있음을 보통 암시할 것이다. 실제 *sure*에 특별한 강세 없이도 이 억양곡선을 갖는 것은 거의 확실하다. 이것은 별문제로 하고, 모든 문장은 똑같이 <Is he sure of it?>로 써야 한다.

영어 정자법은 '불완전하다'는 주장을 지지하여 이 예를 제시함으로써 내가 어떤 의미에서 속임수를 쓰고 있다고 독자는 생각할 지도 모른다. 그래

서 억양형은 문장이 포함하고 있는 낱말들처럼 '실제로' 문장의 중요 부분
이 아니며, 따라서 완전성의 문제는 억양에 관해서는 거의 일어나지 않는다
고 반대하고 싶어할 것이다. 그러나 이것은 순환적이다. 낱말들은 문장에서
핵심적인 것이지만 억양형은 그렇지 않다고 우리가 본능적으로 느끼는 이
유는, 영어에 관한 우리의 본능적인 생각은 우리가 영어를 읽고 쓰기 위하
여 배운 정자법 체계에 의해 심히 물들여져 있기 때문이며, 이래서 억양을
소홀히 하게 한 것이다. 사실, 억양형은 보통은 문장의 가장 중요한 요소는
아니나, 전연 무의미한 것은 결코 아니다. 위의 4개 예문 사이의 억양차(差)
는 각각 문장의 최종 낱말로서 *this*나 *that* 보다는 *it*의 선택 이상으로 훨씬 더
큰 의미를 지니고 있다. 후자의 차이는 영어 정자법으로 일관되게 기록되는
반면, 전자의 차이는 일관되게 간과되고 있는 사실은, 분명 영어의 어떤 실
제적 글자체의 경우라고 우리가 당연히 기대하는 것이라기보다는 영어라는
특정 글자체의 완전성에 대한 자의(恣意)적 한계에 관한 사실에 불과하다.

그러나 이 모두는, 언어의 최선의 글자체는 반드시 가장 완전한 글자체
라야 함을 의미하지는 않는다. Halliday의 억양 표기법은 아주 특수화된 전
문적인 언어학적 목적을 위해 발명된 것이지, 그가 자기의 표기법이나 혹
은 그것과 같은 것이 일상의 글쓰기에 사용되어야 한다고 분명 제안하지는
않는다. 완전성은 글자체에 있어서 하나의 희망사항인데, 그것은 말을 종이
에 옮기기 위해 가능한 최다수의 사고-차이를 허용하기 때문이다. 그러나
흔히 이것과 모순되는 다른 희망사항들도 있다. 그 중에서도 특히 경제성
인데, 배워야 할 여러 기호들의 근소함과 어떤 발화의 표시에 사용되는 기
호들의 근소함이라는 의미에서의 경제성이다. 아마 영어글자체에서 보이는
불완전성 같은 것은 이들 모순된 희망사항들 간의 좋은 절충점을 표시하는
것일 수 있다. 위에서 인용한 예들에서 억양형은 중요하지만, 문맥상 억양
이 낱말 연속에서 예측이 가능한 예들이 많을 것이다. 그것도 아마 너무나
많아서 영어 글자체가 억양의 자세한 표시를 포함할 가치가 전연 없을 것이
다. 마찬가지로 약간의 옛 글자체의 비교적 극단적인 불완전성은 꼭 미
숙의 결함만은 아닐 것이다. 만약 글자체가 오직 고도로 구체적인 목적으
로만 사용돼서 발화의 대부분이 문맥으로 예측된다면, 아주 불완전한 글자

체가 사실상 *최선의* 글자체일 것이다. 왜냐하면 어느 쪽이 유리한가의 균형은 완전성에서 경제성으로 기울일 것이기 때문이다.

그림 3(p. 40)의 분류표로 돌아가자. 우리는 아직도 어표표기 체계와 으성표기 체계의 하위분류를 다루어야 한다.

Martinet의 2개 조음 수준의 각각에서, 언어는 크기가 다른 단위들을 가지고 있다. '일차 조음'의 최소 요소는 형태소이나, 영어를 포함해서 대개의 언어에는 '낱말'이 있고, 어떤 낱말은 단일 형태소로 구성되어 있으나 다형태소로 된 낱말도 많다. 모든 언어에서 형태소(또는 낱말)는 더 큰 통사 단위인 구, 절로 통합될 것이다. 마찬가지로, 이차 조음 수준에서는 최소의 단위는 음성자질 — 즉, '자음적', '순치 접촉', '마찰적', '유성적' 등과 같은 요소들이다. 그러나 음성자질들은 결합하여 '분절음' 혹은 '단음'이 되며, (예로, 금방 열거한 한 조의 자질들은 결국 분절음 [v]가 되고) 나아가 '음절'이라는 더 큰 단위가 된다.

'일차 조음'의 수준에서, 어표표기 체계의 기초로 사용될 수 있는 단위의 크기는, 글자체는 오직 유한수의 기본적 글씨만을 포함해야 한다는 명백한 필요조건에 의해 제약받는다. 어떤 인간 언어에서도 잠재적 적격문장의 수는 무한대라는 것은 현대언어학의 상투적인 말이다. 그렇다면 분명히, 전체 문장을 단 하나의 글씨로 표시하는 글자체를 발명한다는 것은 전혀 불가능한 것이다. 같은 생각에서 어표표기적 글자체를 절이나 구에 근거를 두게 하는 가능성은 배제된다. 적어도 원칙적으로는 낱말을 필사표시(筆寫表示)의 단위로 사용하는 것은 가능할 것이다. 즉 한 언어의 어휘 중 낱말 수는 그 언어의 형태소 수 보다 더 크나, 오직 유한적으로 클 뿐이다. 그런고로 사람들은 영어를 위한 어표표기 글자체를 상상할 터인데, 이 글자체에서는 예컨대, 낱말 *walk, walked, walking*은 그림 4 (p. 41)에서와 같이 구성성분 형태소로 분할되기보다는 오히려 3개의 판이하고 무관한 글씨에 의해 표시된다. 그러나 실제는, 단일 형태소 보다 더 큰 단위에 근거한 어표표기 체계를 나는 모른다. (이것이 그림 3 (p. 40)에서 '어표표기적'에서 내려오는 좌측선이 점선인 이유인데, 그것은 실제 가능하다기 보다는 가설적인 가능성이다.) 이 가능성의 부재는 놀랍지 않다. 일반적으로 어표표기 체계의 주된 결점은, 이 체계는 발명해서 사용자들에 기억시켜야 할 필사 단위의 수의 견지에서 비경제적이라는 것이다. 즉 동일 어근에서 파생된 갖가지 낱말을 위해 별개의 글씨를 사용하는 것은 기억의 부담을 크게 늘리게 될 것이며, 이 체계를 이해할 수 있기 위해서 요구되는 언어학적 분석의 양을 감축시킨다는 견지에서는 이득이 거의 없을 것이다.

다른 한편으로는, 2차의 음운론적 조음의 수준에서는 모든 것이 유한적이다. 어떤 언어에서나 오직 유한 범위의 음운적으로-인정 가능한 음절이 있을 뿐이다. (그리고 많은 언어에서 이 범위는 영어에서 보다 상당히 더 작을 것이고, 영어의 복잡한 자음군, 이중모음, 삼중모음은 현저하게 방대한 음절 목록에 기여한다.) 어떤 언어의 음절도, 훨씬 적은 일련의 자음분절음과 모음분절음에서 빼온 요소들의 연속으로 분석될 수 있고, 연속은 또한 동시 발생적인 음성자질의 묶음으로 취급될 수 있다. 즉 한 언어에 의해 사용되는 자질 목록은 보통은 그 언어의 분절음 목록보다는 최소한 어느 정도는 더 작을 것이다.[2] 그래서 음성표기 체계를 이들 단위의 어떤 것에도 근거하도록 할 수 있고, 또한 모든 세 범주의 글자체의 실제의 예들이 있다.

분절음에 근거를 둔 글자체의 개념은 거의 설명을 필요로 하지 않는데, 유럽의 정자법들이 (적어도 대강은) 분절음적이기 때문이다. 음절적인 글자체의 개념은 (제4장과 제9장에서 실 예를 자세히 논하기 전에) 여기서 한두 마디 분명히 해 둘 가치가 있다. 그림 4 (p. 41)의 가설적 글자체를 되돌아보면, 사람들은 이것이 분명히 음절문자와 판이한 것인가 하고 질문할 것이다. 즉 그것은 음성표기 글자체와 대립되는 어표표기 글자체의 예로서 제시됐으나, 사실 그림 4의 글씨의 대부분은 영어의 음절-크기의 요소들, 즉 *the, cat* 등을 표시한다. 그러나 첫째, 이 진술에는 두 예외가 있다. 즉 5번째 글씨는 2음절어 *over*를 뜻하고, 4번째 글씨는 음절의 부분으로 발음되는 과거형태소를 뜻한다. 음절적인 글자체에서는 한 명기(銘記)내의 글씨의 수는 표기된 발화의 음운론에 달려있어서, 발음의 견지에서 긴 낱말들은 짧은 낱말을 쓰기 위해 필요한 것보다 더 많은 글씨로 표시될 것이다. 반대로 형태소적 글자체에서는 명기 내의 글씨 수는 발음과는 관계가 없다. 즉 *catamaran* 같은 긴 낱말도 단 하나의 형태소이기에, 단 하나의 글씨로 쓰일 것이다. 더욱이 형태소적 글자체에서는 요소들이 실제 판이한 의미 단위라면, 그들이 단지 똑같이 들린다고 해서 똑같이 쓰이지(書) 않을 것이다. 즉 그림 4의 최종 글씨는 낱말 *mat*를 표시하는데, 만약 글자체가 어표표기적이라면 의미론적으로 무관한 낱말 *matte*에 대해서, 비록 그것도 /mAt/로 발음되더라도, 별개의 글씨가 사용될 것이다. 그러나 반대로 음절적 글자체에서는, *mat*와 *matte*는 똑같이 쓰일 것이고, cat를 쓰는 글씨는 역시나 *catamaran*이란 문자의 첫 글씨로서 나타날 것이다.

'자질적' 글자체에 눈을 돌리면서 (나는 이 신어사용을 유감으로 여기는데, 이용할만한 표준 용어가 없다), 우리는 다시 (제7장에서) 이 자질적 원리 위에서 작용하는 국민적 표준 정자법을 자세히 검토할 것이다. 그러나 당분간은 독자는 우리 신변 가까이에서 끌어와서 더 친숙할지도 모를 예들에 관심이 있을 것이다. 순수한 과학적 자질글자체는 '생성음운론자들'에 의해 사용되는 표기법이며 (예: Chomsky and Halle 1968), 그 하나의 설명에서, 예컨대 영어 낱말 *cat*는 그림 7과 같이 표기될 것이다. 그림 7의 표와 같은 표의 횡렬은 플러스 값 혹은 마이너스 값을 취하는 갖가지 음성자질을 의미하며 (예: '+voiced'는 유성을 의미하고, '-voiced'는 무성을 의미한다), 종렬은 표기된 발화의 연속적인 분절음을 의미한다.

| consonantal | 자음성 | + | - | + |
|---|---|---|---|---|
| vocalic | 모음성 | - | + | - |
| sonorant | 공명성 | - | + | - |
| anterior | 전방적 | - | - | + |
| coronal | 설정적 | - | - | + |
| close | 폐쇄 | - | - | - |
| open | 개방 | - | + | - |
| back | 후설 | - | - | - |
| round | 원순 | - | - | - |
| voiced | 유성 | - | + | - |

그림 7

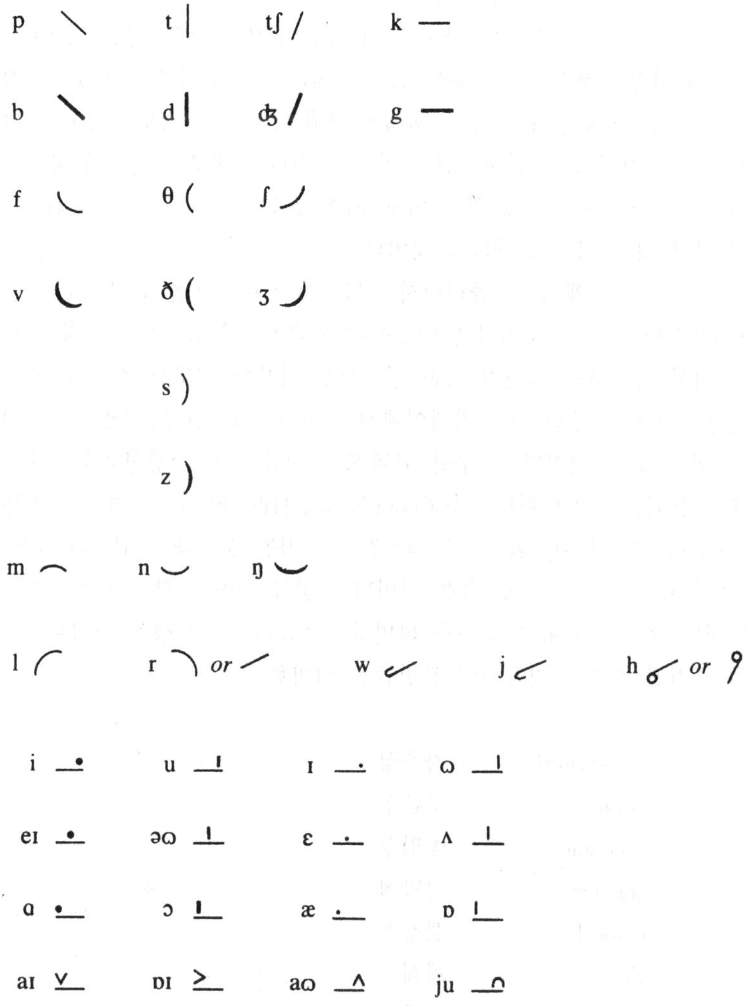

p ＼　　t ｜　　tʃ ／　　k —

b ＼　　d ｜　　ʤ ／　　g —

f ⌣　　θ (　　ʃ ⌡

v ⌣　　ð (　　ʒ ⌡

　　　　s )

　　　　z )

m ⌢　　n ⌣　　ŋ ⌣

l ⌢　　r ) or ╱　　w ⌄　　j ⌞　　h ⌀ or ໑

i •　　u ⌐　　ɪ •　　ʊ ⌐

eɪ •　　əʊ ⌐　　ɛ •　　ʌ ⌐

ɑ •　　ɔ ⌐　　æ •　　ɒ ⌐

aɪ ⌄　　ɔɪ ≥　　aʊ ∧　　ju ⌒

그림 8

이 표기법은 특수화된 과학적 목적을 위해 고안됐으며 분명히 일상 용
도로는 너무 부담스럽다. 영어를 위해 더 실제적인 자질 글자체의 예로서

Pitman의 속기법을 고려해보자. 그림 8은 이 체계의 기본 요소들을 보여준
다. (Pitman의 체계는 대체로 많은 복잡한 것들을 포함하고 있는데, 그 대부
분은 쓰기의 속도를 위해 낱말의 쓰인 형태를 가능한 가장 단순한 윤곽으
로 축소시키는 규약들에 관련되어 있다. 이 체계의 기본적인 것만을 검토
할 것이다.) 이 글자체는 따로 분리해서 쓰이는 개개의 글씨에 음성자질을
배당함으로 해서 음성자질을 표시하지 않는다. 오히려 하나의 글씨가 하나
의 단편(斷片) 전체를 표시한다. 그러나 그 글씨의 갖가지 가시적 속성들은
그 단편을 구성하는 상이한 음성자질들과 상관관계가 있다. 자음과 모음
간의 주요 대립은 연장된 선 대 자음-선 가까이의 여러 위치에서의 작은
점과 대시(dash)의 대립으로 표시된다. (그림 8은 모음 기호의 자리잡음을
설명하기 위해 /k/의 선을 사용하고 있다. 그래서 /i/를 위해 보여진 기호
들의 통합은 /ik/*eke*를 의미한다.) 저해자음을 위한 글씨 중, 굵은 것과 가는
것간의 대립은 유성/무성의 대립을 표시한다. 조음점은 방위(方位)로 표시
되고 [좌경(左傾)=순음, 수직=설단음, 우경=경구개-치조음, 수평=연구개음],
곡선은 마찰음을, 직선은 폐쇄음(파찰음 포함)을 의미한다. 모음 기호 중,
굵음/가늘음의 대립은 '긴장'모음(동일 음절 내에 후속 자음을 요하지 않는
것)을 '이완'모음 혹은 '폐식'(閉息)모음과 구별한다. 점 대 대시는 전설 대
후설을 의미하고, 인접 자음 기호와 관계된 위치는 폐모음 대 평모음 대
개모음의 대립을 표시한다. (이 체계는 /eɪ əʊ/가 마치 단순모음 /e o/인 것
처럼 취급함으로써 영어음성학을 약간 왜곡하고 있다. 약간의 지역적 방언
에선 그렇다.) /r/와 /h/의 택일적 기호들은 이철자(異綴字)이고, 그들 중의
선택은 그 기호를 선행 혹은 후행하는 기호와 연결시키는 데 있어서의 편
리성에 의해 결정된다.

　Pitman의 기본 글씨 중 몇 개는, 특히 /h/를 위한 글씨는, (이것은 음성적
견지에서 여러 자질로 분석하기가 어려운데) 단일 분절 기호로 취급되어야
한다. 그러나 대체로 그의 체계는 분명히 자질에 근거한 것이다.

　상술의 이들은 표시된 단위의 유형(類型)의 견지에서 언어표기적 글자체
의 주요 범주들이다. 그러나 강조되어야 할 것은 실생활에서 사용되는 실
제의 정자법은 보통 이들 범주들 중의 어떤 것의 순수하고 교과서적인 예

들이 아니라는 것이다. 말-표기 체계가 발명되어 과학적 목적으로 사용될 때는 그것은 시종일관 순수할 것이다. 그러나 전체 언어공동체 혹은 국민의 일상적 문자체계로서 장기간에 걸쳐 진화해온 글자체는 거의 언제나 혼합물과 같은 것임을 이 책이 나아감에 따라 우리는 알게 될 것이다. 어떤 경우에는 특정 글자체 내에 어떤 유형의 문자가 지배적인가를 말할 수 없을 정도의 비율로 여러 유형의 문자가 혼합되어 있다. 그래서 제9장에서 일본어 문자는 '본질적으로 어표표기적'이라거나 '본질적으로 음성표기적'이라거나로 부를 수 없고, 그것은 부분적으로 전자이고 또 부분적으로 후자임을 우리는 알게 될 것이다. 아마 더 일반적으로는 갖가지 원칙 중의 하나가 정자법 체계 내의 구성성분의 대부분을 지배할 것이다. 그러나 거의 언제나 그 원칙과 일치하지 않는 요소들의 혼합이 있을 것이다.

표시된 여러 종류의 언어 단위 간의, 완전 대 불완전 체계 간의, 그리고 유연(有緣)적 대 자의적 글씨 간의 구별과는 별도로, 이 장이 끝나기 전에 소개되어야 할 언어표기적 글자체를 위한 또 하나의 분류 원칙이 남아 있다. 심층 정자법과 천층 정자법들 간의 이 마지막 구별은 전에 논의된 정자법 보다 오히려 더 전문적이다. 그러나 이 구별은 문자의 언어학의 이해를 위해 아주 중요하다.

언어학 연구자들은 언어구조의 분석은 빈번히 우리로 하여금 묘사의 '기저' 수준을 설정케 한다는 생각에 익숙해 있는데, 그 수준에서는 어느 특정 발화는 그것이 '표면'에서 갖고 있는 단위와는 아주 다른 일련의 단위들로 구성되어 있는 것으로 취급된다는 것이다. 그 요지는 아주 쉽게 음운론에서 예증된다. 첫째 우리가 알기로 특정 언어에서 둘 또는 그 이상의 음성들의 갖가지 음족이 흔히 상이한 음운 환경에서 서로의 대체음으로 기능을 하고, 그래서 그 음성들은 물리적으로는 즉 '표면상으로는' 판이하지만, 그들은 '더 깊은' 수준에서는 단일 음소의 상이한 표출로 편의상 간주되고 있다. 영어에서 친근한 예가 평범한 연구개화 설측음인 [l lᵂ]인데, 전자는 모음 앞에서, 후자는 다른 곳에서, 발생하며, [p pʰ], [t tʰ]와 같은 한 쌍의 평범 및 유기 무성폐쇄음 중, 전자는 /s/ 뒤의 음군에서, 후자는 다른 곳에서 발생한다. 이 예들의 각각에서 영어 정자법은 '음성적이기보다는 음운적이다.'

즉 그것은 상이한 이음(異音)에 대해 상이한 글씨를 사용하기보다는 음족
으로서의 음소에 대해 불변의 글씨 <l>, <p> 등을 사용한다. 우리는 영어
의 한 변종 정자법을 상상할 수 있는데, 그것은 예컨대 평범한 설측음과
연구개화 설측음에 각각 다른 자소(字素) <l>과 <l>를 사용하는 것을 제외
하고는 표준 체계와 닮은 것이다. 이러한 정자법에서는 *lip, lily, Lil, hill,
hillock*과 같은 낱말들은 각각 <lip lily Lil hill hillock>으로 쓰일 것이다. (내
생각에 다른 정자법 규칙, 예컨대 단일자음자 대 이중자음자의 사용을 규
제하는 것과 같은 규칙은 불변일 것이다.) 이렇게 <l l>를 사용하는 정자법
은 그 점에서는 보통 영어 정자법 보다는 약간 '더 얕은' 것이다. 후 장에서
알게 되겠지만, 실제로 사용되는 글자체는 이렇게 판이한 이음에는 별개의
글씨를 마련하는 일이 종종 있다.

　방금 묘사한 가설적 정자법에서, 위 p. 31에서 논의된 글씨 <ſ s>와 같이
<l l>를 단일 '자소'의 '이철자'라고 칭하는 것은 정확하지 않음을 주목해야
한다. 기호 <l l>는 음성 영어의 구조 내의 특별히 얕은 수준에서의 요소이
지만, 음성영어의 변별적 요소를 표시하기 위해 사용된 변별적 자소일 것이
다. 반대로 기호 <ſ s>는 /s/ 음소의 딴 이음을 표시하기 위해 사용된 것이
아니었다. 음성영어에서는 <ſ>로 쓰인 음과 <s>로 쓰인 음과의 사이에 조
직적 차이가 없었다. 그리고 그 두 이철자 간의 선택은 순전히 글씨적 고려
에 의해 결정되었고 (어미 대 비어미의 위치), 그래서 두 이철자는 <miſs
loſs>와 같은 낱말에서 /s/ 음소의 단일 예로 나타날 것이며, 따라서 한 낱
말 또는 두 낱말로 쓰일 수 있는 용어가, 이번에는 한 이철자와, 또 이번에
는 다른 이철자와 더불어 나타날 것이다. 즉 <bees wax>, <beeſwax>.

　영어음운의 음소적 수준은 표면의 음성적 수준보다 더 깊다. 그러나 매
우 깊은 것은 아니다. 음소론적 수준보다 더 추상적이고, 발음의 물리적 사
실에서 더 동떨어진 '형태음소론적' 표시의 수준을 우리는 인정해야 한다고
언어학자들은 주장한다. 예로, 영어에서의 명사복수의 형성을 고려해보자.
규칙복수형은 음소론적으로 말해서 세 접미사 중 하나를 취한다. 즉 명사
어간이 치찰음 /s z ʃ ʒ ʧ ʤ/로 끝나면 /ɪz/이고, 어간이 치찰음이 아닌 무
성음으로 끝나면 /s/이고, 여타의 경우는 /z/이다. 이래서 다음과 같다.

| | | | |
|---|---|---|---|
| pɪʧ | pɪʧɪz | pitch | pitches |
| lɒs | lɒsɪz | loss | losses |
| kʌt | kʌts | cat | cats |
| mɪq | mɪqs | myth | myths |
| fɒg | fɒgz | fog | fogs |
| hEω | hEωz | hoe | hoes |

분명히 복수형태소의 세 이형태의 분포에는 상당한 음성적 논리가 있다. 셋 사이의 변화는 (ox 뒤에 이형태 /ən/을, sheep 뒤에는 이형태 영(零)을 사용하는 것과 같은) 단순히 자의적으로 불규칙한 사항이 아니다. 언어학자는 이 상황을 분석하여, '기저에는' (또는 '형태음소론적으로는'), 단 하나의 규칙복수어미가 있고, 이것은 /z/ 형식을 취한다고 말한다. 그래서 낱말 *pitches, cats, fogs*의 기저형식은 |pɪʧz kʌtz fɒgz|이다. ('기저'형식은 표준적으로 수직봉 사이에 쓰인다.) 음소형식은 2개 규칙의 적용으로 파생된다:

1. 삽입음 /ɪ/가 두 치찰음 사이에 삽입된다. (따라서 |pɪʧz|가 /pɪʧɪz/로 된다.
2. 유성자음이 무성자음 뒤에서 무성화한다. (따라서 |kʌtz|가 /kʌts/로 된다.

이들 규칙은 제시된 순서대로 적용되어야 한다. 만약 규칙 2가 규칙 1 보다 먼저 적용되면 |pɪʧz|는 규칙 2에 의해 /pɪʧs/가 되고, 이것은 규칙 1에 의해 */pɪʧɪs/가 될 것이며, 이것은 *pitches*의 정확한 발음이 아니다.

보통의 영어 정자법은 이 상황을 어떻게 처리하는가? 흥미롭게도, 영어 정자법은 깊이에서 음소 수준과 형태음소 수준의 중간 수준을 표시한다. 즉, 규칙 1이 이미 적용됐고 규칙 2는 적용이 안 된 수준이다. 규칙 1에 의해 발음된 삽입음 /ɪ/는 <e>로 쓰이고 있다. (이것은 문법상의 접미사에서 이 음소의 표준적 철자이다. Albrow 1972, pp. 29-30 참조). 또 한편으로는, 규칙 2에 의해 발음되는 /s/와 /z/의 구별이 무시되고 있고, 그래서 *cats*와 *fogs*의 접미사가 둘 다 <s>로 쓰이고, <s>는 이 위치의 /z/음을 표준적으로 표시한다 (Albrow 1972, p. 25). 만약 영어 정자법이 최대한 '깊다'면 그것은

<pitichs  cats  fogs>로 쓸 것이고, 또 최대한 '얕다'면 그것은 <pitches  catss
fogs>로 쓸 것이다 (이유는 <ss>는 비초성 위치의 /s/음의 표준 철자이기
때문이다).

음운론에서 '기저' 수준의 분석은 언어학에 관한 논의의 여지 있는 분야
다. 발음의 생생한 사실에서 중대하게 이탈한 어떠한 음운분석도 언어학자
들이 인위적으로 꾸며낸 것이며 보통 화자들에 의한 발화를 처리하는 데는
부적절하다고 믿는 언어학자들이 많다. 뒷장에서 다루겠지만, 음성표기적
글자체는 이음적 또는 음소적 수준보다 상당히 '더 깊은' 것으로 흔히 보인
다는 사실이다. (유연적 대 자의적의 대립과 같이, 깊다 대 얕다의 대립은
전부-아니면-전무의 구별이라기 보다는 변화도(變化度) 있는 것이며, 한 정
자법의 상이한 구성 성분에 따로따로 적용되는 대립이다. 즉, 특정 문자 체
계는 마땅히 음성언어의 한 국면의 표시에는 깊을 수 있지만 다른 국면의
표시에서는 얕을 수 있을 것이다.)

음운론에서 깊다/얕다의 구별에 관해 내가 주장한 것은 원칙적으로 똑
같이 문법적 분석에도 적용할 수 있다. 아주 단순한 예로 프랑스어의 *du*를
생각해보자. 이 낱말은 형태소 *de le*의 '기저' 연속체의 '표면적' 표출로서 보
통 묘사된다. 표준 프랑스어 정자법에서 /aʃte dy pɛ̃/이라는 구는 <acheter
du pain>으로 쓰인다. 그러나 기저의 형태소를 기록하여 같은 구를 <acheter
de le pain>으로 쓰는 가설적인 정자법을 상상하기는 쉽다. 이와 같은 정자
법은 문법적으로는 표준 프랑스어 정자법 보다 '더 깊을' 것이다. 그리고
글자체의 문법적 깊이는 그의 음운적 깊이와는 관계없는 문제일 것이다.
즉 어표표기적 글자체마저도 이런 의미에서 깊거나 얕을 수 있을 것이다.

그러나 실제 깊이의 문제는 음운론에 관해서만 일어난다. 음성표기적 글
자체들이 그 음운론적 깊이에서 상당히 다르지만, 음성표기적 글자체이거
나 어표표기적 글자체이거나 간에, 도대체 문법적으로 깊다는 글자체를 나
는 아는 바 없다.

이제 우리는 문자의 언어학의 서론적 조사에 필요한 모든 이론적 차별
을 지어 놓았다. 후속 장은 일련의 사례 연구에서 이들 개념상의 도구를
적용할 것이다.

# 제 3 장   최초의 문자

이미 언급한 대로, 문자의 언어학과 말의 언어학 간의 하나의 차이는 전자의 경우 우리는 과거로 깊숙이 탐구해 들어가 그 현상의 시초 가까이 갈 수 있다는 것이다. 이 장에서 우리는 하나의 초기 문자 체계인 수메르어 체계를 검토할 터인데, 그 후기 단계는 '쐐기문자'로 알려졌다. 이것은 두 가지 이유로 특별히 중요한 글자체다. 첫째, 수메르어 글자체는 세계에서 알려진 가장 오래된 것으로 여겨진다. 둘째, 또 더 중요하게는 이 글자체의 경우 그것의 후기의 비교적 정교한 단계가 어떻게 더 단순한 시작에서 진화했는가 뿐만 아니라 또한 그 글자체의 단순한 초기형 자체(自體)가 어떻게 전연 '문자'가 아닌 그에 앞선 문화적 제도에서 진화했는가를 보여주는 증거를 우리는 갖고 있다. 즉 이 경우에 우리는 바로 문자의 탄생을 조사할 수 있을 것이다. 후에 알게 되겠지만, 문제의 증거에 관한 올바른 해석을 둘러싸고 상당한 논쟁이 있다. 그러나 다른 곳에서는 그와 같은 것이 전연 가능하지 않다. 다른 옛 글자체에 관해서는, 우리가 알고 있는 최초의 것은 이미 아주 분명한 문자체계이며 그 본원적인 기원은 고고학적 기록에서 상실되고 있다.

실로 이 두 사실들—수메르어가 최고(最古)의 다른 글자체 보다 더 오래된 것이라는 사실과, 그것은 그 기원에 관한 증거가 있는 유일한 글자체라는 사실—은 I. J. Gelb (1952, pp. 218-20)와 M. A. Powell (1981, p. 431)을 포함한 여러 학자들로 하여금 세계의 모든 문자 체계는 본원적으로 서로 서로 관련되어 있을지 모르되, 수메르어 문자의 최초판이 모든 다른 글자체의 조상일 것이라고 제안하게끔 했다. (Gelb는 이 예를 강화하면서, '수메르어를 제외한 모든 동양의 체계는 밖으로부터의 강력한 문화적 영향의 시기에 생겼다'고 적고 있다.) 지리적 근거에서 Gelb의 제안이 받아들이기 어렵게 보이는 주요 글자체는 중국어이다. 하지만 어느 저명한 중국학 학자도 중국어 글자체는 서부 아시아의 문자와 기원을 같이 할지도 모른다고 선뜻 제안하기도 했다. 그렇지만 그는 뒤에 그 증거의 평가는 이 제안에 불리하다고 판단했다 (Pulleyblank 1979).

나는 일원발생적(一元發生的) 가설에 관해서는 회의적이다. Gelb는 초기의 여러 글자체들 간의 유사성을 과장한 것 같이 나에게는 느껴지며, 또한 그는 자기의 예와 맞지 않은 체계는 어엿한 언어표기적 문자가 아니라고 너무 쉽게 경시(輕視)한다. (예로, 중앙 아메리카의 마야인들의 비문은 아직 해독되지 않았지만, 그 비문이 완전한 의미에서의 문자를 구성한다는 것을 부정함에 있어서 (1952, p. 61) Gelb가 정당하다는 것은 매우 분명하지 않다고 나는 믿는다.) 그러나 우리의 목적으로서는 이 문제는 중요하지 않다. 비록 다른 글자체들이 독립적으로 발생했다 하더라도 수메르어 글자체를 조사하면 다른 문자체계들이 처음 어떻게 생겼는지에 관한 단서를 우리에게 줄 수 있겠지만, 충분한 독립적 증거는 거의 없다. 수메르어 글자체의 후기의 진화는 다른 문자 체계에서 독립적으로 발생한 발전과 강한 유사성을 보여주고 있음은 분명한 사실이며, 이것이 수메르어 체계를 대충 살핌으로써 일련의 사례-연구의 시작으로 삼는 이유다. 즉 그것은 후속 장에서 더 자세히 검토될 사고(思考)에 대한 편리한 소개의 역할을 할 것이다.

'수메르'라고 불리는 문화는 아마 -4500에서 약 -1750까지 (그것이 바빌로니아인들에 의해 흡수되었을 때) 하부 메소포타미아-20세기 용어로 이라크-에서 번창했다. 수메르는 최초의 도시들을 발생시켰다는 의미에서 아마 세계 역사상 첫 문명이었다. ('city'와 'civilization'에 관한 생각은 일반적으로 어원이상으로 연관된 것으로 인정되고 있다.) 그렇다면 수메르 사람들이 세계 최초의 필기자라 하여도 놀랄 일이 아니다. 문자는 도시생활을 구별짓는 중요한 특징이라고 흔히 주창되어 왔다 (Wheatley 1971, p. 401). 수메르인들은 언어 유형에서 터어키어나 헝거리어와 비슷한 교착어를 말했으나, 현존의 어떠한 언어와도 무관했다. 그들의 충적기(沖積期) 지대는 목재나 석재가 없어서, 수메르인들은 무엇이고 가지고 있던 것에 글을 썼다. 즉 점토로 평판을 만들어 (보통 네모꼴에 평평하기 보다는 볼록한) 거기에 갈대에서 베어낸 첨필(尖筆)로 표시를 했다. 문자로서 최초의 수메르어 문자는 -4차 천년기의 후반부터, 아마 늦게는 -3000년 정도에서 시작된 것으

로 믿어진다. 현존하는 예의 대부분은 수메르의 수도 Uruk에서 나온 것이
다 (성서의 Erech어이자 현대 Warka어). 이 '고어' 단계의 수메르어 글자체
는 현대의 학문으로 전부가 이해되고 있지는 않다. 그리고 수메르학은 짜
임새 있고 약간 비밀스런 학문 분야로서, 국외자가 이 분야의 지식의 현황
에 관한 분명한 견해를 형성하는 것을 쉽지 않게 만들고 있다. 그렇지만,
고어의 수메르어 글자체의 일반적 성격에 관해서는 약간 자신 있게 말할
수는 있다. 다음 문단들에서 이 체계와 그 후속 발전을 검토할 것이다. 이
장의 후부에서 문자가 발생했다고 생각되고 있는 체계를 살펴볼 것이다.

　고어의 수메르어 문자는 행정적 목적을 위해 사용됐었는데 특히 세금
지불이나 식료품 배급과 같은 사항을 간단히 기록해두기 위하여 사용됐다.
하나의 전형적인 고어의 명판(銘板)이 Driver (1954, p. 40)에 의해 인용되는
데 그 번역은 이렇다: 'Ensarnun 신(神)(의 사재) Hegiulendu: (?) 토지의 600
*bur*. Driver의 의문부호는 글씨 하나가 현재 이해되지 않고 있다는 사실을
암시한다.[1] Driver가 괄호 안에 제시하고 있는 Hegiulendu와 Ensarnun과의
관계는 명판에는 분명히 씌어 있지 않은데 글 쓴 사람이 그 관계를 당연
한 것으로 여겼기 때문이다. 기록들은 특수한 행정적 맥락과 관련되어 있
었다. 수메르인 필기자가 '의 사재'라고 명백히 써놓은 것은 무의미했었을
것임은 (그 필기자가 그렇게 할 수 있었다고 가정하더라도) 마치 내가 나
의 일기에 적어놓은 'Noon – Vice-Chancellor'를 확대해서 'At noon I go to
see the Vice-Chancellor'라고 쓰는 것과 같은 것이다.

　먼저 주장할 일은 고어의 수메르어 문자는 다소 평범한 (젠 체 하는 사
람들에게는 중요하겠지만) 행정적 목적을 위해 주로 혹은 전적으로 사용되
었었다는 데서 초기글자체의 아주 전형적인 것이었다는 것이다. 현대 유럽
의 교육제도는 거의 변함없이 언어의 연구를 순문학의 연구와 연계하고 있
고, 이것이 흔히 사람들로 하여금 시나 기타 심미적 가치가 높은 글이 어
떤 의미에서는 문자의 일차적 혹은 중심적 용도라고 상상하게 하여, 그들
은 초기 글자체가 문학 작품의 산출에 사용됐었다고 기대한다. 그러나 이
것은 오해하기 쉽다. 문학적인 글이 널리 보급되어 있는 20세기 유럽에 있
어서도, 사람들의 생활 속에서 양(量)과 중요성에서 더 실용적인 성격의 대

량의 문서―즉, 직업광고물, 납세신고서류, 신문, 취미잡지 등등―에 의해
분명 압도되고 있다. 수메르어로 글을 쓰는 것은, 새 기술이 보통 그런 것
처럼, 절박한 구체적 문제를 해결하기 위해 개발된 앞선 기술이었다. 우리
는 지나친 공상으로 수메르어로의 글쓰기와 현대 문화에서의 컴퓨터 조작
과를 비유하지 않을 것이며, 존경받는 '사무직 직업인'이었던 수메르인 필
기자를 시스템 분석자나 자료-처리 기사로 비유하지 않을 것이다. 컴퓨터
가 바울의 편지의 원작자를 조사한다든지 혹은 작곡가로 하여금 음악을 창
조하는 새 기술의 사용을 가능케 한다든지 하는 것과 같은 '인문주의적' 목
적을 위해 사용되게끔 된 것은 사실이지만, 그의 원래의 적용은 과학, 사업,
국방과 같은 더 기술적이거나 실용적인 분야에 있었고, 또 이들은 아직도
컴퓨터의 일차적인 기능이다. Marcel Cohen (1958, pp. 7-8)에 의하면:

> 실제적으로 어디에서나 문자의 최초의 용도는 대강 공적인 전언을 위함이었
> 을 것이다. 그 다음 용도는 상업적 및 법적 용도이었을 것이다. 즉 회계와 계
> 약서 작성이다. [갖가지 마법적 혹은 종교적 용도]도 초기 단계에서는 있었다.
> 다음에는 정부의 선언문과 포고문 혹은 조약문 등의 수가 점점 증가하는 것
> 을 볼 수 있다. 연대기나 의식의 서류는 그 후에 나타날 뿐이다. 교육이나 오
> 락을 겨냥하여 글쓰는 것은 더욱 뒤에 나타난다.

(Marrou (1965, p. 83)에 의하면 -5세기 내내 아테네에서 운용되었던 패각추
방(貝殼追放) 제도는 보통의 아테네 시민이 그 세기초까지는 문자 사용이
가능했었을 것이라는 것을 암시하고는 있지만, Stratton (1980, p. 100)은 현
저하게 지적인 그리이스인들도 -8세기 초반에 알파벳 문자를 습득한 후
400년 동안 그것을 제한적으로 사용했던 것 같다고 적고 있다.)

　고어의 수메르어 문자는 간결하고 맥락에 얽매인 행정적 명문(銘文)으로
구성되었기 때문에, 그것은 오직 한정된 사실적(寫實的) 어휘만을 사용했
다. 많은 명문이 거래에 관계한 사람들과 더불어 갖가지 종류의 물건의 양
(量)만을 언급했고, 그래서 대부분 숫자와 측정 단위, 인명 및 '양', '소', '천',
'땅' 등과 같은 구체적인 물체를 위한 글씨를 우리는 발견한다. 숫자의 글
씨는 무연(無緣)의 기하학적 형태였고, 구체적 물체의 글씨는 문제의 사물

을 양식화(樣式化)는 됐으나 알아볼 수 있게 그린 그림의 경우가 많았다. 매우 많은 여러 가지 자소(字素)가 있었다-M. W. Green (1981, p. 356)은 초기에 거의 1200개를 세고 있다-그러나 그 체계는 음성 수메르어가 가지고 있었음에 틀림없을 제한된 범위의 요소들만을 표시했었다. 즉 예컨대 영어의 *the, was*와 비슷한 문법적 요소에 대해서는 거의 찾아볼 수 없다.

이 단계의 그 글자체를 불완전하다거나 혹은 결함이 있는 것으로 묘사하는 것은 오해하기 쉬운 것일지 모른다. 왜냐하면 이 초기의 필기자들이 명문에 표시돼 있지 않은 그들의 음성언어의 어형을 글로 쓰기를 원했다고 믿을 이유가 없기 때문이다. (이와 비슷하게, Basic이나 APL과 같은 컴퓨터-프로그램 언어를 *I wandered lonely as a cloud*라는 진술을 부호화하는 방법을 마련하지 않은 이유로 '결함이 있다'라고 부르는 것은 이상한 일일 것이다.) 그렇지만 초기 명문의 극도의 간소(簡素)는 약간의 학자들로 하여금 고어의 수메르어 문자를 어표표기적 체계로 분류하기를 꺼리게 했다. 그러므로 Powell (1981, p. 421)은 그 문자를 '어표문자'라기 보다 오히려 '기억문자'라고 부르기를 선호했다. 이것은 잘못된 대립이라고 나에게는 생각된다. 내가 일기장에 적어둔 정오-부총장은 그의 완전한 표현이, 가장 두드러진 요소들만 기록함으로써 완전문장을 요구한다는 생각을 암시한다는 의미에서 기억보조적이다. 그러나 이 요소들은 특별한 형의 구체적 글자체로 씌어져 있다 (이 경우, 대체로 음성표기적이다). 마찬가지로 고어의 수메르어 문자는 어표표기 형의 순수한 문자체계로 보인다. 즉 그 글자체의 글씨들은 음성수메르어의 형태소를 표시한다.

Powell이 그 글자체를 '기억보조적'이라고 부르는 것은 그것이 진정한 언어표기적 문자라기 보다는 오히려 우리말로 의미표기적 문자로 보아야 한다고 제안할 생각일지도 모른다. 수 개의 요인이 이 제안을 합리적이게 한다. 그 하나는 논의중의 글자체가 나타났다고 보아지는 초기의 체계와의 연속성을 Powell이 강조하고 있다는 것이다. 아래에서 알게 되겠지만, 이것은 분명히 언어표기적 의미에서의 '문자'는 아니었다. 실로, 선-문자(先-文字)가 점진적 진화의 느린 과정에 의해 문자로 발달했음직한 것을 고려한다면, 문자로의 변천이 어떤 특정 단계까지는 분명히 일어났다고 결정하는 것은 약간 부자연한 행실일 것 같다. 이 점은 명문(銘文)이 완전문장 보다는 단축된 메모에 국한될 때, 의미표기 문자와 어표표기 문자 사이의 구별은 허물어지게 된다는 사실로 보강된다. 만약 내가 내 일기에 영어와 같은 음성표기 글자체로 <Noon>이라고 쓸 때, 분명히 나는, 문법 재료가 없음에도, 영어를 쓰고 있는 것이다. 왜냐하면 오직 영어에서만 /nun/이라는 음의 연속은 낮의 한 때를 가리키는 것이기 때문이다. 한편, 만약 우리가 어표표기적 글자체로 *noon*을, 예컨대 <☉>로 쓴다면, 단지 이 기호와 *Vice-Chancellor*의 기호를 포함하는 명문이 <☉>가 *Mittag*나 *midi*보다는 특별히 *noon*을 가리키는 것으로 해석되어야 할 것인지, 혹은 오히려 그 명문이 이 모든 낱말들에 공통된 사고를 직접적으로 표시하는 것인지를 국외자가 아는 것은 어려울 것이다. (반대로 완전 문장인 *At noon I go to see the Vice-Chancellor*가 어표표기적으로 쓰인다면, 문법은 그 글씨들을 독일어나 프랑스어 낱말로서보다는 영어 낱말로서 읽혀져야 함을 분명히 할 것이다.) 더욱이, 가장 오래된 수메르어 명판(銘板)에는, 단일 낱말보다 더 복잡한 구가 씌었을 때도, 상응하는 글씨는 체계적인 순서대로 배열되지 않았다. (그래서 위 p. 60에 번역된 명판에, 숫자 '600'이 이름 'Hegiulendu'를 가로막고 있다.) 그러나 선상(線狀)의 어순과 체재의 규약이 곧 채택됐다 (Driver 1954, pp. 39ff.; Green 1981, pp. 348ff.).

일단 글자체가 일관되게 선상(線狀)의 어순을 사용하면 그의 언어 표기적 상태는 반박의 여지가 없는 것 같다. 그림 1 (p. 35)에서 길을 잘못 든 청년과 그의 러시아인 애인을 표시하는 인물들이 편지 필자를 표시하는 인물의 왼쪽이 아니고 그 오른쪽이나 아래쪽에 위치했었더라도 아마 유카기르족의 사랑의 편지의 이해가능성에 영향을 미치지는 않았을 것이다. 자소(字素)의 일관된 선형 (수평적 혹은 수직적) 배치의 유일한 이유는 말로 된 형태의 연속적 발화를 반영시키기 위함이다.

초기 수메르어 문자가 의미표기적이라기 보다는 언어표기적이었음(Gelb 1952, p. 279, n. 11,는 그렇게 생각하고 있다)을 결정적으로 확립한 것으로 보이는 그 문자의 또 다른 특징은 숫자의 글씨를 세어지는 물체를 가리키는 글씨로부터 분리한 것이었다. 의미표기적 체계에서는 '네 마리 양과 같은 생각이 네 개의 '양' 글씨 한 벌로 표현되는 것을 발견하기를 사람들은 기대할 것이다. 그러나 '양'의 낱말을 네 번 반복함으로써 그런 생각을 표현할 음성언어는 없다. 그래서 언어표기적 글자체에서 그런 생각이 숫자 '넷'을 가리키는 별도의 글씨나 글씨군(群)과 관련되어서 단 하나의 '양' 글씨로 쓰이는 것을 발견하기를 우리는 기대한다. 이것이 최초의 수메르어 명문의 시대부터 우리가 발견한 것이다. 마찬가지로 형용사-명사의 결합, 예컨대 '검은 소'가 의미표기적 체계에서 한 글씨로 표현됨을 사람들은 발견하기를 기대할 것이다. 즉 검정을 가리키기 위해 교차선영(交叉線影)과 같은 약간의 수정이 있는 '소'의 기호와 같은 것이다. 그러나 언어표기적 체계에서는 두 글씨에 의해 표현될 것을 기대한다. 즉 낱말 '검은'을 가리키는 별도의 글씨와 더불어 있는 수정되지 않은 '소' 글씨가 그것이다. 불행하게도 고어의 수메르어 글자체가 이런 종류의 어떤 구(句)들을 포함하고 있었는지는 분명치 않다. 그리고 숫자의 표현에서 오는 논쟁 – 이것은 실재 있었음 – 의 강도는, 별도의 숫자 기호의 사용은 어떤 의미에서나 언어표기적 문자가 아니었던 선행(先行)의 체계에서 물려받은 것으로 보인다는 것이 알려짐으로써 약간 손상되고 있다. (이후 논의 예정임.)

그렇다면 수메르어 글자체의 가장 옛적 단계는 유카기르족의 사랑편지로 표시되는 분명한 의미표기 문자와 수메르어 글자체가 궁극적으로 발전해 간 분명한 언어표기문자 사이의 모호한 중간 지점을 차지하는 것으로 결론지어야 한다. 후기 수메르어 문자는 잘 이해되고 있고, 그것은 의심할 여지없이 언어표기적이다. -2400년부터 내내 그것은 광범위한 원문 즉 신화 및 기타 문학의 유형, 법의 판결, 서한 등등을 위해 사용됐었다. 그 글자체는 일관된 통사 규칙들을 반영하는 어순과 더불어 선형의 차례대로 썼고, 또한 그것은 음성수메르어의 모든 어휘적 및 문법적 요소를 기록할 수 있는 장치의 범위를 포함하고 있었다는 의미에서 완벽했었다. 특정한 음성수메르어 발화에서 나타났었을 요소들이 실제 그 발화를 기록한 것에는 흔히 나타나지 않았던 것은 사실이다. Civil Biggs (1996, p. 13)는 주장하기를 영어의 전보 문체가 *the*와 같은 낱말의 많은 경우를 생략하는 것처럼 수메르어 정자법 규약은 문법적 항목들이 문맥상 예측 가능할 때마다 그것을 생략할 것을 필기자들에게 권장했다고 한다. 그러나 Civil Biggs가 올바로 말한 것처럼 이런 관례는 본격적인 언어표기 글자체로서의 이 체계의 상태에 영향을 주지는 않는다. 언제고 필기자가 한 구를 완전히 써버리기를 원했다면, 그 체계는 그에게 그렇게 할 수단을 제공했다.

고어의 수메르어 글자체가 이 후기 형으로 발전한 것은 두 가지 관점에서 기술할 수 있다. 즉 글씨의 외관상의 형태와, 글씨의 구조 및 가치에 관한 내적인 논리이다. 이 책에서 우리는 주로 문자체계의 내적 구조와 관계하고 있다. 그렇지만, 수메르어 글씨의 형태에 관한 역사는, 그것에 관해 논의할 약간의 시간을 소비할 가치가 역시 있다. 왜냐하면 그것은 많은 다른 문자체계의 역사에서 일어났던 발전 중 아주 특징적인 것이기 때문이다.

소수의 수메르어 글씨의 예들이(Kramer 1963에 따라) 그림 9 (p. 66)에 제시되어 있다. I단은 글씨의 원형인데, 그 대부분은 알아볼 수 있는 그림들이다. 글씨 1은 /sag/'머리'를 의미했고, 입 언저리가 평행선 음영(陰影)으로 돋보이게 된 글씨 2는 /ka/'입'과 /dug/'말하다'를 의미했다: 그림 3은 /a/'물'을 의미했고, 그림 4는 '머리'와 '물'을 결합하여 /nag/'마시다'를 의미했다. 그림 5로 그려진 발은 다음 낱말들을 모두 의미했다: 즉 /du/, /ra/, /gin/은 '가다'를 의미하는 가까운 동의어들이고, /gub/는 '서다'를, /tum/은 '가져오다'를 의미했다. 별의 그림인 그림 6은 관념의 연합에 의해 /an/'하늘'을 의미했고, 이로부터 역시 /dingir/'하느님'을 의미했다. (낱말 /mul/'별' 자체는 더 많은 광선이 있는 약간 다른 글씨로 씌었었다.) 그림 7은 /ki/'흙/토지'를 의미했던 것으로 알려지고 있다. 이 경우에는 많은 다른 경우와 같이, 그 글씨의 동기가 분명하지 않다―수 천년 후에 만약 그 논리가 현대 독자에게 모호한 그런 기호가 없다면 그것은 놀랄 만한 일일 것이다. 그러한 일은 수메르 문화에 참여한 이에게는 충분히 명백했었을 것임에도 그렇다는 것이다. 여성의 외음부의 그림인 그림 8은 /sal/'외음부'와 /munus/'여자'를 의미한다. 그림 9는 /kur/'산'이고, '여자'와 '산'을 결합한 그림 10은 /gene/'노예소녀'를 의미했다. 그 이유는 수메르인들은 여성 노예를 동쪽 산악지대에서 살고 있는 종족에서 잡아왔기 때문이다.

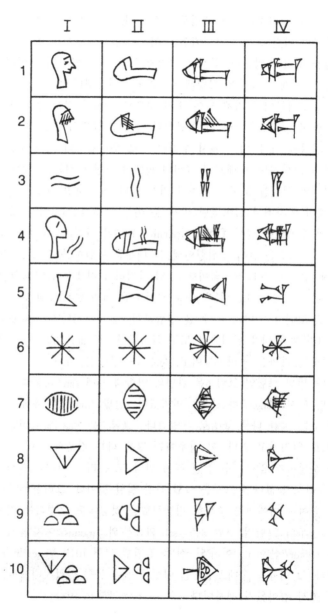

그림 9

그 글자체가 처음 사용된 후 얼마 안되어 모든 기호가 II단에서와 같이 시계의 반대 방향으로 90도 돌았다. 이와 같은 변화는 이유 없고 기괴하게 보일 수 있을 것이다. 그러나 사실인즉, 이와 비슷한 변화는 글자체의 역사에서는 되풀이해서 있어왔다. 즉 개개의 글씨나 혹은(여기에서와 같이) 글씨의 전 목록이 이쪽 저쪽으로 돌기도 하고, 거꾸로 되기도 하고, 또는 그의 거울영상(影像)으로 대치되기도 했다. 이러한 변화의 이유는 분명 여러 가지이다. 수메르어 글자체가 조직적으로 90도 회전한 것은 Powell (1981, p. 425)의 주장에 의하면 (그의 설명은 나에게는 그다지 명백하지는 않지만) 글쓸 때 필기자들이 명판과 첨필(尖筆)을 손에 드는 데 편리하다고 생각한 방법과 결부되어있다는 것이다. 역시 Green (1981, p. 370 n. 19)을 참조할 것.

-3차 천년기의 초반 동안의 또 하나의 변화는, 종이에 연필로 선을 그리는 것처럼 점토에 선을 그리는 데 사용된 뾰족한 첨필에서, 필기자가 최소의 측면 동작으로 점토에 선을 눌러 그린 무딘 첨필로의 변화를 포함하고 있었다. 이 변화에는 실제적 이유가 있었다. 즉 뾰족한 끝을 점토를 통해 움직이면 점토가 쌓이게 되고 이미 그려진 선을 메우게 된다. 그래서 새로운 방법으로써 글씨들을 읽기 쉽게 형성하기가 더 용이했다. 그러나 그런 변화는 연속적인 곡선이, 가능한 한 직선 부분으로 대치됨에 따라, 자연히 개개의 글씨의 형태를 수정하게끔 했다. 새 첨필로 눌러서 생긴 자국의 하나 하나는 쐐기나 못 같은 형상이었다. 그래서 '쐐기문자' ('쐐기꼴의'라는 라틴어에서)라는 이름이 전체로서 이 글자체에 붙여진 것이다. 되풀이하거니와, 사용된 자료의 변화가 글자체의 형태에 큰 변화를 가져온다는 것은 전적으로 문자의 역사의 특징인 것이다.

일단 쐐기문자 기법이 채택된 후, 손목을 지나치게 돌리지 않고 할 수 있는 적응에서만 쐐기를 사용하는 경향이 있었다. 실제 이것은 남서쪽에서 시계방향으로 북쪽으로 가는 호(弧)상의 어느 방향을 쐐기의 머리가 가리켜야 한다는 것을 의미했다. 즉 III단과 IV단의 글씨 6을 형성하기 위해 사용된 한 벌의 쐐기들이 애용된 목록이었다. III단은 이 글자체의 약 -2500년부터의 초기 쐐기문자 형식을 보여준다. 즉 어떤 글씨는 아직도 점토를 통해 첨필을 끌거나 (예, 글씨 1에서 머리의 뒤를 표시하는 선을 그리기 위해) 혹은 첨필을 어색한 방위에 놓는 것 (예, 글씨 1에서 이마를 표시하는 선)을 포함하고 있다. 대부분의 수메르어 문학 서류들이 씌었던 약 -1800년의 기간까지에 (IV단으로 표시됨) 이런 요소들은 제거됐었다.

글자체의 형태상의 이런 변화는 글자체의 상태가 유연(有緣)적인 것에서 자의적인 것으로의 변화를 수반했다. I단에서 표시된 단계에서도 글씨들이 지극히 관습적이었다. Green (1981, pp. 356-7)은 지적하기를, 예를 들어 글씨 1은 '윤곽이 분명한 눈, 코, 턱으로써 사실적으로 그려질 수 있으나, 그것은 우측면도(右側面圖)라야 하며 머리와 목은 포함하나 머리털, 입 혹은 귀는 포함하지 않는다'는 것이다. 아직도 이 단계에서의 이 글자체의 사용자는 그 글씨를 그림―비록 심하게 양식화(樣式化)된 그림일망정―으로 인식했을 것이다. 일단 글씨들이 II단에서와 같이 회전되면, 읽고 쓸 수 있는 수메르인들은 그 글씨를 단순히 관습적인 형태로서 거의 언제나 생각했을 것이라고 사람들은 추측할 것이다. 즉 분명히 수메르인들은 그 글씨들이 옆으로 뉘인 그림이었음을 지적(知的)으로 잘 알고 있었을 것이다. 그러나 아마 글씨들을 유창하게 읽거나 쓰거나 하는 동안 그들을 그림으로 인식하는 데는 의지적인 노력이 필요했을 것이다. III단의 쐐기문자로 옮긴 후는, 역사적으로 초기의 양식인 글자체에 가까이 하지 못한 새 학습자가 대부분의 글씨에서 어떠한 동기이건 탐지한다는 것은 어려웠을 것이다. 이 III단계에서 예컨대 글씨 1은 아주 멋대로 쐐기를 모은 것으로 분명히 보였을 것이다. 그래서 일단 그것이 사실이라면, 필기자들이 어려운 첨필-획새김을 쉬운 것으로 대치하고 한 글씨 안의 전체 쐐기 수를 감소함으로써 그들의 노력을 단순화하려는 자연스런 경향을 따르지 못하도록 할 아무것도 없었을 것이다 (글씨 3과 5의 IV단 양식에서와 같이).

나는 수메르어 문자의 형태의 이런 변화의 이유를 약간 자세히 검토했는데, 그것은 인쇄술과 더불어 온, 자형(字形)의 고도의 표준화와 장기간의 안정성에 익숙해진 독자들에게, 글씨의 형태가 인쇄술이 발명되기 전에 철저히 변화한 것은 얼마나 자연스럽고 정상적이었나를 분명히 하기 위해서였다. 인쇄술 이전에는 글씨형의 안정에 기여할 장치는 거의 없었다. 그래서 글씨가 형태를 바꾸지 않았더라도 놀라운 일일 것이다. 이 책에서 논의하게 될 기타 많은 글자체들을 검토하게 될 때, 그들의 글씨 형태가 겪은 모든 변화를 조사하는 것은 너무나 시간-소모적일 것이다 (또 어쨌든 그렇게 하면 곧 지루해진다). 그러나 독자는 다른 글자체에 있어서의 이런 외관상의 변화를 빈번히 알게 될 것이고, 그 변화가 나타나거나 혹은 변화가 간혹 이 지면에서 말없이 넘어가거나 간에 놀라서는 안 된다.

수메르어 글자체가 그 겉모양의 견지에서 변화하고 있던 때와 동시에, 그것은 내적 논리에 있어서 마찬가지로 근본적인 변화를 겪고 있었다. 수메르어의 초기 단계에서 그의 많은 낱말들은 서체(書體)가 없었고, 또 실제 있었던 글씨 중 많은 것이 아주 상이한 낱말 사이에서 뜻이 모호했다 (그림 9의 글씨 2가 /ka/'입'과 /dug/'말하다'를 의미했고 또한 실로 /zu/'이'와 /inim/'말'도 의미했다. Cohen (1958, p. 83)에 의하면, 약간의 글씨들은 20개나 되는 별개의 음가를 갖고 있었다. 이런 결점들은 그 글자체에 음성표기 원칙을 도입함으로써 충족되었다 (Driver 1954, pp. 56ff.).

음운관계를 연구하는 첫째 방법 중의 하나는 어떤 글씨가 그 원래의 음가와 동음(同音)의 낱말을 나타내게끔 그 글씨를 광범위하게 사용하는 데 있었다. 그래서 그림 3이 /a/'물'을 의미하게끔 발명됐으나 또한 /a/'in'의 뜻으로도 사용되었는데 이것은 그 추상적인 의미가 그림으로 그리기를 어렵게 하는 낱말이다. 그리고 /ti/'화살'을 의미하는 글씨는 동음이의어에 가까운 /til/'생명'도 의미하게끔 확대 사용되었다. 이 또한 그림그릴 수가 덜한 개념이다. 이 글자체가 생긴 최초의 수 세기 내에 일어났던 이와 같은 예들은 아직도 진정한 음성표기는 아니었다. '화살' 글씨는 음절 /ti/가 발생하는 *어떤* 경우도 나타내지 않았고, 오직 이런 음들을 공유했던 어떤 특수한 형태소만을 나타냈다. 그러나 얼마 후에 글씨들이 문법적인 접사(接辭)를 가리키기 위해 사용되기 시작했다. 예로, 낱말 /me/ '신탁'(神託)을 위한 글씨 (이 글씨의 원형은 단순한 T이었는데, 그 동기는 현재 알기 어렵다)는 복수 접미사 /-me/ 혹은 /-meʃ/를 나타나게끔 적용되었고, 여타의 글씨들도 격과 활용의 접사를 표시하게끔 비슷하게 사용되었다.

글씨가 비교적 '무의미한' 문법요소를 표시할 때는 그것이 순수한 음운적 가치를 갖고 있지 않다고 인지하기는 어렵다. -3차 천년기의 후기에 수메르어 글자체의 기호들을 음성표기적으로 사용하는 것이 점점 광범위하게 보급되었다. 대부분의 수메르어 어근은 CV(자음+모음)형 혹은 CVC형의 단음절이고, 그래서 개개의 글씨는 (예를 들어, 독립된 분절음 즉 음소라기보다는) 음절을 표시했다.

음성표기적 원칙의 채택으로 이끌고 간 것은, Gelb (1952, pp. 66-7)에 의하면, 문법적 요소를 기록하는 문제라기 보다는 고유명사를 기록하는 문제이었다. 글자체가 회계직만을 위해 사용됐던 초기에는 문법상의 세세한 차이는 중요하지 않았다. 그러나 이름은 분명히 지극히 중요했다. 그리하여 수메르어 인명들은 거래계좌를 기록하는 작업의 나머지에 충분했던 한 벌의 숫자와 물품의 이름 밖의 형태소들로 전형적으로 구성되었다. 지명에 관해서는, *London, Glasgow*가 우리 영국인에게 그런 것처럼, 그것은 수메르인들에게는 흔히 음의 아주 무의미한 연속이었다. 그 이유는 수메르의 땅이 된 곳의 원주민들은 수메르어 이외의 언어를 말했었고, 또 수메르인들은 영국인이 많은 켈트어 지명을 이어받은 것처럼 그들의 선주민들의 지명을 이어받았기 때문이다. 만약 고유명사가 무의미한 음연속체라면, 그 이름만을 위한 특별한 어표(語標)표기적 기호를 발명하지 않는 한 그 이름은 음성표기적으로만 쓰일 수 있다. (그리고 이것은 많은 수의 상이한 이름들을 써야 할 때는 아주 부담스럽게 된다). 아주 초기의 수메르어 문자는 고유명사를 표시하는 것으로 보이는 글씨를 사실 포함하고 있다. 그러나 문장의 문법적 요소들을 완전히 문자로 표시하는 것이 정상이 되기 훨씬 전의 단계에서, 이름들은 곧 규칙적으로 음성표기적으로 씌었었다.

그러나 수메르어 문자의 음성표기적 사용은 '완전한' 음절 글자체가 되기에는 훨씬 못 미쳤다. 음운적으로 가능한 음절들이 글씨가 없는 것이 많았다. 그래서 유사한 음을 가진 낱말을 표시하는 글씨에 의해서나, 또는 있는 글씨의 결합에 의해서나, 음절을 표시하기 위해서 여러 장치가 채택됐었다 (예를 들어 음절 /raʃ/는 /ra aʃ/를 표시하는 글씨들로 썼다). 반대로, 개개의 글씨는 독특한 음운가(音韻價)를 갖지 않았다. 이미 논한 바와 같이, 모든 낱말들의 의미가, 그려진 물체와 결부되었던 여러 낱말들의 한 범위를 많은 글씨들은 원래 표시했었고 또 이들 여러 낱말들은 문제된 글씨를 위해 아주 다양한 음성표기적 값을 흔히 낳게 하곤 했다. 이래서 글씨 5는 음절 /gub/ 및 아마도 음성적으로 유사한 음절을 위해서 뿐만 아니라, 또 한 /du/, /gin/, 등 및 이들과 음성적으로 유사한 음절을 위해서도 사용되었을 것이다.

어표표기 문자를 가졌던 낱말들은 계속 어표표기식으로 씌었었고 (문자의 여명기에 장부의 기록에 충분했던 소수의 낱말보다 훨씬 많은 낱말들이 결국은 어표표기의 기호를 갖추게 되었다). 수메르인들은 그들의 어표표기 체계의 한계가 그들을 어찌할 수 없게 할 때만 기호를 음성표기식으로 사용하는 경향이 있었다. 음성표기적 원칙이 개발되는 또 하나의 방법은, 그러나, 여러 가지 낱말들을 의미하는 어표표기적 기호들의 모호성을 없애는 데 있었다. 그래서 글씨 6이 특정한 경우에 /an/'하늘'이 아니라 /dingir/'신'을 의미함을 확립하기 위해 필기자는 요구되는 읽기의 마지막 자음을 가리키기 위해 그 글씨 뒤에 /ra/음가가 있는 글씨를 쓰곤 했다. 접미사로서 붙여진 /na/는 읽기는 /an/이어야 한다는 것을 가리키곤 했다. 이렇게 작용하는 글씨는 '음성보어'라 불러진다.

반대로, 소수의 핵심적 글씨들이 그들의 어표표기의 음가(音價)를 참고함으로써 그밖의 글씨들의 모호성을 없애기 위해 소위 '한정사'로서 사용되었다. 예로, 습지 식물의 풀잎들을 보여주는 한 글씨는 어표표기의 음가인 /naga/와 /te/를 가졌는데 이들은 습지의 두 식물의 이름이었고, 또 /nidaba/와 /ereʃ/의 음가도 가졌는데, 후자는 각각 습지와 관련있는 여신과 도시의 이름이었다. 그 글씨가 /te/의 뜻으로 사용됐을 때는 /u/'식물'을 뜻하는 글씨가 그 앞에 씌었다. 그 글씨가 /nidaba/'여신'을 의미할 때는 글씨 6 ('신')이 한정사로서 접두사로 부쳐졌고, /ereʃ/의 의미일 때는 글씨 7 ('땅')이 그 뒤에 씌었다.

최초기에 하나의 수메르어 글씨가 의미론적으로 관련된 한 범위의 낱말들을 의미할 수 있었다는 사실은 약간의 저자들이 수메르어 체계를 어표표기적이라기 보다는 의미표기적이었다고 생각한 또 하나의 이유이다. 하지만 Gelb (1952, p. 107)는 수메르인들이 한 글씨에 있을 수 있는 갖가지 해석을 구별할 장치를 발명하자 곧 그것을 일관되게 적용했다고 주장한다. 그리고 그는 이것은 수메르어 체계를 이 장치가 발명되기 이전에도 그랬듯이, 의미표기적 체계라기 보다는 어표표기적—아주 결함있는 것으로 인정되지만—체계라고 해석할 좋은 이유를 우리에게 제공하는 것이라고 제창한다 (Civil 1973, p. 21 참조).

글씨 6이 한정사로 사용됐을 때 '신'과 '하늘' 사이에 있을 수 있는 혼란은 다루기 힘들지 않았다. 즉 '신'은 한정사로 사용되지만 '하늘'은 그렇지 않는다. 하지만 지적해야 할 것은, 수메르어 명문을 읽을 때 어떤 글씨는 한정사로, 어떤 글씨는 음성보어로 취급해야 하며, 또 어떤 글씨가 어표표기적으로나 음성표기적으로나 직접적으로 수메르어 낱말을 의미하는가 하는 것이다.

아마 -3차 천년기의 반 쯤 지나, 수메르어와는 관계없는 셈언어를 말했던 북쪽의 이웃인 아까드인들은 쐐기문자 글자체를 자기네 언어에 적용하여 그런 과정에서 자기 언어를 크게 발전시켰다. 아까드인 (관련된 하부-집단이 후에 불리워진, 바빌로이나인)의 문화가 메소포타미아를 지배하고, 결국은 정치 실체로서의 수메르와 언어로서의 수메르어를 말살하게 된 이래, 우리에게 전승된 대부분의 쐐기문자의 글은 수메르어라기 보다는 아까드어로 쓰인 것이다.

아까드인들은 글에서 음성표기 원칙의 사용을 크게 확대했다. 아까드어는 굴절언어로서, 말소리의 연속이 형태소적인 의미-단위로 산뜻하게 분리될 수 없었다 (영어의 *men*이 'man'과 '복수'의 생각을 합하여 하나의 음-형으로 만든 것과 비교하라). 순수한 어표문자는 수메르어와 같은 교착언어를 위해서 보다는 이런 언어를 위해서 덜 실제적이었는데, 수메르어에서는 낱낱 말-음절이 어휘나 문법적 의미의 어떤 하나의 특정 단위와 명백히 일치될 수 있었다. 그들 언어의 성격상 어찌할 수 없이 쐐기문자 글자체의 음성표기적 면을 발전시켜서, 아까드인들은 그 원칙을, 그것 없이도 처리할 수 있었던 문자의 여러 국면에까지 확대했다. 수메르어의 쐐기문자는, 어디까지나, 표음문자가 제한적으로 혼합된, 본질적으로는 어표표기적 글자체이었다.[2] 아까드어에서는 사실상 어떠한 언어 형식도 음성표기적으로나 어표표기적으로도 쓸 수 있었을 것이며, 어떤 문자가 특정한 경우에 특정한 낱말을 위해 선택되느냐는, 노리는 문체적 효과나 혹은 필기자의 기분에 달려있었을 것이다.

더욱이 음성과 음성표기적으로 사용된 글씨간의 관계는 수메르어 글자체에서 그랬던 것보다 아까드어 글자체에서 훨씬 더 복잡해졌다. 수메르인들은 하나의 독특한 발음을 가진 낱말을 위해 발명된 글씨를 약간 다른 음절을 표시하기 위해 때때로 사용하곤 했음을 암시한 바 있거니와, 이것은 아까드어 문자에서 훨씬 더 광범위하게 일어났다. 그 일부 이유는 아까드어가 수메르어에서는 일어나지 않았던 음성을 갖고 있었기 때문이다. 더욱이 아까드인들은 특정한 글씨의 음성표기적 음가(音價)를, 글씨가 표시하는 갖가지 수메르어 낱말의 발음에서 가져왔을 뿐만 아니라 때로는 같은 사물에 대한 자기네 아까드어의 이름에서도 가져왔다. 그런데 이 이름들은 물론 아주 달랐었다.

아까드인 필기자들은 때때로 그들의 정자법에 고문체와 불필요한 모호한 점을 일부러 촉진시켰다고 사람이 말하면, 아까드어 쐐기문자의 연구는 매우 복잡한 학문 분야임을 알게 될 것이다. (좋은 간결한 소개가 Labat 1963에 있다.)

그것을 우리는 더 이상 추구하지 않겠다. 쐐기문자를 검토한 주 목적은 역사적 목적이었다. 공시적(共時的) 체계로 간주되는 글자체들의 문자의 갖가지 현상의 작용을 상세히 검토하기 위해서는, 현대의 글자체를 (혹은 적어도 현재에 더 가까운 데서 비롯된 글자체를) 살펴보는 것이 더 효과적일 것이다. 사실에 접근하기가 더 쉽기 때문이다. 다음 장들에서 이런 검토를 할 것이다. 뒤 장들에서 논의될 세계 여러 곳으로부터의 여타 글자체에 관하여 관련이 있게될 주제들의 얼마만큼이 모든 문자체계 중 가장 빠른 이 하나의 체계의 발달에서 미리 형상이 나타나는지를 독자는 관심을 갖고 주목할 것이다.

수메르어 글자체가 원래 어떻게 창조되었을까에 관하여 근년에 이루어진 이론을 고찰함으로써 이 장을 마무리하겠다. 먼저 말해두어야 할 것은 이 이론은 현재 작업 중의 거의 어떤 다른 재료보다 훨씬 떠 논쟁의 여지

가 있다는 것이다. 학문의 세계가 이런 생각들을 오래도록 소화했어야 할
때, 여론은 그 생각들이 전적으로 그릇된 것이라고 하는 것은 아주 있을
수 있다. 하지만, (분명히 전부는 아니라도) 많은 판단할 자격있는 사람들은
그 이론에 현재 찬성하고 있고, 그것의 본질적인 관심은 지나친 학문적 조
심성에서 여기서 그것을 묵살하는 것이 안타까울 정도이다.

그 이론은 원래 루우브르 박물관의 Pierre Amiet (Amiet 1966)에 의해 제안
됐었고 이후 Texas 대학의 Denise Schmandt-Besserat에 의해 정교하게 다듬어
졌다 (예로, Schmandt-Besserat 1978, 1979a, 1979b). 그들의 출발점은 메소포타
미아에서의 발굴에서 대량의 갖가지 단순한 기하학적 형태의 작은 점토 물
체들이 출토됐다는 사실이다. 즉 구(球), 원반, 원추, 4면체, 등, 그 중 약간
은 그 위에 일정한 무늬로 선이 새겨져 있거나 (예로 한 면에 십자가가 새
겨진 원반들이 있다), 혹은 점토로 된 작은 알약 같은 것이나 사리(coil)가
그것에 붙여져 있다. 좀 더 무난한 용어가 없어서 나는 이런 물체들을 '증
거'라고 부르겠다. 그들은 가옥의 저장 구역에서 보통 발견된다. 고고학자
들은 그들을 간단히 '내기 도구', '부적'과 같은 것이라고 대수롭지 않게 취
급하면서, 그들에 대해 거의 주의를 기울이지 않는 것이 보통이었다.

-4차 천년기의 후기에 도시 생활이 시작됨에 따라, 증거-형태의 목록이
증가했다. 새로운 형태의 어떤 것들은 비교적 사실적이었는데, 예를 들어
그들은 동물의 머리와 항아리의 매우 양식화된 모형을 포함했다. 이와 동
일한 시기에 우리는 점토의 싸개 즉 'bullae'라고 하는 것 속에 봉해지는 몇
벌의 증거의 예를 발견하는데, bullae는 속을 도려내고 증거들을 삽입한 후
봉(封)한 점토의 구(球)이다. 많은 예에서 그 구에는 안에 든 증거에 상응하
는 기호들이 줄줄이 외부에 그려져 있다. 그 기호들은 (드물게) 그 증거를
내부에 봉입하기 전에 증거 자체를 구의 외부에 눌러서 만들어지거나 혹은
(더 일반적으로는) 증거의 형태를 모방함으로써 만들어졌다.

Pierre Amiet는 그 점토 증거들은 회계조직에서 물품을 의미하는 것으로
사용됐을 것이라고 주장한다. Amiet는 이 조직이 -4차 천년기에 Elam왕국
(Susa 즉 현재의 Shush에 근거를 두고, 동쪽으로 Sumer와 인접한 문명)의 주
민들에 의해 발명됐다고 다루고 있다. 그러나 Schmandt-Besserat는 더 광범위

하게 취급한다. 즉 그녀는 비슷한 증거들이 메소포타미아에서 뿐만 아니라 근동지방의 광범위한 지역에 걸쳐 많은 장소에서 발견된다는 것과, 어떤 장소에서는 증거들이 수렵과-수집 생활방식이 물러나고 처음 농경시대가 된 -9차 천년기까지 거슬러 올라간다는 것에 주목하고 있다. 그 증거들은 어떤 목적으로 불에 구운 점토를 최초로 사용했음을 표시하는 것으로 보인다. 동일한 일정한 형태의 증거들이 계속해서 -3차 천년기까지 고고학적 기록에서 나타나고 있는데, 생산의 절정기는 아마도 -3500년 경으로 보인다.

Schmandt-Besserat는 최초의 증거와 농경의 시작과의 일치는 쉽사리 이해할 수 있다고 주장한다. 즉 수렵자-수집자들은 사실상 하루 벌어 하루 먹는 생활이지만, 농경자들은 수확을 당장 소비용 곡식과 종자용 곡식으로 구분하는 것과 같이 사물을 장기적으로 계획할 필요가 있다. 문자가 발명되기 전에는 곡식과 가축이 작은 증거들에 의해 표시되는 어떤 체계를 갖는 것이 아주 유용했을 것인데, 이 증거들은 아마 농장에서의 활동을 본뜨기 위해 쟁반에서 쟁반으로 옮겨지곤 했을 것이다. 도시가 커감에 따라 이용할 수 있는 물품의 범위도 증가했을 것이고, 이런 일은 증거-유형의 수의 증가로 반영되었을 것이다.

도시 생활은 또한 대규모의 상거래의 시작을 암시하고, 또 이것은 싸개용의 구(bullae)의 출현을 설명할 것이다. 농부는 이제 자기의 운영자본의 처리의 본보기를 집에 비치해 둘 뿐만 아니라, 타인과 서류를 교환해야 할 필요가 있었다. 싸개용 구는 고용인 책임 하에 시장에 보낸 물건이나 상품의 출하를 기록한 선하 증권이었을 것이다. 그 싸개는 증거들이 흩어지지 않도록 할 뿐 아니라 속여서 변질시키지 못하도록 보호하는 기능도 하곤 했다. 싸개-구를 깨뜨림으로써만이 증거들을 검사할 수 있었기 때문에, 평상시의 검사를 위해 내용물의 기록을 외부에 해두는 것이 편리했을 것이다. (증거들의 일정 부분이 구멍이 뚫려 있는데, 이것은 증거들을 끈에 꿰어 흩어지지 않도록 한 것을 암시한다. Schmandt-Besserat는 한 논의에서, 이 방법은 증거들로 하여금 말한 낱말이 선형의 계속임을 표시할 수 있도록 하기 위하여 사용됐을 것이라고 주장하지만, 약간 과감한 이 생각은 추종되고 있지 않다.

Amiet는 주장하기를, 일단 사람들이 내용물의 기록으로서 싸개-구의 표면에 표기를 하는 것에 익숙해지면, 다음 단계는 불가피하게 싸개의 내용물을 넣는 수고를 덜고 다만 표기된 점토의 표면만 교환함으로써 일을 단순화하는 것이었다. 즉 이 경우는 사람이 문자 혹은 아주 문자에 가까운 것을 갖게 된다. Schmandt-Besserat는 이 주장을 지지하면서 말하기를 고고학적 기록은 후기에 문자를 위해 사용된 명판(銘板)과 비슷한 명판이, 뾰족한 끝으로 점토에 그려서라기보다는 증거를 점토속에 눌러서 만든 표기만을 가졌던 짧은 기간을 보여준다고 한다. 그리고 사실은 수메르어 기간의 말기까지 숫자들은 쐐기문자 글자체에 의해서가 아니고 원통같은 형태를 여러 각도로 점토에 눌음으로써 보통 기록됐었는데, 즉 후기 수메르인 필기자들은 숫자를 기록하는 데 그들의 갈대 첨필(尖筆)의 '반대쪽 끝'을 사용했던 것 같다.

Schmandt-Besserat는 Amiet에 의해 제안됐던 것보다 훨씬 더 철저한 형식으로 문자의 기원에 관한 이 이론에 찬성하는 주장을 했고 (또 그것을 짧은 시간에 굉장히 널리 선전했다). 그녀는 증거 체계가 점토 위의 기호에 의한 의사소통의 일반 원칙만의 원천이 아니고 수메르어 글자체의 세부에 관한 원천을 표시하는 것이라고 믿고 있다. Schmandt-Besserat는 수메르어 체계의 많은 최초의 어표문자들 (그 참뜻은 그 글자체의 후기의 더 잘 고증된 형태로 계속됨으로써 확립되어 있다)이 완전히 무연(無緣)으로 보인다면서, 이것은 어느 글자체도 당연하게 그림으로 시작하여 유연성이 적은 형태로 서서히 변화해간다는 통념과는 반대되는 것이라고 언급하고 있다. 예를 들어, 'sheep' '양'은 원 속의 십자(⊕)로 썼다. 사실 가장 유연의 초기 수메르어 글씨들은 '늑대'같은 야생 동물의 이름이거나 또는 '전차'같은 앞선 기술의 품목이기 일쑤다.

다른 사람들은 수메르어 문자의 알려진 최고(最古)의 예 자체가 지금 우리에게 잊혀진 그 전의 변화시기의 결과를 구성한다고 추측함으로써 이 이론을 설명해 왔는데, 그 변화의 시초에는 글씨들이 더 유연적이었을 것이라 한다. 그러나 Schmandt-Besserat는 그 글자체의 자명한 것으로 가정된 초기의 모든 흔적이 고고학적 기록에서 사라졌어야 했던 것은 이상하다고 생

각하고, (Amiet의 제안에 따라) 그녀는 한 편으론, 만약 글씨들이 선행(先行)
의 입체적인 증거 (작은 점토 증거들은 실제적으로 단순한 형태로 부득이
만들어졌어야 했으므로)를 평면으로 모방해서 만들어졌다면, 씌어진 글씨
의 멋대로의 형태는 아주 이해할 만하다고 주장한다. 야생동물들은 증거체
계의 목적에는 부적절했을 것이고, 전차와 같은 기술의 발달은 그 후의 일
일 것이다. 그래서 이런 것들을 위한 낱말은 처음부터 평면적으로 씌었을
것이고, 따라서 당연히 유연의 글씨가 주어진 것이다. Schmandt-Besserat는
초기 수메르어 글씨 목록과 증거-형의 목록을 비교하여, 그들 간의 일치가
놀랍다고 주장한다. (그녀는 이 이론이 왜 수메르인들이 자기가 보기에 비
교적 불편한 매개체로 보이는 점토에 글을 썼는가를 설명하며, 또 왜 그들
의 명판이 의례 볼록했는가 — 이것은 아마 속이 빈 싸개-구가 볼록한 것에
서 오는 부작용일 수 있음을 설명하는 것이라고 주장하기도 한다. 그러나
수메르인들이 점토를 대치할 어떤 대안이 있었는지는 분명치 않다. 그리고
Driver (1954, p. 9)는 볼록면은 명판을 깨질 위험에서 보호했다고 주장한다.)

　Schmandt-Besserat의 이론은 중대한 비판을 받아왔는데 이것은 그 이론의
일방적 성격과 그녀의 주장의 비타협적 태도에 비추어 아마 놀랄 일이 아
니다. 하나의 분명한 문제는 — 특히 문제된 형상이 단순히 기하학적인 것일
때 — Schmandt-Besserat가 증거체계와 수메르어 어표문자를 동일시한 것과
같이, 단순히 외관상의 유사성에 근거하여 두 개의 별개 체계의 기호들을
동일시하는 것은 아주 위험한 가정이라는 것이다. 결국 아주 많은 단순한
형상들이 있다는 것 뿐이고 그래서 우연히 일치하는 경우도 일어날 수 있
는 것이다. 더욱이, Schmandt-Besserat의 동일시 주장을 수용한다면, 증거-체
계가 어떻게 사용됐는가에 관한 그녀의 개념과 일치하기 어려운 약간의 증
거들에 의미를 부여해야 한다. 즉 '좋은', '합법적 결정', '심장'을 의미하는
점토 증거들의 용도는 무엇이었겠는가? 어떻든, Schmandt-Besserat의 공개적
인 으뜸 반대자인 Stephen Lieberman은 주장하기를 (1980), Schmandt-Besserat
는 증거-체계와 초기 수메르어 글자체 간의 일치의 정도를, 둘 또는 그 이
상의 별개의 수메르어 글씨와 단 하나의 증거-형 및 그 반대의 경우를 동
일시함으로써, 또 수메르어 글씨와 아주 같아 보이는 많은 증거-형들이 메

소포타미아의 발굴 현장에서는 발견되지 않는 사실을 무시하면서 불합리하게 그녀의 이론을 확대함으로써, 크게 과장한다는 것이다. —Le Brun and Vallat (1979)를 참조할 것. (Lieberman은 또 Schmandt-Besserat의 논설은 고고학적 증거에 관한 진술이 흔히 일관성이 없다고 주장한다. 공정히 말해서 Powell (1981, pp. 423-4)이 Lieberman의 반대에 대한 Schmandt-Besserat의 발견을 옹호한다는 것이 지적되어야 한다.)

끝으로, 증거의 형상들 및 그들과 동일시된 초기 수메르어 어표문자들은 '전적으로 상징적이었으며 그들이 표시했던 사물의 형태와는 완전히 무관했다'는 그녀의 신념에서 Schmandt-Besserat는 약간 상상력이 없는 듯이 보인다 (1979b, p. 27). 그녀가 제시하는 두 예는 그녀가 '기름'이라고 해석하는 증거의 예인데, 이것은 Ali Baba가 속에 숨겼을 법한 그런 항아리의 괜찮은 모형같이 나에게는 보였고, 다른 예는 이미 언급한 '양'의 증거인데, 후자의 경우, 생존하는 최초의 종의 하나인 야곱의 양이 거친 십자형의 뿔 네 개를 갖고 있고, 만약 이것이 수메르인들에 잘 알려진 종에 관해 진실이라면 문제된 그 증거와 어표문자는 매우 유연(有緣)적일 수 있었겠다는 것에 나는 주목한다.

Le Brun 및 Vallet과 더불어 Lieberman은, 만약 수메르어 문자의 어떤 국면이 증거들의 사용과, 싸개-구의 표면에 상응하는 기호를 표기하는 습관에서 내려온 것이라면, 그것은 전적으로 숫자 체계이었음직 하다고 제안하고 있다. 그런데 숫자 체계는, 이미 검토한 바와 같이, 수메르어의 역사를 통해서 수메르어 글자체의 나머지와는 필사(筆寫)상으로 아주 별개의 것으로 되어 있었다 (실로, 영어의 숫자 표기가 영어 알파벳 정자법과는 별개인 것 같이). Amiet는 모든 증거들은 물품의 부류나 혹은 특정 물품의 일정량을 표시했다고 원래 제안했었다. 그러나 그는 특정의 증거-형태를 수메르어 문자의 특정 요소와 동일시하려고 기도하지 않았다. Schmandt-Besserat식의 이론은 결정적으로 이와 같은 동일시에 의존하고 있다. 그리고 Lieberman (1980, p. 341 n. 9)은 현존하는 증거-형식의 전체 범위 중, 수메르어 숫자 글씨와 동일시될 수 있는 한정된 하부 부분만이 싸개-구와 관련된 것 같이 보인다는 그녀의 자백을 인용하고 있다. Schmandt-Besserat의 비평가들은 수메르어 글자체의 어떠한 다른 국면도 증거의 사용에까지 추적해 올라갈 좋은 근거를 찾지 못하고 있다.

그러나 여기서 또 다른 어려움이 발생한다. 즉 싸개-구로 표시된다고 추정되는 그런 의사소통 체계 내에서는 어떤 역할이 특히 숫자기호를 위해 있을 수 있었는지 분명치 않다. 진정한 글쓰기에서는, 예를 들어, 열 마리 양과 스무 마리 소를 <10 SHEEP 20 COW>로 기록하는 것이 열 개의 '양' 글씨와 스무개의 '소'글씨로 기록하는 것보다 훨씬 편리하다. 그러나 만약 '글씨들'이 속 빈 구 안에서 이리저리 덜거덕거리는 점토 조각들이라면, '열', '양', '스물', '소'를 표시하는 증거들의 적절한 집단을 보존하는 방법이 없을 것이다. 싸개-구는 흔히 수십의 증거들을 담고 있었는데, 이것은 분명 그들의 기능에 관하여 제안된 해석을 위해 진짜 문제가 된다.

Schmandt-Besserat는 그녀의 가장 최근 논문의 하나에서 (1981), 궁극적으로 숫자-용어가 됐던 낱말이 원래는 순수한 숫자가 아닌 특정한 물품의 숫자를 의미했다는 A. A. Vaiman에 의한 제안을 채택함으로써 이 어려운 문제에 대처하는 데 약간의 진전이 있었다. 이러한 표현들이 현대 언어에서 알려지지 않은 것은 아니고 ('사냥감-새의 한 쌍'을 의미하는 영어의 *brace* 참조), 아마 그런 표현은 추상적인 수학적 개념이 발달하지 않았던 원시문화의 언어에서 더 흔했을 것이다. 최초의 문자 명판을 짧은 기간 동안 앞섰던 '각인된 명판'은 수메르인들이 진정한 문자를 발전시켰을 때 사용된 숫자와 동일한 것으로 볼 수 있는 기호들보다 더 광범위한 기호들을 지니고 있었다고 Schmandt-Besserat는 지적하고 있다 (p. 327). 그렇지만, 그 제안은 이 단계에서 평가하기에는 너무 모험적인 것 같다.

아마도 현재 가장 현명한 결론은 싸개-구 표면에 만들어진 기호들은 순수하게 수를 나타내는 것이었으리라는 것이다 (그리고 Schmandt-Besserat가 논한 '증거'-형의 대부분은 실제는 아주 딴 목적에 소용된 사물이었다고 추측하는 Lieberman이 옳을지 모른다). 그러나 소수 종류의 증거만을 사용한 단순한 회계제도가, Amiet가 제안한대로, 그래도 싸개-구의 사용을 통해서 문자의 창조에까지 이를 수 있었으리라는 결론이다. 싸개-구가 숫자로 나타내는 의사전달을 사기로부터 보호하기 위해 사용되었을 때는 점토 싸개 표면에 그런 전달을 표출하는 것은 당연한 조치였을 것이다. 일단 이 습관이 정착되면, 싸개 형태로 만들어지지 않은 점토 위에 유사한 표기를 하는 것도 마찬가지로 당연했을 것이다. 그리고 점토 명판 위에 각인된 숫자-글씨를 사용하는 간단한 회계제도가 창조됐을 때도, 세어진 물품의 그림들로 수의 표시를 보완하기 시작한 것도 또한 당연했을 것이다. 더 이상의 고고학적 조사가 있기까지는, 당시에는 아마 중요하게 느껴지지 않았던 일련의 작은 조치들을 통해서, 인류의 일부가 역사상 처음으로 문자의 제도가 분명히 없었던 단계에서 그것을 분명히 소유했던 단계로의 전환을 이루었던 길을 정말 Amiet가 우리에게 보여주었음직 하다고 생각하는 것이 합리적이다.

# 제 4 장   음절체계: 선형 문자 B

쐐기 문자 글자체는 그 역사의 여러 단계에서 갖가지 정자법의 원칙들을 상이한 비율로 아주 난잡하게 결합한 복잡한 체계다. 이 장에서는 훨씬 정연하게 논리적이었던 한 정자법을 검토할 것이다: 즉, 그리이스인들이 알파벳 문자를 처음 만나기 훨씬 전인 -2차 천년기의 일부 기간 중 그리이스 언어의 초기 형식을 쓰는 데 사용된 '선형(線形)문자 B'라는 글자체다. 선형 문자 B는 두 가지 이유로 흥미있는 글자체다: 첫째는 그것이 음절 문자의 비교적 순수한 예이기 때문이고, 둘째로는 그것이 (p. 45에서 정의된 의미에서) 아주 '불완전한' 글자체이기는 하나 동시에 자체(自體)의 한계 내에서는 아주 체계적이고 일관성이 있기 때문이다.

선형 문자 B는 아마 -16세기 경부터 -13세기까지 당시 남부 그리이스에서 번창했던 '미케네' 문명의 공직자들에 의해 기록-보관의 목적으로 사용됐었다. -2차 천년기의 초기에, 알 수 없는, 아마도 비-인도-유럽 언어 말을 하는 '미노아 문명'이라 부르는 문명이 크레타섬에서 성장했고 '선형 문자 A'로서 알려진 글자체를 사용했다 (이것은 대부분 이해할 수 없는 채 남아 있다). 미케네인들은 (-1450년 경 크레타를 정복할 때까지) 그들의 문화의 대부분을 미노아인들로부터 이어 받았고, 선형 문자 B 글자체는 선형 문자 A를 그리이스어에 적합시켜 창조했던 것으로 보인다. 선형 문자 B는 미케네 도시들이 -1250년 경 아마 바다로부터의 침입자들에 의해 파괴됐을 때 그 사용이 중지됐다. (그러나 선형 문자 B와 멀리 관련 있는 음절 글자체가 고대 그리이스·로마 시기에 키프러스에서 그리이스어 글쓰기에 사용됐었다.)

선형 문자 B는 굽지 않은 점토 명판 위에 씌었는데, 현재 우리가 갖고 있는 예들은 점토 명판 주위에서 궁성이 불타 내려앉았을 때 구어 졌던 것들이다. 기호들의 정교하고 곡선으로 된 형태로 보아 (쐐기 문자와 대조 할 것) 선형 문자 B는 역시 펜과 잉크 같은 것으로 씌어졌을 것이라는 것이,

그 직접적인 증거가 남아 있지는 않지만, 가능성이 보인다. 현재까지 전해 내려온 명판들은 각 서류보관소의 파괴 전 최후 년까지 거슬러 올라가는 임시 서류철이며, 정보는 아마 현재까지 남아있지는 않은 더 많은 영구적 기록으로 전사(轉寫)되었을 것으로 보여진다. 명판의 약간은 침략을 예견한 군대의 움직임과 시민의 철수대책을 기록하고 있는 것같이 보이는 것을 관찰하는 것은 흥미진진한 일이다.

선형 문자 B는 1952년에 영국의 건축가 Michael Ventris에 의해 해독되었다. 선형 문자 B의 언어가 그리이스어이었을 가망은 없다고 전에는 생각되었다. 그런데 Ventris는 그것이 (당연히) 그리이스어의 고어의 형태이기는 하지만, 그리이스어인 것을 발견했다. (비교를 위해, 가장 오래된 그리이스 문학인 호머의 *Odyssey*와 *Iliad*는 -700년 경까지 우리가 알고 있는 형식으로 고정됐었다고 생각되며, 현대 학교 아동들이 교육받고 있는 고전어의 아티카 그리이스어는 선형 문자 B의 명판의 시기보다 8내지 10세기 더 늦은 시기를 표시한다.) 선형 문자 B에 관한 기본적인 참고서는 Ventris and Chadwick (1956, 제2판 1973)이다. Chadwick (1958)의 보다 짧고 더 대중적인 설명은 교육을 탐정소설의 많은 흥분과 결합시키는 책으로서 충분히 추천될 수 있다. 미케네 문명에 관한 전반적 설명에는 Chadwick (1976)를 참조할 것.

그림 10은 미케네 그리이스어의 음운 목록의 재구(再構)를 제공하는 것인데 (이 언어의 많은 것은 선형 문자 B의 증거와는 관계없이 알려졌다). 강세와 성조와 같은 '초분절적' 사항들은 부득이 무시되었다. 그리고 분절 음운론의 갖가지 세부사항은 의문의 여지가 있다.—예를 들어 미케네 그리이스어는 아테네 방언에서 발달했던 반개(半開)와 반폐(半閉)의 장모음간의 구별을 이미 했을지도 모르고, 그것은 아마 전부는 아니라도 약간의 이중모음에서 장/단(長/短)의 대립도 있었을 것이다. (그것에 관해서는, 선형 문자 B의 명판이 단일의 완전히 동질적인 방언을 표시하지 않는다는 것은 아주 있을 법한 것이다.) 기호 /kʷʰ kʷ gʷ/들은 '입술-연구개음'을 표시하는 것으로, 아마 입술을 둥글게 하여 동시 조음된 연구개 폐쇄음으로서 실현된 것이다. 후기 그리이스어에서 이 음들은 다른 자음들로 변했고(환경에 따

**Vowels**

pure                                              diphthongs

ĭ  ī                    ŭ  ū

ĕ  ē                    ŏ  ō           ei  eu                           oi  ou

ă  ā                                                ai  au

**Consonants**

| pʰ | tʰ | kʰ | kʷʰ | h |
|----|----|----|-----|---|
| p | t | k | kʷ | Ø |
| b | d | g | gʷ | |
| m | n | | | |
| | (j) | | w | |
| | s | | | |
| | l | | | |
| | r | | | |
| | z | | | |

그림 10

라 순음 혹은 치음으로), /w/는 사라졌다. 이래서 우리는 고전 그리이스어 *hippos*에 해당하는 미케네어 /hikʷkʷos/ 'horse' (라틴어 *equus* 참조), 고전 그리이스어 *anax*에 해당하는 미케네어 /wanaks/ 'king' 등을 갖고 있다.[1] 기호 /z/는 그리이스어 알파벳 <z>로 표기되는 음소를 대신해 관례적으로 사용된다. 이것은 현대 그리이스어에서 [z]로 발음되지만, 아마 고전 그리이스어에서는 [zd]로 발음되었을 것이고, 미케네 그리이스어에서는 그 발음이 확실하지 않다. 그것은 [ʤ]와 같은 파찰음이었을지 모르며, 실은 'z'는 유성(有聲)의 관점에서 대립하는 한 쌍의 미케네어 음소를 대신하는 것인지도 모른다. 기호 Ø은 낱말이 영어에서와 같이 전연 자음 없이 시작될 수 있다는 것을 분명히 하기 위해 자음표에 삽입된 것이다. (같은 난의 /h/ 기호도 어두의 위치와만 관련되고 있을 뿐이다. 왜냐하면 [h]는 그리이스어에서는 다른 어떤 위치에서도 발생하지 않았고 별개의 음소로 보지 않으며 오히려 h/Ø의 대립은 모음으로 시작되는 낱말을 발음하는 두 방법 사이의 차이로 취급되기 때문이다.)

아마 [j]와 Ø 사이의 차이를 제외하고는, 그림 10내의 모든 차이는 대립적이었다. 표에 수록된 음성의 어떠한 쌍도 서로 서로의 단순한 이음적 변형이 아니었다. ([j]가 발생했을 때 그것은 보통 /i/에서 후속 모음으로의 이행에 의해 자동적으로 발생하는 단순한 이동음이었다—즉 /hiereus/ '승려'는 [hijereus]로 들리었다. /j/가 /i/를 따르지 않고 발생했던 것으로 여겨지는 몇몇 예들이 있는데, 이 경우에는 /j/는 음소적 자격을 가졌을 것이다 —즉 /jo/ '이렇게', /mewjon/ '보다 못한'과 같다. 그러나 음성 표기가 불확실해서 이런 몇 안되는 예를 기초로 /j/ 음소를 주장하는 것은 경솔하다 할 것이다.) 영어에서 무기 무성 폐쇄음은 유기 폐쇄음의 이음적 교체형이다. (p. 54 참조). 그러나 미케네 그리이스어에서는 (고전 그리이스어처럼) /pʰ/와 /p/, 기타 유기/무기의 쌍들은 전적으로 별개의 음소였다—즉 고전 그리이스어에서의 최소 변별쌍은 /ponos/ '노역' 대 /pʰonos/ '살인'이다.

하지만 선형 문자 B 글자체는 그것이 사용된 언어에서 대립적이었던 아주 많은 차이를 무시했다. 그것이 내가 그 글자체를 '불완전한' 글자체라고 칭한 뜻이다. 그 점에 관해서는 수메르어나 아카드어의 쐐기문자의 음성표기적 성분은, 많은 음절에 해당 글씨가 없었고 또 다른 음절을 위한 글씨의 결합으로 썼었다는 의미에서 '불완전'했고, 또한 음운론적으로 유사한 음절들의 갖가지 집단이 동일한 글씨로 썼었다는 의미에서 '불완전'했다. 그러나 쐐기문자 글자체에는, 어떤 음절은 글씨가 있고 어떤 음절은 글씨가 없다는 것을 결정한 특별한 논리가 없었고, 자체의 글씨가 없는 음절을 철자하기 위해 사용된 방법은 아주 특별했고 다양했다. 선형 문자 B는 그렇지 않았다. 그 글자체에 부호화 된 음운적 대립의 범위는 음성언어에서 발견되는 대립의 범위의 비교적 간결하고 논리적인 하위항(下位項)이었고, 그 정자법의 규칙은 마찬가지로 단순하고 간단한 편이었다.

알려진 음가를 가진 73개의 선형 문자 B 음절기호가 그림 11에 표시되어 있다 (동일 체계에 속한다고 보여지는 진귀한 글씨가 16개 더 있으나 그 음가는 확증된 바 없다). 대부분의 글씨들은 순전히 임의적인 것으로 보인다. 그림 같은 특색을 알아볼 수가 있고, 그 특색은 그려진 사물을 표시하는 그리이스어 낱말과 명백하게 연결이 안 되는데, 이것은 만약 그 글씨의

그림 11

음가가 다른 언어를 위해 사용된 더욱 이전의 글자체(선형 문자 A)에서 나온 것이라도 놀라운 일이 아니다.

그림 11에 관해서 첫째로 분명히 해야 할 점은 그 글자체가 순수하게 음절적이라는 것이다. 이 점은 분명히 해 둘 필요가 있다. 왜냐하면, 제2장의 관점에서 그런 종류가 아닌 글자체가 흔히 '음절적'이라고 불리우고 있기 때문이다. 그래서 이디오피아어 글자체의 182개 글씨중 한 견본을 보여주는 그림 12와 비교해 보라. 이디오피아어 글씨는 물리적으로 이어져서 씌인 낱낱의 기호가 음절을 표시한다는 의미에서 분절적이라기보다 '음절적'이다. 그러나 글씨의 모양은 음절의 분절적 구성에 의해 결정된다. 그리하여 특정한 자음으로 시작하는 음절들은 동일한 기본 윤곽을 공유하고 각 모음은 자음의 윤곽을 수정하는 일관된 방법으로 표시되고 있다. (/a/는 수정이 없음으로써 표시된다). 이디오피아어의 글씨의 완전한 목록에는 이러

그림 12

한 체계에 대한 약간의 예외가 있다. 그러나 본질적으로 이디오피아어의 문자체계는 분절적 글자체이며 여기서 분절음은 독립적인, 공간으로 끊어진 기호로서보다는 글씨의 자질로서 부호화 되어 있다. 이와 대조적으로 선형 문자 B에는, 예컨대 /m-/로 시작하는 갖가지 음절이나 /-a/로 끝나는 갖가지 음절을 위한 글씨들 중에 공통된 것이 아무 것도 없다.

그림 11의 글씨는 다음 규약에 따라 미케네 그리이스어의 음성체계 위에 배치되었다.

보통은 유기/무기(有·無氣)의 구별은 기록되지 않았고, 마찬가지로 /h/ 음은 무시되었다. (이 규칙은 작은 예외가 있었다-즉 /ha/를 표시하기 위해 <a>대신 마음대로 사용할 수 있었던 특별한 글씨가 있고, 또 /pʰu/를 표시하기 위해 <pu>대신 마음대로 사용되었던 글씨가 있다.) 또 유성/무성의 구별은 치음들 간을 제외하고는 기록되지 않았다-즉 /d/ 음절은 /tʰ, t/ 음절과 구별되었으나, /b, g, gʷ/는 /pʰ p/, /kʰ k/, /kʷʰ kʷ/와 각각 동일시 되었다. (두 음소 /s/와 /z/는 분리되어 있었으나 우리가 본 바와 같이 /z/ 는, 그것이 단일 음소이었는데도, /s/와 대응하는 유성음이 아니었다.) 유음 /l r/의 구별은 무시되었다. 음의 길이는 모음과 자음에서 무시되었다. (예컨대 /ē/와 /ĕ/는 동일시 되었고, 중첩음 /ss/는 /s/와 구별되지 않았다.)

그래서 그림 11에서 세 개의 글씨가 관례적인 표기인 <o, po, ro>로 표시될 때, 이것은 사실상 첫째 글씨는 선행하는 /h/음이 있는, 혹은 없는, 명시 안된 길이의 중간·후설 모음을 표시하는 것을 의미하며 둘째 글씨는 중간·후설 모음이 후행하는 명시 안된 양순 폐쇄음을 표시하는 것을 의미하며, 마지막 글씨는 중간·후설 모음이 후행하는 명시 안된 유음을 표시함을 의미한다. 문제의 기호들을 <ho, bo, lo>로 표기해도 마찬가지로 적절한 것이다. 그러나 미케네 학문에서는 폐쇄 자음으로 시작되는 음절을 나타내는 글씨를 무성의 무기 폐쇄음을 나타내는 기호를 사용하여 표기하고, 유음으로 시작되는 음절을 나타내는 글씨를 *l*보다는 *r*로 표기하는 등등의 일이 공교롭게도 관례가 되어 왔었다. 마찬가지로 입술-연구개음으로 시작되는 음절을 나타내는 글씨를 표기하기 위해 *q*가 관례적으로 사용되었다.

더구나, 그림 11에서 볼 수 있듯이 거의 모든 선형 문자 B 글씨들은 단순한 CV음절을 나타낸다. 미케네 그리이스어는 (고전 그리이스어와 같이) 갖가지 더 복잡한 음절을 갖고 있었으므로 선형 문자 B 필기자들은 말로 한 낱말을 문자형태로 바꾸기 위하여 중간정도로 복잡한 한 조의 규칙을 사용해야 했다.

예기되는 바와 같이, 택일적인 필사(筆寫) 규약 간에는 어느 정도의 변동이 있었다. 그리고 현존하는 원문 역시 필자 측의 명백한 잘못이었다고 보여지는 예들을 포함하고 있다. 그러나 다음의 한 벌의 규칙들은 선형 문자 B의 정자법 규칙에 관한 완전하고 총체적인 진술인 것에 아주 가까이 접근하고 있다.

첫째 이중모음에 관한 취급은 최종 모음이 무엇인가에 달려 있다. /-u/로 나타나는 이중모음은 두 모음의 연속으로 취급된다-예컨대 /gʷasileus/ '우두머리' (고전 그리이스어 *basileus*)는 <qa-si-re-us>로 쓰이었다. 그러나 /-i/로 되는 이중모음에서는 /i/가 무시된다-예컨대 /poimen̄/ '양치기'는 <po-me>로 쓰인다. 그렇다고 해서 이것은 /-i/로 되는 이중모음이 쓰이기에는 순수 모음과 결코 구별되지 않는다는 뜻이 아니다. 언제고 이와 같은 이중모음은 다른 모음이 뒤따를 때는, 이 이중모음은 대응하는 /j-/음절을 나타내는 글씨로 쓰일 것이다-예컨대 /palaios/ '늙은'은 <pa-ra-jo>로 쓰인다. (/-i/의 생략에 관한 규칙을 적절하게 만든 것은 /-i/ 이중모음이 이렇게 알려지게 되는 빈도 때문이라고 생각될 지 모른다. 그러나 그럴 경우 /-u/ 이중모음도 동일하게 취급되어야 하는데, 이유는 [w] 이동음이 [j]가 /i + 모음/에서 감지되는 바와 똑같이 /u + 모음/의 연속에서 감지되기 때문이다-즉 /kuanos/ '편청석(扁靑石)'는 <ku-wa-no>로 된다.) 두 이중모음 /ai au/를 어두의 위치에서만 표시하기 위해 사용될 수 있는 특수한 글씨가 있다. 그래서 /aiwolos/ '재빠른'은 <ai-wo-ro>이거나 <a-wo-ro>로도 쓸 수 있다.

모음 바로 앞에 선행하는 자음의 표기는 간단하다. 하지만, 자음 음소가 말에서 다른 자음 앞에서 혹은 어미에서 나타날 때, 그래서 그것이 CV 연속체의 일부가 아닐 때, 그 자음의 취급은 그것이 연속음 (/s, m, n, r, l, w/)이냐 혹은 폐쇄음이냐에 달려 있다.

만약 그 자음이 폐쇄음이면 그것은 다음 모음을 '빌어서' CV 음절이 되게 쓰인다: 예로 /ktoinā/ '작은 지면'은 <ko-to-na>로 쓰이며 /ptelewas̄/ '느릅나무 재목의' = <pe-te-re-wa>, /aksones/ '차축' = <a-ko-so-ne>, /tripos/ '삼각' = <ti-ri-po>, /alektruon/ '수탉' = <a-re-ku-tu-ru-wo>. 후속하는 모음이 없으면 (예가 너무 적어서 일반 법칙이라고 확언하기 어렵지만) 선행하는 모음이 사용된다: 예, /wanaks/ '왕' = <wa-na-ka>, /aitʰiokʷs/ '볕에 탄' = <ai-ti-jo-qo>.

또 한편으로는 연속음의 자음이 바로 뒤따르는 모음이 없을 때 그것은 다음 음이 공명음(/m, n, r, l, w/)일 때만 '빌린' 모음으로 쓰인다. 만약 연속음의 자음이 어미에 있거나 저지음(즉 폐쇄음이나 /s/)이 뒤따르면 그것은 그냥 생략된다. 그리이스어에서 어미에서 발생할 수 있는 모든 자음은, 즉 /n, r, s/는 연속음이기에, 말에서 어미에 있는 어떤 자음도 선형 문자 B의 글에서는 씌어지지 않는다: /tripos/ '삼각' = <ti-ri-po>, /poimēn/ '양치기' = <po-me>, /patēr/ '아버지' = <pa-te>. 저지음 앞에서 생략된 연속음의 예로는: /pʰasgana/ '검' = <pa-ka-na>, /worzōn/ '실행하는' = <wo-zo>, /kʰalkos/ '청동' = <ka-ko>, /aiksmans/ '점들' = <ai-ka-sa-ma>. (마지막 예에서 /n/은 저지음 /s/에 선행하므로 생략되고, /s/ 자체는 어미이므로 생략된다.) 공명음 앞의 빌린 모음과 더불어 쓰인 자음의 예로는: /amnīsos/ (어느지명) = <a-mi-ni-so>, /dosmos/ '기부' = <do-so-mo>, /wrīnos/ '가죽' = <wi-ri-no>, /ksenwios/ '손님 위해 마련된' = <ke-se-ni-wi-jo>.

언제 자음이 생략되고 또 언제 그것이 빌린 모음으로 쓰이는가에 관한 규칙에 대하여 어떤 일반적인 언어학적 근본 이유가 있는지를 분명히 누구나 알고 싶어 할 것이다.

Ruijgh (1967, pp. 24-5)는 규칙을 본래 위에서 제시된 대로 제시하고 설명을 제안하기를 공명음은 저지음보다 더 모음과 같아서 '자음 + 공명음'의 연속은 '자음 + 저지음'의 연속보다 더 '자음 + 모음'의 연속에 가깝다고 한다. (이 연속체의 자음은 언제나 글자로 쓰일 것이다.) 그러나 이에 대해 두 가지 반대가 있다. 첫째, 그것은 저지음 앞에서 생략되는 것은 왜 연속음의 자음 뿐인가의 설명을 전혀 하지 않는다. 둘째, 어떤 의미에서는 /sm/과 같은 연속은 음성학적으로 /sp/와 같은 연속 보다는 CV형에 더 가까운 것은 사실일지 모르지만 만약 그 사실이 미케네어 화자들이 그들의 언어의 음운을 감지하는 방식에 적절하다면 그것은 그들로 하여금 그들의 문자체계에 /sm/을 위한 특수한 글씨를 마련토록 하였을 것이다−그들은 그렇게 하지 않았으므로, 왜 그들은 이 결합에서 /s/를 쓸 필요를 느꼈을까?

Ruijgh의 것보다 더 그럴싸하게 보이는 설명이 Ventris and Chadwick (1956, p. 45)에 의해 제안되는데, 그 제안은 연속음의 자음은 그 음절의 끝일 때 생략되는 것이 규칙이라는 것이다. 음절 끝의 음은 음절 초의 음보다 본래 덜 두드러지므로, 이것은 그럴듯한 규칙이다. /kʰalkos/ = /ka-ko/와 /amnīsos/ = <a-mi-ni-so>를 비교하라. 자음군 /lk-/는 그리스어의 낱말의 시작으로는 가능하지 않다. 그러므로 우리가 알기로는 /kʰalkos/는 음절로 분리할 때 /kʰa\$lkos/ 보다는 /kʰal\$kos/로 분리되어야 한다 (기호 \$는 음성적인 음절경계를 표시한다): 이 낱말에서 /l/은 음절 끝이므로 선형 문자 B 문자에서 무시된다. (세 번째로 생각할 수 있는 음절분할 /kʰalk\$os/는 그리스어에서의 음절경계는 가능한 한 왼 쪽에 위치한다라는 일반 규칙에 의해 배제될 것이다.) 이와 반대로 /mn-/는 그리이스어에서는 가능한 어두 음군이다. (그것은 예로서 /mnēmē/ '기억'에서 나타나는데, 영어의 *mnemonic*이 파생된 어근이다.) 그러므로 *Amnisos*는 /a\$mnī\$sos/로 음절화되며 /m/은 빌린 /i/와 같이 쓰인다.

실로 Ventris and Chadwick의 설명이 Ruijgh의 설명보다 더 나은 예언을 하는 예가 많이 있다. 낱말 /sperma/ '씨앗', /korwos/ '소년'을 고려해 보자: /r/가 공명음인 /m, w/에 선행하고 있지만, 이 낱말들은 일관되게 <pe-ma>, <ko-wo>로 철자되고 있다. /rm-, rw-/는 그리이스어에서는 가능한 어두 음군이 아니므로 이들 낱말은 /sper\$ma/, /kor\$wos/와 같이 분절되어야 하고, 음절말 규칙은 /r/의 생략을 예언한다.

사실 우리는 Ventris and Chadwick 보다 더 나아가 그들의 원칙을 더 일반화하여 '저지음', '연속음', 등과 같은 자음-부류에의 언급 없이 어떤 자음은 글자로 쓰이고 어떤 자음은 생략되는가를 우리가 명시할 수 있겠끔 그들의 원칙을 다시 공식화할 수 있을 것이다. 그 일반 규칙 (장차 알겠지만 이것은 전적으로 만족스런 것은 아니지만 정확한 것에 가깝다)은 이렇다: 자음은 (필요하면 빌린 모음과 더불어) 언제고 그 음절의 모음에 선행할 때 써어지고, 그 음절의 모음에 후행할 때 생략된다. 음성 그리이스어에서 가능한 자음군에 대한 제약은 거의 Ruijgh가 말한 대로 이 규칙이 자동적으로 결과를 제공할 정도다. 그리이스어는 폐쇄음이 다른 후속자음과 비교적 자유롭게 군을 이루는 것을 허용한다. 그래서 '모음 + 폐쇄음 + 자음 + 모음'의 연속에서, 음절-경계는 보통 폐쇄음에 선행하게 되고, 그래서 이것이 선

형 문자 B의 철자에 포함된다. (예로, /aksones/ '차축'은 /a\$kso\$nes/로 분절
된다, 이유는 그리이스어에서 /ks/는 허용된, 실로 흔한 어두 음군이기 때
문이다. 그러므로 영어에는 x로 시작되는 그리이스어-파생의 낱말이 많이
있다: 예, /ksulon/ '목재'에서 파생된 *xylophone.*) 사람은 /alektruon/의 철자
<a-re-ku-tu-ru-wo>를 의심할지 모른다: 즉 /ktr-/는 가능한 그리이스어 어두
음군이 아닌 것은 사실이지만, 한편으로는 /kt-/는 가능하다. (예, /ktenos/
는 'comb'의 속격). 그러나 /-k, -kt, -ktr/는 모두 어미 위치에서 불가능하다.
그래서 대체로 /a\$le\$ktru\$on/이 가장 적절한 음절분할로 보이며 이것이 선
형 문자 B의 철자 /-ku-tu-ru/를 예언한다.

　진술된 규칙에는 결함이 둘 있다. 첫째, 그것은 어미의 자음군의 어떤 자
음도 글자로 씌어서는 안된다고 예언하지만, 우리가 본 바로는 /wanaks/
'왕'은 <wa-na-ka>이지 *<wa-na>는 아니다. 여기 설명은, 일반 규칙이 절대
다수의 폐쇄음이 글자로 쓰이는 것으로 유도했기 때문에, 이 규칙이 모든
폐쇄음은 글자로 쓰이는 것을 요구하도록 확대되었다고 할 수 있다. 더 간
단한 규칙 아래서 생략되었었을 유일한 폐쇄음은 어미의 음군인 /-ks -k$^w$s
-ps/이다. 둘째, Ventris and Chadwick의 제안이나 나의 보다 일반적인 재공
식화(再公式化)도 왜 /s-/가 저지음 앞에서 일관되게 무시되는 가를 전연
설명하고 있지 않다. 예: /sperma/ '씨앗' = <pe-ma>, /stat$^h$mos/ '농장' =
<ta-to-mo>, 그리고 마찬가지로 /ksunstrok$^{wh}$a/ '집합' = <ku-su-to-ro-qa>인데
여기서 음절 분할은 분명 /ksun\$stro\$k$^{wh}$a/라야 한다. (이 낱말은 고전 그리
이스어에서 sun 'together'로 쓰이는 접두사와 어근인 stɡojh 'rolling'의 합성
어이다.) 이들 두 점은 가장 일반적인 형식의 규칙에서 벗어난 것으로서 수
용되어야 한다. 그래서 내가 실제로 옹호하려는 규칙은 이렇다: 폐쇄음이
아닌 자음은 그 음절의 모음 뒤에서 발생하면 생략되고 (/s/의 경우에는)
그것이 폐쇄음의 직전에서 발생하면 생략된다. 그렇지 않은 모든 자음은
필요한 곳에 빌린 모음과 함께 글자로 쓰인다.

　나의 규칙의 비교적 복잡한 이 변형 조차도 어떤 경우에는 들어맞지 않
는다. 예로, 낱말 /ararmotmena/ '어울러 맞춘'은 <a-ra-ro-mo-te-me-na>로 쓰
이지만, 음절분할은 /a\$rar\$mo\$tme\$na/이고, 글씨 <ro>는 나타나서는 안된

다. (음군 /tm-/은 그리이스어에서 어두 위치에서 발생하지만 /rm/은 그 위치에서 발생하지 않는다.) 이와 반대로 이 철자는 Ruijgh의 원칙에 의해 예언된다. 하지만 Ruijgh에게는 /sperma/를 <pe-ma>로 쓰는 것은 예기치 못한 것이다: 그는 *<pe-ra-ma>를 예언할 것이다. /-rm-/에 관한 이들 택일적인 취급은 그들 각각의 음운 환경의 어떤 일반적 성질의 관점에서 설명되어야 한다는 것은 받아들이기 어려울 것 같다. 오히려, 우리는 분명히 이 문제에 관한 다음과 같은 견해 중 하나를 선택해야 한다:

1. 필기자들은 /-rm-/ 및 버금가는 음군의 첫째 요소를 쓰기도 하고 생략하기도 하는 사이에서 자유롭게 변했다 (혹은, 어떤 필기자는 규칙적으로 그들을 쓰고 다른 자는 규칙적으로 그들을 생략했다);
2. 이 규칙은 이런 음군의 첫째 요소가 쓰이기를 요구했다. 그리고 /sperma/를 <pe-ma>와 같이 철자하는 것은 불규칙적 (혹은 과오)이다;
3. 이 규칙은 이런 음군의 첫째 요소가 생략되기를 요구했다. 그리고 /ararmotmena/를 <a-ra-ro-mo-te-me-na>와 같이 철자하는 것은 예외다.

나는 3이 맞다고 생각하는데, 이유는 이 가정은 나로 하여금 자음을 쓰는 것을 지배하는 규칙을 비교적 세련되게 진술하는 것을 가능하게 하기 때문이다. Ruijgh는 관련된 형식의 자음군의 첫 요소를 생략하는 철자가 자음군을 포함시키는 철자보다 더 흔하다고 말하는데, 이 말은 3이 적어도 2 보다는 언어자료에 고나한 더 나은 설명임을 의미하는 것이고, 만약 빈도의 차가 아주 크면 3은 1보다 더 큰 설명력을 갖는 것으로 판단될 것이다.

 내가 제안한 규칙에 관해 더 중대한 문제는 그 규칙이 음절분할에 관한 한 벌의 원칙에 달려있는데 그 원칙 자체가 의문의 여지가 있다는 것이다. W. W. Allen (1968, pp. 98-9)은 내가 제시한 원칙, 이 원칙에 의하면 음절경계는 허용된 어두 음군에 대한 제약과 모순되지 않는 한, 왼 쪽 멀리 위치한다는 것인데, 이 원칙은 그리이스어 문법학자들에 의해 전통적으로 수용되었다는 것을 인정하고 있다. 그러나 그는 시의 보격(步格)과 관련된 고려를 해보면 그 원칙이 잘못된 것임을 보여준다고 주장한다. Allen은 다른 원칙을 말하고 있다. 공교롭게도 Allen이 자기의 원칙에 따른 음절분할에 관해 인용한 특별한 예들은 만약 나의 철자규칙이 정확하면 전통적 원칙과 똑 같은 선형 문자 B의 철자를 낳게 하곤 한다. 그러나 이것이 그렇지 않는 다른 예들이 있다. 예컨대, /dosmos/ '기부'는 전통적 원칙에 의해 /do$smos/로 분절되고, 그래서 나의 규칙에 의해 <do-so-mo>로 정확히 철자되는데, 이것이 Allen의 원칙으로는 /dos$mos/로 분절될 것이고, 이에 대해 나의 철자규칙은 *<do-mo>라는 철자를 잘못 예언한다. 만약 음절분할에 관한 전통적 원칙은 거부되어야 한다는 Allen의 말이 옳다면, 내가 제시한 비교적 간단한 철자규칙은 얕은 음절분할과 깊은 음절분할 사이의 차이에 관한 그리이스어의 증거가 있기만 하면 옹호될 수 있을 것 같다. (예로, Kiparsky 1979, Lowenstamm 1981 참조).

그림 11은 갖가지 결함을 포함하고 있는데 그것은 선형 문자 B의 어떠한 글씨도 표시하지 않는 음의 결합이다. 그러나 이들 음결합 중 오직 둘 혹은 셋만이 이 체계에 관하여 우리가 알고 있는 결함을 표시할 것 같다. 즉 음절 /ju zu/는 아마 미케네 그리이스어에서 발생했을 것이다. 그러나 우리가 보유하고 있는 명판의 자료에서는 아주 드물게 나타나므로 그들의 쓰인 형태는 확고하게 밝혀지지 않고 있다. (사실 잠정적으로 <ju>, <zu>로 밝혀진 글씨들이 있으나 증거는 미약하다.) 다른 결합들은 미케네 그리이스어에서 음운적으로 불가능한 것들을 표시하는 것 같다: 즉 /ji/와 /wu/는 /i/와 /u/로부터 구별되지 않았었을 것이고, 마찬가지로 /kʷu/(와 유기 및 유성 폐쇄음을 가진 그의 대응음들)도 아마 /ku/와 구별되지 않았을 것이다. /zi/는 우리가 알기로는 /zu/에 버금가는 우연한 결함일 수도 있겠지만, 가능한 음절이 아니었음을 믿을만한 이유들이 있다.

선형 문자 B의 글자체의 일반논리를 어지럽히는 소수의 글씨의 존재는 -예컨대 /ha/, /pʰu/, /ai/를 위한 선택적 글씨, 혹은 /nwa/, /pte/와 같은 음결합을 위한 글씨-그 자체로서는 특별히 놀라운 것이 아니다: 즉 영어나 기타 현대 유럽 언어의 음운에서 특별히 중요하지도 않은 자음군 /ks/를 위한 글자 X를 가지고 있으면서 /ʃ/와 같은 아주 흔한 음소를 위한 단일 글씨는 없는 영어 글자체를 비교해 보라. 하지만 선형 문자 B의 음절문자는 이상하게 그리이스어에는 적합하지 않는 것 같다. 여분의 글씨의 드문 예들이 있을 뿐 아니라 체계적으로 마련된 것도 그리이스어의 구조와는 관계가 거의 없는 것 같다. 유성-, 무성-, 유기-폐쇄음 사이의 구별은 그리이스어 음운에서는 영어 음운에서의 유성과 무성, 폐쇄음과 마찰음 사이의 구별과 같이 중요했다. 그런데도 그리이스어의 구별은 거의 전부 글자체에 의해 무시되었다. (유성/무성의 구별을 보여주는 한 예－즉 /d/ 대 /t ᵗʰ/같은 치음 사이에서－는 치폐쇄음이 그리이스어에서 빈도가 훨씬 컸을 것이므로 문자에서의 미세한 구별이 그 자음 부류에는 더욱 유용했다고 제안함으로써 설명될 수 없다. 이유는 치음은 사실 여타의 조음점에서 발음되는 자음들보다 더 흔하지는 않았기 때문이다.) 다른 한편으로는 이 글자체는 [j]음을 기록하기 위해 일련의 글씨들을 제공하는데 [j]는 모음 사이에서 모통 자동적으로 생기는 이동음에 지나지 않았고 아마 한계적 음소 상태에 불과했을 것이다. 단순한 CV형 음절을 위한 기초적인 일련의 글씨는 물론 CCV형의 복합 음절을 위한 소수의 글씨가 있었다는 것은 크게 놀라운 일은 아니다. 그러나 특별한 글씨가 제공된 많은 복합 음절이 /w/가 있는 음군을 가지고 있었다는 것은 놀라운 일로 여겨진다: 즉 이 자음을 아직도 갖고 있던 고전 그리이스어 이전에도 /w/는 비교적 드문 음이었으니까.

아마도 이들 예상 밖의 특징들은 선형 문자 B가 그리이스어 글자체로 무에서 창조된 것이 아니고, 아주 다른 '미노아' 언어의 음을 기록하기 위해 발전돼 왔던 기존의 체계(선형 문자 A나 혹은 없어진 공통의 조상(祖上)-글자체)에서 발전된 것이라는 사실의 결과일 것이다. L. R. Palmer (1963, pp. 36ff.)는 선형 문자 B의 특성에서 '미노아어'의 음운에 관한 무엇인가를 추리할 수 있을 지 모른다고 제안한다. 그는 자체 글씨를 갖고 있는 거의 모든 복합음절은 C_wV형 아니면 C_jW형이라는 것에 주목한다. (후자, 예로, <tja>와 같이 관례적으로 표기된 글씨는 한 쌍의 음절을 쓰기 위해 사용되었을 것이어서, 예컨대 단일 글씨 <tja>는 /tia/를 표기한 연속체 <ti-ja>를 대신한 것이었을 것이다. 미케네 그리이스어의 음운에 자음 + /j/의 음군이 있었는지는 분명치 않다. 이 일반론에 대한 예외가 <pte>이다. 그러나 그리이스어의 /pt/는 더 이전의 /pj/에서 흔히 발전한 것으로 알려져 있어

서 <pte>는 원래는 /pje/의 음가를 가졌을 가능성이 있다. Palmer 역시나 관
례적으로 /z/로 표기되는 미케네어 음소의 발음은 구개음화한 연구개음,
예로, [kʲ], 이었을 것이라는 추측은 근거 있는 것이라고 주장한다. 그리고서
그는 제안하기를, 만약 우리가 그 미지의 미노아어는 자음 간의 중요한 발
음방식의 구별이 유성(有聲)과 유기(有氣)라기 보다는 구개화와 원순화라는
2차적 조음과 관계가 있는 언어였다고 생각하면, 선형 문자 B 체계에서 어
리둥절하게 느껴진 것의 대부분은 수긍이 갈 것이라고 했다. 즉, 미노아어
는 그 안의 낱낱 예사 자음이, 예컨대 /t/가, 구개음화한 대응음 /tʲ/와, 순
음화한 대응음 /tʷ/와 대립했던 언어이었을 것이고, 반면에 유성(voicing)과
유기(aspiration)는 전연 발생하지 않았거나 그 언어에서 아무 역할도 하지
않은 단순한 아음소적(亞音素的) '잡음'이었거나 해서 그로 인해 그 언어의
필기자에 의해 자연히 등한시 된 것이라는 것이다.

이러한 음운 체계는 이론적으로는 그럴듯하게 느껴진다(우리는 미노아
어에 관해 전연 아는 바가 없기에, Palmer의 제안은 오직 추측일 수밖에 없
지만). 분명 그것은 왜 선형 문자 B가 그런 식으로 조직됐는가를 아주 산뜻
하게 설명할 것이다. 다른 언어의 화자로부터 글자체를 빌어오는 사람들은
그 글씨가 자기자신들의 언어에 비교적 부적절할 때에도, 그 글씨의 음가
를 함부로 다루는 것을 피하는 것이 보통이다. 누군가가 맨 처음으로 그리
이스어를 위한 음절 글자체를 고안하려 했다면 그는 /tia/를 위한 글씨는
거의 마련하지 못했을 것이지만, 만약 <ɟa>라는 글씨가 이미 만들어져 있
었다면 필기자들은 /tia/를 표기하기 위해 필요에 따라 <ti-ja>의 대한(代案)
으로서 그것을 사용했을 것이다. 선형 문자 B의 글자체가 치음 간의 유성
과 무성을 진정 구별한다는 사실은 미노아어에는 바로 그 조음점에서 유/
무성의 구별이 있었고 다른 조음점에서는 없었다는 의미는 아니다. (이것
은 언어학적으로 약간 받아들이기 어려울 것이다-즉, 유/무성의 대립이
일단 언어에서 사용되면, 그것은 보통 곧 바로 갖가지 범주의 자음들과 맞
닥뜨리기 때문이다.) 마찬가지로 확실한 것은 미노아어는 설정부위(舌頂部
位)의 두 조음점에서 폐쇄음을 가지고 있었다는 것과-아마도 치음 [t] 대
반전음 [ṭ]-또한 이들 중 하나가 그리이스인들에 의해 그들 자신들의 유성

음 [d]와 약간 비슷하게 들리는 것으로 포착됐다는 것이다. 글자체가 차용될 때는 차용자들이 약간의 요소의 음가를 부주의하게 바꾸는 일이 아주 흔하다. 왜냐하면 (이미 제안한 바와 같이) 사람들이 우연히 자기네 언어에 비교적 유용한 새 음가라고 알고 있는 것에 어떤 기호를 일부러 골라 사용한다는 것은 덜 흔한 일이지만, 차용자들은 외국의 음성을 자기네 음성체계의 관점에서 해석하기 때문이다.

Palmer의 설명이 정확한 것인지 아닌지 간에, 어쨌든 미케네 그리이스어의 음운에서 역할을 한 대립에 관련해서는 선형 문자 B는 특히 '불완전한' 글자체라는 사실은 남는다. 그 결과, 선형 문자 B의 글씨의 어떠한 짧은 연속체도 그것을 읽는 서로 다른 방법이 보통 많이 있다. 예컨대 <pa-te>라는 한 쌍을 생각해보자. 이것은 명판에서 적어도 두 가지 해석으로 나타난다: /patēr/ '아버지', /pantes/ '전부'. 그 외의 많은 해석이 음운상으로 가능하다: /bat͡he, pʰantes, pasten/, 등등. 그리고 아마 적어도 한두 개 더 가능한 것이 미케네 그리이스어의 실제 낱말에 해당할 것이다. 이와 같은 아주 불완전한 체계가 어떻게 해서 실제로 사용될 수 있었을까?

아마도 선형 문자 B에서 발견된 정도의 모호함을 혼합한 체계는 문자언어가 후대(後代)에 가서 이룩하는 일반목적의 의사전달 도구로서 사용되지 못할 것이다. 분명, 선형 문자 B에 관한 우리의 지식이 미치는 한에서는, 선형 문자 B는 오직 아주 특수화된 관료적 목적을 위해서만이 사용됐다. 즉 대부분의 명판들은 물품의 목록작성, 소작지들의 명부작성 등과 같은 일과 관련된 간단한 기록이다. 이러한 종류의 명문들은 그 뜻에 대한 전후 관계의 강력한 단서를 제공하는 경우에 읽혔었지 않았나 싶다. 즉 독자는 그가 명판을 소작지 기록으로 가득한 바구니에서 취하면 그것은 소작지를 기술하는 것으로 안다.

그림 13은 전형적인 선형 문자 B 명판을 보여주는데, 이것은 명판 PY Ta722의 첫 줄로서, 갖가지로 장식된 네 개의 발판의 목록을 작성한 것이다. (그림 13은 Ventris and Chadwick (1956, p. 345)에 제공된 자역(字譯)에 상응하는 글씨의 정상화된 번역을 보여준다: 이것은 원판의 재생이 아니다.)

그림 13과 관련해서 설명해야 할 것은, 음절문자의 글씨와 마찬가지로

ta - ra - nu  a - ja - me - no  e - re - pa - te - jo  a - to - ro - qo  i - qo - qe

tʰrānus   aiaimenos   elepʰanteiois   antʰrōkʷōi   hikʷkʷōikʷe

po - ru - po - de - qe  po - ni - ke - qe   FOOTSTOOL 1

polupodeikʷe   pʰoinīkeikʷe

그림 13

선형 문자 B의 명문이 미케네어학자들이 '표의문자'라고 부르는 또다른 부류에서 따 온 기호들을 보조적으로 사용한다는 것이다. 이들 기호는 명판에 의해 목록작성된 종류의 사물들 ('양', '사람', '보리', '금', 등)을 낱낱이 의미하는 글씨 (그 중 많은 글씨는 음절문자의 글씨와는 달리 유연한 (motivated) 것)이거나 또는 오늘날의 '갤론', '부쉘' 등과 비슷한 도량법의 단위를 의미하는 글씨이며, 이들 기호는 독자로 하여금 음절문자의 원본에 자세히 묘사된 물품의 일반적 범주를 한눈에 알아볼 수 있도록 숫자-기호와 함께 사용된다. 선형 문자 B의 '표의문자'는 군에서 문구의 시작에 머리 명사로써 물품 품목을 작성하는 현대의 군대 습관과 동일한 기능을 하는 것 같다: 우리가 '잔 6개, 청색, 자기, 차(茶), 장교용'이라고 쓸 때, 미케네인의 필기자는 '청색 자기 찻잔 장교용: 잔 6'이라고 썼을 것이다. 선형 문자 B의 '표의문자'는 대문자로 표기하는 것이 관례다. 선형 문자 B의 글자체에서는 짧은 수직 작대기로 낱말이 분리된다. (그림 13의 명문 중의 한 낱말 <a-ja-me-no>는 비록 그것이 선형 문자 B 자료에서는 흔하지만 독립해서는 알려져 있지 않다. '상감(inlaid)'이라는 의미는 문맥에서 추론된 것이지만, 철자 뒤에 있는 정확한 발음은 오직 추측일 뿐이다.) 그 문장은 영어로는 이렇다: '상아에 사람과 말과 낙지와 야자수가 상감된 발판: FOOTSTOOL 1'.

발판 (FOOTSTOOL)을 뜻하는 '표의문자'가 주어지면, 이 명문의 독자는

<ta-ra-nu>를 이론적으로 가능한 다른 어떠한 것으로서보다는 /tʰranus/ '발판'으로 읽는 데 조금도 어려움이 없었으리라는 것이 분명하다. 약간의 다른 낱말들은 예언가능성이 이보다 덜 하는 것으로 보일지 모르나, 여기서도 만약 명판의 기능이 일정한 장소에 보관되어야 할 물품의 목록에 관한 조사로서였다면, 누구나 보통 그 물품을 조사하고 그리고 나서 명판과 대비해서 물품을 일일이 점검할 터인데, 이것은 명판을 해석하는 문제를 크게 덜어줄 것이다.

하지만 선형 문자 B는 그것을 사용해서 표현하려고 한 언어에 관해, 더 익숙한 글자체가 마련하는 것보다 의미 있을 정도로 덜 완전한 전사(轉寫)를 제공했기 때문에, 미케네 그리이스어를 유창하게 말하는 사람들이 전후 관계에서 전언(轉言)의 내용에 대한 많은 실마리를 제공하는 경우를 제외하고는 선형 문자 B를 사용하는 것은 실제적이 아니었을 것이라고 추정하는 것은 위험스럽다. 결국, Ventris and Chadwick은 그림 13의 명문을 판독하는 데 성공했는데, 그들은 자기들을 도울 발판이 없었을 뿐 아니라 수 세기나 더 젊은 그 언어의 방언을 통해서가 아니면 그 언어를 잘 알지도 못했다. Chadwick (1958, p. 131)는 자기와 Ventris는 선형 문자 B로 서로간에 우편엽서 쓰기에 성공했노라고 말하고 있다. Ventris and Chadwick (1956)에 머리말을 기고해 준 A. J. B. Wace는 '그렇게도 정교한 문자체계가 오직 물품의 목록이나 혹은 세금 지불을 기록하기 위해서만 사용됐을 리 없고... 선형 문자 B 글자체는 아마 편지, 조약 그리고 문학적인 글을 위해서도 사용됐을 것'이라고 까지 말했다.

선형 문자 B가 광범위한 의사전달 목적으로 실제 사용됐었다는 견해를 이 체계의 복잡성이 대변한다는 것은 Wace에게는 분명했을 것으로 보일 만큼 나에게는 분명치 않다. 아주 정교한 글자체를 가지면서 그것을 매우 한정된 목적으로만 사용하는 사회의 예가 너무나 많이 알려져 있으므로 그 결론이 안전한 것이라고 할 수는 없다. 내가 Wace와 동의하고 싶은 것은 선형 문자 B가 불완전함에도 불구하고 혹시나 더 널리 사용됐을 지 모른다고 생각하는 데 있다.

어떤 사람들이 느끼기에는 이런 아주 불완전한 글자체는 쓰인 명문의 물리적 배경이 그 문자체계의 모호함을 해결하는 데 믿을 수 있는 매우 한정된 목적을 위해 사용될 수 있었을 뿐이라는 것이다. 실제로 몇몇 학자들은 Ventris and Chadwick가 묘사하는 것과 같은 정자법이 도시 존재했는지를 믿지 않는다. 내가 앞서 언급했거니와, Ventris 이전에는 선형 문자 B의 명판이 그리이스어로 쓰인 것이 판명되리라고 기대되지 않았고, 또한 Ventris-Chadwick의 해독이 처음 제의됐을 때 그것에 대한 반대가 상당히 있었다. 대부분의 비판자들은 새로운 증거가 나타남에 따라 태도를 바꾸었으나, 예컨대 Ernst Grumach는 죽을 때까지 계속해서 그 해독에 반대했다 (Grumach 1976 참조).

이 체계의 '불완전성'이 그 해독의 타당성에 관해 의심을 낳게 하는 이유가 둘 있다. 한 이유는 낱낱 글씨의 모호성이 Ventris가 멋대로 해석할 변수를 너무 많이 그에게 제공하는 것으로 보인다는 것이다. 만약 그의 체계 내에서 어떤 짧은 연속체의 선형 문자 B 글씨가 그리이스어 음성의 음운론상-가능한 연속체로서 택일적 해석을 많이 가진다면, 많은 선형 문자 B의 연속체가 실제의 그리이스어 낱말과, 또한 문맥에 알맞는 낱말과도 동일시될 수 있다는 사실은 별로 입증이 안 될 것 같을 수도 있다. 즉 만약 글씨에 닥치는 대로 음가를 부여한다면 누구나 같은 일이 순전히 우연히 일어나리라고 생각할 수 있을 것이다.

이 반론에 대한 답변은 소수의 경우에 공교롭게도 쉽사리 일어날 수 있는 것은, 그 경우의 수가 늘어남에 따라 압도적으로 있을 법하지 않게 된다는 것이다. 즉 처음 두 번 주사위를 던져 다 같이 6이 나오면 놀랄 큰 이유가 없겠지만, 계속해서 100번 던져 6이 50번 나오면 그 주사위는 조작된 것이 거의 확실한 것이다. 그리이스어 문헌학 분야의 전문가들은 이것과 같은 통계적 문제에 관해서 잘 발달된 감각을 반드시 가지고 있지는 않다 ―보통은 그들이 꼭 그래야 할 이유가 별로 없다. 그리고 그들은 그리이스어를 최초의 알파벳일 뿐 아니라 그의 궁극적인 '비잔틴'형태로 모든 알파벳 조직 중 가장 정교한 알파벳 글자체로 쓰인 언어라고 생각하는 데 익숙해 있다. 그래서 그리이스어가 한때는 대단히 조잡한(동시에 아주 딴) 체계로 쓰이었다는 암시는 거의 수치스럽게 까지 느껴진다. 하지만, Ventris-

Chadwick의 해독에 유리한 객관적 증거의 힘은 관계 있는 학자들의 거의 대부분을 확신시키기에 충분했다.

Ventris-Chadwick의 해독을 수용하기를 거부한 사람들은, 어떠한 문화치고 이처럼 결함있는 글자체를 사용한다는 것은 믿기 어렵다고 보기 때문에 거부했음이 분명하다. 그 해독의 타당성에 대한 반대로서, 그 글자체의 알려진 예들은 명문에 관해서 외부적 문맥이 내부적 모호성을 보상하는 그런 유형의 명문에만 사실상 국한되어 있음을 지적함으로써 이 해독은 적절히 반박된 것이다. 그러나 이 점은 흥미로운 일반적 문제를 제기한다: 한 문자체계가 어느 정도 불완전해야 그것이 일반-목적의 의사전달 수단으로 편리하게 쓸 수 없게 되는가?

이런 질문은 답변하기가 매우 어렵다. 이 질문은 상당히 대 규모로 수행할 필요가 있는 경험적 연구에 의해 해답이 가능할 뿐이다. 선형 문자 B의 경우, 우리는 미케네 그리이스어에 음운적으로 버금가는 어느 언어를 말하는 집단을 훈련하여 선형 문자 B의 글씨와 관례를 사용하여 그 언어를 읽고 쓰도록 해 볼 수 있을 것이다. 그러나 피실험자들은 단순히 그 체계가 생소한 까닭에 처음엔 그것이 문제가 있음을 알게 될 것은 거의 확실하다. ―공정한 시험이 되기 위해서는 그 실험이 피실험자들의 정상 생활에 중대한 방해가 될 정도까지 연장될 필요가 있을 것이다.

아마도 글자체의 완전성이란 점진적 사항이기에, 불완전에서 유래하는 실제적 불편도 반드럽게 변한다. 그래서 그 아래에서는 글자체가 갑자기 사용 불능하게 되는 불완전의 어떤 문턱 수준이란 것은 없을 것이다. 나의 추측은, 그것이 어떤 가치가 있건, 우리가 순진하게 상상하는 것보다 훨씬 덜한 완전성으로 어떻게 꾸려나갈 수 있다는 것이다. 독자들은 문서로 된 원문의 모호한 점을 원문의 나머지를 참고하여 해결하는 데 능숙하다. 이때 그 원문이 자리하고 있는 외부의 물리적 세계의 특징들에 의지할 필요가 없다. 우리는 다음 장에서 셈어의 문자를 검토할 터인데, 셈 문자는 20세기에 일반 목적으로 광범위하게 사용되고 있고, 현대 유럽의 정자법에 비하면 현저히 불완전하다(선형 문자 B보다는 덜 그렇지만). 소설이 선형 문자 B로 쓰이고 읽히는 것을 보더라도 나는 놀라지 않을 것이다(아마 선형 문자 B 원문의 독자는 마치 손으로 쓴 것을 읽는 것이 인쇄된 것을 읽는 것 보다 더 힘이 든다고 추측되듯이, 알파벳으로 쓴 원문의 독자보다 무의식적인 정신적 노력을 상당히 더 많이 기울일 필요가 있기는 하겠지만.—제5장에서 이 문제를 재론하겠다). 불행하게도, 이미 제시한 이유로 해서, 이 추측이 정확한 것인가를 우리가 언젠가 발견할 것 같지 않다(선형 문자 B나 또는 어떤 마찬가지로 불완전한 글자체가 일반적으로 실제로 사용됐음이 판명되지 않으면).

만약 나의 추측이 옳다면, 그것은 한 진지한 사고를 제시한다. 영어 문자체계는 그리이스인들로부터 물려받은 것이다. 만약 미케네 문명이 -13세기에 붕괴하지 않았더라면, 그리고 만약 그리이스가 그 후에 계속된 수 세기 동안의 암흑시대를 겪지 않았더라면, 아마 그리이스인들은 마침내 셈어 알파벳을 만났을 때 그것에 대한 소용이 거의 없었을 것이다. 아마 나는 지금 이 책을 선형 문자 B에서 유래한 음절문자체로 쓰고 있고, 독자는 그것을 읽고 있을 것이다. 겨우 20여 개의 글씨로 된 알파벳 글자체의 생각은 그리이스 문화에 의해 서유럽보다는 덜 영향을 받은 중동지역에 국한된 단순한 호기심이었을 수 있었을 것이다.

# 제 5 장   자음문자

제3장에서 본 바와 같이 몇몇 학자들은 문자의 역사의 일원발생론(一元發生論)을 믿고 있는데, 이에 의하면 세계의 어떤 곳에서고 쓰이고 있는 모든 글자체는 단일 공통 조상에서 나왔다는 것이다. 나는 이 이론이 진실일 것 같지 않다고 제안했다. 하지만, 쓰기를 일반적인 현상으로 생각하기 보다는 만약 우리 생각을 음성표기적 문자의 분절적 하위형(下位型)에 국한한다면, 그때는 일원발생론은 아주 있음직 하다. 대부분의, 그리고 아마 모든, '알파벳' 글자체는 단일 조상에서 나온 것이다: -2차 천년기 중에 창조된 셈어의 알파벳이다. (있을 수 있는 예외는 인도어족의 알파벳이다; Diringer 1968, pp. 262-3 참조.)

'셈어'라는 용어는 보다 큰 햄-셈어족 또는 아프리카-아시아 어족 중의 한 분야를 일컫는 말로서, 이 어족의 대표적인 언어들이 레반트(Levant) 지역에서 서쪽으로 아틀라스(Atlas) 산맥까지 그리고 남쪽으로는 나이제리아, 에티오피아, 소말리아까지에서 발견된다. 셈어족 자체는 많은 독립적 언어를 포함하는데 그 중 가장 잘 알려진 2개 언어가 아라비아어와 히브리어다. 거의 모든 알파벳 문자체계를 전해 내린 글자체가 '셈어'로 불리는데 그 까닭은 그 글자체의 창조자들에 관해 우리가 주로 알고 있는 것은 그들이 셈언어들 중의 어느 하나(아마 페니키아어)를 말했다는 것이고 또한 그 글자체의 구조가 그 글자체가 사용되는 음성 셈어의 특징에 의해 크게 영향받고 있기 때문이다.

이들 구조적 특성 중 가장 중요한 것은 이 글자체의 원형과 약간의 현대의 후속형들이 자음을 위한 글씨는 있어도 모음자가 없다는 것이다. 우리는 아래에서 셈언어의 성격상 왜 이것이 적절한가를 검토하겠다. 분명 궁극적으로는 셈어 알파벳에서 내려온 많은 알파벳이 지금은 모음자가 있다: 우리의 로마자가 그 한 예다. '셈어 글자체'라는 용어는 아직도 모음자가 없는 셈어의 후속 파생어들의 알파벳과 더불어 시초의 셈어 알파벳을 위해 유보해 두는 것이 편리할 것이다(그 중 중요한 것이 현대 히브리어와 아라비아어의 글자체들이다). 현대 히브리어 글자체와 아라비아어 글자체는 글씨의 외형을 제외하고는 전자는 그들의 공통 조상어와 동일하고 후자는 그것에 아주 가깝다(형태상으로는 히브리어와 아라비아어 글자체들은 조상어의 형태로부터 또 서로의 형태로부터 크게 갈라졌다). 이 장에서는 이런 의미에서 '셈어 글자체'를 검토할 것이고(한편 다음 장에서는 모음자를 갖는 더 친근한 알파벳 문자를 다룰 것이다). 그러나 문자의 한 형태에 적용할 때 '셈어'라는 용어는 편리한 꼬리표에 지나지 않는다는 것을 명심해 두는 것이 중요하다. 셈언어들이 모두 '셈어' 글자체로 쓰인다거나 혹은 '셈어' 글자체는 오직 셈언어들만을 쓰는 데 사용된다는 암시는 없다. 아카드어는 셈언어이었으나 (제3장에서 본 바와 같이) 그것은 쐐기문자로 쓰였고, 쐐기문자는 전연 알파벳 글자체가 아니었다. 모올타어는 로마자로 쓰는 셈언어이다. 반대로 아라비아어 글자체는 페르시아어(인도-유럽 언어임)와 같은 많은 비-셈어들을 쓰는 데 사용되며, 1928년까지는 터어키어(알타이어임)를 쓰는 데 사용됐으며, 히브리어 글자체는 독일어의 한 방언인 이디시어(Yiddish)를 쓰는 데 사용된다.

Diringer (1968, p. 161)는 제안하기를 셈어 알파벳은 일찍이 -2차 천녀기의 제2 사분기(다른 사람들은 더 후기, 늦게는 -1000년까지도)에 팔레스타인/시리아 지역의 어느 곳에서 발생했으리라고 한다. 문화적으로 이 지역은 메소포타미아(쐐기 문자가 사용된 곳)와 이집트(상형문자가 사용된 곳)라는 2대 문명 사이의 소위 '비옥한 초승달'(Fertile Crescent) 지역(티그리스강과 유프라테스강 주변의 중동 지역으로서, 많은 고대 문명이 자리했던 곳. Fertile Crescent는 이스라엘, 레바논, 요르단, 이라크를 포함한다 – 역자 주)에서 완충 지대였다. 이집트의 상형문자는 수메르어 글자체보다 조금 뒤에 생겨났고, 아마 후자의 영향 아래 발명됐으리라고 생각되는데, 그것은 전적으로는 아니지만 주로 음성표기 체계로 발전했고, 구조(글씨의 형태에서는 아니지만)의 관점에서는 아카드어식의 쐐기문자를 오히려 닮았었다.

많은 상형 글씨가 음성 집단을 표시했지만 그들 중 약간은 단일 자음을 표시했고, 이 경우에 그 글씨의 자음의 음가는 그려진 사물 이름의 첫 소리였다. (초서체의 비-도상(非圖像)형식의 글자체-성용문자(聖用文字)와 민용(民用)문자-가 덜 공식적 목적을 위해 발전되었지만, 많은 상형 글씨가 이집트 문명사를 통하여 죽 명백히 도상으로 남았다.) 셈어 글자체의 발명자들은 문자의 생각과, 이름이 문제의 음성으로 시작하는 그 사물의 그림으로 음성을 표시하는 '두음법'(頭音法) 원칙을 이집트인들(그들과 많은 문화적 접촉이 있었음)로부터 취해 왔다는 것은 그럴싸하게 생각된다. 하지만 셈어 알파벳 자체는 분명히 독립적인 창조물이었다: 즉 글씨형태 중의 많은 것이 상형 글씨와 닮지 않으며, 또한 (더 중요한 것은) 그려진 물체와 글씨값 사이의 관계는 셈언어에는 적용되나 이집트어에는 적용되지 않는다. 어떤 경우에는 셈어 글자체의 발명자들은 상형 글씨를 이어받았던 것 같기도 하지만, 그 글씨를 자기네 언어에 맞도록 하기 위해 그 값을 변화시켰다. 그래서 잔물결이 일은 물 모양을 표시하는 상형기호 〰〰〰는 /n/을 나타냈는데, 이는 '물'을 의미하는 이집트어의 첫 소리다; 셈어 글자인 <m>(그림 14 참조)은 그 글씨의 단축형 같이 보이는데, 셈족들에 의해 /m/로 사용된 것이다, 까닭은 '물'을 의미하는 자기네 낱말이 그 음으로 시작됐기 때문이다.

확립된 형태의 음성표기 문자에 익숙한 사회가 이렇게 글씨/음성의 상응관계라는 전적으로 새로운 장치를 창조했으리라고 상상하는 것이 얼마나 그럴듯한가 하고 사람들은 의아해할 지 모른다-즉 셈어의 말을 쓰는 데 사용할 수 있었던 이들 상형 글씨를 그냥 받아들여 그 음가를 바꾸지 않고 사용하는 것이 더 간단했지 않았을까? 앞으로 알게 되겠지만, 그리이스인들이 셈족들로부터 문자를 빌었을 때 바로 이렇게 했던 것이다. 그러나 기호의 관례에 관한 우리 자신의 복잡한 생각들을 문명의 여명기의 사람들의 마음에 투영해 보는 것은 경솔한 일이다. 셈족들이 문자를 처음 만났을 때 그들은 두음법 원칙을 문자의 본질의 중요 부분으로 보았을 가능성은 매우 큰 것으로 여겨진다. 즉 문자는 처음에는 물체를 그려서 그 초성을 기호화하려 했을 거이고, 그래서 물의 그림은, 물을 /majim/이라고 불렀던 사람들에게는 /m/ 이외의 어떤 음도 표시할 수 없었다.

그림 14는 왼쪽 난에서 셈어 알파벳의 22글자의 초기의 형태를 보여주며, 다음 난에서는 현대 셈어 글자체의 한 대표로서 현대 히브리어 알파벳

| | | | | | |
|---|---|---|---|---|---|
| 𐤀 | א | | ʔālep | ʔ | ʔelep ‘ox’ |
| 𐤁 | ב | | bēt | b | bajit ‘house’ |
| 𐤂 | ג | | gīmel | g | gāmāl ‘camel’ |
| 𐤃 | ד | | dālet | d | delet ‘door’ |
| 𐤄 | ה | | hē | h | ? |
| 𐤅 | ו | | wāw | w | wāw ‘hook’ |
| 𐤆 | ז | | zajin | z | zajin ‘weapon’ |
| 𐤇 | ח | | ħēt | ħ | ? |
| 𐤈 | ט | | ṭēt | ṭ | ? |
| 𐤉 | י | | jōd | j | jād ‘hand’ |
| 𐤊 | כ | ך | kāp | k | kap ‘cupped hand’ |
| 𐤋 | ל | | lāmed | l | lāmad ‘to study’ |
| 𐤌 | מ | ם | mēm | m | majim ‘water’ |
| 𐤍 | נ | ן | nūn | n | ʔnūn ‘fish’ |
| 𐤎 | ס | | sāmek | s | ʔsāmak ‘fulcrum’ |
| 𐤏 | ע | | ʕajin | ʕ | ʕajin ‘eye’ |
| 𐤐 | פ | ף | pē | p | pe ‘mouth’ |
| 𐤑 | צ | ץ | çādē | ç | ? |
| 𐤒 | ק | | qōp | q | qōp ‘ape’ |
| 𐤓 | ר | | rēś | r | rōś ‘head’ |
| 𐤔 | ש | | šīn | š,ś | śēn ‘tooth’ |
| 𐤕 | ת | | tāw | t | tāw ‘mark’ |

그림 14

의 형태를 보여준다.[1] (셋째 난의 형태는 특정 글자의 어미의 이철자들인데, 이는 앞으로 논의할 것이다.) 넷째 난은 글자들의 히브리어 명칭을 제공하며, 다섯째 난은 글자의 음가를 제공한다. 마지막 난은 셈어 낱말의 히브리어 형을 용어 해석과 더불어 제공하는데, 이 히브리어 형에서 글자꼴이 나왔다. (대개의 경우 글자명칭은 발성의 세부에서 그 글자를 낳게 한 낱말과 다르다; 이것은 Diringer (1968, p. 169)의 설명에 의하면 원시셈언어의 모음이 다르게 발달했던 한 셈언어에서 다른 셈언어로의 글자명칭의 차용에 기인한 것이라 한다.) 글자의 순서는 우측에서 좌측으로 썼으며, 이는 계속해서 현대 히브리어와 아라비아어 글자체의 쓰기의 방향인 것이다.

음성 표기에 관한 어떤 견지에서 설명이 필요하다. 정확하게 /$t^{ɒ}$ $s^{ɒ}$ $k^{ɒ}$/로 표기되는 인두화(咽頭化)한 폐쇄음, 즉 혀뿌리가 수축되고 [ɒ]위치 방향으로 낮추어져서 발음된 폐쇄음, 을 위한 편리한 비IPA 기호로서 나는 기호 /.t ¸c q/를 사용한다. 글자 ˇsin은 두 개의 대립하는 음소를 표시하는데, 여기에 대해서 우리는 히브리어의 /s̄ārā/ '물에 젖다' 대 /s̄ārā/ '싸우다'와 같은 최소변별쌍을 들 수 있다. 현대 히브리어에서 /s/와 /s/(s̄amek으로 쓰일 때)의 대립은 사라졌고 아라비아어에서는 /s/와 /s/의 대립이 사라졌다. 알파벳이 창조됐을 때 이들 세 음소가 어떻게 발음됐으며 또는 왜 그들 중 두 개는 단일 글자 ˇsin이 배정되었는지를 확인하는 것은 불가능하다; 그러므로 /s ˋs ˊs/라는 표기는 임의의 방편인 것이다. 기호 /ħ ʕ/는 각각 IPA 음가의 무성 인두 마찰음과 인두 반모음을 표시한다. 다른 자음기호는 잘 알려진 것들이다.

말해 두어야 할 것은 전문가들 중 약간은 셈어의 글자들이 그 음가를 두음적으로 파생시킨 그림으로서 시작했다는 것을 인정하고 싶어하지 않는다는 것이다. 그들은 제안하기를 기껏해야 글자들은 추상적인 형태로 발명되었으나 그러자 실물과 어렴풋하게 닮은 점을 참고하여 이름을 부여받았다는 것이다(참조: Diringer 1968, p. 168; Gelb 1952, pp. 140-1). 이들 학자에 의하면 이름이 /ʔ/음으로 시작하면서 그림으로 그릴 수 있는 물체(소)를 생각하고 또 그것을 양식화된 그림으로 그림으로써 셈족들은 글자 <ʔ>를 발명하지 않았다. 오히려 그들은 멋대로 그 글자를 고안했고 그것에 마음대로 /ʔ/음가를 부여했다. 그러나 다음엔 그들이 기억하기에 만족스럽다고 생각한 바른 음으로 시작되는 이름으로서 그 글자를 소(ox)라고 불렀는데, 까닭은 그들의 임의적인 글자꼴과 소의 겉모양 사이에 희미한 닮은 점을 그들이 보았기 때문이다. Gelb에 의하면 '셈어의 기호는 어떤 것도 곧바로 그림의 성격을 저버리는 형식으로 그려지지 않았다.' 이 이론은 아마도 셈어 글자체의 발생에 대한 이집트의 공헌은 말을 그림같이 기록한다는 단순한 생각 이상의 것이 되지는 못했음을 의미하며, 따라서 이 이론은 문화적 이유로 해서 셈족의 업적의 독창성을 확대하고 싶어하는 사람들에게는 매력적일 수 있을 것이다. 나는 이 이론을 받아들이기가 어렵다.

방금 인용한 Gelb의 말은 요점이 흐린 것 같다. 즉 글자체가 물체의 그림을 그림으로써 창조됐다는 사실은 글자체의 유연적(有緣的) 성격을 유지하는 이유가 되지 못한다. 그래서 가장 일찍 알려진 셈어 글씨들이 명백하게 그림 같지 않다는 사실은 그들이 원래 유연적이었다는 것의 반증이 되지 못한다. 이집트에서는 상형의 글자체가 미학적, 문화적 이유로 정밀한 그림 같은 성질을 간직하고 있었으나 성용(聖用)문자와 민용(民用)문자의 대체물들은 모두 도상성(圖像性)을 상실했다. 최초의 셈어 필기자들은 그들의 문자체계에서 기념할 만한 겉모양을 능가하는 속도와 편리함을 존중했을 법한데 이 경우 그들은 글자의 차별성에 필요한 최소한도까지 신속하게 글씨를 간결하게 하고 따라서 쓰기 쉽게 하기 위해 글씨꼴을 찌그러뜨리기도 했을 것이다.

아마 더 중요한 것은 몇몇 초기 셈어 글자들은 어떤 도상적 가치를 가지고 있음을 부정하는 데 있어 Gelb는 상상력이 부족한 것 같다. 그래서 그는 gīmel과 q̄op를 그들의 글씨에 명백하게 걸맞지 않는 명칭이라고 지적하고 있다. 그래도 낙타의 가장 눈에 띄는 차별적인 특징을 지적해보라는 질문을 받으면 누구나 낙타의 혹을 분명히 말할 것이다—즉 gīmel의 형태는 양식화된 낙타의 혹으로 쉽게 보인다. 그리고 원숭이의 두툼한 눈썹 모양을 잘 아는 사람이면 분명 아무도 q̄op를 원숭이의 정면얼굴 모습으로 보기 어렵다고 생각해서는 안 될 것이다.

모든 글자이름을 쉽게 설명할 수 없는 것은 사실이다. 때로는 그 문제는 문화의 차이에서 기인한다. 그 글자체의 창조자들이 삼각형의 펄럭이문이 있는 천막에서 살았을 법하다는 것을 알게 될 때까지는 '문'으로서의 삼각형은 이상한 꼴로 보인다. lamed '공부하다'의 자형은 초기의 시청각 보조기구인 지팡이를 표시할 수 있다. 글씨 nūn은 별로 물고기 같이 보이지 않는다. 그러나 Gelb (1952, p. 140)는 하나의 셈언어인 이디오피아어에서는 그것을 /nohás/ '뱀'이라고 부른다고 지적하고 있다. 글자꼴이 뱀의 관례적인 상형문자 표시인 ㇗와 아주 흡사하다(이 상형은 이집트어에서는 치찰자음을 나타낸다). 상상하기 쉬운 일인데 셈족들은 그 글씨꼴을 빌어 /nohás/라고 부르고, 그것을 /n/음으로 사용했고 앞의 글자이름 mem의 CVC형에서 유추하여 뒤에 그것을 nūn이라고 새로 이름을 붙였을 것이다. 이것은 마치 미국인들이 로마자 Z를 B, C, D 등의 이름에서 유추하여 'zee'라고 새로 이름을 붙인 것과 같다. (아라비아어에서는 대부분의 글자들이 비슷하게 새로 이름이 지어졌다.) 다른 글자꼴과 이름들은, 그 모두에 대해서 시험적인 설명이 제공됐으나, 더 이상 설명할 수가 없다(Diringer 1968, p. 169). 상당히 큰 부분의 글씨들은 두음법에 의한 설명을, 내 생각에, 아주 그럴싸하게 하리만큼 들여다보이게 도상적이다.

(설명되지 않은 것이 셈어 알파벳 글자의 배열이다. 이것은 처음부터 고정돼 왔고―어떤 글자의 상실과 새 글자의 추가를 참작하면―오늘의 로마자의 순서인 것이다. 그러나 배열에는 음성적 논리는 분명하지 않고 또 그것이 원래 어떻게 정해졌는지에 관해 아무런 이론이 없다―Jensen 1970, p. 282 참조.)

셈어 알파벳 창조자들이 이집트어 문자의 영향을 받았건 안받았건, 그들은 셈어 글자체를 만드는 데 의심의 여지가 없는 개혁자들이었는데, 이 글자체에서 개개의 글씨는 일관되게 하나의 음소를 표시하고 또―/s/와 /s/의 문제를 눈감아준다면―그 글자체로 기록된 범주의 낱낱 음소는 하나의 명백한 글씨를 가지고 있다. (Antoine Meillet와 최근에는 I. J. Gelb (1952, 1958)를 포함한 수 명의 학자들은 셈어 글자체를 분절적이라기 보다는 음절적이라고 불러야 한다고 주장했는데 그 근거는 하나의 셈어 글자는 /ba be bi bo bu/와 같은 음절을 나타냈다는 것이다.[2] 그러나 모음없는 셈어 글자체는 선형 문자 B와 같은 진정한 음절 글자체와는 아주 다르다. 선형 문자 B에서는 음절의 모음은 어떤 글씨가 음절을 쓰는 데 사용될 것인가를 결정하는 데 자음과 똑 같이 관계가 있다. 초기 셈어 문자에서는 음성 형태의 자음만이 그 정자법과 관계가 있었다. 그래서 이 글자체는 음절적 글자체가 아니고 모음 분절음을 무시하는 분절적 글자체다.) 셈족들이 두음법 원칙으로 그들의 글씨를 창조했다는 가설은 왜 이 글자체가 자음만의 글씨를 제공하는가를 설명해주고 있다(이것을 이런 가정을 하지 않는 Diringer (1968, p. 165)는 납득이 안가는 것으로 취급한다). 셈언어에서는 모든 낱말이 자음으로 시작되므로 만약 글자가 두음법으로 발명된다면 모음을 나타내는 글자를 얻을 가능성이 없는 것이 사실이다.

모음으로 시작되는 것으로 우리가 듣게 될지 모르는 낱말은 셈어를 말하는 사람들에 의해 성문 폐쇄음으로 시작하는 것으로 감지된다. 영어에서 *ever* 같은 낱말은 흔히 뚜렷한 어두 성문 폐쇄음으로 발음될 것이다, 즉 [ʔɛvə]. 그러나 우리는 보통 이것을 영어 음소로 취급하지 않는다. 그 이유의 일부는 성문 폐쇄음은 흔히 낱말의 시작에서도 나타나지 않을 것이기 때문이고 (*for ever*는 [fəʔɛvə] 보다는 [fərɛvə]로 더 많이 발음될 것 같다), 또 일부의 이유는 표준 영어에서 그것의 분포는 극도로 한정되어 있기 때문이다: 그것은 본질적으로 낱말의 시작에서만 일어난다. 히브리어와 같은 셈언어에서는 성문 폐쇄음은 다른 어떤 자음과 똑 같이 그것이 나타나는 낱말의 필수적인 특징이다. 성문 폐쇄음으로 시작하는 낱말은 만약 접두사가 부가되더라도 그것을 상실하지 않을 것이다.(/w/ '그리고' + /ʔadam/ '한 남자'는 /wEʔadam/ '그리고 한 남자'가 되지 */wadam/이 되지는 않는다.) 그리고 성문 폐쇄음은 어두 이외의 어근의 다른 곳에서 발생하는 데에는 다른 자음들을 닮았다. (/jaʔab/ '갈망하다'는 예를 들어 /jahab/ '주다'나 /jaɕab/ '서다'와 대립한다.)

셈어의 낱말에 어두 모음이 없는 것과 더불어 두음법 원칙이 왜 셈어 알파벳이 원래 모음자를 갖추지 않았는가를 설명하겠지만, 왜 이런 알파벳이 만족스럽게 기능했는가를 이해하기 위해서는 그 알파벳을 사용한 음성언어의 구조를 조사할 필요가 있다. 사실은 모음자는 셈언어를 쓸 때는 인도-유럽 언어를 쓸 때만큼 유용하지 않다.

셈어 글자체의 상세한 작용을 조사하기 위해서 우리는 실례를 들 하나의 특별한 셈언어를 선택해야 한다. 나는 이 책의 독자에게 이 책에서 논의되는, 잘 아는 로마자 이외의, 갖가지 유형의 글자체가 주로 골동품적 흥미가 있는 것이라는 인상을 주고 싶지 않다. 모음 없는 셈어문자는 20세기 세계에서 널리 쓰이고 있고, 몇몇 가장 부유한 나라를 포함해서 많은 나라에서 정상적인 문자형식이 되어 있다. 그러므로 이 체계를 실증하기 위해 현대 아라비아어나 현대 히브리어를 선택하고 싶다.

약간 내키지는 않지만 이들 언어의 어느 것도 우리 목적을 위해 이상적인 예들을 제공하지 못한다고 나는 결론을 내렸다. 현대 히브리어를 선택하면 셈어 문자의 특수한 특질과는 관계없는 많은 복잡한 것들을 취급할 필요가 있을 것이다. 히브리어는 서력 기원 초에 살아있는 음성언어로서는 없어졌으나 최근 100년 동안에 인위적으로 재생되었다. 현대 이스라엘 히브리어는 성서 히브리어(음성 수가 더 적다)보다 음성적으로는 더 간단하지만 음운적으로는 논의의 여지가 있을 만큼 더 복잡하고 또 말로 하는 음성과 정자법 간의 관계의 관점에서 그것은 분명 훨씬 더 복잡하다(까닭은 음성언어에서의 큰 변화에도 불구하고 그것은 성서의 정자법을 사실상 변하지 않은 채 간직해 왔으니까). 성서의 언어와 관계해서만 설명할 수 있는 현대 히브리어 정자법의 많은 복잡한 것을 풀어나가는 일로 독자에게 부담을 주는 것은 유감된 일이다. 이와 반대로 아라비아어를 선택하면 아라비아어 알파벳은 이미 논한 원래의 셈어 알파벳과 그 구조에 있어서 약간 다르다는 것에서 불필요한 복잡성을 도입하게 될 거이다. 그리고 다른 관점에서는 이 선택은 설명을 실제로 아주 간단하게 해줄 것이다-즉 문어 아라비아어의 모음 체계는 아주 예외적으로 제한되어 있으므로 그것이 아라비아어 글자체에서 어떻게 표시되는가의 논의는 오히려 간단할 것이다. (반대로 아라비아어의 구어 방언들은, 때론 더 복잡한 모음체계를 갖고 있는데, 보통은 글로 쓰이지 않는다.)

그러므로 나는 이런 상쇄적인 고려들 사이의 타협으로 성서 히브리어를 논하기로 했다. '성서 히브리어'라 함은 구약성서의 '마소라' 편집자들에 의해 +900년 경 고정된 문자 히브리어의 발음을 일컫는 것이다. 성서 히브리어는 이런 의미에서 음성 히브리어의 발음을 그것이 소멸되기 전에 있었던 그대로 분석하고 기록하려는 기도를 표시한다. 하지만 구약성서는 약 일 천년의 기간에 걸쳐 씌여졌고 그 동안 여는 살아있는 언어와 같이 히브리어는 분명히 크게 변했으므로 성서 히브리어는 우리 목적을 위해 그에 앞선 언어보다 더 일관된 체계라는 이점이 있다. (언어로서의 성서 히브리어의 상태에 관해서는 Ullendorff 1971을 참고할 것.)

성서 히브리어는 어느 의미에서 약간 인위적인 언어이지만, 내가 강조하는 것은 앞으로 논의될 일반적인 종류의 문자에 관해서 인위적이거나 비현실적인 것은 없다는 것이다. 문자언어로서 이 언어는, 이스라엘인들의 발음이 앞으로 검토할 발음과 다르지만, 이스라엘의 표준어로서 매일 사용되고 있다. (문법과 어휘에서도 약간의 차이점이 있다-Rosen 1977, Rabin 1977 참조; 그러나 이들 차이점은 정자법이 어떻게 작용하는가의 고찰과는 무관하다.) 문자 아라비아어의 정자법 원칙은 히브리어의 정자법 원칙과, 세부에서는 다르지만, 근본적으로는 동일하다. 성서 히브리어-이후로는 그냥 '히브리어'로 부르겠음-는 우연히도 20세기 후반의 세계에서 사용중인 가장 중요한 문자의 유형 중의 하나인 문자 유형의 교육상-편리한 예를 제공하고 있다.

히브리어 자음 음소의 한 벌은 자소(字素) <s̃>로 중화되는 /s/와 /ʃ/ 간의 음소적 차이를 제외하고, 그림 14에서 제시된 셈어 알파벳의 자소의 한 벌과 상응한다. 5개의 자소 <k m n p ͺc>는 이철자(異綴字)를 갖고 있으나 이런 것에는 음운론적 의미는 없다: 즉 이들은 어미에서 사용되는 단순히 특별하게 쓰인 형식들이다. (이들 이철자는 그 사용이 의무적임을 제외하면 영어의 이탤릭체 활자의 약간에서 보는 장식용 글자에 비유할 수 있을 것이다.)

어떤 자음 음소 중에는 약간의 중요한 이음적 변이(變異)가 있다.

첫째, 평번한(즉 인두화하지 않은) 폐쇄음 /p t k b d g/는 모음 뒤에서 발생할 때 마찰음 이음인 [f X x v T G]로 표시된다. 유럽의 여러 언어에서 전형적으로 대립적인 폐쇄음과 마찰음 간의 이 차별은 성서 히브리어에는 순전히 이음적이며 따라서 나의 표기에서는 그 차별을 표시하지 않을 것이다. 글자체가 이런 차별을 무시하는 사실은 글자체의 발명자들에 의한 정교한 음운 분석을 의미하지 않는다: 즉 셈어 알파벳이 창조됐을 때는 마찰이음은 아직 음성언어에서 발달하지 않았었다. (현대 음성 히브리어에서는 이들 마찰음의 약간은 상실됐으나, 남아있는 것들은 더 이상 폐쇄음의 단순한 이음이 아니다. Rosen (1977, p. 65)은 '마찰음 대 폐쇄음의 대립은 이스라엘 히브리어에서 가장 무거운 부담이 되는 것 중의 하나일지 모른다'고 주장한다. 이것이 설명의 간결함을 위해 이스라엘 사람의 발음을 논하는 것을 피하는 것이 좋은 한 이유다.)

/ʔ h ɦ ʕ r/ 이외의 모든 자음 (그리고 방금 논한 마찰 이음들)은 단음은 물론 중첩음으로도 발생한다. 또한 중첩음 대 단음의 대립도 아마 이음적일 것이다; 약간의 복잡한 점들을 헤쳐나가서 우리는 다음과 같은 대충 근사한 말을 할 수 있을 것이다, 즉 자음이 두 모음 사이에서 발생하되 앞 모음이 짧고 약세라면 그 자음은 중첩음이고 그렇지 않으면 단음일 것이다: 예, [kammon] '커민(식물)' 대 [kamus] '숨겨진', [keleb] '개'. 히브리어 글자체에서는 중첩음 자음과 단음 자음을 하나의 글자로 똑같이 쓴다. (하지만 나의 표기에서는 그들을 구별할 것이다.)

히브리어의 모음은 다음과 같다:

| 축소모음 | 단모음 | 장모음 | 이중모음 |
|---|---|---|---|
| ĕ ə ŏ | i    u | ī    ū | ia    ua |
| ă | e    o | ē    ō | ea    oa |
|  | a | ā |  |

이들 음이 모두가 다 독립적인 음소는 결코 아니다.

가장 쉽게 처리되는 것이 이중모음이다: 즉 이들은 상응하는 순수한 장모음의 이음들이며 모음이 강세를 받고 자음 /ʔ h ɦ ʕ/ 앞에 발생할 때는 자동적으로 그 장모음을 대치한다. 그래서 [nōah]는 음소적으로는 /nōh/이다. (히브리어 학자들은 이 언어를 -i로 끝나는 일련의 이중모음을 갖는 언어로 보통 분석한다: 예, /ai ui/. 이들은 히브리어 정자법으로는 순모음 + 자음

/j/로 취급된다. 그리고 이런 분석은 언어학적으로 합리적인 것 같으므로 더 이상 논의하지 않겠다.)

  '축소' 모음 (그 중 [e a o]는 거의 전적으로 자음 /ʔ h ħ ʕ/ 뒤에서 발견되고, [ĭ]는 기타 자음 뒤에서 발견된다)은 두 환경에서 발생한다: 즉 낱말에 /b/ 'in' 혹은 /l/ 'to'와 같은 자음 접두사가 부여됐을 때 생길 자음군을 깨기 위해 어중음삽입(語中音揷入)적으로 축소모음이 삽입되는 경우: (예, [dir] '마굿간', [bEdir] '마굿간에서'). 그리고 장, 단 모음이 강세 음절과 관계있는 낱말의 어떤 위치에서 발생할 때 축소모음이 그 (장/단) 모음을 대치하는 경우인데 히브리어에서는 보통 낱말의 마지막 음절이 강세 음절이다. 예를 들어, /dabar/ '낱말'은 복수 접미사 /-im/과 더불어 [dEbarim] '낱말들'이 되는데, 까닭은 어근의 첫 음절이 이제 강세로부터 두 음절 떨어져 있기 때문이다. 마찬가지로 /ħakam/ '현인' 대 [ħakamim] '현인들'. 엄밀한 음소 이론 안에서는 히브리어의 축소 모음들은 영어의 schwa(애매모음) 같이 독립 음소로 취급되어야 할 법하다(한 이유로는 그들의 각각은 수 개의 완전모음들 사이의 대립을 중화시켜서 완전모음의 어떤 것과 동일한지 밝힐 수 없기 때문이다). 그러나 히브리어에서 축소모음과 완전(장, 단) 모음 사이의 음성적 차이는 결코 혹은 거의 대립적이 아니다. (히브리어에는 모음들 간에 이와 같은 강세-의존적 대체음들이 많이 있는데, 이것이 모음을 포함하는 정자법이 히브리어를 위해서 비교적 매력이 없는 한 이유다: 어간치고 일정한 정자법 형태를 간직하고 있는 것은 극히 소수다.)

  이렇게 되면 남는 것은 각각 5개의 단모음과 장모음이다. 이들 중, 5개의 장모음과 단모음 /a/는 모두 서로 분명히 대립한다. 그리고 그들의 어떤 쌍에 대해서도 대립을 보여주는 예를 찾기란 쉬운 일이다 (예: /gal/ '기뻐하다' 대 /gal/ '파도' 대 /gol/ '공기돌', 등). 다른 4개의 단모음들의 상태는 덜 분명하다. 그들의 분포와 그에 대응하는 장모음의 분포에는 강한 제약이 있다(예로, /a/ 이외의 단모음들은 단음절에서 보통 발행할 수 없다). 그리고 4개 모음 음소의 이음으로 단모음 [i e o u]와 장모음 [ī ē ō ū]를 거의 짝지을 수 있다. 실제 최소변별쌍들을 찾을 수 있다: 예, [misor] '고원' 대 [missor] '소에서부터' (중첩자음과 단음자음을 별개의 음소로 취급함으로써 자음의 음소 대립을 찾는 가능성은, 약간의 언어학자들에 의해 이루어졌지만, 나에게는 장 단 모음 음소를 구별하는 것보다 덜 매력적으로 느껴진다). 하지만 이런 예들은 약간 드물고 기형적이며 VCC와 VC가 상호교환적인 예가 많이 있다(예: '통'의 택일형인 [giggīt], [gīgīt]). 10개의 장 단 모음은 모두 음소로 인정해야 할 것 같으나, 장/단 대립의 '기능부담량'은 /aˉaˉ/의 쌍을 제외하고는 아주 낮다.[3]

히브리어와 기타 셈언어의 모음에 관해서와 그 모음을 문자에서 표시하는 것이 인도-유럽언어에서 표시하는 것보다 덜 유용한 주된 이유에 관해서 가장 중요한 사실은 모음으로 실현되는 언어적 대립의 대부분은 어휘적이라기보다는 문법적이라는 것이다. 이것은 비록 대립이 문자에는 기록되지 않더라도 그 대립은 대부분 문맥에서 결정될 수 있음을 의미하며 또한 이것은 대립이 의사전달의 실제적 목적을 위해 덜 중요한 경향이 있음을 의미한다.

히브리어와 같은 셈언어의 큰 부분이 순전히 자음들(보통 세 개)로 이루어진 어근(동사적 또는 형용사적 뜻이 있는)에서 나온 낱말들로 구성되어 있고, 그 자음들 사이에서 여러 가지 유형의 모음들이 여러 가지 문법적 굴절을 표시하면서 맞물려 있다. 접두사나 접미사도 있을 수 있다.

이래서 어근 √ktb는 쓰기의 개념을 나타내며 어근 √drs는 설교의 개념을 나타낸다. 일정한 모음의 형은 접두사 혹은 접미사와 더불어 어느 쪽의 어근도 똑같이 변화시킨다.

| katab | 'he wrote' | | darás | 'he preached' |
|---|---|---|---|---|
| katabtī | 'I wrote' | | darástī | 'I preached' |
| katEbu | 'they wrote' | | darEsu | 'they preached' |
| | | etc. | | |
| jiktob | 'he will write' | | jidrós | 'he will preach' |
| ʔektob | 'I shall write' | | ʔedrós | 'I shall preach' |
| | | etc. | | |
| kEtob | 'write!' | | dErós | 'preach!' |

| | | | |
|---|---|---|---|
| koteb | 'writing' | dorés | 'preaching' |
| katub | 'being written' | darús | 'being preached' |

etc. etc.

굴절형태론에서 파생형태론으로 시선을 돌리면 영어에서와 같이 어근이 어떤 파생형을 허용하는지 또 일정한 파생이 어떻게 어근의 뜻에 영향을 미치는지에 관해서 어근들 사이에 차이가 있음을 알 수 있다. 그래서 예로서 /katban/ '필기자'는 의미에서 /darsan/ '설교자'와 비슷하다. 그러나 다른 경우에는 그 유사성은 부정확하다(예: /kEtab/ '문자체계, 글자체'와 /dErás/ '설교'가 각각 그들의 어근인 '쓰다'와 '설교하다'와의 의미론적 관계가 동일하지 않다). 그리고 또 다른 경우에는 그 두 어근은 상이한 파생어를 취한다(/kEtobet/ '명문(銘文)', /kEtubba/ '혼인계약서', 등은 있으나 */dErõset/, */dErrússa/는 없고, 반대로 /dErãsa/ '훈계', /midrãsî/ '교훈적인'은 있으나 */kEtaba/, */miktabî/는 없다). 영어에서 *poetry* '시(집합적)'와 *poet* (시인) 사이의 의미론적 관계는 *peasantry* '농민(집합적)'와 *peasant* '농부' 사이 또는 *infantry* '보병(집합적)' *infant* '유아' 사이의 관계와 다르며, *smithry, *parsonry*라는 낱말은 없다.

셈언어에서 변별적 요소로서 모음의 제한된 역할을 가정할 때 (그리고 많은 굴절형과 파생형이 자음을 갖는 접사(接辭)를 포함한다고 가정할 때), 오직 자음만을 보이는 글자체는 실제로는 불합리할 정도로 애매하지는 않다. 만약 영어로 자음 /l...k/가 있는 동사가 *Did the dog ____ the bone?*이라는 문맥에 맞다는 말을 들으면, *lick*나 혹은 *like*를 의도했는지 알기 어려울 것이다. 그러나 동사는 lick고 유일한 문제는 그 동사의 어떤 어형이 적절한가라고 한다면 licking이나 licked 보다는 lick를 선택하는 것이 쉽다. 더 나은 유추는 프랑스어와 같이 굴절이 더 많은 언어로써 할 수 있을 것이다. 가령 모든 굴절이 제거된 프랑스어 문장이 있다고 하자:

Ecouter, Israël, moi être l'Eterne ton Dieu, qui toi avoir tirer du pays d'Egypte

이 문장이 다음 뜻임을 알기는 어렵지 않다:

Ecoute, Israël, je suis l'Eternel ton Dieu, qui t'ai tiré du pays d'Egypte.
(이스라엘아, 들어라. 나는 너를 이집트 나라에서 이끌어 낸 영원한 너의
신이다.)

따라서 문자언어로서의 히브리어의 초기에는 모음에 관해서는 아무런
징후도 없었다. 약간의 셈언어들의 정자법은, 예컨대 페니키아어는, 그 역
사를 통해서 죽 모음에 관한 정보를 제공할 어떤 방법도 발전시키지 않았
다.

하지만 만약 모음을 문자에서 완전히 등한시해 버리면 셈언어에 대해서
도 정말 불리한 것들이 있다. 'he wrote'와 'they wrote' 사이나 혹은 'he wrote'
와 'he is writing' 사이의 구별과 같은 구별은 의사전달을 위해서는 어휘 항
목들 사이의 차이보다는 명백히 덜 중요하다. 더욱이 차별적인 어휘 항목
들이 모음조직에서만 다른 예들이 결코 없지는 않다. 특히 많은 명사가 3
개-자음 어근의 조직과 관계없이 만들어지며 고유한 모음을 갖고 있다(또
더구나 3자 어근의 자음 중 하나가 /w/나 혹은 /j/일 때는 그것은 굴절된
어형에서 종종 모음이 된다). 그래서 /dīr/ '마굿간' 대 /dar/ '자개' 대 /dōr/
'세대' 대 /dūr/ '파멸' 대 /dār/ '살다'와 같은 일련의 히브리어 낱말들을 찾
을 수 있다.

이 문제는 약간의 셈언어를 위해 어떤 자음자로 하여금 이중의 임무를
하게 하고 또한 모음의 역할을 하게 함으로써 해결됐다. 이렇게 기능하는
글자를 *matres lectionis* '독서의 모(母)'라 부른다.

히브리어의 *matres*(母)의 사용은 성서의 본문이 많은 여러 필기자들에 의
해 써 내려옴에 따라 서서히 변했다, 그래서 그 주제에 관해서 말하는 거
의 어떠한 진술에 대해서도 예외를 찾을 수가 있다. 더욱이, 현대 이스라엘
의 생활에 있어서의 기록된 구약성서의 사정 때문에 많은 이런 개개의 예
외들이 현행의 정자법 사용에 굳게 지켜지게 됐다. 하지만, 대다수의 낱말
에 타당한 규칙을 말할 수는 있다.

*규칙 1:* 단(또 축소)모음은, 뒤에 논할 하나만 제외하고, 무시된다.

*규칙 2.* 장모음 중, /ī ū/는 의무적으로 각각 <j w>로 쓰인다.

*규칙 3.* 모음 /ē ō/는 선택적으로 각각 <j w>로 쓸 수 있다. 그래서 위에
      열거한 낱말들 /dīr dar dōr dur dār/은 <djr>; <dr>; <dwr> 또는
      <dr>; <dwr>; <dr>로 철자된다.


분명 이들 규칙은 반모음 /j w/가 폐 전설 평순(閉 前舌 平脣)모음과 후
설 원순(後舌 圓脣)모음과 음성적으로 비슷하기 때문에 생긴 것이다. 실로
히브리인 필기자들은 이들 모음을 이중모음 [ɪj ej ɑw ow] 같이 들었을 법하
다. *matres*(母)로서의 <j w>의 용법은 음소적이기 보다는 음성적인 것에 주
목하기 바란다. 예로 /ī/와 /ē/의 차이는 명백히 대립적이었으나, 같은
*mater*(母)가 양쪽 역할을 했어야 했다. 반대로 /ī/와 /i/의 차이는 기껏해야
한계적으로 음소적이었느냐, /ī/는 <j>로 쓰였고 한편 /i/는 무시됐다, 까
닭은 아마 이 음이 [j]를 생각게 하는 음색이 없는 [ɪ]비슷한 이완(弛緩) 모음
이었기 때문일 것이다.


*규칙 4.* 자음 /h/는 히브리어에서 거의 혹은 전연 어미에서 나타나지 않
      으므로(Lambdin 1973, p. xxv n. 참조) 그것은 그 위치에서 *mater*
      (母)로서 분명히 사용될 수 있다. 그리고 그것은 <j>나 <w>로 표
      시되지 않는 장모음, 즉 /ā/,를 표시하는 데 사용된다. 그러므로
      예를 들어 /malkā/ '여왕'은 <mlkh>로 쓴다.


또 하나의 규칙의 특수한 예로서 어미의 /ā/를 <h>로 쓰는 것은 의무적
이다:


*규칙 5.* 어미의 모음은 *mater*(母)로 표시되어야 한다.


규칙 5는 규칙 1을 무시한다. 단모음의 하나인 /e/는 실제 어미에서 나
타나며, / sade/ '들'같은 낱말은 <sdh>로 쓰이지 *<sd>로 쓰이지 않는다.

규칙 5는 분명한 이유가 있다. 가령 어떤 모음이 일정한 위치에서 일어난 다는 것을 안다고 하면 히브리어의 어형론적 유형에 익숙하면 그 모음이 어떤 것인가를 보통 알게 될 것이다. 그리고 자음자가 있으면, 히브리어에 서는 자음군이 극히 제한되어 있으므로, 다음에 오는 모음이 있음을 보통 밝혀줄 것이다. 하지만 낱말이 자음으로 끝난다는 것은 아주 예사로운 것 이다. 그래서 규칙 5가 없더라도 독자는 전체 음절을 눈감아줄 수도 있다 ('여왕'을 의미하는 낱말의 보통 여성 접미사 /-a/와 같은 것).

한 낱말에서 내부적으로 /e o/는 때로는 쓰이고, 때로는 쓰이지 않는다: 즉 /lot/ '포장지'는 <lwt>나 <lt>일 수 있고, /heq/ '무릎'은 <hjq>나 <hq> 일 수 있다. 그러나 특정 어휘 항목이나 특정 굴절형을 위해서는 이 문제 를 해결할 규약이 있다: 즉 /sem/ '이름'은 *<sjm>이 아니고 언제나 <sm> 이며, 능동 분사(分詞)를 표시하는 모음형 -o-e-는 규칙적으로 /o/는 <w>로 쓰이나 /e/는 무표(無標)로 쓰인다. 모음 /i u/는 낱말 내의 위치에 관계 없이 언제나 쓰인다: 즉 /a/는 어미가 아니면 쓸 수 없다.

또 하나의 글자 <ʔ>는, 그것이 역사적으로는 *mater*(母)가 아니었지만, *mater*에 닮게 하는 방법으로 사용된다. 히브리어가 음성언어로서 발달하는 초기 단계에서 어미의 성문폐쇄음은 탈락됐다: /loʔ/ '아닌', /nabiʔ/ '예언 자', /dudaʔ/ '바구니'는 각각 /lo/, /nabi/, /duda/로 발음되게 되었다. 하지 만 성문폐쇄음은, 이런 낱말들이 모음으로 시작하는 접미사(남성 복수 접 미사 /-im/같은)를 취할 수 있으면, 계속해서 이들 낱말에 '기저존재식'(基 底存在式)으로 나타난다, 까닭은 이 경우에 성문폐쇄음이(어미에 있지 않으 므로) 발음에서 그대로 유지되고 있기 때문이다: /nEbiʔim/, /dudaʔim/. (/nabi, nEbiʔim/과 /noqri/ '나사렛교도, 기독교도', 복수 /noqrim/을 비교 하라. /noqrim/은 발음에서 성문폐쇄음이 없었다.) 부분적으로 이런 형태 음소론적 이유에서, 또 부분적으로 히브리어 정자법의 보수주의 때문에, /ʔ/는 말에서 탈락해버렸던 낱말에서는 계속해 쓰였다: '예언자'와 '바구니'는 각각 <nbjʔ>, <dwdʔ>로 쓰이고 '아닌'은 <lʔ>로 쓰이는데, 이들 낱말은 접 미사를 취하지 않으므로 성문폐쇄음은 결코 발음되지 않는데도 그렇다. (현대 음성 프랑스어에서 연음(連音)에서만 발음되거나 전연 발음되지 않는 문자 프랑스어의 많은 어미 자음들과 비교하라.)

*Matres*(母)의 체계는 약간의 글씨의 애매한 점을 다른 애매한 점을 도입하는 부담으로만이 해결한다. *Mater*(母)로서 <j>를 사용하면, 예를 들어 /ʃir/ '도시'를 /ʕajir/ '어린 당나귀'와 혼동시키는 새로운 가능성을 낳는다. 결국 소위 *plene* 문자-*matres*가 있는 문자-는 *matres*가 없는 문자보다 음운적으로 덜 애매하지만, 그래도 많은 애매한 점이 남는다.

하지만 히브리어 글자체의 사용자들은 보통의 목적을 위해 더 완벽한 음성표기적 체계를 채택할 필요를 느껴오지 않았다. 어떤 특별한 목적을 위해서-원래는 성서 자체의 언어를 가능한 한 정확하게 보존하게 위해서-사용자들은 자음의 정자법에 의해 모호하게 된 발음의 국면을 가리키기 위해 자음글자체를 '점찍기' 체계, 즉 자음-자의 아래, 위, 가운데에 작은 점과 줄표(dash)로 자음글자체를 보완하는 체계를 갖고 있다. 이 체계는 제일 강세와 제이 강세와 같은 사항에까지도 미치는 아주 정밀한 발음표시를 해주는데, 이 발음표시는 히브리어에서 음운적으로 결정된다. (현재 사용되고 있는 점찍기-체계(pointing system)는 마소라 편집자들이 성서 히브리어의 발음을 정의하고 보존했던 과정의 일부로서 +9차와 +10차 세기에 발전했다.)

그러나 성서와는 별도로, 현대 이스라엘에서 보통 점찍힌 유일한 문서자료는 어린이들을 위한 읽기책과, 흥미롭게도, 시(詩)다. (어린이들은 점찍히지 않은 자음글자체에 의해 주어진 단서에서 낱말을 밝혀낼 만큼 언어의 구조에 아직은 익숙하지 않다). 시에서는 낱말이 창조적이고 예기치 않은 방법으로 나열된다. 그러므로 그 언어의 흔히 있는 형을 잘 안다고 해서 분명히 언제나 히브리어 독자가 자음글자체에서만의 시어(詩語)를 편리하게 밝혀내는 것을 허용하는 데 충분하다고는 할 수 없다. (마찬가지로, James Barr가 말하기를 (1976, pp. 81-2) Lewis Carroll의 'Twas brillig, and the slithy toves...' 같은 의미없는 글의 히브리어 대응어는 자음지적이 되어야 할 것이라고 했다. 영어 독자가 <brillig>나 <slithy> 같은 낱말을 만나면 그것이 영어가 아님을 아주 분명히 안다, 그러나 히브리어의 무의미어의 자음지적 안 된 표기와 맞선 히브리어 독자는 어리둥절할 것이고 또 무엇이 쓰였는지 확실치 않을 것이다.)

보통 손으로 썼거나 인쇄된 히브리어 산문은 오로지 자음글자체만 갖고 있고, 모음은 오직 *matres*에 의해서만 표시된다. 독자는 자음자와, 주제에 관한 이해(이는 주어진 문맥에서 어떤 낱말이 다른 낱말보다 더 그럴싸한가를 결정해준다)와, 또 그 언어의 독특한 형태론적 통사론적 형(이는 모음의 가능한 분포에 강력한 제약을 과한다)에 관한 지식 등이 제공하는 정보를 이용하여 낱말들을 확인한다. (Barr (1976, pp. 89-90)는 낱말-형을 인식해야 할 독자의 필요는 아주 이른 초기부터 낱말 사이에 공간을 두는 습관으로 참작되었다고 지적한다. 한편 유럽의 정자법들에서는 자간(字間) 비우기는 +1000년경에 정상화됐을 뿐이다(Cohen 1958, p. 423). 성서 히브리어 정자법은 '음운적 낱말들', 즉 강세 규칙의 적용에 적절한 영역들, 이 형태론적 의미에서 한 낱말 이상을 구성하는 예들을 표시하기 위해 붙임표(hyphen)를 사용하기까지 한다.)

실제로 글자체의 모음없는 성격이 히브리어 독자에게 어느 정도 어려움을 만드는가의 느낌을 독자에게 제공하기 위해, 나는 현대 문자 히브리어의 한 글에서 맘대로 뽑은 10개 낱말이 제기하는 해석의 문제를 실례로 설명하겠다 (사전의 광고에서 계속적인 10행(行)의 각 행에서 끝에서 둘째 낱말을 택했다).

독자가 스스로에게 설정할 수도 있는 두 임무를 우리는 원칙적으로 구별할 수 있음을 주목해야 한다: 1, 일정한 글자의 연속이 그 언어의 갖가지 낱말 중 어떤 낱말을 나타내는가를 해결하는 것; 2, 책면에서 글자로 표시되는 자음들 사이에서 어떤 모음이 발생하는 것으로 이해되어야 하는가를 해결하는 것. 보통, 독자의 주 목적은 아마 1일 것이다, 즉 '뜻을 위한 독서'다. 약간의 심리학자들이 히브리어 독자는 1의 성취를 위한 필요한 선결조건으로 2를 성취해야 함을 의미할 수도 있는 독서 이론을 제의했으나, 이것은 매우 논쟁의 여지가 있으며 증거의 형세는 그것에 불리한 것 같다 (Downing and Leong 1982, pp. 160-73). 만약 독자가 일정한 낱말을 말로 들어서 보다는 독서를 통해 안다면, 그러면, 그 낱말이 들어 있는 글을 이해하기 위해서 모두 중요한 것은 그가 보고있는 글자들(letters)은 어떠한 다른 낱말보다도 그 낱말을 표시하기 위해 의도된 것임을 해결하는 것이라고 사람들은 택일적으로 생각할 수도 있을 것이다—그가 낱말의 모음조직의 세부를 일일이 알고 있는지는 이해와는 무관할 것이다. 만약 그것이 옳다면, 그러면 모음에 관해서 독자에게 이용이 가능한 단서에 대한 나의 논의가 확실히 실제로 독자에 당면하는 문제의 크기를 과장한다. (내가 첨언해야 할 것은 현대 이스라엘 독자는 어쨌든 쓰여진 낱말을 아래에 논의된 발음으로 변환하지 않고 현대 히브리어 발음으로 변환한다는 것이다; 하지만, 나의 예들에 의해 예시(例示)된 일반 원칙들은 영향받지 않는다.)

각 예시 낱말로 그 쓰여진 어형을 자역(字譯)함으로써 시작한다.

1 <nwš?jm> 낱말 끝의 글자들 <-jm>은 거의 언제나 남성 복수 접미사 /ᵢim/을 나타낸다. 어떤 접두사에는 /n/이 발생하지만, /w/는 3자음 어근의 첫 자음으로서는 극히 드물다; 그러므로 <w>는 *mater*(母)이기가 쉽다. <nwš?>로 철자된 유일한 어간(語幹)은 /nōse/ '논제', 즉 어근 √nš? '들어 올리다'의 능동 분사다. 그러므로 이 낱말은 /nōsEʔim/ '논제들'이다.

2 <hw?> 이 낱말은 /hū/ 'he(영어)'로서 아주 흔한 낱말이기에, 알아보는 문제가 발생하지 않는다.

3 <hmlwn> <h>로 시작하는 수 개의 글자를 가진 낱말에서, 이 낱말에서처럼, <h>는 정관사 접두사인 /ha-/를 표시한다. (만약 수 개의 낱말이 같이 <h>로 시작하면 이 해석은 사실상 확정적이다, 까닭은 히브리어는 명백한 명사구의 각 요소에 접두사를 부가하기 때문이다, 즉 'this good man'은 히브리어에서 'the-man the-good the-this'가 된다.) 이 경우 정확하게 읽으면 /hammillōn/ '그 사전'이며 이는 문맥에서 명백하고도 남음이 있다(계속되는 낱말들을 해석하면 '... 알파벳 순으로 3만 낱말이 수록되어 있다'가 된다); 문맥을 떠나면 <hmlwn>은 /hammalōn/ '그 호텔' 또는 /hammelōn/ '그 멜론'으로 읽을 수도 있다.

4 <mqjp> 이 낱말은 어근 √mqp '오목한'에서 파생된 /maqqip/ '원'이다. 보통 <m->은 접두사이지만 여기서는 그렇게 볼 수 없다, 까닭은 어근 *√qjp이나 *√qp가 없기 때문이다.

5 <hpʕljm> 또다시 <-jm>은 우리가 명사나 또는 형용사 복수를 다루고 있음을 보여준다, 그래서 <h->는 정관사일법하다. 어근 √pʕl은 '하다'를 의

미하는 흔한 어근이다. 그것에서 파생된 유일한 명사 또는 형용사 어간으로서 더 이상의 글자가 필요없는 것이 /poʕal/ '행위'이다. (이 어근은 예를 들어 /paʕil/ '활동적인'을 제공하기도 하지만, 이 경우 둘째 음절에 <j> *mater*(母)를 필요로 한다; /poʕel/ '직공'은 능동 분사인데 그 가운데의 ō-e-형은 관례적으로 언제나 /o/에는 <w>*mater*로 쓰여진다; 등등.) 그러므로 낱말 5는 /happEʕalim/ '그 행위들'이다 (모음변화와 /p/의 중복은 이들 접사에 관해서는 자동적이다).

6 <lrʔsj> 다섯-글자 낱말에서 몇몇 글자는 거의 확실히 접두사이거나 접미사이고, <l>은 그 좋은 후보자다, 까닭은 그것이 흔한 접두사 /l-/ 'to'를 표시하기 때문이다. 어쨌든 히브리어 어근에서 인접된 위치에서 일어날 수 있는 자음들에 대해서는 제약이 있어서, 이 제약이 첫 두 위치에서 <lr...>가 있는 어근의 가능성을 배제한다. 어미의 <j>는 흔히 접미사인 /-i/나 /-e/를 표시하는 *mater*이다(혹은, 덜 흔한 일이지만, 접미사의 이중모음이다). '머리'를 의미하고, <rʔs>로 철자된 어근은 드문 히브리어 낱말 중의 하나로서 어중음(語中音) /ʔ/이 탈락됐다('머리'는 /rōs/이다). 낱말 6은 /lErāse/이고 /lErāsim/ 'to the heads'의 소유격전(所有格前)의 어형이다.

7 <mtbʕwt> 어미의 <-jm>이 남성 복수 /-im/을 표시하는 바와 똑 같이 <-wt>는 여성 복수 /-ot/를 표시한다. 그러면 네 글자가 남는데, 그 중 어느 것도 *mater*가 될 수 없다. 어근은 보통 많아야 세 개의 자음이 있으므로, 아마 <m>이 접두사를 표시하거나 또는 <ʕ>이 접미사를 표시할 것이다. <ʕ>로 철하는 접미사는 없다; 그러나 명사화하는 접두사는 흔히 /m-/로 시작되므로 이 낱말은 어근 √tbʕ '침몰하다', '주조하다'에서 조어된 것으로 기대된다. 그렇게 되면 세 가지 가능성이 생긴다: /matbeʕ/ '경화(硬貨)', 복수형 /matbEʕot/; /mitbaʕa/ '조폐소', 복수형 /mitbaʕot/; /matbaʕat/ '주사위', 복수형 /matbaʕot/. 이들 복수형은 모두 똑 같이 <mtbʕwt>로 철해지겠고, 문맥만이 이 경우의 첫 번째인 '경화들'이 의도된 것임을 보여준다(이 낱말은 다음 구 /matbEʕot ʕukEsapim/에 나오는데, 글자 뜻 그대로 '경화들과 돈들' 즉 '화폐'이다.

8 <hIswn> 어근 √Isn은 '중상하다'의 뜻이며, <h>는 동사 접두사일 수

있다; 그러나 이 접두사를 취하는 어느 어형도 마지막 음절에서 /u/나 /o/를 취하지 않는다. 어쨌든 문맥은 명사를 필요로 한다. 그러므로 정확한 해석은 흔히 쓰는 명사 /hallason/ '그 언어'이다. 달리 택할 해석은 가능하지 않다.

9 <sl> 아주 흔한 낱말인 /sel/ 'of'이다. 고립 상태서 이 낱말은 /sal/ '과 오'일 수도 있다; 그러나 'of가 훨씬 더 빈번하게 나오므로 어느 독자도 문맥이 'of의 해석과 상반되지 않는다면 '과오'를 생각할 것 같지는 않다.

10 <wbmjhd> 어두의 <w>는 사실상 언제나 접두사 '그리고'이다. 히브리어 접미사들에서 발견되는 자음들의 범위는 아주 제한되어 있어서 /d/를 포함하지 않는다, 그래서 그 글자는 어근의 일부일 것이다－이럴 경우 <b>는 역시 ('in'을 의미하는) 접두사일 것 같다. <j>가 *mater*일 가능성은 고려할 필요가 없다, 까닭은 공교롭게도 *√mhd라는 어근은 없기 때문이다. 어근은 √jhd인데 (이상하게도) 반대되는 뜻인 '함께'와 '떨어져서'를 겸비하고 있고, 어간은 낱말인 /mEjuhad/ '특별한' (즉, '따로 떼어두다')인데, 이 어근에 명사화 접두사 /m-/을 붙여서 만든 것이다. 달리 택할 해석은 불가능하다. 대체로 이 낱말은 /ʔubimjuhad/ '그리고 특별히'라고 읽는다. 양순(兩脣)자음 앞에서 접두사 /w/는 변이형태 /ʔu/를 갖고, 예외적으로, 이럴 경우의 /ʔ/는 쓰기에서는 무시된다－'그리고'의 모든 변이형태는 <w>로 쓴다.

언급할 필요도 없거니와 유창한 독자라면 위의 10개 예시 낱말을 자세히 설명한 연역적인 추리를 의식적으로 거치지 않을 것이다. 유창한 독자라는 것이 의미하는 바는 이와 같은 추리를 무의식적으로 또 신속하게 수행하는 것을 배워서, 글씨에서 감각으로 옮겨-이해하는 과정이 주관적으로 아주 직접적이고도 힘들지 않게 보이는 것이다. *Miss Jenkinson is taping a letter for John*에서 <taping>과 같은 영어 낱말을 읽는 문제를 비교해 보라. 그 어형은 독자가 전에 글에서 꼭 보았으리만큼 그렇게 흔한 것은 아니다, 그러나 읽고 쓸 수 있는 영어-화자라면 그 낱말에 어려움이 있을 것 같지 않다. 만약 독자가 그 낱말을 이해하는 추리-과정을 똑똑히 설명해야 한다면 그것은 대충 다음과 같을 것이다: 마지막 석 자 <-ing>는 거의 확실히 흔한 분사 접미사 /IN/이다. 세 글자 <tap>는 고립상태에서 /tAp/을 표시하는데, 이 어근은 접미사 /IN/을 취할 수 있다. 하지만 영어 정자법 규칙은 <v>자 이외의 자음-자는, 여기에서처럼, 토착 게르만어 낱말에서 /A/ 같은 구속(拘束)모음과 뒤따르는 모음 사이에서 발생할 때 중복으로 쓰여질 것을 요구한다. (*Apical* /ApIkEl/은 중복된 <pp>로 쓰이지 않는다, 이유는 *apical*은 라틴어에서 나왔으나, tap은 토착 어근이기 때문이다.) 그러므로 <taping>의 <a>는 그의 달리 택할(불구속의) 음가 /eI/가 주어져야 한다: 그 낱말은 /teIpIŋ/이다. (만약 우리가 문맥에서 Jenkinson양이 녹음기를 가지고 일하고 있음을 이미 알고 있으면 이 해석은 그만큼 더 분명하다―그러나 문맥은 필요치 않다; 낱말 <taping>은 고립 속에서도 아주 읽기가 쉬운 것이다.) 물론 영어를 유창하게 읽는 사람은 아무도 지면 위의 이 낱말을 이해하기 전에 이러한 과정을 경과한다는 것을 알아차리지 못한다. 히브리어 독자도 마찬가지다.

모음 없는 문자의 생각은 유럽인들에게는 이상할 것 같지만, 분명 그것은 기능을 한다. 히브리어 독자들은 쓰인 낱말을 이렇게 해석할까 저렇게 해석할까 하며 우유부단하게 허둥대지는 않는다; 일정한 글자-연속체에 대한 택일적인 해석이 가능한 경우는 보통 문맥이 아주 간단하게 그 일을 해결해줄 것이다. 그러나 이렇게 말한다고 해서 그것은 곧 히브리어 글자체가 히브리언어 화자들에게 마치 영어 글자체가 영어-화자들에게처럼 완전히 편리한 것이라고 말하는 것은 아니다. 어떤 유럽 언어의 정자법과도 대조해 봐도, 히브리어 글자체는 현저하게 잉여성(剩餘性)이 없다.

'잉여성'이란 전달이 가능한 전갈이나 '신호'의 체계면 무엇이고 그 측정 가능한 성질을 일컫는 기술적 용어다(Shannon and Weaver 1949, pp. 25-6). 비교적 높은 잉여성을 갖는 체계는, 평균적인 신호에서, 신호의 어떤 일정 부분의 정체(正體)가 신호의 여타 부분이 주어졌을 때 비교적 쉽게 예측되는 체계다. 가령 찾을 필요가 있는 용의자의 세부에 관해 말해주려고 경관이 여러분께 전화를 거는데, 전화선이 나빠서 일일이 말하는데도 글자와 숫자의 약간만 들린다고 하자: 듣기로는 그 용의자의 이름은 F*ANK DAW*ON이고 그의 자동차 등록번호는 OWY 9*8P이다. 여러분은 그 이름이 'Frank Dawson'임을 추측하는 데 어려움이 거의 없을 것이다; 그러나 등록번호의 빈자리를 채우게 될 때는 완전히 쩔쩔맬 것이다. 이것은 영어 인명은 높은 잉여도로 체계를 형성하고, 한편 자동차 등록표시는 낮은 잉여도의 체계를 형성하기 때문이다.

이 개념의 문자체계 연구와의 관계는, 유창한 독자들은 본문에 실제로 나타나 있는 모든 글씨자료를 보통 면밀히 검토하지 않는다는 생각과 관계가 있다. 여러 환경에 따라 전술은 다를 수 있다. 그러나 우리의 독서의 대부분에서, 모든 이용 가능한 증거를 축적적으로 기록하고 또 그 모든 증거에 적합한 하나의 결론을 향해 빈틈없이 나아가면서 우리는 Bacon파의 과학자와 같이 행동하지는 않는 것 같다. 오히려 우리는 Popper파 과학자들과 같이 행동한다: 즉 우리는 증거의 하나하나를 견본삼아 조사하며, 우리의 첫 추측이 잘못된 것이라고 믿을 이유를 만나야만이, 가능한 눈에 보이는 증거를 더 검토하면서 보고 있는 낱말의 정체에 관해 추측을 한다(Goodman 1967; Gibson and Levin 1975, pp. 449ff.; Hochberg and Brooks 1976; Rozin and Gleitman 1977; 하지만 Rayner and McConkie 1977 참조). 그것이 왜 교정이 어려운 일인가의 이유다: 즉 교정은 우리에게 원문의 요소들을 면밀히 검토케 하는데 우리는 보통 실제로 그들을 주의해서 보지 않고 그냥 '보이는' 것이 일쑤고, 그 언어에 관한 우리의 지식과 원문의 내용에 관한 이해에서 판단해서 정신적으로 요소를 적어 넣곤 한다. 'Bacon'식에서 'Popper'식의 독서로 바꾸는 것을 배우는 것이 독서를 배우는 마지막이요, 필요한 단계 중의 하나다(Dunn-Rankin (1978, 특히 p. 125)은 그 단계는 전형적으로 8, 9세 경에 시작한다고 제안한다). 그런데 그 단계는 몇몇 인사들이 받아들이기 어려운 것으로 보고 있다. 그것은 필요한 단계다, 이유는 Bacon식의 독서는 불편할 정도로 느려서—실제 너무 느려서 그런 방법으로 독서하는 사람들은 흔히 원문의 뜻을 파악하는 데 어려움이 있는 듯하기 때문이다. 한 낱말 한 낱말, 실제로 한 자 한 자 힘들게 읽어가면, 그들은 아마 문장의 끝을 다루게 될 때까지는 이미 문장의 첫 부분을 잊어버리고 있을 것이고, 그래서 나무는 보되 숲을 못보게 된다(Norman 1972; Downing and Leong 1982, p. 209).

하지만 Popper의 방법으로 독서를 하게 되면, 읽은 원문은 상당한 정도의 잉여성이 있어야 한다; 그렇지 않으면 제한된 수의 눈짐작에 근거해서 원문의 내용에 관한 정확한 추측을 하는 것은 어려울 것이다. 이 점에서 히브리어와 영어의 글 사이에는 현저한 차이가 있다.

첫째, 이미 본 바와 같이, 모음-자가 없다는 것은, 임의로 선택한 10개의 히브리어 문자의 낱말 중, 적어도 3개는 둘 이상의 음운적으로-다른 음성낱말의 어떤 것으로도 읽을 수 있다는 것을 의미한다. 비슷하게 쓰여진 낱말들이 영어에 있는데, (예로, <lead>는 동사인 /lid/나 명사인 /lɛd/가 될 수 있지만) 이런 낱말은 드물다; 10개의 낱말을 무계획적으로 수집할 때, 단 하나라도 이런 낱말이 생길 것이라는 것은 매우 있음직 하지 않다. 물론 문맥이 보통은 히브리어의 애매한 점들을 해결할 것이다, 그러나 요는 이러한 낱말이 있다는 것은 우리로 하여금 필요 이상으로 문맥을 더욱 주의 깊게 검토하도록 한다. 낱말이 글씨로 봐서 명백하면, 문맥의 여러 부분이 예측될 수 있는 고정된 자료로 작용할 수 있으므로 문맥을 구체적으로 검토할 필요가 없다.

둘째, 독서한다는 것은 부분들을 견본으로 취해서 검토하고 전체를 예측하는 것이라는 생각은 낱말들 사이에서만 적용되는 것이 아니고 낱말 내부에서도 적용된다. 유창한 영어 독자가 원문의 모든 낱낱 낱말을 보는지는, 그 낱말이 아주 짧아서 낱말의 모든 글자가 단 한번의 초점맞추기로 모아져 보이는 것이 아니라면 낱말 내의 낱낱 글자에는 초점을 맞추지 않을 법하다.[4] 그러나 낱말의 다른 글자들이 무엇인가를 알고서, 검토되지 않은 글자가 무엇인가를 예측하기란 영어 독자에서보다는 히브리어 독자에게 훨씬 더 어렵다.

작은 실험으로 이것을 설명해 보겠다. 나는 계속되는 원문에서 마음대로 10개의 영어 낱말 한 벌을 골라, 내가 견본으로 취한 10개의 히브리어 낱말과 비교토록 했다. 각 언어의 낱낱 낱말에서 마음대로 선택한 한 글자를 빼내고 나서, 만약 그 낱말이 문맥에서 고립되면 빠진 글자의 어느 정도가 분명히 회복될 수 있는가를 각 언어에 관해서 풀어보았다. 10개 낱말의 견본은 수가 너무 적어서 수치(數値)적 결과에 큰 신뢰를 둘 수는 없지만, 총체적인 경향은 분명하다. 영어의 경우 10개 낱말 중 가장 짧은 3개만이 애

매함을 드러냈다: <*y>는 *my*나 *by*일 수 있고, <*he>는 *the*나 *she*일 수 있고, <*f>는 *if*나 *of*일 수 있다. 더 긴 7개 낱말 <*riting, g*ographic, wer*, thro*gh, resul*ing, inacces*ible, C*erokee>는 모두 분명한 채로 있다. 히브리어 견본에 서는 사정은 반대다: (어느 글자를 빼기 전에 몇몇 낱말에 이미 있었던 애매한 점들은 놔 두고서라도) 이 절차를 적용했을 때, 가장 긴 낱말 중 3개 만이 애매한 점을 드러내지 못했다. <*wš?jm, hp?l*m, wbm*hd>에 대해서는 달리 읽을 길이 없다. 그러나 <h*?>는 <hj?> /hī/ '그녀'일 수 있고; <mqj*>는 <mqjq> /miqqīq/ '아주까리 나무에서'일 수 있고; <*tbʕwt>는 <ḥtbʕwt> /haṭṭabaʕot/ '그 반지들'; 등등.

이것을 보는 또 하나의 방법은 나의 10개 히브리어 낱말을 뽑아 온 문단 에 주목하는 일인데, 그 문단은 히브리어와 영어로 인쇄된 광고로서, 영어 판에는 70개 낱말에 전부 407글자(letters)가 있고, 히브리어 판에는 60개 낱 말에 전부 285글자가 있다. (각 예에서 구두점, 붙임표(hyphen), 및 두 원문 에서 나오는 숫자는 무시한다.) 낱말의 수의 차이는, 'the'와 'to'와 같은 요 소는 영어에서는 단독의 낱말이지만 히브리어에서는 접두사라는 사실의 사소한 결과일 뿐이다. 그러나 글자(*letter*)의 수의 차이가 의미하는 것은, 히 브리어 글자의 매번의 발생은 그 글자가 나오는 원문의 뜻을 결정하는데 영어 원문에서의 낱낱 로마자의 발생의 거의 평균 반 정도 중요하다는 것 이다. 그러므로 히브리어 독자가 원문을 대충 훑어 읽고 그 내용을 원문의 적은 부분의 관찰로 재구성하는 것은 영어 독자가 그렇게 하는 것보다 더 쉽지 않다.[5]

이 모든 것은 히브리어 글자체가 일정한 지면에 정보를 빽빽하게 꾸려 넣는 편리한 방법을 제공한다는 것을 간단히 의미할 수도 있다, 만약 개개 의 글자-꼴이 매우 뚜렷해서 글자들의 집단의 정체가 슬쩍 봐서도 쉽게 결 정된다면 그렇다는 말이다. 히브리어 정자법에서 잉여성의 부족은, 한편으 로는 독자로 하여금 원문에서 영어를 읽을 때보다 더 높은 비율의 자소(字 素)를 견본조사케 하면서, 같은 양의 의미를 회복하기 위한 더 많은 견본조 사를 의미하지는 않을 것인데, 이는 독서 능률의 견지에서 중요한 일이다. 하지만, 히브리어 글자들은 뚜렷하지가 않다. 히브리어 알파벳은, 대소 문자의 로마자의 52자에 대해 22자 밖에 없지만(히브리어 글자체는 대 소 문 자의 대립이 없음), 히브리어 글자들은 로마자들보다 훨씬 더 서로 닮았다.

로마자 글자체에서 시각적인 변별성에 기여하는 가장 중요한 요소 중의 하나는 <b f k t>와 같은 '올려쓰기 글자'와 (<i j>의 점은 물론이고) <g p y>와 같은 '내려쓰기 글자'인데, 이들은 낱말의 몸체에서 눈에 잘 띄며 알 아보는 데 크게 기여한다. 이런 이유로, 빨리 읽어야 할 도로표지를 만드는 도로 당국이 1960년대까지 영국에서 보통이었던 대문자 쓰기를 포기했는 데, 대문자에는 올려쓰고 내려 쓰는 글자가 없다. Dina Feitelson (1967)은 독 서교육에 관한 영국의 전문가들은 <run, now, cream> 같이 올려쓰기와 내 려쓰기가 없는 낱말들은 독서 초기 단계에서는, 그 글자의 비-변별적 윤곽 으로 해서 피해야 한다고 촉구했음을 지적하고 있다. 그래도 히브리어 알 파벳에서는, 특수한 어미의 변이철자를 제쳐놓는다면, 오직 한 글자 lamed 만 올려쓰기 글자가 있고, 또 한 글자 qop만 내려쓰기 글자가 있다. 어미의 변이철자의 대부분은 내려쓰기 글자가 있는 것은 사실이지만, 이들이 어미 위치에 한정되어 있다는 사실은 이들이 낱말을 알아보는 데 별로 도움이 안된다는 것을 의미한다. 만약 빠른 독서에서 히브리어 글자에 내려쓰기 글자를 보면, 그것은 독자에게 사실상 '내가 <q>의 중요한 일부가 아니면 그대는 낱말의 끝에 와 있다'라고 말해주는 것과 같다 — 그러나 후자의 정 보는 어차피 바로 왼 쪽의 빈 공간이라는 아주 두드러진 특징으로 신호가 보내진다.

올려쓰기와 내려쓰기 글자의 일과는 별도로, Feitelson은 여러 가지 히브 리어 글자로 된 많은 집단이 형태상으로 두드러지게 비슷하다고 더 지적한 다:

דדך החת הנחת גנככ יון סם

많은 히브리어 글자들은 대부분 위는 수평선으로, 오른쪽은 수직선으로, 구 성되어 있고, 그 알파벳, 로마자 <e>의 구멍, <f>의 곡선 지붕, <r>의 가 시 등에 비길 만한 독특한 부차적 요소가 빈약하게 마련되어 있다(Shimron and Navon 1980, p. 12 참조). 어떤 의미에서는 히브리어 글자체의 지면에 의미가 빽빽히 들어 있는 것은 사실이지만, 그 의미를 빼내기를 어렵게 하는 형태로 그것이 들어 있다: 낱말의 낱낱 글자는 중요하지만, 그 글자들은 알아보기가 그렇게 쉽지는 않다.

히브리어 글자체의 이런 특징들은, 수 세기 동안 이 글자체가 실제적인 속독의 생각과는 관계없는 주로 의례적 목적으로 사용됐었다는 사실과 아마 관계가 있는 특이한 변이였다고 생각할 수도 있을 것이다. 그러나 흥미롭게도, 히브리어 글자체의 글자꼴에 관해 내가 대충 말한 문제는 아라비아어 글자체에서 더 현저하게 까지 나타나는데, 이 글자체의 모습은 아주 다르다.

원래의 셈어 알파벳의 글자꼴의 어떤 집단은 아라비아어 글자체의 발달 중에 아주 간소화 되어 그 형태가 전적으로 동일하게 되었다: <z>는 <r>와, <p>는 <q>와, <g>는 <h>와 각각 합쳤고, <n t b j>는 <n>과 <j>가 변별적인 어미의 변이철자가 있는 것을 제외하고는 형태가 모두 똑 같이 되었다.(나는 글자를 그 원래의 음가를 참고해서 밝힌다; 음소 중의 약간은 아라비아어에서 상이한 발음을 얻었으나, 여기서는 문제가 안된다.) 일어난 혼란의 정도는 합체되었던 글자꼴을 구별하기 위해 점 체계가 아라비아어를 쓰는 데 도입되었어야 할 정도였다(Diringer (1968, p. 216))는 점-체계의 발명의 시기를 +8세기 초로 잡는다: 그리하여 현대 아라비아어 글자체에서는 <n t b j> 사이의 시각적인 차이는 글자의 원래의 형태 사이의 차이와는 아무 관계가 없고, 순전히 이들은 각각 윗점 하나, 윗점 둘, 아랫점 하나, 아랫점 둘을 붙여 쓰여진다는 사실에 의지한다. (아라비아어의 자음자들을 구별하는 판독점은 모음을 명시하는 점찍기-체계와는 별개의 것이며, 이것 역시 아라비아어 글자체에서도 이용할 수 있으나, 히브리어 글자체에서와 같이 보통 사용되지는 않는다.)

사실, 점이 쓰일 때는(현재 변함 없이 쓰이고 있듯이) 그것은 아라비아 글자체의 글자들을 충분히 구별지어 준다. 하지만, 문화적 변화는, 실용가치가 순전히 기호의 변별도에 달려 있는 기호체계가 점-체계와 같은 특별한 치유책이 필요하게 된 시점에 이르도록 결코 놓아 두지 않았을 것을 사람들은 선험적으로 기대했을 법 하다(그리고 어떤 글자체도 이런 운명을 겪게 되면 사람들은 그것이 이미 모음-없는 셈어 글자체처럼 거의 잉여성이 없는 글자체임을 기대하지 않았을 것이다).

이 점은 특별한 어미 변이철자의 체계가 히브리어 글자체에서보다 아라비아어 글자체에서 더욱 취해지고 있는 사실로 인해 강조된다. 아라비아어 글자체의 한 특징은 그것이 초서체만 갖고 있다는 것이다; 낱말 내의 글자들이 끊어지는 쓰기 양식(樣式)이 없고, 인쇄된 아라비아어마저 손으로 쓰는 연속적이고 흐르는 듯한 동작을 닮았다. 로마자의 사용자들은 손으로 쓴 형식을 편리하지만 그러나 인쇄체가 표시하는, 기초가 되는 '이상'형에서의 불완전한 '행위' 일탈로 보는 경향이 있다. 아마도 아라비아어 글자체가 그 사용자들에게 이와 같은 관점을 제시하지 않기 때문에, 그 글자체는 여러 글씨 환경에서의 사용을 위해 글자의 여러 변이철자적 변종을 발전시키는 데 대부분의 글자체들보다 앞섰다. 아라비아어 알파벳의 글자의 약 3분의 2는 특별한 어미-형이 있고, 이들 형들과 어미-아닌 변이철자들 간의 차이는 히브리어 글자체에서보다 더 크다, 그리고 아라비아어 자소들의 많은 대립하는 쌍들 사이의 차이보다는 훨씬 더 크다: 예로 그림 15를 참조하라. 그 결과는, 아라비아어로 쓰여진 한 페이지에서 시각적으로 두드러진 것의 많은 것이, 아마 히브리어의 경우에서보다 더 언어학적으로는 아주 무의미하다는 것이다: 즉 그것은 어쨌든 빈 공간으로 더 명백하게 표시되는 낱말들의 끝을 단순히 표시할 뿐이다.

히브리어와 아라비아어의 독자들은 유럽 언어의 독자들 보다 약간 더 긴 시선(視線)고정을 시사하는 듯한 어떤 실험의 증거가 있다(Gray 1956, p. 59). 그것은 압도적인 것이라고 인정하기는 어렵지만, 곧이 곧대로 그 결과는 내가 논해 온 요인들을 기초로 해서 기대된 바와 일치한다. 원문의 각 표본조사는 보다 더 완벽해야 하며, 그러므로 자소가 많은 비변별적인 시각 자료 속에 묻혀 있는 근소한 변별 요소를 갖고 있으면 시간이 더 오래 걸린다.

저자의 견지에서 보면, 아라비아어 글자체는 하나의 이점이 있는데, 그것은 독자의 견지에서 글자체의 불리를 상쇄할 일을 작게나마 할 수 있다.

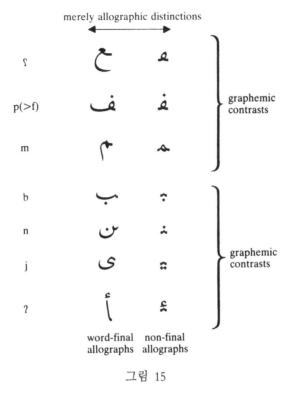

그림 15

(아라비아어 글자체의 큰 아름다움의 설명은 생략하겠거니와, 이 아름다움은 아마 실제로 글자체의 발달을 결정하는 강력한 요인이었을 것이다.) 초서체 쓰기를 손쉽게 하기 위해 글자꼴에서 이루어진 적응 때문에, 아라비아어 글자체는 약간 빨리 쓸 수 있다. 셈어 글자체의 모음없는 구조는 일정한 정보를 표현하는 데 영어에 있어서보다 더 적은 수의 글자를 필요로한다는 점을 첨언하면, 아라비아어 글자의 연속은 쓰는 데 빠르다는 사실은 그 글자체가 속기 체계의 신속함에 가까워질 수 있다는 것을 의미한다.

하지만 이런 장점조차 히브리어 글자체에는 없다. 아라비아어 글자체는 초서체만 있는 한편, 히브리어 글자체는 초서체가 없다. 인쇄에 사용된 자형(字形)에서 분리된 관례적인 손으로-쓴 글자꼴은 있다(그것은 인쇄체형보다 더 시각적으로 변별적이며, 더 많은 올려쓰기-자와 내려쓰기-자를 갖고

있다). 그러나 이들 필사(筆寫)의 형식은 보통 따로따로 쓰여진다: 즉 펜의
계속 동작으로 긴 글자연속체를 쓰는 체계는 없다. 여덟 글자가 있는 영어
낱말 *alphabet*는 (<t>의 가로지름-획을 긋기 위해) 시작과 끝 사이에 펜을 한
번만 들어올리고 보통 쓴다. 그의 히브리어 대등어인 /ʔalepbet/는 여섯 글
자인 <ʔlpbjt>로 쓰여지나, 그 손으로-쓴 형은 표준적으로 일곱 번 따로 펜
을 움직이게 될 것이다.

ח׳בפלא

*alphabet*

אלפבית

**alphabet**

　현대 이스라엘 히브리어는 생긴지 아주 얼마 안 된 언어이며, 그 정자법
의 몇몇 분야는 빨리 변하고 있다. 예를 들어, 현대 히브리어 철자는 표준
적인 성서 히브리어에서 정상인 것 이상으로 더 많은 *matres*(母)를 사용하게
돼서 장모음은 물론 단모음도 *matres*와 더불어 흔하게 쓰고 있다; 예로, 낱말
/mEjuhad/ (p. 123의 예 10을 보라)는 <mjhd> 보다는 오늘날에는 <mjwhd>
로 철자될 것이다. (내가 견본-낱말을 인용해 온 원문은 1961년에 인쇄된
것이다.) 보아 온 바와 같이, *matres*는 애매한 점들을 해결도 하면서 만들어
내기도 하지만, 모든 것을 고려해 보면 *matres*가 많을수록 애매한 것은 적어
진다는 뜻이 된다. 글자 사이의 시각적 대립을 뚜렷하게 해줄 새로운 활자
체가 고안 중에 있으며, 서풍(書風)은 더욱 초서체로 되어가고 있다. 만약
이런 경향이 계속되고 표준으로서 수용되면, 문자 히브리어는 전통적으로
그랬던 것보다는 유럽의 글자체와 별로 다르지 않는 체계로 변하게 될지도
모른다.

　그렇게 되면, 전통적인 표준 히브리어 글자체를 비교적 부담스런 문자체
계라고 묘사하는 것은 당연할 것 같다. 고도로 발달된 국가의 창건자들-
다른 형식의 문자를 잘 알고 있던 그들 모두-에 의해 그 글자체가 채택된
것은 역사와 종교에 관계된 정서적 고려의 관점에서 설명되어야 한다. 문
자언어 뿐 아니라 음성언어에 관한 언어학에서는 이런 비합리적 요소들이
실제적으로 편리한 사항들보다 흔히 더 중요시된다.

# 제 6 장 그리이스-로마 알파벳

자음문자로부터 자음음소와 동등한 관계에서 모음음소가 기호화된 문자로의 변천은, 셈어 알파벳이 그리이스어를 쓰기 위해 적응됐을 때 독특하게 발생했다.

미케네 문명이 -13세기에 붕괴된 후 그리이스인들은 수 세기 동안 글자쓰는 방법을 잃었었다. 그들이 알파벳 방식으로 글을 쓰고 있었던 고대 그리이스·로마 시기에는, 그리이스인들은 그들의 조상들이 한 동안 별개의, 음절 형태의 문자를 사용했었다는 사실을 모르고 있었다. 그리이스의 전통에 의하면 알파벳의 채택은 최초의 올림픽 대회, 즉 -776년으로 거슬러 올라간다. 고고학적 증거는 알파벳을 그리이스인들이 최초로 사용한 이 일반적 시기와 상당히 조화를 이루고 있고, 그것은 L. H. Jeffery (1961, p. 21)에 의해 지지되고 있다. 다른 학자들은 더 이른 시기라고 논쟁해왔다; 예로, Diringer (1968, p. 359)는 -1000년이 목표년에 더 가깝다고 제안한다.

그리이스인들이 만난 셈어 알파벳 방식은 페니키아인들에 의해 사용된 것이었음은 상당히 확실하다. 이것은 연역적으로 있음직하다. 왜냐하면 페니키아인들은 해외 여행을 하고 교역을 한 하나의 셈민족이었기 때문이다. 그러나 어쨌든 그리이스인들은 그들의 알파벳을 '페니키아의 글자'라고 불렀다고 알려져 있다.

셈어 문자의 역사 초기 단계에서 글자꼴을 형성하는 두 갈래의 전통이 발생했다: 예를 들어 아라비아어 및 현대 히브리어 알파벳이 생겨 온 '동부' 혹은 '아람어' 글자체와 페니키아인들 및 원래는, 유태인들에 의해 사용됐던 '서부' 혹은 '가나안어' 글자체다 (히브리어는 가나안어 글자로보다는 아람어 글자로 -300년 이후에 쓰이기 시작했다). 아람어 글자체는 원래의 글자꼴이 비교적 심히 변질된 특징이 있었다: 예컨대 현대 히브리어 ʕajin은 완전한 원을 꼭대기에서 열린 두 개의 획으로 변형한 것을 주목하라. 그리이스인들이 만난 가나안어 글자체는 원천에 더 가깝게 남아 있었다; 오늘

날까지 대문자 그리이스어 글자는 현대 히브리어나 아라비아어 글자보다
원래의 셈어 알파벳 형태에 훨씬 더 비슷하다.

Jeffrey (1961, p. 6)에 의하면, 알파벳은 여러 시기와 장소에서 셈족들과
접촉했던 여러 집단의 그리이스인들에 의해 따로따로 빌려졌다기보다는
그들에게 단 한번 전달되었을 것이다. 그리이스인들이 그 알파벳을 습득한
후, 그 알파벳의 많은 지방 변종들이 그리이스어를 말하는 세계의 여러 지
역에서 발달했는데, 글자꼴과 몇몇 셈어 글자에 대한 그리이스어 음가와
그리이스인 자신들에 의해 발명된 갖가지 보완적 글자에 관해서 달랐다.
그러나 이들 변종들 사이에는 일치점들이 너무 많아서 그리이스 언어로의
최초의 적응이 단 한 번만 일어났다고는 추측할 수 없다. 이들 지방적으로
다른 형식의 그리이스어 알파벳은 '서부'와 '동부' 집단으로 분류할 수 있
다. 초기의 다양화 후에 합류의 시기가 뒤따랐고, 이 시기 중 다른 형식의
알파벳을 사용했던 지역은 '동부' 집단의 하나인 이오니아 방식을 선호하여
그것을 버렸고, 이오니아 방식은 –350년 경까지에는 그리이스 전지역에서
표준으로 수용됐다. 이것이 기본적으로 오늘날 우리가 알고 있는 고전 그
리이스어 알파벳이다.

대부분의 그리이스어 자음자들은 그들의 음가를 셈어의 조상-글자체에
서 곧장 얻고 있다. 어떤 경우에는 근소하게 다른 자음에 글자가 사용됐는
데, 이유는 그리이스어에는 셈어의 음가와 정확하게 대등한 음성이 없었기
때문이다. 그러므로, 인두화된 폐쇄음의 셈어의 글자를 고려해 보라. 그리
이스어에는 이런 음이 없었다. /tˤ/를 표시한 글자인 ṭet는 그리이스인들에
의해, 별개의, 인두화되지 않은 음소 /tʰ/를 표시하는 Θ의 형태로 사용되었
다. 그리이스어 글자 φ는 qop에서 형성된 것으로서 이 글자는 그리이스어
음소 /kʰ/를 유추적으로 표시할 수 있을 것으로 기대될 법했으나, 그 대신
그것은 그리이스어에서 순전히 변이음적 차이를 표시하는 데 사용됐다. 많
은 다른 언어에서와 같이, 그리이스어의 /k/는 그 정확한 조음점이 후속
모음에 따라 달랐다. 그리고 그리이스인들은 후설모음 앞에 있는 /k/의 비
교적 후설부의 변이음에는 φ를 썼고, 중설모음과 전설모음 앞의 /k/의 변
이음에는 (k͞ap에서 온) K를 썼다. 인두화된 폐쇄음에 대한 글자 사용의 두

가지 방법 사이의 이와 같은 대립은 음성학적 용어로 설명할 수 있을 것이다: 인두화는 혀뿌리의 수축을 수반하므로 인두화된 /tᵖ/는 2차적 조음이 있는 /t/다(그리고 그리이스인들에게는 유기(有氣)라는 약간 상이한 여분의 자질이 있는 /t/에 버금가는 음으로 들렸을 것이고), 한편 '인두화한 연구개음'은 흔히 실제로 일반적인 연구개 위치보다 훨씬 뒤쪽에서 형성된 단순 폐쇄음일 따름일 것이다. -6세기 후 음소원리의 논리가 자연히 두드러지게 되어 /k/의 후설 변이음도 K로 쓰였고, 그리이스인들이 'koppa'라고 부르는 ϙ 글자는 고전시기까지 살아남지 못했다.

진정 중요하고 신기한 발전은 그리이스인들이 6개의 셈어 글자 <ʔ h w h j ʕ>를 모음을 표시하기 위해 사용했다는 것이다. 그리이스어 모음체계에 관한 자세한 분석은 수 페이지 뒤로 미루고, 여기서는 단순히 셈어 글자들이 대충 다음과 같이 사용되었다고만 언급해 두겠다: ʔalep은 그리이스어 /a/를, hē는 /e/를 표시했고, wāw는 각각 /w/와 /u/를 표시하는 근소한 차이의 형태 <FY>의 두 글자가 되었고, hēt는 /h/ 또는 /e/ 비슷한 모음을, 그리고 jōd는 /i/를, ʕajin은 /o/를 표시하기 위해 사용되었다.

문제의 6개 셈어 글자 중, 오직 wāw만 /w/의 음가를 가졌는데, 이 음 역시 그리이스어에서 하나의 음소로서 존재했고, wāw에서 발달한 2개의 그리이스어 글자 중 하나는 계속 이 음가를 유지했다. (그리이스어 음소 /w/는 음성 그리이스어의 후기 발달 과정에서 없어졌고, 그래서 글자 F는 ϙ 처럼 고전의 그리이스어 알파벳에서 쓰이지 않게 되었다.) 인두음인 [h ʕ] 및 성문폐쇄음 [ʔ]는 그리이스어에서 전연 발생하지 않았고, [h j]는 발생하기는 했지만, 주변적이고 거의 음소적 자격이 없는 것이었다.

반대로 모음들 사이의 차별은 셈어족에서보다 그리이스어에서 훨씬 더 중대했다. 그리이스어는 유럽 언어로서 어휘적 대립을 만들기 위해 모음-차별을 심하게 사용하며, 문법적 목적으로는 적은 범위에만 사용된다. 그리하여 그리이스어 글자체에서 모음의 표시는 의사전달에 중요하고 또 어휘 어근의 글씨-겉모양이 문법의 굴절에 따라 광범위하게 변하는 모음화된 셈어 글자체에 의해 야기될 수 있는 혼란을 낳게 하지도 않는다. 더욱이 그리이스어 낱말들은 흔히 모음으로 시작한다; 그리고 둘 또는 그 이상의 모음의 연속은 사실상 셈어족에서는 알려져 있지 않지만, 그리이스어에서는 /sumbouleuousi/ '그들은 충고한다'와 같은 낱말은 아주 보통이다.

이 모두가 그리이스어가 아주 분절적 글자체로 쓰이기로 했었다면 모음 자로 쓰이는 것이 바람직했던 이유다. 그러나 어떻게 잉여적인 셈어 글자 가 이 목적에 적응되었는지에 관한 의문은 남는다. 몇몇 학자들은 이것은 현명한 그리이스인 필기자에 의한 의식적 계획의 결과라고 추측해왔다. 나 는 그 생각에는 회의적이다. 글자의 재해석은 셈어-아닌 음운체계를 가진 언어의 화자들이 글자-이름과 두음법 원칙을 배우는 결과로서 자동적으로 생겼다고 상상하는 것이 더 쉬울 듯 싶다(Jeffrey 1961, p. 22). 일반적으로 그 글자들의 그리이스어 명칭은 단순히 그리이스어로 발음하기 쉽도록 하기 위해 수정된 셈어 명칭일 뿐이다: 그래서 셈어의 kap은 그리이스어의 kappa 가 됐다, 왜냐면 그리이스어에서는 낱말이 /p/로 끝나지 않으니까. (앞으로 그리이스어 글자명을 과학적인 자역(字譯)으로 보다는 보통의 영어 철자로 인용하겠음.) 그리이스어에서 글자명은 물론 의미가 없다. 그러나 명칭과 글자의 음가 사이의 관계는 유지되고 있다: K는 kappa라 부르며 그 음가는 /k/, 즉 kappa의 초성이다. 음성학 교사는 누구나 문외한이 자기 언어에 나 타나지 않는 음을 듣기가 얼마나 어려운가를 알고 있다. 우리는 다음과 비 슷한 시나리오를 쉽사리 상상할 수 있다. 한 그리이스인이 페니키아인이 이상한 문자-기호 체계를 사용하는 것을 보고 설명을 청했다고 치자. 그 페 니키아인은 (그는 아마 첫 자를 /ʔalp/라고 불렀을 것이다ー히브리어 'ʔalep' 의 /e/는 어중음 첨가임) 이렇게 시작했을 것이다, '이 기호는 ʔalp라고 불 러ー아니야 "alp"가 이니고ーʔalp, ʔʔalp, ʔʔʔalp라고 안들려!'. 하지만 어리둥 절한 그리이스인은 [alp]로만 들릴 뿐이고, 결국은 그 글자를 'alpʰ-a'로 부르 게 되고 그것을 /a/로 *사용하게 된다*, 이유는 두음법 원칙에 의해 그 음은 이제 자기에게는 정당한 음가로 여겨지기 때문이다. 이것은 어떠한 특별한 언어학적 세련을 그 알파벳을 처음 사용한 그리이스인에 돌릴 필요도 없이 그리이스인이 셈어의 <ʔ h ḥ ʕ>를 모음자로 사용한 것을 설명하는 것인데, 이 글자들 중의 페니키아어 이름의 모음들은 그 글자들이 사용되게 된 그 리이스어 모음들과 같은 것이었다고 (믿기 어렵지 않게) 가정한 것이다. 그리고 모음 /i/와 반모음 /j/ 사이의 음성적 유사성은 jod의 적응이 특별한 지적 행동을 필요로 하지 않았을 법할 정도다.

문제의 글자 중 유일한 것으로서 이 설명이 지나치게 간소화된 것이라고 알려진 것이 h̄et다: 이 경우 그리이스인들은 셈어의 /h/를 첫 음소가 모음인 그리이스어 낱말을 시작하는 가능한 방법 중의 하나인 [h]음과 동일시 했을 법하다(p. 83 참조). 그리고 h̄et를 모음자로 재해석하는 것은 그것이 셈족들로부터 그리이스인들로 옮겨질 때가 아니고, 후에 그것이 한 집단의 그리이스인들로부터 그들 방언에 [h]음이 없었던 다른 집단으로 옮겨질 때 일어났다. 고전 그리이스어 알파벳에서 h̄et에서 온 H는 /e/와 비슷한 모음으로 사용됐다; 그러나 다른 그리이스인들이 [h]음으로 이 글자를 사용해 왔다는 사실은 어두의 [h] 대 [Ø]의 대립을 표시하는 데 전통적으로 사용된 판독부호의 정체(正體)에서 반영되었다. <á> /ha/ 대 <à> /a/에서와 같이 소위 '거세고 부드러운 숨결'의 부호는 글씨로는 ㅏ 와 ㅓ, 즉 H의 두 반쪽 에서 나온 것이다. ([h]음으로 H를 초기 그리이스인들이 사용한 것도 로마 인들이 이렇게 사용한 것을 설명해 준다.)

의식적인 사고를 실로 암시하는 원래 그리이스인들의 모음자 사용의 한 국면은, 그리이스어 모음 /u/를 자음 /w/와 구별하기 위해 하나의 셈어 글자 w̄aw에서의 두 글자의 창조일 것이다. w̄aw에서 나온 모음자는 여분의 글자이므로 알파벳 끝에서 t̄aw 뒤에 추가되었다.

후에, 여러 그리이스 사회들이 보충적인 글자들을 더 창조하여 항상 그 들을 통용중인 알파벳 순위의 끝에 추가하곤 했다. 고전 그리이스어 알파 벳까지 살아남지 못한 몇몇 이들 글자를 묵살하고, 글자 Φ는 /pʰ/를 위해 발명됐고, X는 서방측 알파벳 집단에서 /ks/로 그리고 동방측 집단에서는 /kʰ/로 사용됐으며, Ψ는 서방측 집단에서 /kʰ/로 그리고 동방측 집단에서 /ps/로 사용됐고, Ω는 긴 개모음(開母音) /ɔ/를 짧은 폐모음 /ŏ/와 구별하 기 위해 창조됐다―그래서 O, Ω의 이름도 각각 o-미끄론, o-메가, 즉 '작은 o'와 '큰 o'인 것이다. (E, Y의 이름인 e-psilon과 u-psilon은 '알몸의 e', '알몸 의 u'의 뜻으로―용어 '알몸의'는 선행하는 [h]음이 없는 모음을 가리켰다.) 이오니아 알파벳은 동방측 집단에 속했으므로 글자 X, Ψ는 고전 그리이스어 알파벳에서 그들의 동방측 음가를 가졌었다.

셈어 알파벳에는 zajin, s̄amek, c̣ade와 s̄ın이 있는데 5개의 치찰 음소 /z s sᵖ s̓ s̓/를 나타냈다. 그리이스어는 두 개의의 치찰 음소만 있었는데, 즉 /s/와 현대 그리이스어에서 [z]로 발음하는 한 음소인데, 그 알파벳 채택 시에는 아마 파찰음인 [dz]이었을 것인데 (Allen 1968, p. 55), 이것이 나의 표기방법이다. 네 개의 셈어 글자꼴은 네 개의 그리이스어 글자를 낳았고, 알파벳 순위에서 상응하는 위치에 있다: Z Ξ M Σ. 이들 중, Z는 그리이스어 /dz/를 표시했다. Ξ는 /ks/에 X를 사용하는 알파벳에서는 무시됐지만, 이오니아와 기타 몇몇 지방 알파벳에서 /ks/로 사용됐다(Jeffrey 1961, p. 36). 셈어 c̣ade(그리이스어에서 'san'으로 불림)에서 온 M과 셈어 s̄ın에서 온 Σ(그리이스어로 'sigma')는 상호교환적으로 /s/음으로 시간이 흐름에 따라 어떤 지방 알파벳은 san만 사용했고, 또 다른 알파벳은 sigma만 사용했다. (san이 고전어 알파벳까지 살아남지 않았다는 사실은, 원래 5획으로 쓰던 셈어 m̄em에서 온 <m>이 그 획의 하나를 잃고, 그래서 폐어가 된 san과 글자꼴이 일치하도록 방치했던 것이다.)

셈어와 그리이스어의 치찰음 간에 상응관계가 없는 것은 글자명에 혼란을 낳게 한 것 같다. 글자꼴로서, 자형 Z Ξ M Σ는 알파벳 연속에서 그들이 나온 셈어 글자들과 동일한 위치에서 나타나고 있다. 그러나 Σ의 이름인 'sigma'는 s̄ın에서보다는 s̄amek에서 나온 것 같다; 마찬가지로 'san'은 zajin에서 나오고, Z를 위한 'zeta'도 아마 c̣ade에서 나온 것 같다.

그림 16은 원래의 셈어 알파벳을 −402년 이후 아테네에서 사용된, 고전어 또는 유클리드 후의 형식인 그리이스어 알파벳의 글자꼴, 글자음가 및 글자명과 비교하고 있다.

그리이스인들은 우에서 좌로 씀으로써 자연히 셈인들의 습관을 따랐다. 그러나 아주 초기부터−아마 처음으로 알파벳을 사용하고부터−그들은 보통 수 행의 명문(銘文)을 모두 우에서 좌로 쓰지는 않고(셈인들은 과거에도 그랬고 현재도 그렇게 하고 있다), 소위 *좌우교호서법(左右交互書法)*('소의 모퉁이 돌기')식으로 우에서-좌로 또 좌에서-우로 교대로 행을 이어서 마치 밭고랑을 갈 듯이 썼기에, 한 행의 끝과 다음 행의 계속 사이에 크게 벌어

짐이 없었다. 이 방법은 점차로 무너져서 우리가 오늘 일관해서 좌에서 우로 쓰는 체계가 됐고, 이것이 고대 그리이스·로마 시기까지에는 표준이 되었다. (Jeffery (1961, pp. 47-8)는 좌에서 우로의 방향은 신체적으로 오른손을 쓰는 사람들에게 더 자연스러우므로 일단 사람들이 *좌우교호서법*의 쓰기 방향에 습관이 들면 그 서법이 세계화되지 못할 리가 없을 것이라고 주장한다.) *좌우교호서법*으로 글을 쓰면 낱낱 글자의 형태는 쓰기의 방향에 따라 거꾸로 되므로, 어느 한 행의 글자들은 인접행의 글자들의 거울-상(鏡像)이었다. 그러므로 좌에서 우로의 방향이 표준이 되었을 때, 마지막 글자꼴은 셈어 글자체에서 물려받은 글자꼴의 역(逆)이었다(그림 16에서, 예로, B, E, N을 그들의 셈어 상당자와 비교하라).

그리이스어 알파벳은 음성 그리이스어의 음소체계를 완벽하게 반영한 것이 아니었다. 하지만 그것은 그 이상(理想)에 상당히 가까이 접근했고, 또 그 이상을 달성하지 못한 점들은 이해하기가 쉽다.

우선 먼저 알파벳 체계 내의 결점이라기보다는 오히려 불필요한 사치라고 할 수 있는 기이한 점을 간단히 다루어 보자면: 당연히 왜 이 알파벳은 /ks ps/를 위한 특별한 자소를 포함시켜야 했느냐고 의아해할 것이다. 이 음들은 음성학적으로는 아주 별개의 자음들의 음군이니까. (몇몇 음들, 예로, 파찰음이나 이중모음은 조음의 견지에서는 단일음이라는 주장도 있지만, 두 개의 음성기호로 보통 표기된다. 그러나 /ks ps/가 각기 두 개 이하의 분절음으로 묘사될 수 있다는 데는 아무 의미가 없다.) 그 답은 /ks ps/는 그리이스어에서 음절의 끝에서 일어날 수 있는 유일한 자음군이었다는 것인 듯싶고 (p. 91), 또 이것은 그리이스인들로 하여금 이들 자음군이 다른 것들보다 더 굳게 서로 서로에 소속된 것 같고 그래서 그 자체의 자소를 가질 만하다고 느끼게끔 하였다. (이런 감정은 새 글자의 발명을 자극할 만큼 강렬했다는 것을 누구나 놀랍게 생각할 것이지만 그러나 실제 그러했다.)

2개의 자음음소에 택일적인 변이음이 있었다: /r/는 어두와 일정한 다른 위치에서 무성음 [r̥]이었고, 다른 위치에서는 유성음이었으며, /s/는 유성자음 앞에서 유성음 [z]이었고, 다른 위치에서는 무성음이었다(Allen 1968, pp.

| | | | |
|---|---|---|---|
| 𐤀 | ʔālep /ʔ/ | A | alpha /ă, ā/ |
| 𐤁 | bēt /b/ | B | beta /b/ |
| 𐤂 | gīmel /g/ | Γ | gamma /g/ |
| 𐤃 | dālet /d/ | Δ | delta /d/ |
| 𐤄 | hē /h/ | E | epsilon /ĕ/ |
| 𐤅 | wāw /w/ | (F | wau /w/) |
| 𐤆 | zajin /z/ | Z | zeta /dz/ |
| 𐤇 | ḥēt /ħ/ | H | eta /ǣ/ |
| 𐤈 | ṭēt /ṭ/ | Θ | theta /tʰ/ |
| 𐤉 | jōd /j/ | I | iota /ĭ, ī/ |
| 𐤊 | kāp /k/ | K | kappa /k/ |
| 𐤋 | lāmed /l/ | Λ | lamda /l/ |
| 𐤌 | mēm /m/ | M | mu /m/ |
| 𐤍 | nūn /n/ | N | nu /n/ |
| 𐤎 | ṣāmek /s/ | Ξ | xi /ks/ |
| 𐤏 | ʕajin /ʕ/ | O | omicron /ŏ/ |
| 𐤐 | pē /p/ | Π | pi /p/ |
| 𐤑 | çādē /sˤ/ | (M | san /s/) |
| 𐤒 | qōp /kˤ/ | (Q | koppa /k/) |
| 𐤓 | rēš /r/ | P | rho /r/ |
| 𐤔 | šīn /ŝ, ś/ | Σ | sigma /s/ |
| 𐤕 | tāw /t/ | T | tau /t/ |
| | | Y | upsilon (/ŭ, ū/>) /ў, ȳ/ |
| | | Φ | phi /pʰ/ |
| | | X | chi /kʰ/ |
| | | Ψ | psi /ps/ |
| | | Ω | omega /ɔ̄/ |

그림 16

39-41, 43-4). 각각의 경우 단일 자소-각각 P 및 S-가 그들 음소의 두 개의 변이음을 대신했는데, 이는 마치 영어에서 /l/ 음소의 예사 변이음과 연구개화된 변이음을 자소 <l>이 대신하는 것과 같다.

이제 모음체계와 그의 글씨표시를 자세히 살펴보기로 하자.

Allen (1968, ch. 2)을 따라, 아테네 방언의 순모음음소의 체계를 다음과 같이 재구성할 수 있을 것이다. (내가 택한 음성기호는 어떤 점에서는 Allen의 기호와 다르다.)

|  |  | 장 음 |  |  |  | 단 음 |  |
|---|---|---|---|---|---|---|---|
| ī | ȳ |  | ū |  | ĭ | y̆ |  |
|  | ē |  |  |  |  | # | ŏ |
|  | Ā | ( |  |  |  |  |  |
|  | ā |  |  |  |  | ă |  |

이들 음소는 그리이스어 글자로 다음과 같이 표시됐다:

ī  ĭ   y   y̆   ē   #   Ā   ā   ă   (   ŏ   ū
I     Y     EI   E   H     A     Ω   O   OY

고전 시기의 조금 전 또는 그 기간 중 일어나고 있던 음변화는 /u ū/를 /y̆ ȳ/로 전진시켜서, 글자 Y는 자동적으로 이들 앞당겨진 음을 표시하게 됐다. 음소 /e/는 /e/와 /ei/ 사이의 초기의 대립이 합쳐진 결과이며, 이들 음이 아직 대립하고 있었을 때도 그 순모음은 짧은 대응음과 같이 E로 쓰였다. 그러나 합친 후 이중자(二重字) EI(이것은 이중모음으로는 음성학적으로 적절했다)는 새로운 /e/ 음소의 모든 경우에 사용됐다. 마찬가지로 고전 시기의 /u/는 초기의 /o/와 /ou/가 합쳐서 생겼고, 이들 음이 대립하고 있을 때 /o/가 /o/와 동일시 되어 O로 쓰였다. 그러나 합친 후 이중자 OY-이는 /ou/를 위해 음성학적으로 적절했었음-는 새로운 음소 /u/의 모든 경우에 사용됐다.

아테네 방언에는 /-i -u/로 끝나는 갖가지 이중모음도 있었고, 이들은 <-I -Y>로써 쓰이었다. 글자 Y는 /-u/가 순모음(純母音)으로서 /y/의 음가로 변한 뒤 이중모음을 쓰는 데 계속 /-u/ 음가를 유지했다.

이렇게 그리이스어 글자체는 모음의 질을 구별했으나 양은 구별하지 못했다. 장·단모음들은 보통 똑같이 쓰였다. /e #/가 주로 양에 있어서 다름에도 불구하고 EI E로 구별되고 있는 사실은 /e/의 많은 예들이 역사적으로 이중모음에서 나왔다는 사실의 우연한 부산물인 것이다. /ŏ ō/는 별개의 글자로 쓰였으나, 양에 있어서 만큼이나 질에 있어서 달랐을 것이다.

모음의 양이 그리이스어 정자법에서 무시된 것을 논하는 것은 유혹적이다, 왜냐면 모음의 양은 그리이스어에서 대립적이지만－예: /danŏs/ '빛'은 /danōs/ '볶은'과 대립한다－그것은 특히 그리이스어에서나 또는 아마 더 일반적으로 음운론적으로는 중요하지 않기 때문이다. 이러한 주장의 근거를 라틴어 정자법 같은 다른 알파벳 정자법도 음운론적인 모음-양의 대립을 무시한다는 사실에 둘 수는 없다, 왜냐면 아마 라틴어 글자체－따라서 로마자를 사용하는 몇몇 다른 정자법－가 모음-양을 표시하지 못한 이유가 로마자가 그리이스인들로부터 빌려졌기 때문일 것이다. 그러나 그리이스어 알파벳에서 나온 글자체들의 범위를 넘어 살펴보면, 양의 대립을 표시하기를 피하는 일반적 경향이 실로 있는 것 같다. 이 문제에 관해서는 제7장(p. 180)에서 재론하겠다. 제4장에서와 같이 아래에 인용할 그리이스어 예에서 단모음 부호는 보통 생략하겠다.

그리이스어에는 또 자음에서 양(量)적 대립이 있었다: /orŏs/ '궁둥이' 대 /orōs/ '산'. 그리이스어 문자의 초기에는 자음의 장·단의 구별이 없었다. 그러나 -500년까지에 아테네 방언의 문자는 자음을 이중으로 씀으로써 장자음을 구별했다(Allen 1968, p. 10). 자음의 양적 구별을 표시하는 정자법 및 과학적 음성 표기는 오늘날까지 변함 없이 단일기호 대 이중기호라는 방책을 사용한 것이 이런 역사적 이유로 해서 분명한 한편, 장모음은 단일모음 기호에 판독부호를 첨가함으로써 보통 표시되었다.

이 알파벳은 연구개 비음 [N]을 위한 기호가 없어서 G, 즉 <g>로 그것을 표시했다. [N]의 분포는 극히 제한됐었고 (그것은 비음과 /g/ 앞에서만 발생했다), 그리고 그것은 /g/의 변이음에 아주 가까운 것이 됐다. 그래서 비록 Allen (1968, pp. 36-7)에 따르면, [#Ng#nĀs] '타고난' 대 [#ggonos] '자손'과 같은 대립이 수 개 있으므로 [N]은 결국 별개의 음소적 자격이 부여돼야 하겠지만, 이러한 글씨의 취급은 합리적이었다. 앞 낱말은 접두사 /#n-/ 'in'을, 뒤 낱말은 접두사 /#k-/ 'out of'을, /g-/로 시작되는 어간에 붙여서 파생된 것인데, /g-/에 접두사의 자음 /n/과 /k/가 각각 동화된 것이다. 이들 접두사의 자음들은 철자에 있어서는 전자는 <#gg...>로, 그러나 후자는 그 파생에 따라 <#kg...>로, 씀으로써 보통 구별되었다.

이것이 애매함을 피하려는 욕망이 정상보다 더 이른 시기에 사용되고 있던, '표층' 정자법보다는 '심층' 정자법을 낳게 한 예이다. Allen은 기저(基底)의 |#k-|에서 나온 [#g̑]는 <b d> 앞에서 <#g>로(여기서는 <g>를 [N]으로 해석할 가능성이 일어나지 않음) —1세기까지 철자됐다고 지적한다. 일반적으로 동화규칙이나 다른 음운적인 규칙이 심층과 표층의 음소 형태 사이에 갈등을 낳게 되면, 그리이스어 정자법은 현대영어 철자법보다는 더 흔히 표층 사실을 반영하고 형태론적 구조는 무시하는 경향이었다. 예를 들어, 다음과 같은 사실을 고려해 보라: 즉 전치사 /syn/ 'with'은 그 /n/을 /syl-logos/ '모임', /sym-pt(sis/ '일치'와 같은 합성어의 후행 자음에 규칙적으로 동화시키고 있고, 동화된 분절음은, 파생에 따라 <n>로 쓰이지 않고 <l>, <m> 등으로 썼다—이는 마치 우리가 영어 낱말 *input*를 <imput>로 썼어야 했던 것과 같다. 발음은 그렇게 한다. 또는 /prāg-/ 'do'와 같은 어근의 갖가지 완료피동형에서 규칙적으로 일어나는 자음군의 철자를 고려해 보라:

| | |
|---|---|
| 1인칭 단수 | p#-praN-mai |
| 2인칭 단수 | p#-prāk-sai |
| 3인칭 단수 | p#-prāk-tai |
| 2인칭 복수 | p#-prāk$^h$-t$^h$# |

/Nm, ks, kt, k$^h$t$^h$/의 각각 음군은 어근과 접미사 사이의 경계에 걸쳐 있다.

그들은 각각 GM, X, KT, Cq로 쓰인다. 이것은 약간 영어 낱말 *optic, optics, optician, opticist*가 마치 <optik, optix, optishan, optisist>로 철자되었어야 했던 것과 같다.

고전 그리이스어 정자법이 약간 완벽하지 못한 마지막 관점은 '악센트'와 관계가 있다.

고대 그리이스어에는 음높이에 입각한 '성조악센트'의 체계가 있어서, 이것이 후에(아마 서력 기원 초 수 세기 후) '강세'악센트의 체계로 변했다고 일반적으로 이야기되고 있다. 이 말을 어떻게 해석해야 할지는 알기 어렵다. 왜냐면 사실은 영어와 같이 '성조'보다는 '강세'를 사용하는 것으로 묘사되는 언어에서는, '강세'의 주요 음성적 구현형(具現形)은 높은 음높이이기 때문이다. 만약 강세와 성조 사이에 명백한 차이가 있다면 그것은 음성적 차이라기 보다는 구조적 차이다: 성조언어에서는 어느 한 음절 상의 음높이-곡선의 선택은 동일 낱말의 어느 다른 음절을 위한 선택과 다소 간에 관계가 없다. 그러나 한편 강세언어에서는 각 낱말의 한 음절에만 제일 강세가 있고 이 강세의 위치가 그 낱말의 다른 음절 상의 강세수준에 크게 영향을 미친다(McCawley 1970). 이런 의미에서 고대 그리이스어는 성조언어이기보다는 강세언어였다: 즉 한 낱말의 성조의 음높이-형(pitch-pattern)은 전적으로 하나의 비교적 높은-음높이의(high-pitched) 요소의 위치에 의해 결정됐고, 유일한 중요한 혼란은, 성조의 목적을 위해 둘 중의 어느 하나가 고-음높이(high pitch)를 띨 수 있는 두 개의 단모음의 연속체로 장모음이 취급됐다는 것이다. (어떤 이중모음들은 문제를 제기하나 여기서는 다루지 않겠다: Allen 1968, p. 114 n. 2; Sommerstein 1973, p. 125 참조.)

악센트의 위치가 때로는 변별적이었다: 즉 다음과 같은 최소변별쌍이 있다, /tómos/ 'a cut' 대 /tomós/ 'cutting, sharp' 또는 /lýysai/ 'to have loosed' 대 /lýysai/ 'he would have loosed'. 그러나 그리이스 어에서 악센트로 이루어진 대립은 거의 전적으로 문법적인 것으로서 (/phɔ́ɔs/ '사람' 대 /phɔ́ɔs/ − /pʰaos/ '빛'의 축약형 − 과 같은 어휘적 대립은 극히 드물다), 문법 영역에서조차도 악센트의 기능부담량은 아주 낮다. Sommerstein (1973, ch. 5)은, 자기 말로, 대다수의 낱말에서 명백하게 악센트를 예언할 수 있는, 그리이스어를 위한 한 벌의 악센트 규칙을 제시하고 있다. 그러므로 고전 그리이스어 정자법이 악센트를 무시한 것을 알아도 놀랍지 않다. 또한 그리이스어 정자법의 이런 결함은 궁극적으로는 오늘날 알파벳 글자체의 사용자들 간에 강세표시는 없어도 될 사치라는 널리 퍼진 감정의 원인일지도 모른다. 그래서 영어 정자법에서 /X/와 /T/를 구별하는 방법을 마련하지 못한 것은 진짜 결점이라고 보아지는 한편에, 강세부호가 없는 것은(이것은 아마 적어도 영어 음운에서의 X/T 대립만큼이나 중요할 것이다) 하찮은 일로 보아진다. 현대 유럽 언어들 중에 스페인어는 유별나게 강세 위치를 꼼꼼히 표시하는 정자법을 사용한다.

히브리어 글자체의 경우에서와 같이, 그리이스인들도 적절한 시기에 여기서 묘사된 정자법을, 그들의 주된 문자체계가 무시한 발음의 많은 국면을 표시하는 판독부호로 보완했는데, 예로는 악센트와 유성 무성의 /r/ 사이의 변이음적 차이 같은 것이다. 히브리어식의 점찍기와는 달리, 그리이스어에 대한 '비잔틴'식의 판독부호 체계가 점차로 정자법의 표준 부분으로 채택되게 되었다. 하지만 이런 일이 일어났던 시기는 판독부호로 표시되는 많은 음성적 대립이, 살아있는 음성언어의 부분이 되지 않게 된 시기와 일치했던 것으로 보인다. 그래서 비잔틴식 체계는 정상적 의미에서 음성표기식 정자법이라기보다 항상 기술적인 문헌학적 장치였을 것 같다. 이것은 논의하지 않겠다.

분절적인 글자체는 서양의 독자들에게 가장 익숙한 문자형이며 그것은 어떠한 다른 예에 의해서와 마찬가지로 고전 그리이스어에 의해 잘 설명되고 있다. 그러나 우리 스스로 사용하는 문자체계는 우리가 검토해 온 것에서 내려온 것이므로 이 장의 잔여부에서 우리 글자체가 어떻게 현재의 형태를 갖추게 되었는가를 자세히 살펴보는 것이 적절할 것이다.

로마인들은 -753년 로마시의 창건 후 약 1세기 경에 글쓰는 법을 습득했다. -7세기에는 로마는 아직 작은 고을이었으며, 이탈리아의 그쪽 지방의 지배적 문화는 로마의 북쪽에 있는 에트루리아이었다. (후에, 로마의 힘이 강해짐에 따라, 점차로 에트루리아인들을 흡수하여 마침내 -200까지에는 에트루리아는 정치적 실체로서는 더 이상 존재하지 않게 됐다.) 에트루리

아인들은 비-인도-유럽 언어를 말했는데 이에 관해서는 다만 한정된 양만
이 알려져 있다. 그리고 그들은 그리이스어 알파벳의 서구식을 빌렸었다(H
는 모음이 아닌 /h/를 표시하고, X는 /kʰ/ 아닌 /ks/를 표시했다).

에트루리아어의 언어적 구조에 관해 알려진 하나의 사실은 유성(voice)은
폐쇄자음에서는 비-대립적이었다: [b d g]는 전연 일어나지 않거나, 일어났
더라도 [p t k]의 변이음적 변종에 불과했다. 이것은 에트루리아인들이 그리
이스어의 PB, TD, KG 사이의 자소(字素)적 대립을 필요로 하지 않았음을
의미했으며 머지않아 글자 B D를 버렸다.

로마인들이 에트루리아 문자를 만났을 당시, 이들 글자는 그들의 알파벳
에 아직은 들어 있었다. 그래서 로마인들은 라틴어에 있고 또 그리이스어
에도 있는 것처럼 유·무성의 대립을 위해 그들을 사용할 수 있었다. (사람
들은 처음으로 문자를 만나게 되면 그들은 흔히 자신들의 언어에 관해 아
무 소용에 닿지 않은 체계의 요소들을 버리는 것에 대하여 더디고 조심스
러운데 이는 이해할 만하다.) 하지만 연구개 글자의 경우는 에트루리아인
들은 그리이스인으로부터 인수한 체계를 이미 합리화했었다. 이미 검토한
바와 같이 초기의 그리이스어 문자는 K Ο를 /k/ 음소의 상이한 변이음으
로 사용했다. 에트루리아인들은 이 논리를 더더욱 취했다: 그들은 별도의
유성자음을 표시하는 G가 필요하지 않았으므로 그들은 또 그것을 변이음
적 변종으로 사용했다: 그들은 Ο를 /u/ 뒤에 오는 /k/의 후설(後舌)변이음
으로 썼고 (그들 언어에는 /o/가 없었다), K는 /a/ 앞에 오는 중립적 변이
음에 썼고, G는—이 글자꼴은 C로 변했다—/i e/ 앞에 오는 /k/의 전설(前
舌)변이음으로 썼다.

로마인들이 이 알파벳을 처음 빌렸을 때, 그들은 C K 및 Q(즉 Ο)를 사용
하는 이런 방법을 받아들였다. 그러나 K는 잉여적이라 해서 곧 버렸고, Q
는 /u/ 앞의 보통 /k/를 위해서가 아니고, 초기 그리이스어에서 그랬던 것
처럼 라틴어에서 일어났던 '입술-연구개' 음소인 /kʷ/를 위해 마련해 두게
되었고(p. 83), 이것을 로마인들은 <QV>로 썼다—그래서 예를 들면 /kwī/
'who'는 문자에서는 /kuī/ 'to whom'과 대립하여 <QVI, CVI>와 같이 썼었
다. 로마인들은 C가 한때 /g/를 위해 마련됐던 사실을 모르고 C를 그들의

음소인 /k g/의 양쪽을 위해 사용했다.

로마인들이 에트루리아인들을 통해 이어 받았으나 필요가 없었던 또 하나의 글자가 /dz/를 표시하는 Z였다; 라틴어에는 /dz/ 같은 음이 없었다. -3세기에 자유민 Spurius Carvilius Ruga(수업료-납부 학교를 개설한 최초의 로마인)는 글씨로는 /k g/의 구별이 안되는 결함을, C에 한 획을 가함으로써 /g/를 위한 새 글자 G를 만들어서 치유했고, 그는 이 새 글자를 알파벳의 일곱 번째 자리에 넣어서 필요없는 글자 Z를 바꾸었다.[1] 분명히 알파벳의 순서는 아주 구체적인 사항으로 느껴졌기에 오직 구 글자를 뺌으로써 '공간이 마련되기만 하면 새 글자가 중간에 가해질 수 있었다.

그런데 이 무렵, 로마인들은 21자의 알파벳을 갖고 있었다: A B C D E F G H I (K) L M N O P Q R S T V X. 모든 모음자는 단모음은 물론 장모음도 대신했고, 글자 I V는 모음 /i u/는 물론 반모음 /j w/로도 사용됐다. (/w/를 위한 그리이스어 F는 에트루리아인들에 의해 그리이스어에는 없는 음 /f/를 쓰기 위해 적용됐었다―에트루리아인들은 /f/를 무성의 /w/와 비슷한 음으로 느꼈고 그것을 FH 또는 단순히 F로 썼고 로마인들은 그들을 따랐으나, 결코 F를 /w/를 위해 사용하지 않았다.) K는 고체(古體)의 철자를 간직한 소수의 낱말에서만 사용되었다(/g/를 위한 C의 낡은 용법이 약간 남아 있었던 것과 같았다: 예, 이름인 *Gaius*는 <C.>로 축약되었다). /kʷ gʷ/는 <QV GV>로 썼고, X는 자음군 /ks/를 표시하기 위해 사용됐다. 다른 점에서는 이 알파벳은 거의 완벽하게 음소적이었다(Allen 1965).

이 알파벳의 더 이른 형식과 연속성이 없는 한 가지는, 이는 에트루리아인들의 책임인데, 글자의 이름과 관계가 있다.

우리는 그리이스인들이 대부분의 셈어 이름들을, 그들이 그리이스어에서는 아무 의미가 없지만, 받아들였음을 보았다. 에트루리아인들은 영국의 어린이가 *cat*를 '크-아-트'라고 철자를 말하는 식으로 사항을 단순화했다. 모음자는 그들 자신의 음으로 명명됐고, 대부분의 자음자는 가장 중립적인 에트루리아어 모음인 /e/를 각각의 자음에 첨가하여 명명되어, P, T는 /pe, te/와 같은 이름이 됐다. (C K Q의 특별한 용법 때문에 이들은 /ke ka ku/

로 명명되어야 했다.) 계속음의 자음은 모음 없이 단순히 그 자음을 발음함으로써 명명되었다: L은 'lll'이었고, S는 'sss', 등등—이것 역시 현대의 어린이들이 보통 하는 버릇이다. 그리고 이들 이름은 결국 모음을 앞에 덧붙임으로써 음운적으로-존경할만한 낱말로 변했다: /pe te/와 대립하는 /el es/와 같다. (X는 /kse/가 아니고 /eks/였다, 왜냐면 라틴어—아마 에트루리아어?—에서는 그리이스어와는 달리, /ks-/는 시발음군으로서는 불가능했기 때문이다.) 아래에 논의될 2개의 예외와 더불어, 생긴 21개의 글자이름은 영어의 이름의 직접적인 조상이며, 후기 라틴어의 규칙적인 음성변화를 겪었고, 예를 들어 영어가 G를 위한 라틴어의 /ge/를 영어의 /Ui/가 되게 한 것은 마치 라틴어의 /genius/가 영어의 /UinI/, *genie*가 된 것과 같다.

-2세기에 로마는 그리이스를 정복했다, 그리고 그리이스인들의 비교적 정교한 문화와 사고가, 그리이스 언어와 더불어, 대대적으로 로마인의 생활에 침범해 들어 왔다(실로 이 과정은 로마의 그리이스에 대한 지배권의 훨씬 전에 시작됐었다). 많은 그리이스어 낱말들이 라틴어에 차용됐다; 결과적으로 로마인들은 라틴어에는 없던 2개의 그리이스어 음을 쓸 필요가 있었다, 즉 /y/와 옛 그리이스어 /dz/에서 온 /z/이다. 로마인들은 그리이스어의 upsilon을 에트루리아인들을 통해 V의 형태로 이어받았었다. 그러나 로마인들에는 이것은 계속 그 원래의 그리이스어 음가인 /u/를 표시했다. 그래서 그들은 새 글자 Y를 만들었는데, 이것은 upsilon의 표준 그리이스어의 자형이 돼 있었던 것을 모방한 것이다. 마찬가지로 그리이스어 Z도 로마자의 끝에 베껴 넣었다. 이렇게 영어 /zɛd/는 그리이스어 zeta에서 왔고, Y는 독일어에서 *ypsilon* 또는 프랑스어에서 *y-grec*가 된 것이다(영어 이름인 /waI/의 어원은 애매하다).

이 알파벳의 그 이상의 발달은 라틴어와 그 후손의 언어들의 음운 발달의 결과이었다. /h/음은 로만스 언어들에서 탈락했는데, 이것이 H의 이름에 문제를 일으켰다(이것은 자소로서 계속 유지됐다). 일어났다고 생각되는 것은, 로만스어 화자들이 [h]나 [h]-비슷한 음을 낼 수 있는 능력을 간직하고 있는 한, 그들은 이런 소리가 포함된 이름을 발음하려고 더욱 더 기를 쓰고 눈에 띄는 시도를 했다는 것이다: [ahha]는 [axxa]가 되고 마침내 꼭 적절한 이름은 아닐망정 발음이 가능한 [akka]로 귀착됐다. 라틴어 *vacca* '암소'가 노르만어 /vatʃe/와 프랑스어 /vaʃ/ *vache*를 준 것과 같이, /akka/는 노르만어 /atʃe/를 주었고, 이것은 중세영어와 현대영어의 음성법칙에 의해 영어 이름 /eItʃ/를 낳았고, 동시에 현대프랑스어의 /aʃ/로 변했다.

라틴어의 반모음 /j w/는 현대 로만스 언어에서 저해음으로 발전했다: 라틴어 /ǰudikem/ '판사', /wītam/ '생명'은 이탈리아어에서 /Uuditʃe/, /vita/이며 프랑스어에서 /ʒyʒ/, /vi/이다. V를 /u v/로 이중으로 사용하는 것은 /v/ 음소와는 판이한 /w/음소가 있는 게르만어 화자들에게는 불편했다. 그래서 그들은 +11세기에 V를 이중으로 씀으로써 /w/를 표시하기 시작했다. 머지않아 VV, 'double /u/'는 하나의 독립된 자소 W로 보이고 쓰이게 되었다. +16세기에 로만스어 화자들 역시나 동일한 글자인 I V를 모음인 /i u/와 또 아주 다른 자음을 위해 사용하는 것을 어색하게 생각했다. 대문자 V의 초서체 소문자의 자형은 <u>이었고, 그래서 이것이 새로운 대문자 U를 만드는 데 사용되었고, 한편 V는 새로운 소문자 <v>를 낳았다. 이렇게 V는 두 개의 글자로 갈라졌다. 마찬가지로, <I i>는 흘려쓰는 변이철자가 있었다(참조: 중세에 13을 <xiij>로 쓰는 습관), 그리고 이들은 별개의 자소 <J j>의 자격으로 격상되었고, 그 영어 이름 /ʤeI/는 G의 이름과의 동음이의(同音異義)를 피하기 위해 인접한 K에서 유추하여 지어진 것이다. (Updike (1922, vol. 1, pp. 22-3 n. 2)에 의하면 U, V, 및 W의 구별은 영국에서 19세기 이전에 완성하지 않았다.) 영어의 26자 중 다섯 자나, 즉 F, U, V, W, Y, 모두 궁극적으로는 셈어의 조상-알파벳 글자인 w̄aw에서 유래했다는 것은 주목할 만하다.

알파벳이 어떻게 26자를 갖게 됐는가의 문제보다 아마 더 흥미로운 것은 그 글자꼴이 로마 시대부터 어떻게 발전해 왔는가의 연구다, 즉 이제 일상생활에서 지어야 할 결정과 관계 있는 연구다.

로마인들을 위해서는, 글자의 '기본'꼴은 돌에 새겨진 명문(銘文)으로 사용된 형식이었다―오늘날에는 그것을 '대문자'라고 부른다. 특징적으로 단선(單線)이었던 그리이스의 기념비식의 글자-새김과는 달리 (즉, 글자의 여러 부분에서 굵고 가는 변화가 없었다), 기념비식의 Imperial Rome체의 대

문자는 경쾌하고 완곡한 힘이 있었다—즉 O 같은 글자의 선은 그 폭이 매 끄럽게 변해서, 시계의 11시와 5시의 위치에서 가장 좁고, 이들에서 90°점 에서 가장 넓었다. 이 점에서 돌에 글자를 끌로 새기는 사람들은 글자가 넓은 깃펜으로 잉크로 쓰일 때 자연히 일어나는 선의 변화에 의해 영향을 받았다. Imperial Rome체의 대문자는 또한 그리이스어 글자-새김에서 보통 인 것 보다 훨씬 뚜렷한 serif(H, I 등 활자의 세로획의 위·아래에 수평으 로 그어진 가는 짧은 선: 역자 주)에 의해 특징지워져 있었다. 이 또한 손으 로 씀에서 오는 영향의 표시일 것이다. 그러나 serif는 새김-글자의 아름다 움과 읽기 쉬움에 크게 이바지 한 것으로 생각되어지고 있다: 즉 serif는 연 결되지 않은 행의 끝에서 시선을 끌며, '따로 있는 글자를 완전한 낱말로 결합하는 것을 부드럽게 한다...'(Morison 1972, pp. 8-9). 트라야누스[로마 황 제(98-117): 역자 주]의 원주(圓柱) 위의 명문(+214)은 가장 훌륭한 기념비식 의 로마자 글자-새김의 예로 인용된다. (그림 17 참조).

육필(handwriting)에서, 또 덜 공식적인 공공의 명문에서도, 갖가지, 권위 가 덜 한, 더 흘려 쓴 초서체의 글자-새김이 발전했다. '초서'라는 용어는 오 해될 수 있다: 알려진 한에서는, 가장 비공식적 육필체에 있어서도 히브리 어의 육필(p. 131)에서와 같이 각 글자는 분리해서 씌었다. 그러나 낱낱 글 자의 윤곽은 여러 가지로 단순화됐고, 대부분의 글자는 한 번의 펜 놀림으 로 쓸 수 있었다. 그리고 중요한 것은, '소문자'체가 발달했는데 여기서 글 자들은 높이가 달랐고, 어떤 것은 올려쓰기글자였고 다른 것은 내려쓰기글 자였다(Updike 1922, vol. 1, p. 45).

고대 세계에서는 현대 세계에서와 같이, 수단은 전달의 중요한 부분이었 다. 여러 가지 글자-새김 체는 그 나름대로의 정치적 문화적 연관이 있었고 여러 종류의 원문에 적합했다. 로마제국의 붕괴 후 유럽의 각 지역에서 일 어난 분리적인 '민족 필적'의 발달에 의해 사정은 더 복잡해졌다: 이탈리아 의 반(半)-초서체 소문자, 프랑스의 거미줄 같은 Meroving왕조 글자체, 모나 지 않은 'Insular' 즉 영국-애란어 필적, 기타 등등이 있다. +800년 경 Caroling 왕조의 필적이 프랑크 왕국에서 발달됐는데, 이것은 아마 Charlemagne 대제 (大帝) 하에서 교육 개혁을 조직했던 York의 Alcuin의 영향으로 영국-애란어

# QVRTSX·I

로마자 대문자, 트라야누스의 원주

*odrsmun& brummurrupds*

이탈리아의 반초서 소문자

+ Rsgnum chlparti glurbirizir

메로빙 왕조체

port thanr uadatum parue

인슐러 체 (영국-애란)

Haecmertotabulirculrimdecoranteburnr:

카롤링 왕조 체

cauit interualla ramorum amplitudinis ratio

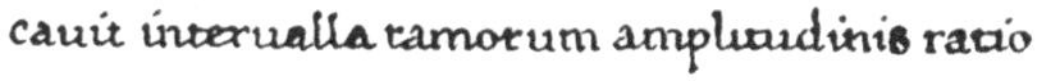

휴머니스트 체 (문예부흥기)

## guinem innocentem condempnabūt.

고딕체 (흑체 활자)

그림 17

필적에 근거해서 발전했다. 그 후 수 세기에 걸쳐서 Caroling 왕조 글자체는 유럽 전지역에 퍼졌고, 아일랜드를 제외한 모든 곳에서 지방적 필적을 대치했다(아일랜드어는 현재 세대까지 Caroling 왕조 전의 Insular 모형에 근거한 활자로 인쇄되어 있다).

Caroling 왕조 글자체의 성공으로 이루어진 글씨의 통일은 12세기에 다시 무너지기 시작했다. 15세기까지에 2개의 중요한 경쟁적 필체(筆體)가 Caroling 왕조 체에서 발전했다. 'Humanist'글자체는 고전 로마 시기의 필체를 재건하려는 시도였으나, 실제는 Caroling 왕조 체의 원형(原形)에 비교적 가까운 채로 남아 있었다: 즉 그것은 문예부흥기의 글자체요, 세속적 학문과 고전적 고사(古事) 연구의 글자체이었으며, 따라서 주로 북부 이탈리아의 글자체였다. 한편 '고딕체' 즉 흑체 활자(黑體活字)는 교회의 글자체로서, 프랑스와 독일의, 현대 세계관과 대립되는 중세 세계관의 글자체였다. Humanist체 글자는 모가 나지 않으며, 폭이 넓고, 가는 펜으로 씌었고, 고딕체 글자는 수평선에 대해 직각으로 손에 들린 아주 넓은 펜으로 씌었고, 폭은 좁고 거의 곡선이 없었다 – 예를 들어 많은 고딕체 알파벳에서 <o>는 전연 곡선이 없고, 높고, 좁은 6각형이었다.[2]

인쇄술이 유럽에 도입됐을 때, 사정은 이러했다. 인쇄자들은 당연히 필체에서 통용중이던 글자-새김의 자체(字體)를 모방했고, 그들의 직업이 생겼을 때 우연히 있던 자체의 범위를 비교적 영구적인 것으로 만들었다. 독일의 인쇄자들은 보통 고딕체로 인쇄했고, 이탈리아의 인쇄자들은 자주 Humanist체의 활자체를 사용했는데, 이것이 '로마 글자'로 알려졌다. 그 까닭은 그 활자체가 고전 로마 글자체를 반영한 것이라고 믿어졌기 때문이다.

고딕체는 인쇄술의 초기에는 로마자체보다 훨씬 일반적이었으나(그래도 독일에서는 1941년에 Adolf Hitler에 의해 폐기될 때까지 거의 보편적으로 사용됐다(Morison 1972, p. 323)), 영국에서는 17세기에 소수의 한계적 목적 외는 고딕체는 쓰이지 않게 됐고(Johnson 1966, pp. 44-5), 그에 관해서 더 이상 고려하지 않겠다. 오늘날 인쇄된 낱말을 취급하는 사람들의 실제적 목적과 관계가 있는 것은 로마자 글자체에서 발전한 글자꼴의 온갖 종류다. 분명히 5세기 동안의 인쇄 역사 중에 새겨진 수천의 활자 자면(字面)을 낱낱이 분리해서 고려할 수는 없으나, 이 막대한 수의 개별적 자면들은 특징을 쉽게 묘사할 수 있는 소수의 부류로 분류할 수 있다. 여기서는 '도서용-자면' 즉 계속적인 본문을 인쇄하기 위해 고안된 활자면만을 고려하겠으나, 이에 대립되는 '전시용-자면'은 포스터나, 표제나, 이와 비슷한 자리의 하나의 낱말 또는 짧은 구를 인쇄하기 위해 사용된다. 전시용-자면은 실로 아주 다양하며, 많은 그들 중에서 읽기가 쉬운가의 문제는 부차적인 고려 사항이다.

로마자 활자에서 최초의 중요한 발전은 구조적인 것이었다. 원래, '대문자'와 '소문자' 간의 차이는 서체(書體)의 차이였다: 어떤 서류는 대문자로 쓰이고, 다른 서류는 소문자로 쓰이곤 했다. 어떠한 본문에서도 문장이나 이름의 첫 자와 같은 중요한 글자는, 근본적으로는 비슷한 서체이지만, 더 크게 또 아마도 약간 다르고 더 공식적으로 씀으로써 강조되는 것이 보통이었다. 소문자를 대립하는 서체의 대문자와 결합하는 체계가 중세 초기의 카롤링 왕조체에서 일어나기 시작했다. 그러나 이 체계는 15세기의 이탈리아의 로마자 활자 개발자들이 기념비의 대문자를 본 뜬 대문자와, 소문자의 육필(肉筆)을 모방한 소문자를 결합한 활자체를 고안해 낼 때까지 완전히 공식화되지 않았다. 그래서, 로마자 활자에서는, 대문자와 소문자 간에 크기는 물론 형태에서도 대부분의 글자가 아주 현저하게 다르다: <A a>, <D d>, <E e>, 등을 비교해 보라. 오늘날 이런 특징을 공유하고 있는 여러 알파벳들―그리이스어 알파벳의 현대 판같은―은 이렇게 다르다, 까닭은 그들이 그런 생각을 로마자 활자에서 빌렸기 때문이다. 그리고 다른 알파벳(예로, 러시아어를 위해 사용된 시릴 글자체인데, 이것은 +9세기의 그리이스어 알파벳에 근거해서 만든 것임)은 이런 특징이 없다: 현대 러시아어 인쇄술에서 대부분의 대문자는 소문자보다 더 큰 형에 지나지 않다.

더 이상의 구조적 발전은 이탤릭체와 로마자 활자체의 통합이었다. '이탤릭체' 활자는 단순히 활자의 다른 형으로 1501년에 생긴 것인데, 보통의 로마자 소문자에 의해 대표되는 서체보다 더 흘려 쓴 이탈리아식의 필적을 본뜬 것이다. 한 책이 로마자로 인쇄되기도 하고 다른 책이 이탤릭체로 인쇄되곤 했다. 처음에는 그 차이는 오직 소문자에만 관련됐는데, 까닭은 대문자는 정의(定義)상 공식적이었고 한편 이탤릭체는 정의상 초서체였기 때문이다. 하지만 곧 인쇄업자들은 이탤릭체의 소문자에서 보통 볼 수 있는 경사체에 맞추기 위해 경사체의 대문자를 새기기 시작했다. 파리에서 16세기 중엽에 이르러 비로소 로마자와 이탤릭체는 '단일 디자인의 쌍둥이'로 취급받았고(Morison 1973, p. 70), 단일본의 인쇄에 혼용되었으며, 이탤릭체는 강조 및 차별화와 같은 목적을 위해 따로 마련해 두기도 했다. 로마자 이외의 알파벳들은 유사한 글씨상의 차이가 없다: 고딕체로 인쇄된 독

일어 본문에서, 또는 히브리어 본문에서 강조되어야 할 낱말은 글자 간에
공간을 두고 조판되는데, 이는 덜 두드러진 차별화다.

　일단 이탤릭체와 로마자가 통합되고 나서는, 로마자 활자는 하나의 기호
체계로서 현재와 같은 것이 되었다. 이 체계를 있게 한 갖가지 글자-형태를
고려하는 것이 남아있다. 로마자의 도서용-자면(字面)은 세 개의 주요 부류
로 분류할 수 있다: 연대순으로 이들은 '고대 자면', '현대 자면', 및 '상-세리
프 자면'³이다.

　고대 자면의 활자(이들 중 많은 것이, 1931년의 Stanley Morison의 Times체
의 새 로마자와 같이, 사실은 새로운 것으로서, 이 책에 사용된 활자다)는
로마자 활자의 원형에 비교적 가깝다. (무엇보다도 Humanist체의 필적에 가
장 가까운 자면은 보통 고대 자면과는 '베니스식'이라고 해서 구별된다: 그
글자들은 선은 가늘지만 몸체는 넓어서 지면의 공간에는 불경제적이며, 드
물게 볼 수 있을 뿐이고, 일반적으로 시(詩)와 같은 세련된 판본에서 볼 수
있다 - 하지만 J. R. Firth의 *The Tongues of Men* (1937)은 베니스식 자면의
Centaur체 (1470)로 인쇄됐다.) 고대 자면은 상당히 경쾌하고, 완곡한 힘이
있고, serif는 까치발이 붙어 있고(bracketed), 수직선의 상단(上端)의 serif는
비스듬하다.

　이미 언급한 Times체와는 별도로, 일반적으로 통용된 약간의 고대 자면은
Imprint체 (1912년), Bembo체 (1495년), 및 Garamond체(1621년)이다. (여기서
또 아래서, 인용된 시기는 최초의 활자의 것으로서, 명명된 현재의 활자는
그 후속형으로 밝혀진 것이다. 이리하여, Monotype사(社)가 1929년에 제조하
고 그것을 'Bembo'라고 명명한 활자는 15세기의 인쇄업자 Aldus Manutius가
새겨서 Pietro Bembo의 *De Aetna*의 인쇄에 사용했던 활자와 같은 것이 아니
고, 전자는 후자를 의식적으로 20세기적 '해석'을 한 것이다.) *Journal of
Linguistics*지는 1980년까지 Imprint체로 조판됐다. Gilbert Ryle의 *The Concept of
Mind*(Hutchinson, 1949) 및 Sir Karl Popper의 *Logic of Scientific Discovery*(Hutchinson,
1959)의 영어판은 Bembo체로 조판되어 있다. Penguin 고전총서판의 Plato는
Garamond체로 되어 있다. 아래에 언급된 이들 및 다른 자면들의 견본으로
그림 18을 참조하기 바란다.

**Venetian**

베니스체     Let me ask you a riddle. If you can guess it during the seven days of the feast, I will give you 30
Centaur

**Old Face**

고대 자면   Let me ask you a riddle. If you can guess it during the seven days of the
Bembo

Let me ask you a riddle. If you can guess it during the seven days of the
Garamond

Let me ask you a riddle. If you can guess it during the seven days of the feast, I will g
Imprint

Let me ask you a riddle. If you can guess it during the seven days of
Times

**Transitional**

과도기 체   Let me ask you a riddle. If you can guess it during the seven days of the feast, I will
Fournier

Let me ask you a riddle. If you can guess it during the seven days of
Baskerville

Let me ask you a riddle. If you can guess it during the seven days of the feast, I wi
Bell

**Modern Face**

현대 자면   Let me ask you a riddle. If you can guess it during the seven days of the feast, I w
Bodoni

Let me ask you a riddle. If you can guess it during the seven days of the feast, I
Didot

Let me ask you a riddle. If you can guess it during the seven days of the feast, I will
Walbaum

Let me ask you a riddle. If you can guess it during the seven days of the feast, I
Monotype Modern

**Sans Serif**

상 세리프체 Let me ask you a riddle. If you can guess it during the seven days of
Helvetica

Let me ask you a riddle. If you can guess it during the seven days
Univers

Let me ask you a riddle. If you can guess it during the seven days
Optima

그림 18

현대 자면은 18세기에 프랑스 문화의 모든 국면을 휩쓸었던 합리주의 정
신의 산물의 하나다. 지금 현대라고 부르는 부류, 즉 소위 *romain du roi* (왕의
로마체 활자)라는 부류의 첫 활자는 1692년에 Louis 14세에 의해 왕립 인쇄
소를 위한 새 활자의 창조라는 임무를 위촉받은 과학원의 한 위원회에 의

해 제조됐다. 이 활자는 마침내 1745년에 완성됐다. 그 위원회는 한 단계에서 현대식 컴퓨터 그래픽 전시의 화소(畵素)와 같이 2,304개의 작은 정사각형으로 분할된 격자(格子) 위에서 글자꼴을 낱낱이 정해가는 것을 계획하면서, 아주 이론적으로 그 임무에 접근했다.

고대 자면의 글자들은 비스듬한 까치발붙은 serif를 갖고 있다, 왜냐면 글자가 손으로 쓰일 때는 serif가 자연스럽게 그렇게 형성되기 때문이다. 과학원은 습자(penmanship)의 기계공들이 인쇄활자의 디자인을 좌지우지하게끔 놓아두는 것은 불합리하다고 보았다: 현대 자면에서는 serif는 완전히 수평적이다(즉 serif가 끝을 맺는 선과 직각(直角)이다). 그리고 보통은 까치발이 붙지 않는다. 15세기의 활자 주조 기술은 글자꼴이 아주 가는 선을 갖는 것을 허용하지 않았는데, 그것은 사용 중에 이 가는 선이 깨지기 때문이었다. 현대 자면은 아주 가는 선의 serif와 상향운필(上向運筆) 및 굵은 하향(下向) 운필을 갖춘 극단적인 힘(stress)의 대립을 도입함으로써 우수한 18세기 기술을 이용했다. 그리고 고대 자면의 힘의 완곡함은 자연스럽게 펜을 잡는 방법에서 오는 또 하나의 유물이기 때문에 현대 자면에서는 힘이 수직적으로 주어졌다 (즉 <O>의 가장 가는 부분은 12시와 6시 위치에 있다).

*Romain du roi* 활자는 왕실용으로 확보해 두었지만, 프랑스 인쇄공들은 그 참신한 특징들을 공유하는 자면들을 새기기 시작했고, 현대 자면은 18세기와 19세기 초 중에 전 유럽에 점차로 널리 보급되었다. 그것은 영국에서 한동안 저항을 받았다: 즉 18세기 후반에 영국 인쇄공들은 고대 자면보다는 더 수직적이고 약간 힘이 더 있는, 그러나 완곡하고 까치발 붙은 serif는 유지하는, '과도기'체의 자면들을 창조했다. 이런 자면들에는 아름다운 Baskerville체 (1757년)와 Bell체 (1788년)가 있다. (Baskerville체는 Noam Chomsky의 *Aspects of the Theory of Syntax* (1965)와 나의 *Liberty and Language* (1979)의 자면이며, 1976년까지 *Linguistic Inquiry*지를 위해 사용됐다. Bertrand Russell의 Autobiography(자서전)(1967-9)와 Wellington이 든 5파운드 화폐의 글자-새김은 Bell체로 되어 있다.) 그러나 19세기 초기까지에 유행의 물결은 영국도 휩쓸어서, 19세기 내내 대개의 인쇄―수 십년 간 사실상 모든 인쇄―가 현대 자면으로 되었다. 많은 현대 자면의 활자체는 비교적 가는-몸체이고, x-높이에 비해 짧은 올

려쓰기글자와 내려쓰기글자가 있다: 이들 두 특징은 이활자체로 하여금 지면 소비에 경제적이게 한다. 보다 잘 알려진 초기 현대 자면들 중의 셋은 Bodoni체(1767년 경), Dido체(1784년 경) 및 Walbaum체(1805년 경)이다. (Bodoni체와 Didot체는 영국에서는 도서용 자면으로서는 거의 또는 전연 사용돼지 않고 있으며, 약간의 목적으로 사용되고 있는 Monotype사의 Bodoni체는 18세기의 원형보다 미적으로 훨씬 덜 '극단적'이다. 그러나 원형에 더 가까운 Bodoni체들과 Didot체들은 프랑스에서는 일반적이다—Bodoni체를 사용한 한 책은 Henri Maspero의 *La Chine Antique*(고대 중국)의 1955년 판(파리, 국립 인쇄소)이고, Marcel Cohen의 *La grande invention de l'ecriture*(문자의 위대한 발명)(파리, Klincksieck, 1958)는 Didot체로 되어있다. Walbaum체는 때때로 영국에서 도서용-자면으로 사용되는데, 예로는 *I Ching*(易經)(Routledge, 1968)의 단권(單卷) 영어 판 및 Swinburne의 *At the Pines*(Hamish Hamilton, 1971)에 관한 Mollie Panter-Downes의 책을 위해 사용됐다.

20세기에 Monotype사는 현대 자면의 원형보다 덜 심한 새로운 일련의 현대 자면의 활자체를 창조했는데, 이것이 상금 전문적 인쇄에 널리 사용되고 있고, 특히 미국에서 그렇다. Leonard Bloomfield의 *Language*(Holt, 1933)는 Monotype사의 현대 자면체로 조판됐고, 1976년(이때 Times체로 바뀜)까지 학회지 *Language*는 같은 자면을 사용했다.

현대 자면의 초기의 성공은 순전히 유행의 문제였다. 흥미롭게도, 전문가들은 영국에서는 물론, 프랑스에서도 그것에 반대하는 경향이었다. Updike (1922, vol. 1, p. 243)는 젊은 Fournier(1740년 경 가는 과도기체 자면을 디자인한 사람)가 말한 것을 인용하고 있다: '둥근 O를 만드는 데 그렇게 많은 사각형이 있어야 하는가'. Johnson (1966, p. 78)은 영국의 한 활자 주조업자가, 바꿔치기 한 활자보다도 우수한 활자를 수 천 파운드어치나 대중들의 기호 때문에 녹여버려야 했음을 유감으로 생각하며 1828년에 한 말을 인용하고 있다. 그러나 인쇄업자들이 19세기 후반과 20세기 초에 고대 자면으로 되돌아가기 시작함에 따라, 현대 자면은 진지하고, 과학적인 글에 적합한 실용적 활자로 보게 되었고, 한편 고대 자면은 미적 고려를 최고로 삼는 문학본에 더 적절하다고 생각되었다.

하지만, 어떤 활자라도 그 주된 실제적 가치는 읽기 쉬움이며, 현대 자면에 대한 반복된 주장은 그것이 기계적이고 볼품이 없을뿐더러 고대 자면보다 읽기에 더 어렵다는 것이었다. 이미 1800년에 어떤 *시민* Sobry란 자가 파리에서 불평하기를, 고대 자면은 글자를 서로서로 구별했던, 글자의 각 부분을 강조한 반면, 현대 자면은 굵은 수직 힘과 더불어 보통의 부분을 개조했는데, 이런 점에서 현대 자면은 약간 고딕체를 생각나게 한다고 했다.

20세기 초반기에 영국에서 일어난 정교한 인쇄술의 대부흥 이래, 현대 자면은 영국에서 비교적 적게 사용되어 왔다. 한때 Monotype사의 현대 자면에 속했던 '무표(unmarked)' 자면의 역할은 Times체로 옮겨간 듯하다. 실로 활자체의 함축된 뜻이 현대 자면이 이제 빅토리아여왕 시대의 분위기와 연관이 있는 데까지 변화한 것이다. 그래서 예컨대 Sir John Betjeman's의 *Collected Poems* (Murray)는 Monotype사의 현대 자면으로 조판되어 있다. 현대 자면의 일상적인 사용은 미국에서 더 늦게까지 끌었고 또 극단적인 원래의 현대 자면이 아직도 일반적인 프랑스에서 오래 끌었다.

Sans-Serif 활자를 촉진하는 데 있어서 인쇄술에서의 합리주의가 20세기에 새롭게 나타났다. Sans-Serif 글자는 그 이름이 암시하듯이, serif가 없고, 보통 단선(單線)이며 (어떤 Sans-Serif 자면 – Optima체 (1958) 같은 – 은 가벼운 힘이 들어 있기는 하지만), 글자의 윤곽을 단순화해서 소수의 기하학적 요소의 집합체로 만드는 경향이 있어서, 예를 들어 Sans-Serif 자면의 <a>는 흔히 '단층'(單層)이다: 즉 ɑ. 현재 가장 널리 쓰이는 Sans-Serif 자면은 Helvetica체 및 Univers체 (둘 다 1957)이다.

Sans-Serif 자면은 원래 19세기에 순전히 전시용 자면으로 개발됐었고, 소문자 Sans-Serif는 1850년 이전에 존재했다는 것은 알려져 있지 않다 (Jonson 1966, p. 159). 꾸밈이 없는 것은 부득이한 것이지만, 전시 목적으로 사용되는 Sans-Serif 활자는 크게 아름다울 수 있다: 이런 점에서 두드러진 것이, 공고나 목적지-표시판과 같은 글자-새김을 위해 London의 운수조직에서 두루 쓰인 Edward Johnston의 철도활자(1916)이다.

그러나 1, 2차 세계대전 사이에, 'Bauhaus'와 연관된 예술의 일반적 운동의 일부로서, 독일과 스위스의 인쇄업자들이 Sans-Serif체를 도서용 자면의 역할로까지 격상시키기 시작했다. Sans-Serif 활자는, 모든 불필요한 장식이 제거됐지만, Freud에 의해 콤플렉스에서 해방된 20세기 인간을 위해 알맞은 글자-새김으로 옹호되었다. Morison (1972, p. 336)은 Sans-Serif는 민주적이고, 반-엘리트적 자체(字體)로 보였던 것이라고 시사하고 있다. 20세기 후반의 영국에서는 Sans-Serif는 아직도 도서용 자면으로서는 serif가 있는 활자보다 훨씬 드물지만, 점점 보급되고 있다. 나의 경험으로는 그것은 특히 긴급한 '시사(時事) 문제를 논하는 저서에 사용되는 경향이 있는데, 이런 문제에서는 저자의 참신하고 철저한 견해를 독자에게 확신시키는 것이 중요하다. 이래서 나의 서가에 있는 Sans-Serif로 조판된 첫 2권의 책이 H. Lindsay Smith의 *Anatomy of Apartheid* (인종차별의 해부) (Khanya, Germiston/Transvaal, 1979) 및 Rhodes Boyson (편집)의 *Goodbye to Nationalisation* (국유화여 안녕) (Churchill Press, 1971)이다.

이런 인쇄 정책은 역(逆)생산적이 아닌가 하고 사람들은 의아해 한다. 내 자신의 경우 Sans-Serif로 된 책의 주된 잠재적 효과는 인쇄된 낱말에 대해 인식된 권위를 감소하는 것임을 나는 상당히 믿는다. 더구나, 현대 자면과 관련해서 이미 논의된 읽기쉬움의 문제는 Sans-Serif의 경우 주관적으로 아주 민감한 것 같다. Stanley Morison (1973, p. 98)은 serif 있는 활자의 우수한 읽기쉬움은 논의의 여지없이 분명한 것으로 보았다. 특히 의문의 여지가 있는 것은, 현재 영국의 초등학교에서 널리 퍼져있는 아동들의 초기 독본이 Sans-Serif체를 사용하는 습관이다. 그 이론적 근거는 아동들에 의해 *읽히*는 글자는 그들이 *쓰기*를 배우는 글자와 윤곽이 될 수 있는 대로 가까워야 한다는 것 같다(Watts and Nisbet 1974, p. 33). 분명히 현대의 도구로 글자를 쓰는 아동들은 serif를 쓰지는 않을 것이고, 또 <a>나 <g>의 전통적인 인쇄체와 같은 윤곽을 그리지도 않을 것이다. 그래서 아동들의 독본의 자면은 <ɑ g>와 같은 자형(字形)이 들어있는 것이다. 그러나 그 효과는 자형의 최소의 변별성을 가진 그런 인쇄물을 만드는 것이다: 그런 점에서는 그 인쇄물은 약간 히브리어 글자체를 생각나게 한다. 오늘날의 아동들의 기본 독본의 한 페이지는 온통 원과 호(弧)와 직선 – '공과 막대기' – 투성이며, 여하한 힘의 대립이나 낱낱 글자의 멋부림도 없는 단조로운 것이다. 아동들은 좌와 우를 혼동하는 경향이 있어서 <b d>, <p q>는 Sans-Serif 자면으로는 아주 대칭적으로 쓰이는데, 이것은 그런 경향을 분명 악화시킨다(Downing and Leong 1982, p. 56 참조). 반대로 serif 있는 자면으로는 이런 글자-쌍들은 대칭적이 아니다. (공-과-막대기식의 글자가 인쇄업자인 Edward Johnston에 의해 거절됐던 것은 주목할 만한데, 그의 생각이 1913년에 그것을 발명하는 계기가 됐던 것이다(Myers 1984, p. 336).

이미 16세기에 프랑스 인쇄업자들은 'Civilite'(정중)이라는 약간 신기한 활자를 발명했는데, 발명의 주 동기는 아동들은 가능한 한 손으로 쓴 형태와 가까운 활자에서 읽기를 배워야 한다는 원칙에서였다(Johnson 1966, p. 138). 이 원칙은 자명한 것은 아닌 것 같다. 영국에서 읽기-쓰기를 가르치는 데 현재 사용되는 특수 활자는, 내가 그러리라고 생각한 대로 그 목적을 방해하기보다는 실제로 그 목적을 촉진한다는 엄연한 증거를 사람들은 좋아할 것이다.

사실 여기서 제기된 문제의 어떤 것이고 간에 그에 관한 엄연한 증거는 부족하다. 인쇄술의 심리학은 연구가 부족한 제목이며, 위에서 논의한 상대적 읽기 쉬움에 관한 주관적 인상은, 널리 공유되고는 있지만, 현재는 과학적 증거에 의해 지지될 수 없음을 분명히 해 두어야 하겠다. 여러 가지 체의 활자의 읽기 쉬움을 연구하려는 출판물에 의한 주된 시도는 아직도 Paterson and Tinker (1932)이다. 10개의 여러 자면으로 인쇄된 본문이 읽히는 속도를 비교하면서 Paterson and Tinker는 고대 자면과 현대 자면 사이에 일관된 차이를 발견하지 못했다. Sans-Serif 자면으로 된 것은 비교적 더디게 읽혔으나, 그 차이는 통계학적으로 유의(有義)하지 않았다. 오직 하나 유의하게 더디게 읽힌 자면은 미국의 타자기 자면이었다(타자기의 균일자폭(均一字幅)의 글자새김을 모방한 인쇄 활자). 훨씬 더 더딘 것이 Cloister Black 체(고딕 자면)이었다. 더 최근에 Cyril Burt경은 여기서 논의되는 주관적 인상을 확인한 고대, 현대, 및 Sans-Serif 자면 사이의 읽기 쉬움-차이는 확립된 것이라고 주장(1959)했지만, 이 저서는 Burt의 다른 발표된 연구와 마찬가지 실패를 당하고 있음이 분명하여(Hartley and Rooum 1983), 곧이곧대로 받아들일 수 없다. E. C. Poulton (1965)은 그 세 가지 부류의 활자체 사이에서 유의적 읽기쉬움-차이를 발견하지 못했다. (Spencer 1969, 및 재미있는 지엽적 문제에 관해서는 Bryden and Allard 1976을 참고할 것.)

인쇄된 낱말이 어떠한 학문적 작업에서도 극히 중요한 것임을 고려할 때, 인쇄술의 심리학에 관한 현재의 관심의 부족은 실로 놀랍다. (본문의 형태나 또는 표제 및 부표제를 포함하는 기술적인 자료와 같은, 본문의 페이지 배치에 관한 문제들에 관해서 훨씬 많은 연구가 진행 중에 있다ー예로, Hartley (1980), Twyman (1985)을 보라. 그리고 이런 본문에 관해서는 페이지의 배치는 읽기쉬움에 미치는 영향으로서 활자의 자면보다 훨씬 더 중요하다는 것이 아마 사실일 것이다.) 학자들은 대체로 자기들이 쓴 자료를 당연한 것으로 여기고 싶어하는 것 같고, 도 활자-자면에 관한 결정은, 오늘날에도, 순전히 아름다움과 유행과 비용을 고려해서 보통 결정된다. Michael Brady (1981, p. 207)는 '활자체 디자인에 관한 많은 연구가. . .침울할 정도로 주관적이다'라고 불평한다. 우리의 문명에서 문자의 역할은 그 중요성이 줄어들 조짐을 보이지 않으므로, 그에 관한 과학적 관심이 이렇게 부족한 것은 불행한 일로 생각된다.

# 제 7 장  자질적 체계: 한국의 한글


한국은 상당히 작고 또 아주 먼 나라다. 그러나 한국은 두 가지 점에서 언어학자에게는 아주 중요한 나라다. 가동성(可動性) 활자에 의한 중국의 인쇄술 발명이 처음으로 진지하게 개척된 것은 13세기에 한국에서였다. 그리고 15세기에 한 한국인이 그의 국민이 사용하도록 오늘날 한글이라 부르는 전적으로 독창적이고 아주 훌륭한 음성표기의 글자체를 창조했는데, 이것은 '어떤 나라에서고 일반적으로 사용되는 아마 가장 과학적인 문자체계'이며 (Reischauer 1960, p. 435), 또는 더 간단히는 '세계 최상의 알파벳'(Vos 1964, p. 31)으로 묘사되어 왔다.

한국에서의 문자에 관한 어떤 논의도 한국과 중국의 문화 사이의 관계를 고려함으로써 시작되어야 한다.

중국은 동아시아에서 나타난 최초의 문명이었다. 따라서 한국인, 일본인, 베트남인들과 같은 이웃 민족들이 야만에서 문명으로 가는 그들 스스로의 오름길을 시작했을 때, 그들은 불가피하게 중국을 문화의 옛 원천으로 바라보았고, 자신들의 것을 무에서 창조하기보다는 중국의 제도와 발명품을 광범위하게 차용했다. 유럽에 이와 유사한 것이 있다: 문예부흥기 이래 유럽 국가들은 정치 생활의 이론에서부터 *helicopter*나 *audiovisual*과 같은 새로운 아이디어의 낱말에 이르기까지 모든 것에 관한 원천과 선례를 마련하기 위해 그리이스와 로마의 옛 문화를 바라보고 왔다. 그러나 이 유사성은 약하다. 많은 이유로 해서, 중국은 고전적인 지중해 문명이 중세-이후 유럽인의 마음에 비추어졌던 것보다 훨씬 크게 동아시아의 위성 국가들의 정신적 지평에 비추어졌었다. 유럽의 경우에는 고전 문명은 새 문명이 탄생하기 오래 전에 사라졌었다. 현대의 그리이스와 이탈리아는 고전적인 그리이스 혹은 로마의 문화와의 연속성을 많은 다른 나라들이 주장할 수 있는 이상으로 더 많이 계승하고 있다고 주장할 수가 거의 없는 나라다. 더욱이 이 두 고전 유럽 문명은 서로 아주 달랐다. 그리고 그리이스와 로마의 공헌은 대립적이기보다는 아마 상호 보완적이었던 반면, 기독교는 하나의 경쟁자, 즉 여러 가지 면에서 고전적 유산과는 양립할 수 없는 문화적 권위의 아시아적 근원을 마련했다. 동아시아에서는 사정은 정반대였다. 사라지기는커녕, 중국 문명은 그 시작부터 오늘에 이르기까지 인구에서, 지리적 범위에서 또 문화적 복잡성에서 대강 계속해서 성장해왔다. 현대 중국은 세계에서 인구가 가장 많은 국가이며 가장 오래된 살아있는 문명의 소유자이기도 하다. 더욱이, 완전 통일체적이고, 고도의 중앙 집권적이고, 문화적 다양성에 어떠한 가치도 인정하려 하지 않는 것은 초기 단계에서부터의 중국 문화의 특징이었다. 그리고 한국과 같은 주변의 동아시아 국가를 위해서는 문화의 대외적 근원은 중국을 제외하고는 아무 데도 없었다. 모든 것이 중국에서 왔다. 중국인 자신들이 딴 곳에서 도입한, 불교와 같은 몇 안되는 제도조차도 중국인에 의해 완전히 소화되고 고쳐 만들어진 다음에야 한국에 들어왔다.

정치적으로 동아시아의 위성 국가들은 여러 시기에 중국과 아주 다양한 관계를 맺었다. 그러나 문화적으로는 중국은 이 모든 국가들이 소 행성으로서 그 주위를 도는 태양이었다. 그래서 만약 이것이 일본, 베트남 및 기타 군소 국가들에게 사실이었다면, 그것은 무엇보다도 한국에 대해서도 사실이었다. 한국 역사의 많은 기간을 통해서 한국 교육의 목적은 아주 명백히 한국을 Sohwa(小華) '작은 중국'으로 만드는 것이었다. 어떤 면에서는 한국은 중국 자신이 그랬던 이상으로, 유교적인 중국 문화의 규범을 더 잘 현실화했다. 이렇게 문화적으로 한국이 중국에 의지한 하나의 결과는 한국어가 최근까지 글로 많이 쓰이지 않았다는 것이다.

음성언어로서는 한국어는 중국어와 아주 다르다. 한국어는 전혀 별개의 어족, 즉 알타이어족에 속한다. 이 어족 내에서 한국어는 만주어 같은 퉁구스 언어와 비교적 가까운 관계이고, 더 멀게는 몽고어와, 또 더욱 멀게는 터어키어와 Chuvash어 같은 덜 알려진 언어와 관계가 있다. 한국어는 발생학적으로 중국어와 관계가 없을 뿐만 아니라 두 언어는 유형에서도 아주 다르다. 중국어는 '고립'어로서 그 낱말들은 하나 또는 그 이상의 불변의 단음절 어근으로 구성된다. 한국어는 '교착'어로서 상당히 복잡한 범위의 문법적 접미사를 취하는 다음절 어근을 갖고 있다. 낱말들의 문법적인 순서는 이 두 언어에서 아주 다르다: 예컨대, 중국어는 영어에서와 같이 목적어 앞에 동사가 위치하고 명사 앞에 전치사가 위치한다. 한편 한국어는 구의 끝에 동사를 두며 전치사라기보다는 '후치사'를 사용한다. 한국어는 유럽 언어가 서로다른 것 이상으로 중국어와는 훨씬 다르다. 하지만, 20세기까지는 한국에서의 글로 쓴 의사전달의 일반적 수단은 중국어였다. 교육받는다는 것은 중국의 어·문학을 공부하는 것을 의미했다. 최근까지 한국의 학자가 한국어로 글을 쓴다는 것은 중세의 유럽에서의 그의 대응자가 라틴어가 아니고 자기자신의 모국어로 글을 쓰는 것 보다 가능성이 덜 했을 것이다.

자연히 한국어는 중국어의 뿌리를 한국어의 발음 관습에 적응시키면서 대규모로 중국어에서 어휘를 차용했다. 현대의 음성한국어에서 문법은 순수한 한국의 것이며 가장 흔한 낱말들은 토박이 한국어 어근에서 만들어진 것이지만, 큰 사전에 실린 항목의 대부분은 '중-한', 즉 한국어 발음의 중국어 낱말이다. 실로 이 두 언어 사이의 관계는 *어떠한* 중국어 낱말도 자동적으로 그 재래의 중-한 형태로 한국어의 낱말로 간주할 정도다. 만약 영어-화자가 어떤 기술적인 새 고안물을 명명하기 위해, 전에 영어 사전에 사용되지 않은 라틴어나 그리이스어 어근에서 신어를 창조한다면, 그는 자기의 신조어를 간단히 설명해야 하고 또 정당화해야 한다고 보통 생각한다. 그러나 중국어 낱말은 한국에서 어떠한 이런 '귀화 의식'(歸化 儀式)없이 자유롭게 사용되고 있다. 중-한 어휘는 영어에서 고전어-파생의 어휘가 그런 경향이 있는 것처럼, 학문적 용법에 결코 한정되어 있지 않다. 예를 들어, 사실상 모든 한국의 인명과 지명은 토박이 한국어라기보다는 중국어다. 그리고 토박이 한국 숫자보다는 중-한 숫자를 사용해야 할 문법 환경이 많이 있다. 하지만 다른 환경에서는 토박이 숫자가 사용된다.

한국에서 중국어의 위신은 너무 커서 중국어-영향받은 형태로도 1880년대 이전에는 한국어는 문자언어로서 많이 사용되지 않았다. 1910년에 한국을 정복한 후 일본인은 자기들의 문자언어의 사용을 장려했다. 이래서 2차 세계대전 이후에야 겨우 한국어는 한 세대 동안 표준적인 국민적 문자언어로 일반적으로 사용되어 왔다.

그렇다고 한국어가 100년 전까지 전연 쓰이지(written) 않았다는 뜻이 아니다. 일찍이 +600년경에 한국인들은 중국어 글자체를 자기들의 모국어를 쓰는 데 적응시키기 시작했고, 그 후의 한국 역사를 통해서, 보통은 격이 낮은 '비공식'글(주로 시와 소설)이기는 하지만, 토박이 언어가 특정 종류의 글에 사용되었다.

중국어 글자체는, 제8장에서 보듯이, 어표(語標)문자이고, 따라서 그것을 발명하게 된 언어 이외의 언어(한국어)를 표기할 목적으로 적응시키는 것은 특별히 쉽지는 않다. 수 개의 비교적 복잡한 방법이 이 문제의 해결에 사용됐다. 여기서는 그 방법을 자세히 검토하지 않겠는데, 까닭은 그 방법은 일본인이 그들 자신의 언어에 관한 동일한 문제를 해결하기 위해 사용했던 방법과 또 현재도 사용하고 있는 방법의 대부분과 거의 정확하게 비슷하기 때문이다−이런 것은 제9장에서 소상히 검토하겠다. (한국인과 일본인이 중국어가 아닌 언어를 중국어 글자체로 쓰기 위해 동일한 방책을 상용했던 것은 우연한 일치가 아니다: 일본인은 원래 중국 문화를 직접 중국에서가 아니고 한국에서 차용했으며, 한국인이 일본인에게 글쓰는 법을 가르쳤다.) 한국에서는 이들 서투른 체계가 훨씬 효과적인 한글 글자체의 창조로 마침내 폐용되었는데, 한글의 논리는 중국의 덕을 본 바가 전연 없다(또한 일본인은 이것을 모방하지 않았다, 까닭은 15세기까지에는 일본인은 한국을 문화적 차용의 근원지로 보지 않았기 때문이다). 현재 한국어는 아직 때로는 혼합 글자체로 쓰이는데 혼합 글자체는 토박이 어형에는 한글을 사용함과 동시에 중-한어에는 중국어 글씨를 사용하는 것이다. 그러나 북한인은 전적으로 한글로만 쓰고, 남한인의 용법은, 연로한 사람들은 아직 혼합 글자체를 사용하지만, 같은 방향으로 가고 있다. 이 장에서는 북한인들과 대부분의 남한인들에 의해 사용되는 순수한 한글 글자체를 검토하겠다.

한글 글자체는 세종대왕(재위 1418-50)에 의해 창조되었는데, 그는 이 사업을 위해 '정음청(正音廳)'에 일단의 학자들을 모았다. (한글 창조에서 세종의 역할은 순전히 관리적인 것이었다고 일반적으로 생각되고 있다. 하지만 이기문(李起文) (1977, p. 61)은 왕이 손수 글자체를 발명하였다고 주장하는 한국의 전통이 옳을 것이라고 제의한다. 나는 단순히 설명의 용이함으로 해서, 그렇다고 치고 기술하겠다.) 이 글자체는 1444년에 완성되어, 훈민정음(백성을 교육하기 위한 바른 음)이라는 제목의 책으로 2년 후에 공포되었다(Zachert 1980에 번역됨). 그리고 이 제목은 또한 글자체 자체의 명칭이기도 하다. (이 글자체는 곧 교육받은 계급에는 인기 없는 것이 되었는데, 그들은 이것을 한문으로 글을 쓰는 진지하고도 어려운 과업을 하찮게 하는 것으로 보았고, 이 글자체를 언문(諺文) '사투리 글'이라고 얕잡아 불렀다. 그리고 언문은 한글 즉 '위대한 글자체'라는 명칭이 이 체계의 격을 높이기 위한 조처로서 20세기 초에 채택될 때까지 일반적으로 사용됐던 용어였다.) 훈민정음은 한글을 창조하는 동기가 문화 활동을 촉진한다는 공평한 목적뿐만 아니라 다른 데서와 같이, 백성을 다스리려는 나라의 욕망을 담고 있었다는 것을 분명히 하고 있다: '학문을 실천하는 사람들은 그들의 생각을 알리는 것이 어렵다는 사실에서 고통을 받고 있고, 감옥을 관리하는 사람들은 죄의 고발과 증거가 이해할 수 없기에 어려움을 겪고 있다.'

이 글자체는 그 원형에서 28'자'를 갖고 있는 것으로 한국인들에게 알려져 있고, 그 중 4자는 지금 쓰이지 않는다. 그러나 로마자나 그와 동종의 알파벳의 글자와는 달리, 한글의 글자들은 음소의 음성-자질 성분과 상호 관계가 있는 조직적 내부 구조를 갖고 있다. 이 점에서 한글은 Pitman의 속기체(p. 52)와 아주 닮았고, 한 사회의 보통의 문자체계로 사용되는, 내가 아는 다른 어떤 글자체와도 다르다.

이 글자체를 28자(지금은 24자)로 한국식으로 분석하는 것은 사실은 그것을 신참자에게 가장 분명히 해주는 방법은 아니다, 까닭은 이들 글자들의 몇몇 결합들은 별개의 글씨 단위로 더 잘 취급되기 때문이다. 아래에서 나는 아직도 사용되고 있는 원래의 체계의 하위항(下位項)의 논의를 시작하겠는데, 한국의 전통에 따르기보다는 그의 언어학적 논리를 보여 줄 수 있게 배열해서 하겠다.

한글 알파벳을 제시하기 전에, 한국어 음운에 관한 약간의 예비적 말을 해야 하겠다. 한국어에서 저해자음(폐쇄음, 마찰음, 파찰음) 중의 발음방법의 일차적인 차이는, 많은 유럽 언어들에 있어서처럼, 유·무성(voicing)이 아니라 오히려 '긴장음' 대 '이완음' (혹은 '경음' 대 '연음')의 차이다. '긴장' 자음은 이완의 대응음보다 더 큰 근육-긴장과 더 높은 공기-압력을 받는다 (Kim 1965). 대부분의 조음점에서 한국어는 2개의 긴장 저해음과 1개의 이완 저해음이 있는데, 긴장 저해음은 각각 무기음(無氣音) (즉, 유성-개시 (voice-onset)가 자음-폐쇄의 개방과 동시임)과 강한 유기음이다('긴장음'의 정의로 해서 만약 긴장 폐쇄음이 유기로 발음되면 공기-압력이 높으므로 그 유기는 강할 것임은 당연하다). 양순(bilabial)을 대표적인 조음점으로 보고, 3개의 음소를 기호화하면 /p*/(긴장 무기음), /pʰ/(긴장 유기음) 및 /b/ (이완음)이다. 유성-개시의 시기는 이완 저해음들 중에서는 비변별적이며, 이들 음은 낱말의 어떤 위치에서는 유성이고 다른 위치에서는 무성이다. 실로, 낱낱의 이완 저해음은 서로 상보적 분포를 하는 수 개의 상이한 변이음의 범위를 갖고 있다. 나의 표기에서는 한글 글자체처럼 이들 변이음적 차이를 무시하겠다. (이 점에서 한글 글자체는 음성적이라기보다는 음소적이다.) 한국어의 주요한 음운적 특징인 긴장음 대 이완음의 차이를 기호화하기 위하여, IPA 알파벳이 <p b>, <t d> 등 기호의 쌍 사이에 마련해 준 주요 시각적 차이를 사용하겠다. 더욱이 구개-치조 파찰음, 즉 IPA의 [ʧ ʤ]에 대해서 /c/(별표 *나 어깨글자 <ʰ>를 적절히 써서)와 /ɟ/를 쓰겠다(15세기의 '중세 한국어'에서는 이들 음은 치-파찰음 [ts dz]이었을 가능성이 있다, Lee 1977, p. 108 참조).

다른 경우는, 여느 때처럼 기본 기호가 분명 기본 위치에서 정확하게 나타나지 않는 음을 위해 사용되지만, IPA 기호는 그 표준 음가를 가지고 사용된다.—즉 표기는 약간 지저분한 음성적 현실 뒤에 있는 정연하고 '이상적'인 음운체계를 묘사한다.

단순 음소를 위한 한글의 기호를 그림 19에 제시한다.

## 자 음

| | 양순음 | 설단음 | 치찰음 | 연구개음 | 후두음 |
|---|---|---|---|---|---|
| 이완 연속음 | ㅁ | ㄴ | ㅅ | | ㅇ |
| | m | n | s | | q (p. 170 참조) |
| 이완 폐쇄음 | ㅂ | ㄷ | ㅈ | ㄱ | |
| | b | d | ɟ | g | |
| 긴장 유기 폐쇄음 | ㅍ | ㅌ | ㅊ | ㅋ | ㅎ |
| | pʰ | tʰ | cʰ | kʰ | h |
| 긴장 연속음 | | | ㅆ | | |
| | | | s* | | |
| 긴장 무기 폐쇄음 | ㅃ | ㄸ | ㅉ | ㄲ | |
| | p* | t* | c* | k* | |
| 유 음 | | ㄹ | | | |
| | | l | | | |

## 모 음

| | 전 설 | | 후 설 | |
|---|---|---|---|---|
| | 평 순 | 원 순 | 평 순 | 원 순 |
| 폐 모 음 | i ㅣ | | ɯ ㅡ | u ㅜ |
| 중간모음 | e ㅔ | ø ㅚ | ɤ ㅓ | o ㅗ |
| 개 모 음 | A ㅐ | | a ㅏ | |

그림 19

글씨의 주요 차이는 모음과 자음 사이에 있다: 모음은 작은 구별하는 기호가 붙은 긴 수평 혹은 수직선에 기초하고 있고, 자음은 더 짜임새 있고 평면적인 기호로 표시된다.

자음은 서양의 음성학자가 '조음점'이라 부르는 것에 가깝게 상응하는 5개 음족으로 분류된다. (그림 19의 가로줄과 세로줄에 내 나름의 호칭을 붙였는데, 훈민정음에서 사용된 용어는 20세기의 서양 음성학과 맞지 않기 때문이다.) 엄밀한 음성학적 관점에서는 '치찰음'을 다른 음과 평행하는 세로줄로 따로 분리하는 것이 이상하게 보일지 모른다, 까닭은 이들 마찰음과 파찰음은 두 번째 세로줄의 설단(舌端) 폐쇄음과 조음점이 같거나 가까운 곳에서 발음되기 때문이다. 하지만 음운론적으로, 이러한 처리는 한국어와 같이 입안의 오직 한 부분에서만 마찰이 일어나는 자음을 갖는 언어에 대해서는 아주 타당한 것이다. ─ 예컨대 한국어에는 [f]나 [x]가 없다. 그 부위에서 한국어는 또한 폐쇄음의 위치와 대부분 동일한 한 벌의 '조음 방법'을 구별하며, 그래서 치찰음은 별도의 음족으로 적절히 처리된 것이다.

이완음의 가로줄을 기본으로 할 때, 5개 자음-음족들이 관련된 조음의(아주 양식화된) 그림으로 표시되고 있음을 알게 된다. 그리하여 /ㄴ/ 혹은 /ㄷ/의 기호는 혀끝이 올라서 경구개의 앞면에 닿고 있음을 보여주며, /ㄱ/의 기호는 연구개의 뒤에 닿는 후설부를 암시한다 ─ 현대의 음성학 교과서의 저자와 같이, 세종대왕은 분명히 화자가 좌측을 향하고 있음을 마음에 그렸던 것이다. /ㅁ/의 기호가 입술을 그린 것으로 보기는 좀 쉽지 않겠으나, 이 기호는 '입'을 가리키는 중국어 글씨와 동일한 것과 관계가 있으며, 이 중국어 글씨는 원래 입 그림이었다. /ㅅ/의 기호는 이(齒)를 표시하는데, '치찰음' 대 '설단음'으로 내가 호칭한 2개 세로줄은 훈민정음에서는 '치음' 및 '설음'으로 불린다. (중세 한국어에서 이 두 음족 간의 조음상의 차이를 특징지우는 데 이것이 적절한 방법인지에 관해서 회의를 느낄지 모르나, 설령 세종대왕이 '치음'의 진정한 음성적 차이는 공기흐름의 거칢이었음을 이해할 수 있었다고 치더라도, 어떻게 그가 이와 같이 만져서 알 수 없는 현상을 글씨로 기호화할 수 있었는지 이해하기 어렵다.) 마지막으로, '후두음'의 글씨의 기초가 된 원은 단면도의 목구멍을 표시한다. 아래에 이 세로줄의 음성적 현실에 관한 문제를 취급하겠다.

최근까지 한글의 글씨 형태가 단순히 임의적인 간단한 글자꼴이라기보다는, 이 중 어떤 것은 조음음성학적 견지에서 우연히도 적절한 것으로 보이기는 하나, 내가 여기서 묘사한 것처럼 실제로 동기가 부여됐던 것인지는 의논의 여지가 있었다. 이 문제는 1940년에 훈민정음의 원본이 발견됨으로써 해결됐는데, 이 책에는 내가 위에서 한 말로 글씨 형태의 논리를 설명한 부분이 있다. 그래서 이 점에서는 한글은 Pitman의 속기체보다 더 음성적으로 체계적이기까지 하다(속기체에서는 음성적 특징과 글씨의 특징 사이의 상관관계는 전적으로 임의적이다). 한글은 Abercrombie (1967, p. 116)가 그것의 이론적 매력에도 불구하고 실제로 사용할 수 없다고 생각하는 음성 표기의 한 유형의 모범이 된다.

연속적 조음과 대립되는 폐쇄 조음은 연속음 기호 위에 수평의 선을 첨가함으로써 표시된다. 아마 /m/의 글씨(ㅁ)는 이미 수평의 선이 충분히 갖추어져 있어서인지 양순음의 세로줄에서 예외적인 해결책이 채택되어서 /b/(ㅂ)는 사각형인 중국어의 '입'글씨의 역사상 초기의 형태이었던 것으로 기호화되어 있다. 긴장 유기 조음은 수평의 선을 중복 사용함으로써 표시되는데, 여기서도 양순음 세로줄에서 예외가 이루어져 /pʰ/를 위해 특별한 기호(ㅍ)가 마련되어 있다. 긴장 무기 조음은 이완음 기호를 중복함으로써 표시된다. (내가 한글 체계를 제시하는 관점 중의 하나가 전통적인 분석과 다른 것은 한국인들은 긴장 무기음의 기호를 별개의 글자로 보지 않고 그것을 이완음 글자의 짝으로 본다는 것이다.) 유일한 유음 음소는 기본적인 설단음 기호에 모서리진 부호를 첨가함으로써 표시된다(ㄹ).

자음과 관련해서 가장 흥미로운 점 중의 하나가 둥근 기호와 관계가 있는데, 이를 나는 순전히 임의적인 규약으로 <q>로 표기한다. 자소 <q>(°)는 2개의 음가가 있다: 그것은 연구개 비음 [ŋ]을 표시하기도 하고 혹은 자음이 전연 없는 것을 표시하기도 한다. 논리적으로는 연구개 비음은 /g/(/ㄱ/) 기호의 위 획을 없앰으로써 표시할 수 있다고 생각할 법하다. 그러나 이러한 기호는 한글에 없다. 왜 [ŋ]이 다른 비음들과 동등하게 취급되지 않았는가의 이유는 [ŋ]은 한국어에서 분포가 제한된 음이라는 사실과 분명히 관계가 있다: 영어에서처럼, 그 음은 음절 끝에서 일어날 수 있으나 음절 시작에서 일어날 수 없으며, 따라서 그것은 그 나름의 독립 음소로 느껴지지 않는 경향이 있다. (후자의 주장은 영어 화자들이 그들의 언어에 대해 갖는 느낌에 관해서는 분명 사실이며, 한국인들에게도 사실일 것이라고 추측할 수 있을 것이다.) 한글은 아래에서 보는 바와 같이, 음소-기호를 모아서 한 음절이 되도록 쓰여진다. 규칙은 <q>는 음절의 끝에서는 [ŋ]을 표시하나, 음절 시작에서는 무음이다. 모음에 선행(先行)하는 자음-기호 없이 음절을 쓰는 것은 불법이다. 만약 자음이 발생하지 않으면 <q>를 써야 한다(모음으로 끝나는 음절은 최종 자음의 부재에 해당하는 기호는 없지만).

이것이 흥미로운 하나의 이유는 영어와 독일어에서의 [N]의 음소적 자격에 관한 유명한 언어학적 토론을 그것이 밀접하게 생각나게 하기 때문이다 (Chao 1934, p. 46; Trubetzkoy 1958).

이들 두 언어에서, [N]음은 [h]와 상보적 분포관계다: [h]는 음절의 모음의 앞에서만 일어나고, [N]은 모음 뒤에서만 일어난다. 그러므로, 이 두 음을 단일 음소, 말하자면 '/x/',의 변이음으로 취급하여, 영어의 *hat, behave, song, singer* 같은 낱말들을 각각 /xAt/, /bE'xeIv/, /sɒx/, /'sIxE/로 표기하는 것이 원칙상으로는 가능할 것이다. 유럽 언어들에 관해 저술하는 언어학자들은 보통 이것을 불합리한 제의라고 생각해왔고, 이들 두 음은 우연히 상보적 분포를 이루고 있지만, 그들은 분명히 서로 무관하다고 느끼고 있다. 언어학자들은 이와 같은 분석을 정확하게 배제하기 위해서, 음소 분석의 기준은 음소의 변이음을 위해 '음성적 유사성'의 표준을 포함해야 한다고 주장해왔다.

이제 한국어의 경우에는 [N]을 [h]와 동등시하는 문제는 없다. 한글은 이들 음을 위해 분명히 판이한 기호를 제공한다. 그러나 다른 초성 자음이 없는 한국어 음절은 우리가 [ɦ]로 표기할 수 있는 (Lee 1977, pp. 151-2) 유성 후두 연속음으로 시작하는데, 이 음이 한국어의 관례적인 로마자화에서 도외시되는 것은 독일어의 *ʔEisen, TheʔAter* 같은 낱말의 성문 폐쇄음을 관례적인 정자법이 도외시하는 것과 같은 이유에서다—즉 로마자는 그것에 대한 편리한 기호를 제공하지 못하기 때문이다. [ɦ]와 [N]음이 한국어에서 상보적 분포를 이루는 것은 영어에서 [h]와 [N]의 경우와 같고, 이들 음을 단일 음소의 변이음으로 보느냐의 찬·반 논의는 이 두 경우에 아주 유사하다. 한글이 [ɦ]와 [N]을 위해 하나의 둥근 기호를 사용하는 것은, 초성의 후두음과 종성의 [N]의 동일시는 서양의 언어학자들에는 불합리하다는 감을 주었지만, 한국인들에는 당연한 것이었음을, 즉 [ɦ]와 [N]은 한국어 단일 음소 /q/의 변이음임을, 의미한다고 생각할 수도 있다.

하지만 사실들은 이것보다 더 복잡하다. 한글의 원본에는 15세기의 중국어에서 대립적이었던 4개의 음절-초성(무음, 성문폐쇄음, /h/, /N/)에 해당하는, 둥근 꼴을 기초로 한 4개의 자소가 있었다—예컨대 /ʔ/ '오랑캐', /ʔ/ '의사', /ɦ/ '희망', /N/ '의문'. 세종대왕은 이들 음이 중-한 차용어에서 발

생했을 때 비록 /h/ 이외의 3개 음 사이의 대립은 한국어 발음에서 상실되
었지만, 그들을 위해 차별적인 철자를 제공하기를 원했다. 로마인들이 그리
이스어에서 낱말을 차용할 때, 라틴어에서 /y/음이 I음과 똑같게 됐지만,
그리이스어 /y/를 표시하기 위해 Y자를 채택한 방법을 비교해 보라. 4개의
중국어 초성은 그림 20에서와 같이 쓰였다:

ø       ?       h       N

그림 20

원래의 /ㆆ/음 기호는 그 형태로 보아 그림 19의 '이완 폐쇄음' 줄에 들
어맞는 것임을 주목하라: 세종대왕에게는 ㅇ:ㆆ:ㅎ의 대비는 ㅁ:ㅂ:ㅍ 와 비
슷한 것 같이 보이며 여기에는 약간의 음성적인 논리가 있다−즉, 수평선
없음, 수평선 하나, 수평선 둘은 각각 발음의 방해-없음, 순간-방해, 연장-방
해를 표시한다. 반대로 <ㆁ>의 수직 줄기는 <ㄹ>의 모난 상부(上部)와 같
이 독특한 요소인데, 이는 [ㆁ]음이 조음 방법에서 다른 어떤 자음과도 유
사하게 볼 수 없다는 것을 의미한다. (또한 여기에는 음성적인 정당성이 있
을 수 있다. 한국어에서 [ㆁ]은 [ㅁ]이나 [ㄴ]과는 달리, 특정한 환경에서 선
행 모음을 단순히 비음화하고 만다.

초성의 [?]와 [ø]를 중국어에서 구별하는 것은 한국인의 귀에는 생소했으
므로, 한글의 역사 초기 단계에서 <ㆆ> 자소는 버려졌다. 마찬가지로 <ㆁ>
자소는 [ㆁ]음이 한국어에서 발음될 때만(즉 음절 끝에서) 사용되게 됐는데,
이 경향은 중국어에서마저도 초성의 /N/이 사라져가고 있었다는 사실에
의해 강화되었다. 원래 초성의 영(ø)이나 /?/ 혹은 /N/으로 발음됐던 중국
어 낱말은 중-한의 차용어로 사용될 때는 모두 초성의 <ㅇ> 자소로 쓰이
게 되었다.

만약 음절이 종성의 자음이 없으면, 이론적으로는 종성의 위치에 <ㅇ>
자소가 쓰일 수 있으나, 훈민정음 자체가 아무 것도 쓰지 않을 것을 권했다.
/N/이 종성으로 발생하면, 음절의 자소들을 모으는 규칙은(뒤에서 논의 예

정임) 그 자소 <ㆁ>은 다른 자소들 밑에 짓눌려 끼워졌어야 했다: 이것은 불가피하게 그 줄기를 단축하게 되어서, 더욱 <ㅇ> 같이 보이게 되었다. 이 래서 2개의 자소 <ㅇ>와 <ㆁ>은 서로 상보적 분포에서 사용되게 됐고 동 시에 더욱 더 동일하게 보이게 되어, 당연히 혼동되었다. 17세기까지에는 (Lee 1977, pp. 231-2) 이들 두 자소는 실제적 목적에서 하나로 통합되었다.

이 모든 것은 <ㆁ>의 이중 사용은 결국 한국어 화자들이 정신적으로 [N] 을 음성적으로 아주 다른 초성 자음과 같다고 생각했던 썩 좋은 증거가 아 님을 의미하는 것으로 받아들일 수도 있을 것이다. 이중 사용은 일련의 순 수한 역사적 사건들을 통하여 일어난다고 말할 수도 있는데, 이는 영어에 서 <C>로 하여금 /k/와 /s/의 음가(영어-화자들에게는 심리적으로 별개의 음임)를 갖게 하는 사건들에 견줄 만하다. 반대로, 한글 글자체의 시초부터 [N]음이, 목구멍을 표시하고 따라서 [ɦ]나 [ʔ]에도 적절한, 원에 근거한 글씨 로 기호화됐고, 연구개음의 글자들에 사용된 곡선에 근거하지 않았음은 주 목할만하다. 훈민정음에는 [ㆁ]의 음운론적 자격에 관한 의문을 표명하는 것으로 여겨지는 구절이 수 개 있다.

(완벽을 위해, 현대 한글에서 이제는 쓰이지 않는 세 번째 자음 기호가, 관례적으로 /z/로 표기되는 토박이 한국음을 표시하는 삼각형 부호이었음 을 말해야 하겠는데, 이 부호는 그후 한국어에서 탈락했다. 한국어에는 없 던 그 이상의 중국어 자음을 가리키는 많은 특별한 고안들이 또한 있었는 데, 예를 들어 중국어 /x/는 중복된 <ㅎ>로 표기됐다.)

다음은 모음으로 시선을 돌려보자. 여기서 한글 체계는 6개의 기본 모음 글씨를 제공하는데, 후설 모음들과 /i/모음을 위한 글씨들이다. 이들의 낱 낱 글씨는 수평 혹은 수직의 선으로 구성되며, 여기에 네 경우에 차별하는 부호가 첨가된다ㅡ원래는 그 선에 가까이 있던 점이었으나 이제는 또 하나 의 짧은 선으로 변해서 기본-선에서 직각으로 튀어나와 있다. <ㅜ>를 위 한 차별적인 부호는 그 글자가 독립해서 쓰일 때는 수평의 기본-선과 길이 가 같게 그어진다는 사실은 한글 글자체의 미학과, 또 그것을 붓으로 종이 에 쓰는 수법이, 비록 그 논리가 순수한 한국의 발명이기는 하지만, 중국인 으로부터 이어 받았다는 사실과 관계가 있다. 우연히도 수평의 획은 그 *위*

의 짧은 기호와 더불어, 마치 한글의 <ㅗ>처럼, 중국어 문자에서는 표준적인 글씨 요소다. 그러나 밑에 수직 기호가 있는 수평의 획은 중국어 글자체에서는 불가능해서 그 수직 기호가 ㅜ-형으로 길어져서, 중국어에 익숙한 눈에는 덜 흉하게 보인다.) 원래는 일곱 번째의 기본 모음이 있어, 단순한 점으로 쓰였고, 관례적으로 /ʌ/로 표기되는 음소를 표시했으며, 이제는 음성언어에 나타나지 않는다.

/ㅣ/ 이외의 전설모음들은 상응하는 후설모음의 축소 형을 /ㅣ/ 기호에 첨가해서 쓰여진다. (한국인들은 이들 글자를 별개의 글자로 보지 않고 기본 모음자의 짝으로 본다.) 바꾸어 말하면, 수직의 획은 /ㅣ/ 음소의 기호라기보다는 일반적인 전설모음적 성질의 자질이라고 말할 수도 있다: 축소형의 후설모음 기호와 더불어 그 수직 획은 그 모음의 전설화 형을 표시하며, 고립 상태에서는 모든 모음 중 가장 앞에서 나는 모음, 즉 폐구-전설(閉口前舌)모음인 /ㅣ/를 표시한다. (작은 후설모음 기호를 큰 전설성-표지(前舌性標識)에 첨가해서, 오히려 그 반대가 아니고, 전설모음을 기호화한 것은 이상하게 보일 수도 있다. 그러나 이러한 조치는 분명한 기호를 만들지만, 한편 그 대안의 방법은 특히 곧 도입할 약간의 이중모음 기호에 관해서 혼란을 낳게 할 번하기도 했다.) /ㅣ/ 이외의 전설모음들은 원래 별개의 자소가 할당되지 않았었다, 왜냐하면, 한글이 창조되었을 때 그들은 이중모음이었기 때문이다: 즉 /ㅔ ㅐ/는 18세기 후기에 /ㅓㅣ ㅏㅣ/에서 파생됐으며, /ㅚ/는 더 최근에 /ㅗㅣ/에서 파생됐다.

전설모음과 후설모음 간의 글씨상의 관계는 명백하다. 하지만 6개의 '기본'모음(폐용된 /ㆍ/를 포함하면 7개)을 표시하는 기호의 선택에는 논리가 거의 없다고 생각할 수도 있다. 음성학적으로 이것은 사실이다. 하지만 음운론적으로는 기호들은 아주 놀라운 체계를 반영하고 있다.

다른 알타이 언어들과 같이, 한국어는 '모음-조화'의 언어다. 이 말은 모음의 대부분이 두 부류 중의 하나에 속하며, 어느 특정 낱말의 모든 모음은 어느 쪽인가 한 부류에서 나와야지 두 부류에서 나와서는 안된다는 뜻이다. 만약 어근의 모음이 A부류에서 나온 것이면, 그의 문법적 접미사는 A부류의 모음을 갖는다. B부류의 모음을 갖는 어근이면, 동일한 문법적 접미사라도 B부류의 상응하는 모음을 보여줄 것이다(두 부류 속의 모음들은 서로 짝이 된다). 대부분의 알타이 언어에서 이런 체계는 아주 두드러지고 또한 분명하다. 어쩌다 현대 한국어는 모음조화의 소수 흔적만 남기고 거의 상실해 버렸다(한국어에의 중국어 낱말의 대량 차입과 관계있는 사실이다. 2음절의 중국어 합성어는 한국어의 모음조화 규칙을 어기는 모든 종류의 모음-결합을 갖고 있고, 그러므로 이 규칙을 유지하기 어렵게 만들었을 것이다). 하지만 15세기에 쓰인 중세 한국어는 아직도 모음조화를 갖고 있었다. 모음 /ㅡㅜㅓ/가 한 부류를 이루고, 그 성원은 각각 다른 부류의 /·ㅗㅏ/와 짝을 이루었다. /ㅣ/는 '중립'모음으로서 어느 부류의 모음과도 함께 일어날 수 있었다. 이리하여, 예컨대 화제-표지(話題標識)의 접미사는 첫째 부류의 모음을 갖는 어근 뒤에서 /-ㅡㄴ/이었고, 둘째 부류의 모음을 갖는 어근 뒤에서 /-·ㄴ/이었으며, /ㅣ/를 갖는 어근 뒤에서는 상호교환적으로 /-ㅡㄴ/ 혹은 /-·ㄴ/이었다:

| | | |
|---|---|---|
| ㅂㅗㅁ + ·ㄴ | | '봄은' |
| ㅅㅓㅁ + ㅡㄴ | | '섬은' |
| ㅓㅣㅂ + ·ㄴ | } | '집은' |
| ㅓㅣㅂ + ㅡㄴ | | |

/ㅗ/와 /ㅜ/의 상응 관계 및 /ㅏ/와 /ㅓ/의 상응 관계를 보여주는 비슷한 예들을 들 수도 있다.

세종대왕은 비교적 닫힌 모음-부류와 열린 모음-부류를 각각 여(女)와 남(男)의 원리를 표시하는 중국의 철학 용어인 음 및 양과 연관시켰고, 또 지(地), 천(天), 인(人)이라는 신비의 삼위일체(三位一體)의 첫 2개 요소와 서로 관련시켰다. 음운론적으로 중립인 모음 /ㅣ/는 사람과 연관되었고, 그는 하늘인 양과 땅인 음 사이를 중재한다. 모음-기호를 구성하기 위해 사용된 형태 중, 점은 둥근 하늘을 표시하고, 수평의 선은 편평한 땅을 표시하고, 수직의 선은 곧추선 사람을 표시한다. 세종대왕은 나아가 선의 위쪽 혹은

'바깥쪽'(오른쪽)에 있는 점을 갖는 기호는 양으로 분류하고, 선의 아래쪽 혹은 안쪽(왼쪽)에 있는 점을 갖는 기호는 음으로 분류해야 한다는 것을 자명한 것이라고 가정했다. 이 가정은 그림 21에서 보는 체계를 제공하는데, 여기에서 모음들은 모음-조화 규칙에 의해 요구되는 대로 둘씩 짝이 된다. 이러한 음양론은 영국의 언어학과에서의 통상적인 음성학과는 분명히 아주 다른 유형의 음성학이다. 그러나 그것은 한국어 모음들 간의 음운관계를 아주 정연하게 파악하는 데 도움이 된다.

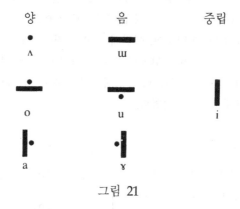

그림 21

(훈민정음은 자음 글자와 관련해서 점성학의 개념도 도입하지만, 그러나 글자체의 기능과는 관계가 없으므로 여기에 관해서는 논의하지 않는다.)

한글은 또한 그림 22에서 보는 바와 같이 많은 이중모음 기호들을 갖고 있다. /j-/로 되는 이중모음의 규칙은 이렇다: 기본 모음-기호의 구별하는 점을 중복할 것(그리고, 전설모음에 선행하는 /j-/의 경우는, 후설모음을 갖는 상응하는 이중모음을 취해서 그 축소형을 전설성-표지(前舌性標識)의 수직획에 첨가한다). 후설모음 기호의 점을 중복함으로써 만들어진 4개 글씨를 한국인들은 별개의 글자로 취급한다. 점을 중복함으로써 /j-/이중모음을 표시하는 이 규칙은 /ji/, /jɯ/의 이중모음을 표시하는 데 사용할 수 없다 (/ㅣ/, /ㅡ/는 점이 없으므로)－그러나 한국어에는 이런 이중모음이 없으므로 그것은 아무 상관이 없다.

|  |  | ㅠ | ㅟ |  | ㅢ |
|---|---|---|---|---|---|
|  |  | ju | wi |  | ɰi |
| ㅖ | ㅕ | ㅛ | ㅞ | ㅝ |  |
| je | jɣ | jo | we | wɣ |  |
| ㅒ | ㅑ |  | ㅙ | ㅘ |  |
| jA | ja |  | wA | wa |  |

그림 22

/w-/로 되는 이중모음은, 전설모음과 같이, 음소-기호의 결합에 의해 표시된다. 정말 주목해야 할 점은 한글은 단순모음과 이중모음 간의 글씨상의 구별을 분명히 하지 못한 점이다: 특히 이 체계의 논리에 의하면 /wi/글씨(<ㅟ>)는 마땅히 [y](전설화된 /u/)로도 발음될 수 있다. 언뜻 보기에 이것은 글자체의 결합과 같이 보이나, 그렇지 않다. 한국어에서는 실제로 [wi]와 [y] 사이는 자유변이 관계이다(또한 [we]와 [ö], 및 [wA]와 [O] 사이도 그렇다-Kim 1968, p. 517), 그러므로 한글 체계가 단순모음/이중모음의 차이를 표시하지 않는 것은 아주 적절한 것이다. (한글은 사실 [we]와 [ö]를 위한 대체 문자를 마련하고 있으나, 이 경우에, 다른 두 쌍과는 달리, 그 차이를 위한 어원적 근거가 있으며, 대부분의 사람들에는 그 차이는 합쳐졌으나, 어떤 사람들에는 아직도 유지되고 있다.)

위에서 언급하였거니와, 이완 저해 자음의 취급에서 한글은 음성적이라기보다는 음소적이다. 반대로 /w-/로 되는 이중모음의 취급에서 한글은 음소적이기보다는 정밀히 음성적으로 보일지 모른다. 폐모음과 평(平)모음 /i e ɣ/ (<ㅣ ㅔ ㅓ>) 앞에서 반모음 /w/는 축소된 <u> (<ㅜ>)로 쓰여진다. 개모음 /A a/(<ㅐ ㅏ>) 앞에서 /w/는 <ㅇ>(<ㅗ>)의 축소형으로 쓰여진다. 어떤 언어에서는 반모음은 개모음 앞에서는 다른 모음 앞에서 보다는 약간 덜 폐쇄적인 것이 아마 사실일 것이다. 그러나 그 차이는 미세해서 음성학자들에 의해서 마저도 흔히 간과되기 일쑤다. 하지만 Vos (1964, p. 34)에 의하면, 한글이 이러한 구별을 하는 이유는 미세한 음성적 세부 사항을 기록하기 위해서가 아니고 오히려 모음조화의 규칙에 순응하기 위해서이다-<ㅘ>보다는 <ㅝ>로 쓰는 것이 음과 양을 혼합하는 것이 될 것이며, 반대로 철자 <ㅜㅓ>와 <ㅗㅏ>는 각각 전음(全陰)이고 전양(全陽)이다.

이중모음 /ɯi/(/ㅢ/)는 한국어에서 한계적 위치에 있으나, 그 음이 발생할 때는 그림 22의 오른쪽에서 보여지는 대로 쓰여진다.

한글의 기호들은 유럽의 알파벳 문자처럼 직선의 연속체로 쓰이지 않고, 모아져서 음절이 되도록 쓰여진다. 그 이유는 분명히 역사적인 것으로서, 한국인들이 중국어 글자체를 잘 알고있는 것과 관계가 있다: 한글 기호들을 음절-크기로 모은 것은 약간 중국어 글씨처럼 보이고, 대강 비슷한 정도의 시각적 복잡성을 갖고 있으며, 낱낱 중국어 글씨가 하나의 음절로 발음되기 때문에 한글 문자가 같은-크기의 단위로 조직되는 것은 적절한 것 같았다. 한글 체계의 역사적 이유가 무엇이건, 한글은 소수의 기본글씨 단위들을 사용하여 그들을 음절-크기의 지각적(知覺的) 집단으로 배열함으로써 문자체계를 위한 두 가지 상반되는 절실한 요구를 조화시키는 데 성공했다고 주장할 수 있을 것이다: 즉, 기본글씨의 요소의 수가 적은 것은 한글을 배우기 쉽게 하는 것이고, 한편으로는 지각적으로-두드러진 단위들의 크기가 큰 것은 한글을 읽기에 효과적으로 만드는 것이다.

한글의 음소-기호들을 모아서 음절로 만드는 규칙은 다음과 같다. 만약 음절의 모음이 수직획에 근거한 것이면, 선행하는 자음은 수직획의 왼쪽에 두며, 모음이 수평획에 근거한 것이면, 선행하는 자음은 수평획의 위에 둔다. 위의 어느 경우와도 뒤따르는 자음이 있으면 그것은 모아서 생긴 집단의 가운데 아래에 둔다. 이렇게 하면 수평적으로나 또는 수직적으로 심히 뻗어나지 않고, 중국어 글씨처럼, 네모진 성절적(成節的) 집단을 낳는다. 몇 개의 예를 그림 23에 제시한다. 음절-집합 내의 요소들의 순서는 고정되어 있는 한편, 음절들은 차례로 다른 방향으로 쓸 수도 있다. 전통적으로는 중국어 체계의 수직하향란(垂直下向欄)이 사용되었으나, 이제는 신문을 제외하고, 손으로 쓰거나 인쇄된 원문의 모든 유형에서, 유럽 체계의 좌에서-우로의 수평 행으로 바뀌었다.

그림 23의 연속문의 글은 한국의 언어학 잡지인 어학연구의 1981년 12월호의 이익환의 논문 '영어의 피동과 몬태규 문법'을 전재한 것이다. (많은 외국 이름과 전문 용어를 포함하는 이와 같은 학술 자료에서는 이들 용어

는 로마자로 쓰이지마는, 다른 종류의 글에서는 이들은 한글로 자역된다:
이익환의 논문의 한국어 제목에서 이름 'Montague'는 한글로 <몬태규>로
씌어 있다.)

자음과 모음의 대립은 그렇다 하고, 중세한국어는 음높이와 모음-길이의
'초분절적' 대립을 갖고 있었다.

현대 표준 한국어는 이제는 음높이를 변별적으로 사용하지 않는다. 그러
나 중세한국어는 고대 그리이스어의 '음높이-악센트' 체계(pp. 144)와 음운
론적으로 아주 유사한 체계였던 것으로 보이는 것을 가졌었다(Chang 1982,
ch. 5). (권위자들은 이 체계의 '기능부담량'이 어느 정도 높은지에 관해서는
의견이 일치하지 않다. Lee 1977, p. 168 및 Chang 1982, p. 188 참조.) 음높이-
악센트 체계가 존재했던 동안은 대립을 밝혀주는 음높이의 낮음, 높은, 및
상승(上昇) 사이의 대립이 한글 글자체에서는 쓰인 음절의 왼쪽에 각각 영,
한 점, 두 점을 첨가함으로써 표시되었다.

| | | | |
|---|---|---|---|
| 바다 | <ba-da> | /bada/ | 'sea' |
| 나무 | <na-mu> | /namu/ | 'tree' |
| 하늘 | <ha-nɯl> | /hanɯl/ | 'sky' |
| 바람 | <ba-lam> | /balam/ | 'wind' |
| 부엌 | <bu-qGkʰ> | /buGkʰ/ | 'kitchen' |
| 빨강 | <p*al-gaq> | /p*algaN/ | 'red' |
| 서울 | <sG-qul> | /sGul/ | 'Seoul'(capital of S. Korea) |
| 평양 | <pʰjGq-qjaq> | /pʰjGNjaN/ | 'P'yŏngyang'(capital of N. Korea) |

## 4. 몬태규 문법에서의 수동규칙

지금까지의 논의는 수동규칙이 어휘적 단계의 작동인 국면도 있음을 증명하
려고 했다. 앞에(2절 참조) 논의 한 대로 Chomsky와 Wasow 등은 수동과 통사적
수동의 두 가지의 필요성을 주장한다. 여기서 통사저 수동이란 이동규칙을 포함
하고 있으며 문장 단계의 작동규칙이다. Bach나 Keenan은 문장 단위 작동으로서
의 수동 규칙은 문제가 많음을 지적하고, 따라서 구절단계의 수동규칙의 타당성
을 보이려 하고 있다.

그림 23

또 한편으로는, 장모음과 단모음 간의 대립은 한글 글자에서 표시되어 있지 않고 (또 나도 나의 한국어 표기에 그 대립을 표시하지 않았다). 이에 대한 갖가지 가능한 설명이 있다. 서울의 표준어를 포함해서 대부분의 한국 방언에서 모음-길이는 오늘날 아직도 대립적이지마는, 이 대립은 비교적 낮은 기능부담량인 것으로 보여진다(Martin 1951, §1.32). 더욱이, 음높이-악센트가 아직도 문자에서 표기되고 있던 동안, 길이의 글씨상의 기호의 기능부담량은 더 낮기까지 했을 것이다, 까닭은 상승-음높이의 음절들은(그리이스어 정자법에서 곡절(曲折)음부로 표기된 음절처럼) 언제나 장모음이었기 때문이다: 오직 높음-및 낮음-음높이의 음절에서만 이런 기호가 비-잉여적이었을 것이다. 마지막으로, 분절적 대립을 갖는 언어의 화자에게는 음운적인 길이의 대립 (및 일반적으로 초분절적 대립)은 분절적 대립보다 덜 눈에 띨 것이라는 것을 생각해 봄직하다. 글자체가 길이의 대립을 무시하는 다른 경우들이 많이 있다(Justeson 1976, pp. 61, 65, 71 참조). 예를 들어 히브리어 글자체는 자음의 길이를 무시했고 또 선형 문자 B는 모음과 자음의 길이를 다 같이 무시했다. 고전 그리이스어 글자체는 비잔틴 체계의 판독부호를 채택한 후에도, 다른 점에서는 매우 엄밀한 정도로 완벽한 음성-기록 체계임에도 불구하고, 대부분의 모음에 있는 대립적 길이를 무시했다. (마찬가지로 강세를 예측할 수 없을 때조차도 그것을 표시하는 음성표기적 글자체는 적다―스페인어 및 이탈리아어의 정자법은 예외이지만.) 언어학에서는 의례 통칙으로 되어 있는 것인데, 그것은 음소 간의 작은 지각적 차이는 존재하지 않는다는 것이다, 즉 두 음성 간의 음운적 대립은 유능한 화자라면 그 차이를 분명히 듣게 될 것을 보장한다는 바로 그 사실이다. 그러나 이제 우리는 이것이 사실이 아님을 안다(Labov *et al* 1972, ch. 6). 글자체는 일반적으로 길이의 대립은 무시한다고 나는 제의하는데, 이유는 길이의 대립은, 예컨대, 모음의 질의 대립보다 지각적으로 덜 두드러지기 때문이다. (물론 길이는 언제나 무시된다고 할 수 없다: 예로는, 체크어(Czech) 정자법은 길이를 일관되게 표기하고 있다.)

이것이 자소의 목록으로서의 한글 글자체이다. 이 시점에서 잠깐 숨을 돌려 한글 글자체가 얼마나 놀라운 업적인가를 재강조할 만하다. 음소의 구성 자질의 관점에서 음소를 쓰는 원리 및 개개의 자소의 윤곽뿐만 아니라, 세종대왕이 음절을 구성-성분의 음으로 분석한 바로 그 원리가 전적으로 독창적이었다. 세종은 음운분석의 중국 전통을 잘 알고 있었다. 그러나 음절을 우리가 아는 바 모음과 자음으로 분리하는 그의 결정은 중국의 전통과의 과감한 단절을 표시했다. 한글의 업적이 하도 놀랄 만하기에 몇몇 서양의 학자들은 오늘날까지도 한글은 예전의 모형에 근거해서 발전했을 것이라고 주장한다. 예컨대 Gari Ledyard (1966)는 세종이 한글을 당시 몽고어에 사용됐던 ḤPhags-pa(八思巴) 알파벳에 근거를 두었다고 주장한다. 그러나 Ledyard는 훈민정음에 있는 말을 몽고어 문자에 대한 신중하고 은밀한 언급이라고 주로 해석함으로써 이런 주장을 하는데, 이 주장은 꾸며낸 것으로 보인다. 세종이 ḤPhags-pa 및 동아시아에서 사용중이던 기타 음성표기 글자체를 알고 있었다는 것은 사실일 지는 모르지만, 이들 글자체는 모두 분절적이었다: 그 글자체들은 한글을 위해 선례를 제공하고 있지 않다.

서양 언어학에 있어서의 현재의 논쟁의 관점에서, 한글의 자소의 구조보다 더 흥미롭기까지 한 것은, 한글이 존재해온 5세기 동안, 문자에 대한 '깊은' 접근과 '얕은' 접근 간의 차이에 관해서, 한글의 사용을 지배해 온 정자법의 규약의 변천 역사이다 (pp. 54-7).

음성언어가 규칙-지배의 형태음소적 교체형(交替形)을 가지고 있을 때, 가능한 것의 범위를 규정하는 하나의 방법은 (제2장에서 검토했던 바와 같이) 단일(單一), 불변의 '기저형'(基底形)에서 특수 환경의 형태소의 발음을 파생하게끔 적용되는 음운규칙의 순서를 정하는 것이다. 이러한 규칙들은 그들이 적용되는 언어의 역사를 반영하는 경향이 있다. 예컨대, 프랑스어에서의 형태음소적 교체형을 고려해 보면, 어미가 자음으로 쓰이는 많은 낱말이, 모음으로 시작되는 낱말이 뒤따를 때, 말을 할 때는 그 자음이 발음되지만, 그렇지 않으면 발음되지 않는다: /pEtit elɛv/ '작은 학생' 대 /pEti garŝ/ '작은 소년', /groz elɛv/ '살찐 학생' 대 /gro garŝ/ '살찐 소년', 등. 이들 교체형을 기술하는 간단한 방법은 어미의 자음이 있는 형을 기저형으로 선택하여, '자음은 모음의 직전에서 선행하지 않으면 탈락한다'라는 규칙을 기술하는 것이다. (프랑스어의 만족스런 묘사가 되기 위해서는 이 규칙은 더 정확하게 되어야 할 터인데, 그것은 모든 어미의 자음이 이와 똑같이 탈락하지는 않기 때문이다. 그러나 현재의 목적을 위해 그 점은 잠깐 접어 두기로 하자.) 현대 음성 프랑스어가 이와 같은 규칙으로 묘사될 수 있는 이유는, 역사적으로, 문제의 낱말들이 한 때는 변함없이 어미의 자음과 더불어 발음됐었다(그들이 지금도 표준 프랑스어 정자법에서 쓰이고 있는 바와 같이), 그리고 어느 때에선가 그 언어는 자음이 다른 자음에 선행하거나 또는 구의 최종음일 때 그 자음을 탈락시키게끔 변했다.

효과적인 형태음소적 규칙은 역사적 음운-변화와 일치하는 경향이 있기 때문에, 관련된 음성언어가 많은 변화를 겪고 있는 긴 기간에 걸쳐 고정된 채로 남아 있는 '얕은' 음성표기 글자체는, 말하자면 단순한 관성으로 인해 결국은 '깊은' 글자체가 되는 것이 흔할 것이다. 프랑스어와 영어의 정자법은 결코 표면상의 음성표기 글자체는 아니고, 각각의 음성언어의 중세기 또는 초기 현대기의 많은 분야들을 반영하고 있는데 이제는 그들의 현대 표준형으로는 들리지 않는다. 대부분의 언어학자들은 이것은 순전히 정자법의 보수주의 결과라고 생각한다.

하지만, 언어학자의 한 파인 '생성음운론자들'은 (Sampson 1980a, ch. 8), 형태음소적 규칙은 통용하고 있는 심리적 타당성을 가지고 있다고 주장한다: 즉 화자들은 그들의 어휘를 불변의 '기저' 어근-형태로 마음속에 저장해 두었다가, 그들이 말할 때 적절한 발음을 끌어내기 위해 형태음소적 규칙을 적용한다는 것이다.

이 주장은 논쟁의 여지가 많다. 영어와 프랑스어의 정자법과 같은 전통적인 정자법 체계가 형태소의(흔히 현저하게 다른) 표면 발음이 아닌 '기저' 형의 형태소를 표시하는 것 같이 보이는 사실은 때로는 유리하게 인용되는 증거의 하나의 범주다. 이 사실은 단순히 정자법의 보수주의의 결과가 아니고, 오히려 화자들이 단순히 낱말의 철자가 화자의 정신적 사전에 저장된 어형과 상응하기 때문에 이런 정자법 체계를 편리하게 사용할 수 있는 것이라고 주창되고 있다. 이 관점에서 보면, 현대언어의 표면적인 음성적 사실에 더 밀접하게 상응했던 개량된 영어 또는 프랑스어 정자법은 실제로는 그것을 사용하는 사람들에게는 덜 편리할 것이다. Chomsky and Halle

(1968, p. 49)에 의하면, '재래의 [영어] 정자법은 영어 낱말의 사전적 표시로서는 . . . 최적에 가까운 체계다'.

Chomsky and Halle는 몇몇 영어 어근의 정신적 표시는 *어떠한* 영어 표면형에도 나타나지 않는 음을 가지고 있다고 주장하기까지 한다. 예컨대, *right, righteous*의 어근은 영어의 표면상의 음운과는 관계없는 기저의 연구개 마찰음 |x|를 가지고 있어야 한다고 그들은 주장한다, 그것은 관례적인 철자인 <gh>로 기록되기는 하지만 그렇다(이 점에서 이것은 아주 '깊은' 것이다.) 물론 우리는 [x]음이 중세영어의 *right*와 같은 낱말에서 발음됐다는 것 및 그런 낱말은 그런 이유로 해서 원래 <gh>로 쓰였다는 것을 알고 있다. 그러나 Chomsky and Halle는 숨어있는 |x|가 이들 낱말에 있다는 것은 현대 언어에서 순전히 공시적(共時的) 교체음의 증거 위에 입증될 수 있다고 주장하면서, 그 연구개 마찰음은 이들 낱말에서 음성적 실체는 아니지만 언제까지나 심리적 실체임을 넌지시 비추고 있다. (기저의 |x|에 관한 논의는 복잡하다. 그 논의는 *expedite~expeditious*에서 /aI~I/ 교체의 존재 대 *right~righteous*에서 비슷한 교체의 부재(不在)와 같은 사실과 관계가 있다.) 생성음운론자들의 견지에서는, 중세영어와 현대영어의 음운간의 차이는 /x/음소의 상실이 아니었고, 그 음소가 기저형에서 표면형으로 살아나오지 못하도록 하는 새로운 음운 규칙의 추가이었다.

그렇다면, 이 이론과 관련해서 비교적 '깊고' 또, 영어와 프랑스어의 철자의 경우는 역사적 음운 변화이겠지만, 이런 변화에도 불구하고 그 특징이 단순히 타성이나 보수주의의 결과가 아님을 증명할 수 있는 표준적인 정자법을 발견할 수 있다면 이는 특별한 관심거리일 것이다.

그리이스어의 철자를 논의할 때(p. 143-4), 음성표기의 글자체는 관련된 음성언어의 어떠한 역사적 발달과도 관계없이 글자체를 '더 깊게' 하게끔 변할 수 있다는 암시를 이미 보았었다. 한국어 글자체의 경우 이러한 변화가 아주 현저하다.

이것을 설명하기 위해 먼저 음성한국어의 형태음소론을 대강 기술해야 하겠다. 한국어는 상당히 풍부한 일련의 규칙-지배받는 교체형들을 갖고 있는데, 그 중 많은 것들이 한글이 발명됐을 때 이미 존재했었다. 한국어에 관한 하나의 권위 있는 한 벌의 음운 규칙을 기술하는 것은 쉽지 않다: 지역적 방언간에 작은 차이가 많이 있을 뿐만 아니라, 언어의 어느 특정 변종의 여러 사실들에 관해서도 권위자들이 때로는 서로 의견을 달리 하기 때문이다. (Kim-Renaud 1975 및 Chang 1982이 문헌을 조사한 바 있다.) 그러나 아래 기술한 일련의 규칙은 서울의 표준 한국어에 있는 확고한 교체형들의 대부분을 다루고 있는 것으로 볼 수 있다.

대부분의 이들 규칙은 선형의 순서로 배열할 수 있다: 흔히 특정의 기저 형식이 그 표면의 발음을 얻기 전에 수 개의 그 규칙에 의해 연속적으로 변할 것이다. 내가 규칙 X라고 부르는 하나의 규칙이 있는데, 그것은 그 규칙이 적용될 한 쌍의 분절음이 발생하면 언제나 적용된다—즉 규칙 X는 기저의 형식이나 또는 궁극적인 표면 발음으로 가는 도상의 여하한 시점에 있는 형식에도 적용될 수 있다. 규칙 X는 인접한 음소의 쌍들을 단일 음소로 융합하는 것을 관장한다:

$$X \left\{ \begin{array}{c} /d/ \\ \mathsf{ㄷ} \\ \\ /b/ \text{ 또는 } /g/ \\ \mathsf{ㅂ} \quad \mathsf{ㄱ} \end{array} \right\} \text{은} \left. \begin{array}{c} \text{저해음에} \\ \\ \text{후행하는} \end{array} \right| \left. \begin{array}{c} \text{어떠한 음} \\ \\ \text{동 기 음} \\ (\text{同 器 音}) \end{array} \right\} \begin{array}{l} \text{과도 융합하여 그 쌍} \\ \text{의 둘째 요소와 동일} \\ \text{한 저해음을 만든다.} \end{array}$$

다만 만약 이 둘째 요소가 이완음이면 결과로서 생기는 자음은 긴장무기음(된소리)이 되는 것은 제외한다. 그리고 어떠한 이완폐쇄음(예사폐쇄음)도 선행 또는 후속하는 /h/(/ㅎ/)와 융합하여 유기폐쇄음(거센소리)이 된다.

‘동기음’이란 ‘동일의 조음점에서 발음된 음’을 의미한다. 그러므로 예를들어, /ㄱㄱ/은 /ㄲ/가 되고, /ㅂㅍ/은 /ㅍ/가 되고, /ㄷㅂ/는 /ㅃ/가 되고, /ㄱㅎ/와 /ㅎㄱ/는 /ㅋ/가 된다—그러나, 예를 들어 /ㅂㄷ/는 영향을 받지 않는다.[1]

규칙의 배열된 순서를 기술하기 위하여, 한국어의 음절-경계의 배치에 관한 일반 원칙을 논해야 하겠다. 곧바로 뒤에 모음(또는 /j/, /w/, /h/ +

모음의 연속체)이 뒤따르는 자음은 언제나 음절의 시작으로서 그 모음에 속한다. 그리고 다른 자음은 선행하는 모음의 음절에 속한다. 이래서, 적서도 기저의 수준에서 하나 이상의 핵후(核後)자음(즉, 음절의 모음을 뒤따르는 자음)을 가질 수 있으나, 기껏해서 하나의 핵전(核前) 자음을 갖는다(/j w h/는 계산하지 않음). 형태소 경계의 존재는 음성적 분절(分節)과는 관계가 없다는 것에 특히 주목해야 한다. 명사인 /ㅁㅏㄹ/ '낱말'의 주격은 /ㅁㅏㄹ+ㅣ/ 인데, 여기서 플러스-기호는 어근형태소와 격-접미사 간의 경계를 표시한다. 그러나 음성적 음절-경계는 /ㅁㅏ$ㄹㅣ/의 달라 기호($)로 표시되는 바와 같다.

연속되는 규칙들은 이제 다음과 같이 기술할 수 있다.

1. 핵후(核後)의 긴장자음은 이완음이 된다.

이래서 기저의 |ㄴㅏㅌ| '낱'과 |ㄴㅏㄷ| '알곡식'은 같이 /ㄴㅏㄷ/이 된다. 이들 사이의 기저의 차이는 모음으로 시작되는 접미사가 가해질 때 나타난다(그래서 어근-끝의 자음이 핵전(核前)이 된다): 예를 들어, 대격(對格)접미사 |ㅡㄹ|과 더불어, /ㄴㅏㅌㅡㄹ/은 /ㄴㅏㄷㅡㄹ/과 대립한다. 마찬가지로 |ㄴㅗㅍ| '높'은 접미사 |ㄷㅏ|와 더불어 /ㄴㅗㅂㄷㅏ/ '높다'가 되고, 접미사 /ㅡㄴ/과 더불어 /ㄴㅗㅍㅡㄴ/ '높은(형용사)'가 된다. |bak*| '밖'은 고립해 있을 때는 /ㅂㅏㄱ/이지만 접미사 |ㅔ|가 붙으면 /바께/ '밖에'가 된다.

2. 핵후(核後)의 치찰음은 폐쇄음이 된다.

그래서 기저의 |ㄴㅏㅊ| '얼굴'(이것은 규칙1에 의해 /ㄴㅏㅈ/이 된다), |ㄴㅏㅈ| '낮' 및 |ㄴㅏㅅ| '낫'은 다 같이 /ㄴㅏㄷ/이 된다. 참고로 이들의 대격은 각각 /ㄴㅏㅊㅡㄹ/, /ㄴㅏㅈㅡㄹ/, /ㄴㅏㅅㅡㄹ/이다. 마찬가지로 |is*+da| '있다'는 $\xrightarrow{1}$ /ㅣㅅㄷㅏ/ $\xrightarrow{2}$ /ㅣㄷㄷㅏ/ $\xrightarrow{x}$ /이따/가 된다. 참고로 |is*+o| '있오'는 /이쏘/가 된다.

3. 핵후 자음이 두 개 연속할 때는, 둘째가 설정(舌頂)음이면 그것을 빼고, 그렇지 않는 경우는 첫째를 뺀다.[2]

그래서 어근 |ㄱㅏㅂㅅ| '값'은 /ㄱㅏㅂ/이 되고, 대격은 /ㄱㅏㅂㅅㅡㄹ/이 된다. |ㅏㄴㅈ+ㄷㅏ| '앉다'는 /ㅏㄴㄷㅏ/가 되고, 참고로 |ㅏㄴㅈ+ㅎㅣ+ㄷㅏ| '앉히다'는 ⟶ /ㅏㄴㅊㅣㄷㅏ/가 된다. |ㅈㅓㄹㅁ+ㄷㅏ| '젊다'는 /ㅈㅓㅁㄷㅏ/가 되고, 참고로 |ㅈㅓㄹㅁ+ㅡㄴ| '젊은'은 /ㅈㅓㄹㅁㅡㄴ/이 된다. 규칙 3이 적용된 후는 어떤 음절도 둘 이상의 핵후 자음을 가질 수 없다.

4. 모음에 후행(後行)하는 경우가 아니면 /ㄹ/은 /ㄴ/이 된다.

핵전(核前)의 /ㄹ/은 중-한어(中-韓語)에서만 있거나, 또는 토박이 말이 아닌 다른 차용어에 있다. 그러나 이런 경우가 많이 있다. 그래서 중-한어 형태소인 |ㄹㅗ| '老'는 /ㅈㅗㄹㅗ/ '無老'에서는 /ㄹㅗ/이지만, /ㄴㅗㅣㄴ/ '老人'에서는 /ㄴㅗ/다. (마찬가지로 영어의 *lamp*는 한국어에 차용되어 /ㄴㅏㅁㅂㅗ/가 되었다.)

5. 어두(語頭)의 /ㄴ/은 /ij/ 앞에서 탈락된다.

그래서 |ㄴㅣ| '이'(齒) 및 |ㄹㅣ| '里'는 '二'의 |ㅣ|와 더불어 /ㅣ/가 되고, |ㄴㅕㅈ| '여성'은 /jㅕㅈㅏ/ '여자'에서 /ㄴ/이 탈락하지만 |ㄴㅏㅁ+ㄴㅕㅈ| '남성과 여성'에서는 /ㄴㅏㅁㄴㅕㅈ/와 같이 /ㄴ/을 보유한다.

6. 폐쇄음은 비음 앞에서 비음이 된다.

그래서 |ㅂㅜㅓㅋ+ㅁㅜㄴ| '부엌 문'은 /ㅂㅜㅓ°ㅁㅜㄴ/이 된다. 마찬가지로 |ㅂㅐㄱ+ㄹㅣ| '백리'는 ⟶[4] /ㅂㅐㄱㄴㅣ/ ⟶ /ㅂㅐ°ㄴㅣ/가 되

고, |ㅏㅂ+ㄹㅗㄱ+ㄱㅏ°| '압록강은 $\xrightarrow{x}$ /ㅏㅂㄹㅗㄴk*ㅏ°/ $\xrightarrow{4}$ /ㅏㅂㄴ ㅗㄴk*ㅏ°/ $\xrightarrow{6}$ /ㅏㅁㄴㅗㄴk*ㅏ°/(/암노깡/)이 된다. |ㅗㅅ+ㅁㅏㄷㅏ| '옷 마다'는 $\xrightarrow{2}$ /ㅗㄷㅁㅏㄷㅏ/ $\xrightarrow{6}$ /ㅗㄴㅁㅏㄷㅏ/가 되고, |ㄹjㅜㄱ+ㅅㅣ ㅂ| '六十'은 $\xrightarrow{4}$ /ㄴjㅜㄱㅅㅣㅂ/ $\xrightarrow{5}$ /jㅜㄱㅅㅣㅂ/ '육십'이 되지만, |ㅅㅣㅂ+ㄹjㅜㄱ| '十六'의 경우는 $\xrightarrow{4}$ /ㅅㅣㅂㄴjㅜㄱ/ $\xrightarrow{6}$ /ㅅㅣㅁㄴjㅜ ㄱ/ (/심뉴/)이 된다.

이들 형태음소론적 규칙에 더하여, 한국어 음운에 관한 완전한 기술은 특정의 음소의 변이음적 변화를 관장하는 규칙을 포함하게 되는데, 이에 의하면, 예를 들어, 이완폐쇄음(예사소리)은 모음 사이에서 유성화하고, /ㄹ /은 특정 위치에서 설탄(舌彈)음 [ɾ]로 현실화한다. (비-한국인의 귀에는 변 이음의 차이가 대단히 커서, 여러 유럽 국민들이 일상(日常)의 목적으로 한 국어를 자역(字譯)하기 위해 사용하는 로마자화가 이완폐쇄음(예사소리) 및 /ㄹ/의 변이음들을 항상 구별하고 있는 사실에도 불구하고) 한글문자에 관 한 어떠한 해석도 이들 순수한 변이음적 차이에 주목한 바가 없다. 이들 변이음적 차이가 15세기에 이미 존재했는 지는 알기 어렵다. 그러나 [ɾ]와 [l]의 2개 음, 또는 [b], [p], [pʰ]와 같은 음족을 표시하는 한글 자소가 2개 이 상 있어 본 일이 없다. 이것은 놀랄 만한 것이 아니다: 유럽의 언어들의 정 자법도 아주 비슷하게 작용하기 때문이다. 영어 글자체도 평범한 [l]과 연구 개화된 [lᵐ] 사이, 또는 유기와 무기 폐쇄음 사이의 구별을 표시할 수 없다.

또 한편으로는, 단일 음소의 변이음들 사이라기보다는 대립하는 음소들 사이의 교체음들과 관계있는 형태음소적 규칙에 관해서, 한글의 규약은 이 제 원래 있었던 것과는 아주 다르다.

세종은 그의 글자체가 '얕은' 체계로 사용되기를 의도했던 것 같다. 예로, 훈민정음은 이렇게 주석하고 있다:

&lt;bʌis-goɟ&gt;는 '배 꽃'(빗곶爲梨花)이며, &lt;ØjGz-Øɯi-gacʰ&gt;는 '호피'이다 (엿의갗爲狐皮). 그러나 &lt;s&gt;(ㅅ)자는 이런 경우 두루 사용될 수 있으므로 오직 &lt;ㅅ&gt;만이 사용되어야 한다.

즉, 위에서 인용한 낱말에서 4개의 기저자음 |ㅅㅈㅿㅊ|는 표면에서는 다같이 (/ㄷ/)로 되므로, 그들은 똑같이 쓰일 수 있다. (핵후의 /ㄷ/는 &lt;ㄷ&gt;보다는 &lt;ㅅ&gt;으로 쓰였는데, 그것은 기저의 |ㅅ|이 종성의 위치에서 기저의 |ㄷ|보다 훨씬 흔했기 때문이다.

실로 훈민정음은 표준어가 아닌 방언이나 어린이들의 말에만 일어나는 음들을 표기하기 위한 지침을 포함하기까지 하는데, 이는 한글 사용자들에게 그 음성적 바탕을 아주 가까이 끌어안기를 기대하는 것을 암시한다. 이기문(1977, pp. 137, 140)은 15세기와 16세기의 정자법의 용법은 대체로 이 지침을 따랐다고 확인한다. 철자는 음운규칙을 적용한 표면상의 결과를 반영하였고, 그래서 특정 어근이 어느 때는 이런 정자법 형으로, 다른 때는 저런 정자법 형으로 나타나곤 했다. 그리하여 |ㄱㅏㅂㅅ| '값'은 격-접미사 |ㅣ|, |ㄷㅗ|와 더불어 각각 /ㄱㅏㅂㅅㅣ/ 및 /ㄱㅏㅂㄷㅗ/(규칙 3에 의해)로 발음되었으며, 쓰기는 &lt;갑-시&gt;, &lt;갑-도&gt;로 쓰이곤 했다. |ㄱㅣㅍ| '깊'은 활용-접미사 |ㅡㄴㅣ|, |ㄱㅗ|와 더불어 각각 /ㄱㅣㅍㅡㄴㅣ/ 및 /ㄱㅣㅂㄱㅗ/ (규칙1에 의해)로 발음되었으며, 쓰기는 &lt;기-프-니&gt; 및 &lt;깁-고&gt;로 쓰이곤 했다. 한글에서는 음소-기호들은 모아져서 음절을 이룬다. 문자를 쓰는 데 '표면적'인 접근을 선택하는 결과의 하나가 정자법상의 음절-경계가 (나의 표기에서 붙임표로 표시됨) 형태론적 분리라기보다는 음성적 분리를 표시했다—즉 어근의 어미자음은 접미사가 모음으로 시작될 때는 그 접미사의 일부로서 쓰이었다.

처음부터 표면적 접근은 전적으로 일관성 있게 채택된 것은 아니었다. 한글체계의 반포 후 일 이 년 이내에 간행된 책에, 규칙 1로 합친 갖가지 기저 핵-후 치찰음들과, 규칙 6의 결과가 쓰기에서 무시됐던 경우들과를 쓰기에서 구별했던 예들이 가끔 있다.(그래서 예컨대 |ㅁㅣㄷ+ㄴㅡㄴ| '믿는'은 /ㅁㅣㄴㄴㅡㄴ/으로 발음되어, 쓰기는 &lt;민-는&gt;보다는 &lt;믿-는&gt;으로 쓰

이었다). 그러나 일반적으로 규칙은 쓰인 자소(字素)는 발음된 음소와 상응한다는 것이었다.

그러나 16세기 이후에 한글 정자법 규약은 무너졌다. 1590년대에 일본의 통치자 히데요시가 (결국은 성공하지 못한) 중국 정복의 기도의 예비 행위로서 한국을 침공했다. 이 침공은 한국 사회에 파괴적 영향을 끼쳤는데 한국은 몇 세기 동안 이로부터 완전히 회복하지 못했고, 그 결과의 하나는 전국적인 서체(書體)의 규범을, 특히 한글 글자체의 사용자의 범위가 확대되고 있을 때, 유지하기가 훨씬 어렵게 됐다는 것이다. 17세기와 그 후의 세기 동안 한국어의 말에는 잇단 변화가 생겼고, 그 중 많은 것이 예전의 철자법에 관한 약간의 개선을 필요로 했다. 실제로는 그 결과는 정자법의 혼란을 심화시키고 있었다. 이 일은 오직 20세기 초에서야 결말을 짓게 되었는데, 그 때 한국의 민족주의의 고양이 한글 글자체의 격을 높이게 했고 또 1921년에 그러한 문제들을 조사하기 위한 조선어학회의 창설을 낳게 했다.

현재는 남한 북한 간에 철자법에 약간의 사소한 차이가 있다(Martin 1968 참조). 그러나 대개 이 두 반쪽 나라들은 1933년에 조선어학회가 출간한 한글 맞춤법 통일안에 정해진 규칙을 이제는 따르고 있다. 이들 규칙 뒤에 있는 철학은 현대 한국언어학의 아버지인 주시경(周時經)(1876-1914)의 사상에서 나온 것이다(그런데, 예전에는 언문이라고 알려진 글자체에 대해 한글이란 이름을 만들었던 사람은 주시경이었다). 그 철학은 15세기의 정자법의 원리와 정반대다.

언어에 관한 주시경의 사상은 최근의 '생성' 언어 이론을 현저하게 생각나게 하는 것이었다(Lee 1981). 공시적 분석과 통시적 분석간에 엄격한 차이를 두면서, 주시경은 언어의 형식은 문법적으로도 음운적으로도 2개 층위(層位)의 구조를 소유하는 것으로 취급되어야 한다고 믿었다. 문법적으로는, 문장의 표층구조는 '숨은 뜻'을 숨기고 있고(생성론 언어학자들이 말하는 '심층구조'), 음운론적으로는, 어근이 특정한 형태론적 환경에서 보여주는 '임시형'이 때로는 그의 고정된 '원형'과는 다르다는 것이다. 정자법은 어근에 영향을 끼치는 갖가지 음운규칙의 결과를 무시하고, 어근의 '원형'을 반영해야 한다는 것이다.

이 원칙은 현대 한국어 정자법에 꾸준히 적용되어 와서 지금은 특정한 어근의 상이한 발음간의 교체형들은 그들이 불규칙한 것, 즉 일반 음운 규칙에 의해 예측할 수 없는 것이 아니면, 쓸 때에 무시된다. 정자법은 '얕'다 기보다는 '깊'다(그리하여 그림 23의 음운표기는 사선(斜線)으로보다는 수직선으로 엄격히 둘러싸여졌어야 한다.)

/gabdo/, /gabsi/(위 참조)와 같은 한 쌍의 어형은 이제는 <갑-도>, <갑-시>가 아니고 <값-도>, <값-이>로 쓰인다: 즉 어근은 일관된 서체(書體)를 가지고 있다, 이유는 기저의 |ㅅ|은 말할 때는 규칙 3에 의해 제거되더라도 문자로는 쓰이기 때문이다. 정자법의 음절-분리는 이제 음성적이라기보다는 형태론적이다: /ㄱㅏㅂㅅㅣ/의 /ㅅ/은 음성적으로는 뒤따르는 음절에 속하지만, 의미론적으로는 어근의 일부이므로 그렇게 쓰이는 것이다. (/ㅂㅅ/)와 같은 자음군이 단일 음절의 일부로 쓰일 때는, 긴장 무기폐쇄음(된소리)을 위한 자소(字素)의 두 반쪽과 같이 나란히 쓰인다.) 어떤 경우에는 낱말의 철자가 그 발음과는 아주 다르다: |ㅣㄸㅏ/ '있다', /ㅑㅁㄴㅗㄲㅏㅇ/ '압록강' (위의 pp. 185-7의 규칙 2 및 6을 참조할 것)은 쓰일 때는 각각 <ㅇㅣㅆ-다>, <압-록-강>이 된다.

또 한편으로는, |ㄷㅡㄷ+ㄷㅏ| '듣다 '- 규칙 X에 의해 /ㄷㅡㄸㅏ/가 됨 - 대 |ㄷㅡㄹ+ㅓㅆ+ㄷㅏ| /ㄷㅡㄹㅓㄸㅏ/ '들었다'의 경우에 보는 /ㄷ/와 /ㄹ/ 사이의 교체는 불규칙한데, 이것은 영어의 *wife~wives, half~halves*에서의 /f~v/교체와 같다. |-ㄷ|로 되는 많은 다른 한국어 어근은 /-ㄹ/로 되는 변이형태를 갖지 않는데, 그것은 *reef, laugh* 같은 영어 어근이 /f/를 /v/로 변화시키지 않는 것과 꼭 같다. 그래서 이들 한국어 어형은 <듣-다>, <들-었-다>로 철자된다.

음성적 음절-분리에서 형태적 음절-분리로의 변화의 하나의 결과는, 1933년 이래 초성의 위치의 <ㅇ>자소는 한글 글자체의 순전히 추상적인 '자리-잡기'요소가 되었다. p. 172에서 본 대로 초성의 <ㅇ>을 무음(無音)(∅)을 표시하는 것이 아니고, 다른 초성 자음이 없는 음절에서 보통 일어나는 [fi]음을 표시하는 것으로 보는 것이 가능했다. 그러나 |ㄱㅏㅂㅅㅓㅣ| 같은 낱말이 <값+이>로 쓰인다면, 이제는 <ㅇ>을 [fi]와 동일시하는 데 하등의 문

제가 없다. 한국어의 음절-구조의 원칙은, 이 낱말은 /ㄱㅏㅂ$ㅅㅣ/로 발음
되고, /ㅅ/은 둘째 음절의 초성 자음으로 작용함을 의미한다. [ɦ]음은 아무
래도 이 낱말에서 일어날 수 없다. <ㅇ>이 문자에서 생기는 것은 순전히
정자법의 규칙이 모든 쓰인 음절은 무엇인가 자음-기호로 시작할 것을 요
구하기 때문이다.

  1933년의 정자법 체계는 공시적인 기저 발음을 쓰기로 결정했음을 표시
한 것임을 강조해야 하겠다. 폐용된 표층발음을 쓴다는 것은, (어느 정도)
영어 글자체에서도 하는 것처럼, 고문체(古文體)를 쓰자는 결정은 아니었
다. 흔히 이들 두 원칙은 비슷한 철자를 낳기도 하지만, 때로는 그 결과가
다르고, 또 이런 경우에는 현대 한국어 정자법은 신중한 정도로 낡은 것은
아니다. 예컨대, 한글의 발명 후 /ㆍ/음소는 다른 모음과 합동함으로써 음
성언어에서 사라졌다. 이것은 기호 <ㆍ>는 이제 변별적 음소를 표시하지
않았음을 의미했으나, 그래도 쓰기에서는 변별적으로 사용되었다(영어에서
17세기 후반 이후 *meat, seal, mead* 및 *meet, wheel seek*의 두 벌의 낱말들의 모음
이 말할 때는 동일했음에도 불구하고, 쓰기에서는 그들의 모음을 구별하는
것과 같다). 1933년 전에는 중세 한국어 /ㅅㅏㄹㆍㅁ/에서 나온 /ㅅㅏㄹㅏ
ㅁ/ '사람'과 같은 낱말은 <사ᄅᆞᆷ>으로 쓰였다. 고문체의 정자법에서는 이
런 철자가 유지되겠으나, /ㆍ/와 다른 모음들 간의 합동은 음성언어에 공
시적 교체형을 남기지 않았으므로, 현대 한국어에서는 공시적 기저인 |ㆍ|
를 앓힐 이유가 없고, 따라서 1933년의 개혁은 <ㆍ>자소를 폐지했다−/ㅅ
ㅏㄹㅏㅁ/은 이제 <사-람>으로 쓰인다. 다른 비슷한 예들을 인용할 수도
있다.

  1949년에 그 이상의 정자법 제안이 북한에서 공표되었는데(Xolodovic
1958), 만약 이것이 채택되었더라면 한국어 정자법을 추상적인 '심층'접근
방향으로 한층 더 나아가게도 했을 것이다. 어떤 한국어 형태음소적 교체
형은 불규칙한 것을 우리는 보았다: 예컨대 /-ㄷ/인 변이형태가 /-ㄹ/인 변
이형태와 교체하는 '듣다'의 '듣'과 같은 어근이 많이 있으나, 이들 음소의
어느 것으로도 끝나는 한국어 어근의 대부분은 이와 같은 교체형을 보여주
지 않는다. 이와 같은 불규칙한 교체를, 다음과 같이 가정함으로써, 언제나

규칙적인 교체로 변화시킬 수 있다: 즉 기저 수준에서 어근은, 교체에 참여하는 두 음소와는 다른 제 3의 음소를 가지며, 이 음소는 교체의 목적을 위해 고안된 규칙에 의해, 교체하는 음소의 어느 것으로도 변할 수 있다는 것이다. 예컨대, 영어에서 *wife*와 같은 어근을 기저가 |walf|가 아니고 |walφ|로 취급함으로써(한편 *reef*는 |rif|이고), 또 다음과 같은 규칙을 가정함으로써, *wife/wives*형의 교체를 규칙화할 수 있다: 1. 양순 마찰음 |φ|는 (순치(脣齒)마찰음 |f|는 아님) 유성음 앞에서 유성음이 된다; 2. 양순 마찰음은 (그 후에) 순치음이 된다. 이것은 본질적으로는 Chomsky and Halle가 영어의 |x|를 위해 주장했던 방법이다(그 경우는 비교적 복잡하지만). 1949년의 제안은 이 접근 방법을 학문적인 언어학 분석의 기술적 고안으로서가 아니고 한국어를 위한 개선된 일상(日常)의 정자법을 향한 경로(經路)로서 사용되었다.

여섯 개의 음이(이들은 한국어에서 실제로 발음되지는 않지만) 한국어의 기저형으로 발생하는 것으로 정의되었다. 이들 음을 표시하기 위해 자소가 창조되었고(어떤 경우에는 폐용된 한글 자소가 부활됐고, 또 다른 경우는 자형(字形)이 새 것이었다), 그 각각의 경우에 새로운 기저 음소의 행동을 지배하는 음운규칙이 어떤 부류의 공통적이지만 불규칙적인 형태음소적 교체형들을 포착하게끔 정의되었다. 그래서 '듣'과 같은 어근의 행동은 '유성 설단 마찰음'을 표시하는 것으로 정의된 폐용된 자소 <ㅿ>를 부활시킴으로써, 또한 |ㅿ|는 모음 사이에서 /ㄹ/로 되고 대부분의 자음 앞에서는 /ㄷ/이 된다고 명시함으로써 처리되었다(그 규칙은 여기에서 논의되지 않은 어떤 다른 교체-현상을 다루기 위해 이것보다 조금 더 복잡했어야 했다). 이렇게 하면 /ㄷ—ㄸㅏ/ '듣다'와 /ㄷ—ㄹㅓㄸㅏ/ '들었다'를 각각 <듷-다>와 <듷-었-다>로 철자할 수 있어서, 이제는 어근 '듣'은 규칙적이며 글씨꼴의 불변성의 원칙을 따르는 것이다.

다시 강조하거니와 여기서 현행의 정자법이 역사를 반영하게 할 의도가 없다는 것이다. 방금 인용한 예에서 새 자소 <ㅿ>는 원래의 한글 체계에 있었고 아마 유성 설단 마찰음이었을 자음을 표시했던 자소를 부활시킨 것이다. 그러나 그 역사적 /ㅿ/는 모음 사이에서 결코 /ㄹ/이 되지 않았으며,

또 역사적으로도 어근 '듣'에 일어나지 않았다. 역사적 /△/가 16세기에 살아있는 언어의 일부로서 존재하지 않게 되자 그것은 단순히 사라졌다(즉 영(zero)와 합동했다). 1949년의 제안의 |△|는 순전히 이론적, 공시적 구성물이었다.

실제로 1949년의 제안은 실행에 옮겨지지는 않았다. 그러나 이와 같은 계획이 진지하게 고려될 수 있다는 사실은 몇몇 한글 언어학자들이 어느 정도까지 유럽에서는 상식으로 흔히 통하는 이치, 즉 최선의 실용적 정자법은 자소를 음성언어의 음소와 일-대-일로 배당하는 것임을 수용하지 못했는가를 보여주는 것이다. 1949년에 제안된 것은 차치하고 한국에서 실제 사용 중인 정자법은 이상적 정자법에 관한 생성음운론자들의 견해에 정신적으로 더 가깝다.

동시에, 한글의 철자-규약의 역사가 화자들이 그들의 어휘를 기억 속에 저장하는 형식에 관한 생성음운론자들의 심리적 이론을 뒷받침하는가는 전연 분명치 않다. 만약 이에 관해 생성음운론자들이 옳다면 당연히 '깊은' 정자법은 비교적 자연스러워서 음성표기적 글자체의 사용을 습득한 사회는 기저형식의 쓰기를 시작하게 될 것이다. 오직 음성적 교양이 점차 커가는 화자들이, 말을 할 때 그들의 저장된 형식에 자동적으로 적용하는 음운규칙의 결과들을 의식적으로 감지하는 것을 서서히 배움에 따라서만이, '얕은' 쓰기로의 움직임이 나타난다고나 할 것이다. 그러나 역사적 움직임은 그리이스어와 한국어의 정자법의 경우 이와는 반대였다. 철자는 표면적 접근에서 시작하여 점차 더 깊어졌는데, 이는 정자법이 역사적 음운-변화에 적응하지 못함에서 생기는 '타성적 심화(深化)'의 경우들을 제쳐놓고서도 그러했다.[3] (한글 철자의 천층에서 심층으로의 움직임은 주시경에 의해 단독으로 이루어진 갑작스런 변화인 양으로 나는 논했는데, 이기문(1977, pp. 234-5)은 그 방향으로의 움직임은 그 전 몇 세기 동안 있어왔다고 제안한다.)

얕은 음성표기 체계와 대립해서 깊은 음성표기 체계에 실제적 이점이 있다는 것은 아마 있을 수 있을 것이다(이 문제는 제10장에서 재론하겠다). 하지만, 만약 그렇다면, 이들 이점은 유능한 화자로서의 해당 언어의 모든 화자에 생기는 것이 아니고, 오히려 그 언어를 유창하게 말하는 것에 더하여 그 언어의 구조적 특성에 관한 약간의 이해를 얻은 사람에게 생기는 이점임이 분명할 것이다(Mattingly 1972 참조). 생성론 파의 언어학자들에는, 한 언어의 유능한 화자가 된다는 것은 그 언어의 구조에 관한 지식을 습득했다는 것이다. (심리적으로-실재하는 '추상음운론'을 위한 생성음운론자들의 주장의 논리적 오류를 나는 다른 곳에서 비판한 바 있다: Sampson 1975.)

이와 관련하여 이기문(최고의 현대 한국 언어학자)과 Frits Vos(서양의 지도적 한국어학자)의 신·구 한글 용법의 상대적 장점에 관한 견해를 비교하는 것은 흥미로운 일이다. Vos (1964, pp. 39-40)에게는 얕은 철자에서 깊은 철자로의 움직임은 무조건의 개선이었다. 기저의 어미 긴장 자음(된소리)이 음성적으로 이완자음(예사소리)로 쓰였던 구 체계는 '문자 체계의 단순화로서 의도되었으나 실제는 언어 연구를 크게 복잡하게 했다.' '낱', '낟', '낫', '낮', '낯'(p. 185)과 같은 낱말들이 접미사가 뒤따르지 않을 때 모두 똑같이 쓰였다는 사실은 '비참한' 결과였다. 반대로, 이기문은(1963, p. 23) 현대의 깊은 철자를 유감으로 여긴다: '그것은 기저형을 대표적 자형으로 선택하여, 모든 형태소를 단일형의 문자로 표시한다. . . . 이것은 음소적 정자법의 원칙에 . . . 반대되는 것이다. . . [또한] 그 결과로 한국어 정자법은 배우고, 읽고, 쓰는 데 아주 어려운 것이 되었다.'

이들 판단은 각각 외국 학자와 내국 화자의 상이한 입장을 반영하는 것일까? 국외자로서 언어를 배우는 사람에게는, 비록 그가 매우 능숙해지더라도 자동적인 음운 대체(代替)의 규칙에 숙달해지는 것은 보통 습득하기에 가장 어려운 기능 중의 하나다(그리고 학자의 견지에서는 가장 가치 없는 것 중의 하나다). 이런 사람이 그 언어를 읽을 때는 어떤 의미-단위들이 지면에 있는가를 보고 싶어하는데, 만약 이들이 갖가지 음운상의 과정의 결과에 의해 겉모습이 바뀐다면 그것은 그에게는 단순히 귀찮은 것일 뿐이다. 반대로 내국인 화자는 어떻게 어형들이 발음되는가를 완전히 파악하고 문자언어를 맞이한다. 그는 어떤 경우에는 언어학적-기질의 교수에게는 명백한 단일 어근의 여러 변이형태간의 연계를 거의 알지 못할 수가 있다. 생성음운론자들이 영어 정자법을 칭찬할 때, 그들은 무의식적으로 전문적 언어학자로서의 자기자신들의 아주 특수화된 역할에 적절한 가치-판단을 하고 있는지도 모른다(제10장에서 검토하겠지만, 그 견지에서 보더라도 그들의 평가는 의심스럽지만). 한편으론 이기문은 전문적인 언어학 연구에 특별한 관심이 없는 자기 동포의 대중을 위해 말하고 있는지 모른다.

현대 한글의 철자-규약에 관해서 뿐만 아니라 일반적으로 한글 형의 글자체의 장점들에 관해 회의적일 수 있다.

한글의 특성은 그것이 완전한 분절음에 보다는 음성적 자질에 기초를 두고 있다는 것이다. 한국어에서는 (다른 언어에서와 같이) 약간 많은 분절 음소들이 소수의 자질들을 여러 가지로 결합함으로써 구축되어 있다. 그래서 자질적 글자체는 배워야 할 글자 단위의 수가 적다는 장점을 가져야 한다. 이론적으로는 한글은 오직 15개의 변별적 글씨요소들로 구성되어 있다고 주장할 수도 잇다: 즉 조음점을 위한 5개의 외형, 4개의 조음방식의 변화, 3개의 양(陽)모음과 <ㅣ>를 위한 외형과 양 외형을 음 외형으로 변환하는 원칙 및 /j-/로 이중모음을 표시하는 원칙이다. 명백히 양순폐쇄음의 불규칙한 외형과 같은 복잡한 점이 있기는 하다. 그러나 그렇더라도 한국어에는 분절 음소의 수(/j w/를 포함해서 30개)보다는 훨씬 적은 수의 한글 글씨요소들이 있다.

하지만 오직 15개의 자소만 갖는 글자체가 30개의 자소를 갖는 글자체보다 실제에 있어 배우기가 훨씬 쉬울지는 전연 분명치 않다, 특히 자소의 수가 적은 것이 학습자에게 음-조각을 그 구성 자질로 분석할 것을 요구하면서까지 해서 이루어진 것이라면 그렇다. 자소의 형태를 기억하는 것은 오직 음성표기적 글자체를 배우는 전체의 일의 사소한 일부분일 뿐이라고 주장될 수도 있다. 그래서 자소-목록의 크기는 이러한 글자체를 고안하는 데 있어서 민감한 요인이 되지는 않을 것이다. 실로, 한국인들이 실제로 그들의 글자체를 만드는 데 사용된 자질적 원리의 관점에서 그 글자체를 보통 배우거나 혹은 감지하는지 사람들은 의아해할 것이다. 우리는 제2장에서 Pitman의 속기는 같은 자질적 원리에 기초를 둔 것임을 보았다. 그러나 내가 믿는 바로는 영국의 속기사들은 일반적으로 갖가지 음소를 위한 윤곽을 독립된 단위로 배우며, 그 윤곽이 어떤 논리로 결정됐는지에 대해서는 거의 또는 전연 주의를 기울이지 않는다. 마찬가지로 한국인들은 한글의 <ㄴ>, <ㄷ>, <ㅌ> 등을 부분적으로 동일한 글씨의 합성물로 보기보다는 독립된 개별적 '글자'로 본다

　더구나 한글의 글씨 요소들의 수가 적은 것은 배움의 가능성에 대한 이점을 제공한다고 생각되는 한편, 그것은 읽기 쉬움과 상쇄하는 불리한 점을 지니고 있다. 제5장에서 언어형식의 씌어진 형태의 변별성은 독자의 견지에서 바람직한 것임을 보았다. 한글이 아주 소수의 자소를 사용한다는 사실은 한국어의 글 한 페이지에서 눈을 묶어 두어야 할 것이 거의 없다는 것을 의미한다: 즉 모든 것이 계속 반복되는 똑같은 소수의 단순한 기하학적 형태로 구성되어 있다.

　사실, 한글은 자질을 개별적으로 기록하지만 그것을 시각적으로 음절로 모으는 한글 체계는 한국인들에게 두 영역(배울 단위는 적으면서도, 여러 시각적으로 두드러진 윤곽은 많은 것)의 최선의 것을 제공한다고 나는 전에 제시하였지만, 오늘의 상황에서는 자질의 원칙과 음절의 원칙간의 이 절충은 두 영역의 *최악의* 것을 표시한다고 똑같이 주장할 수 있을 것이다. 한국어 음운은 음절구조의 다양성을 거의 허용하지 않기 때문에(거의 모든 쓰인 음절은 CVC 혹은 CV 구조임), 글자체의 지각(知覺)적으로 두드러진 요소인 음절들은 시각적 윤곽에서는 실제로 매우 다양하지는 않다. 또 한편으로는, '자모들'이 일렬로 배열되지 않고 평면의 음절로 모아져 쓰인다는 사실은 인쇄에서 어려움을 부추긴다. 움직일 수 있는 한글 활자의 낱낱은 개개의 '자모'가 아닌 완전한 음절로 모아진 것으로 구성되어야 한다. 그러므로 인쇄업자는 각 활자체에서 불과 이삼 십 벌이 아니고 수 백 벌의 활자체를 갖고 있어야 한다.

　그러나 이 장을 부정적인 말투로 끝내는 것은 온당치 않을 것이다. 더 다양한 자소를 갖는 음소적 글자체에 관해서 한글이 갖고 있을 어떤 불리한 점도 아주 낮은 것이다. 한글 글자체는 그것을 사용하는 사람들에게는 아주 마음에 드는 효율로써 분명히 기능하고 있다. 실로, 제9장에서 말을 시각적으로 기록하는 문제에 관해 한국인들이 발전시켜 온 해결책과, 정확히 같은 출발점에서 일본인들에 의해 도달된 해결책을 비교하게 될 때, 한

글의 탁월한 단순성과 편리성에 아주 놀랄 것이다. 한글이 궁극적으로 한
국인에게는 생각할 수 있는 모든 글자체 중에 최선의 것인지 여하간에, 한
글은 의심의 여지없이 인류의 위대한 지적 업적의 하나로서 자리를 차지할
것이 틀림없다.

# 제 8 장  어표문자 체계: 중국어 문자

영속적이며 발전적인 역사적 현상으로 보이며, 아랍 글자체, 로마 글자체, 또는 시릴 글자체가 각기 대표하는 것이기도 하는 셈어의 알파벳은 세계의 문자언어의 대부분의 수단을 제공해주는 이대(二大) 문자 체계 중의 하나이다. 이 장에서는 이들 체계의 다른 쪽, 즉 중국어를 검토하겠다. 문자의 역사에서 아주 최근까지 중국어 글자체는(일본어 체계나 또는 전에 베트남어로 사용된 중국어-파생의 글자체와 같은 그의 파생어들을 무시하고, 중국인들에 의해 실제로 사용된 체계만을 고려하더라도), 셈어에서 파생된 모든 알파벳 글자체를 합친 것보다 더 광범위했다. 예컨대, 18세기 말 무렵까지 세계에서 발간된 모든 책의 절반 이상은 중국어로 썼었다. 셈어에서 파생된 알파벳 문자가, 그 체계를 사용하는 몇몇 국가에서 산업혁명이 불러일으킨 갑작스런 부와 힘의 대두의 결과, 아주 광범위한 영역에 걸쳐 확대되어 있는 오늘날에도, 중국어와 중국어에서 파생된 문자는 사용자의 수의 견지에서 아주 존경할 만한 둘째 번을 차지한다. 셈어나 중국어 체계의 어느 것과도 역사적 관계가 없는 글자체의 대부분은, 그 중 선형문자 B와 한글은 두 예인데, 지구의 아주 작은 장소에서 사용되고 있고 (또는 사용되었다).

우연히도 역사상 두 주요 문자 체계가 글자체의 두 주요 유형적 범주의 예가 되고 있다: 셈어족은 음성표기적인 반면, 중국어 체계는 어표(語標)표기적이다. 중국어 문자 체계의 글씨는 발음의 한 단위를 표시하지 않고 한 형태소, 즉 중국어의 최소의 유의(有意) 단위를 표시한다. 중국어는, 영어 또는 다른 어느 언어와도 같이, 그 어휘에 수 천의 형태소를 갖고 있으므로, 중국어 글자체는 분절적인, 또는 음절적이기도 한, 음성표기적 글자체에서 보는 수 십의 글씨가 아닌 수 천의 글씨를 갖고 있다. 만약 두 형태소가 똑같이 발음되면 (이는 중국어에서 아주 많이 일어나는 일임을 곧 알게 되겠지만), 그들은 보통 부분적이라도 닮은 것이 없는 두 개의 별개의 글씨를 갖고 있다. 하나의 예를 들자면: 한 쌍의 중국어 동음이의어(同音異義語) /ȼhuan/ '반숙하다'와 /ȼhuan/ '뛰다'가 있다. (나의 중국어 음성 표기에서 /ȼ c ʐ/는 각각 치조, 치조구개, 반전(反轉) 파찰음, 즉 IPA의 [ts tɕ tʂ]를 표시한다. /ˉa ′a ˇa ‵a/에서처럼 판독 부호는 중국어의 4개의 변별적 '성조' 즉 음높이-형(四聲)을 표시한다.) 이들 낱말은 다음과 같이 쓰인다:

余                               蹿
ȼhuan '반숙하다'               ȼhuan '뛰다'

이들 두 글씨는 배우지 않은 사람의 눈에 비슷하게 보이지 않고, 또 이런 인상은 정확한 것이다-즉 그들 사이에는 아무 관계가 없다. 영어의 *can* '가능하다'와 *can* '깡통'과 같은 동음이의어는 보통 똑같이 쓰이고, 또 *meet*와 *meat*, 또는 *doe*와 *dough*와 같은 동음이의어가 다르게 쓰일 때는 특별한 설명이 필요하다는 유럽인의 기대는 중국인의 글씨쓰기 방법과 맞지 않는다. 그것은 중국어 글씨의 자형(字形) 간의 유사성은 글씨가 표시하는 형태소의 발음 간의 유사성과 결코 일치하지 않는다는 말이 아니다. 이런 종류의 일치가 중국어 문자의 조직에 실제로 역할을 하는 것을 앞으로 검토할 것이다. 그러나 똑같이 혹은 비슷하게 들리는 형태소들이 부분적으로 비슷한 글씨들로 쓰이는 것은 흔히 있는 일이지만, 이것은 언제나 그런 것은 아니다. 방금 예시한 바와 같이, 완전한 동음이의어의 글씨들 사이에 아무런 관계가 없는 것이 아주 흔히 있다. 한 낱말의 발음을 알면 그것을 어떻게 쓰는가를 적어도 잘 추측할 수 있을 것이라는 유럽인의 생각은 중국인에게는 이상하게 느껴질 것이다.

위 문단들에서 낱말과 형태소라는 용어를 약간 엉성하고 허술하게 다루어 왔는데, 그 이유는 이 두 개념간의 차이는 중국어에 관해서는 유럽의 언어들에 관해서처럼 명확하지 않기 때문이다. 음성언어로서의 중국어는 중국어 문자가 어떻게 역할을 하는가를 이해하는데 아주 적절한 상호관련된 특수 자질을 많이 가지고 있다. (중국어의 기술에 관해서는 Kratochvíl 1968을 참조할 것.)

첫째, 중국어는 그 음절들이 음운적으로 서로 서로에서 분명히 경계가
정해진 언어다. 영어에서는 음절을 세는 것은 - river는 2음절, *philodendron*은 4
음절 하는 식으로 보통 간단하다. 그러나 어디서 한 음절이 끝나고 다음
음절이 시작하는가를 명시하기는 아주 어렵다 - *river*의 /v/는 첫 음절의 끝
인가 혹은 둘째의 시작인가? *philodendron*의 /ndr/는 /n$dr/로 쪼개야 하나 또
는 /nd$r/로 쪼개야 하나? 사실, 후자의 범주의 질문은 영어와 같은 언어를
위해서는 위사(僞似)질문이라고 할 수 있다: 사실은 *river*의 /v/는 양 음절에
균등하게 소속되는 것으로 취급되어야 하는 것이 당연하다. 이런 일은 중
국어에서는 일어나지 않는다: 이 언어에서는 어떤 자음도 한 음절을 마감
하는 것인지 혹은 다른 음절을 여는 것인지를 쉽게 또 분명하게 밝혀질 수
있다. 그래서 음절 간의 경계는 분명하다. (이렇게 되는 하나의 이유는 중
국어에서 모음-뒤에서 일어날 수 있는 자음들의 집합은 어두에서 일어날
수 있는 자음들의 집합과 거의 어울릴 수 없기 때문이다.)

둘째, 중국어의 형태소는 음절과 동연적(同延的)이다: 즉 각 형태소는 1
음절의 길이이며, *feather*나 *elephant*와 같이 단일의미-단위가 2음절 이상에 걸
치는 예나, 반대로 *cats*의 /s/나 *height*의 /t/와 같이 한 의미-단위가 음절의
한 조각에 해당하는 예가 사실상 없다. (어떤 비교적 한계적인 현상이 있는
데 이에 비추어 볼 때 위 진술은 전적으로는 사실이 아니다. 그러나 중국
어 문자체계는, 음성중국어의 구조의 거의 대부분에 관해 타당한 일반론을
혼란시키는 갖가지 소규모 현상들을 무시하는 '이상화'된 설명 - 음성중국
어에 관한 - 과의 관련에서 가장 쉽게 이해할 수 있다.)

셋째, 중국어는 '고립'언어다. 그 문법은 전적으로 개개의 낱말들을 연결
함으로써 작용하는데, 마치 영어에서 I write, I wrote, he writes하는 식으로
낱말의 발음을 바꾸지 않고, I write, I will write라고 하는 것과 같다. 분명히
이 특징은 이미 열거한 두 가지와 밀접한 관계가 있다. 유럽 언어들의 대
부분의 굴절은 궁극적으로는 원래 독립적인 접미사-형태소이었던 것으로부
터 나온 것인데, 그 접미사-형태소가 어근의 발음에 영향을 주었고 또 그로
부터 상호적으로 영향을 받아서 많은 경우에 그 접미사의 정체를 알아볼
수 없거나 또는 그것을 어근과 음운적으로 분리할 수 없다. 중국어 형태소

들은 모두 음성적으로 서로 분리되어 있는 음절들로 구성되어 있기 때문에, 비교할만한 것이 이 언어에서는 일어나지 않았다. 개개의 형태소들은 오랫동안에 걸쳐 독립적으로 그 발음을 수정해 왔다. 그러나 형태음소적 교체나, 또한 어근과 접사(接辭)의 융합은 사실상 없다.

끝으로, 유럽 언어에서의 하나의 낱말은 흔히 현대중국어에서 2개의 형태소의 연속으로 번역되지만, 영어의 *blackbird, interview, overthrow*와 유사한 하나의 합성어로서 이들 형태소를 분명히 밝히기는 어렵다. 이유는 언어의 확인된 요소인 형태소-결합과 확인되지 않은 요소인 형태소-결합 사이의 경계선이 영어에서보다는 중국어에서 더 애매하기 때문이다—즉 중국어 사용자는 형태소들을 묶어 여러 가지로 결합하는 것이 비교적 자유롭다. 이 사실은 아마 부분적으로는 상이한 문자체계의 결과일 수 있다: 썩어진 영어에서 시각적 단위는 낱말이며, 그래서 낱말들은 우리가 기본적인 건축용 블록으로 여기기를 배우는 것들이며 그 블록의 내부 구조는 주어진 것으로 대체로 받아들이기 쉬우나, 반대로 쓰어진 중국어에서는 시각적 단위는 형태소이다—즉 글자체는 글씨의 쌍들을 공간적으로 한데 묶어서 그들이 합성어로서 공존하는 것을 보여주지 않고, 한 문장의 모든 형태소들은 동등한 공간으로 쓰인다. 그러므로 중국인은 형태소들을 언어체계가 공급하는 단위로 보며, 형태소들의 결합을 개인의 언어-사용의 영역에 드는 것으로 생각한다. (이 차이를 과장해서는 안된다—2개 형태소로 된 특정 합성어가 그 자체의 고정된 특이한 뜻을 가지고 전적으로 표준화되는 예들이 분명히 아주 많이 있다. 그러나 이런 예들은 *white spirit*와 같은 영어의 다단어(多單語) 관용구와 비교될 수 있을 것이다. 그리고 상대적 관점에서 중국어 형태소들은 영어나 기타 유럽 언어의 형태소들이 갖는 이상으로 결합의 자유를 더 갖고 있다.)

중국어의 형태소들은 독립된 발음 단위들이고 문자체계에서는 독립해서 기호화된 단위들이기 때문에, 또한 그들은 문법적으로 비교적 자유롭게 서로 결합하기 때문에, 그 결과는 중국어로서는 형태소보다 더 큰 단위로서의 '낱말'에 관한 아주 명백한 개념이 없다는 것이다.

이 모든 것은 중국어 문자가 '형태소적' 체계로서 혹은 '낱말에-기초한'

체계로서 기술되어야 할 것인가를 논의하는 것이 왜 거의 의미가 없는가를 설명하기 위해서였다. 전문적으로는 중국어 문자는 형태소적이다. 그러나 대부분의 경우에, 중국어의 낱말은 형태소와 동일시 될 수 있다. 만약에 유럽의 언어가 진정으로 낱말에-기초한 문자를 채택하고 그로 말미암아, 예컨대 *eat, ate, eaten, eats, eating, eater* 등, 또는 (더욱 나쁘게는) 프랑스어의 *mange, manges, mangeons, mangé, mangée, mangés, mangerai, mangeras, mangera,* 등등에 대해서 아주 별개의 기호들을 사용해야 한다면, 필요하게 될 아주 많은 글씨의 문제는 중국어에서는 어떠한 경우에도 일어날래야 일어날 수가 없다. 까닭은 중국어는 어근을 굴절시키지 않기 때문이다. (사실 굴절시켰던 어떠한 언어치고 순수하게 낱말에-기초한 어표표기 체계를 채택했으리라는 것은 아주 믿기 어려운 것으로 생각되며, 나도 분명 이런 예를 알지 못한다.) 중국어에서는 낱말을 형태소와 거의 구별할 수 없기 때문에, 또 영어에서는 '낱말'이라는 용어가 '형태소'보다는 훨씬 자연스러우므로, 나는 때로는 중국어 글씨를 '낱말'을 표시하는 것으로 말하기도 할 것이다. 그렇지만 중국어에서 형태소와 낱말 사이에 분명한 구별을 그을 수 있는 경우에는, 글자체에서 낱낱이 기호화되는 것은 형태소이지 낱말이 아니다.

중국어 문자는 음성표기적 체계라기 보다는 어표표기적 체계라는 사실을 분명히 입증할 만큼 충분히 언급했다고 생각한다. 사실 글자체의 단위가 음운의 단위인 음절과 일치한다. 그러나 이것은 중국어에서 최소유단위 즉 형태소는 언제나 한 음절 길이라는 단순히 우연한 결과일 뿐이다. 특정의 음성중국어 음절이 여러 동음이의의 형태소들을 표시할 때, 이들 형태소들은 때론 전혀 유사성이 없는 별개의 글씨들을 갖는다. 반대로 일단의 중국어 글씨들은 자형은 아주 비슷하나 발음은 전연 관계가 없는 형태소들을 표시할 수도 있다.

하지만 이 시점에서 택일적 과오, 즉 중국어 문자는 제2장에서 정의한 의미에서 의미표기적 문자라고 추정하는 과오에 대하여 경고를 하는 것이 필요하다. 이것은 아주 널리 퍼진 오해이며 중국어 문자가 유럽에서 지적 관심의 주제가 된 이래 내내 그러했다. 특히 17세기에 유럽의 철학자들 사이에는 보편적인 철학적 문자언어, 즉 그들의 논리와 솔직하게 관계있는 어떤 방법으로 사고를 직접적으로 기호화함으로써 갖가지 자연언어의 멋대로의 불합리한 점들을 헤져나가는 '진정한 문자'를 창조할 생각에 대해 열의가 대단했다. 이런 생각의 지지자들은 이런 계획의, 불완전할지 모르지만, 현존하는 예로서 중국어 문자에 흔히 호소했다. Knowlson (1975, p. 25)은 이렇게 말한다:

> ... 보통의 문자를 계획한 사람이나 혹은 뒤에, 철학적 원칙에 근거한 문자를 계획한 사람들의 대부분은 이들 [중국어]문자의 사용을 동방에서의 공통 글자체의 형식이라고 불렀다. 늦게는 1681년에 De Vienne Plancy는 보편적 문자에 관한 ... 그의 첫 편지에서 중국어 문자가 '곧 생각을 의미하는 것인데도 여러 국가들의 무역을 위해' 전세계적으로 채택되지 않았다고 그의 ... 놀라움을 표현했다. .... 보편적으로 알 수 있는 글자체를 만드는 유일한 방법은, John Webster를 인용하자면 (Bacon을 흉내내는 것 같은데), '명목적이 아니고 실질적인, 글자도 낱말도 아니고, 사물과 개념을 표현하는' 문자를 사용하는 것임을 [중국어 문자]는 보여주었다.

중국어 글자체의 특성에 관한 이런 견해는 아직도 널리 신봉되고 있고, 중국어 글씨를 말하는 데 '표의문자'라는 낱말을 보통 사용함으로써 강화되고 있으며, 이는 중국어 글씨가 낱말보다는 의사(意思)를 표시하는 것임을 암시하는 것이다.

　하지만 사실은 중국어 문자는 '사고(思考)를 직접적으로 표시한다'거나 '낱말'보다는 '사물'을 표현하는 데에 영어나 기타 어떤 언어보다도 더 가까이 다가서 있지는 않다는 것이다. 중국어 글자체는 완전히 언어표기적이다: 즉 그것은 모든 익살과 불합리한 것들과 더불어 특정한 음성언어 즉 중국어의 단위들을 기호화한 것이다. 이것을 설명하는 갖가지 방법이 있다. 하나의 방법은 동의어와 관계가 있다. 다른 자연언어와 같이 중국어에는 발음과 어원이 판이하면서도 대강 정확하게 동일한 사물을 의미하는 일단의 낱말들이 있다. 그래서, 공교롭게도 중국어에는 '빨강'을 표시하는 4개의 낱말이 있다: /xúN/, /ʐhù/, /tan/, /ʐu/. 내가 아는 한에는 이들 네 낱말 사이에는 아무런 의미의 차이는 없고, 따라서 사고를 직접적으로 또 논리적으로 표시하는 '철학적 글자체'는 이들 넷을 전부 다루는 데 오직 하나의 기호만을 아마 필요로 할 것이다. 그러나 중국어에서는 그들은 4개의 아주 별개의 낱말들이며, 4개의 판이하고도 관련없는 글씨인 紅, 赤, 丹, 朱로 쓰이고 있다.

또 하나의 문제는 어휘 항목의 내부 구조와 관계가 있다. 모든 자연언어는 영어의 *buttercup*(미나리아재비)과 비슷한 용어를 가지고 있는데, 이것은 마치 일종의 컵의 이름이어야 할 것 같지만, 사실은 꽃이다. '철학적 글자체'에서는 *buttercup*을 위한 기호는 도구보다는 오히려 꽃을 위한 기호와 관계가 있을 것이다. 그러나 형태소적 글자체는 *buttercup*을 철자할 때는 *butter* 라는 글씨와 이에 뒤따르는 *cup*글씨로써 할 것이다. 마찬가지로 중국어에서 /cʰIN-pʰI/는 글자 뜻 그대로는 '푸른 가죽'인데, 이는 '깡패'라는 말이다. 이것은 보통 글씨인 /cʰIN/ '푸른'과 /pʰI/ '가죽'으로 쓰이고 있는데, 그 글씨는 그 용어가 일종의 사람을 표시한다는 실마리는 주지 않는다. (단 하나의 예만 들었지만, 이와 같은 예는 많다.)

끝으로, 음성중국어의 통사론은 다른 자연언어의 경우와 마찬가지로 흔히 특이질적이며 논리적으로 불투명하다. 철학적인 언어는 어구의 비논리적인 표현을 더 간단하고 더 투명한 구문으로 바꾸곤 하지만 문자중국어는 음성언어의 문법을 종이 위에 재현한다.[1] 중국어 글씨는 낱말을 표시하지, '사물'이나 '사고'를 직접적으로 표시하지는 않는다.

(첨언하건대, '빨강'을 표시하는 낱말들 따위의 동의어들이 중국어 글자체에서는 상이한 글씨들을 가지고 있다는 사실은 중국어 문자와 수메르어 문자 사이의 큰 차이를 예증하는 것으로서, 이는 강조해 마땅한 점이다, 그 까닭은 어떤 다른 점들에서는 중국어와 수메르어의 체계의 초기 역사는 유사했기 때문이다. 69페이지에서 본 바와 같이 고체(古體) 수메르어 글자체에서 입을 표시하는 그림은 그 어의(語義)의 영역에서 나오는 여러 낱말의 범위, 즉 '입', '말', '이' 등을 의미했다. 이와 같은 일은 중국어 글자체에서는 알려져 있지 않다. 앞으로 검토하게 되겠지만, 중국어 글자체의 초기 단계에서 하나의 글씨가 한 범위의 여러 낱말들을 표시하기 위해 차용(借用)되곤 했으나, 이러한 차용은 어의상의 관계에 근거한 것은 아니었다.)

　중국어 문자의 단위와 그 문자를 사용해서 표기하는 언어와의 사이의 관계를 검토했으므로, 이제는 개개의 글씨의 내부구조의 고려에 관심을 돌리겠다. 글자체가 다만 수십 개의 단독 글씨들만 사용할 때는, 그 갖가지 자형이 어떻게 생겨났는가의 문제는 거의 고물(古物)연구의 관심보다 더한 것이 못된다. 영어화자의 견지에서는 로마자의 여러 기호들은 다만 임의로 선택된 차별적 부호일 뿐이다. 반대로 글자체가 수천의 글씨를 갖고 있을 때는 그 글씨의 구조가 아주 중요하게 된다: 그 글씨들이 더 적은 수의 변별적 요소들을 갖가지 방법으로 결합함으로써 만들어지지 않는다면 이러한 체계를 아무도 배울 수가 없고, 또 요소들이 결합되어 전체가 되는 방법에 적어도 어느 정도의 규칙성이 있지 않는 한 그 체계를 배울 수 있다는 것은 믿기 어려울 것 같다.

　중국어 글씨의 밑에 있는 논리를 이해하기 위해서는 이 주제에 역사적으로 접근해야 한다. 중국어 문자의 시초에까지 거슬러 올라갈 수는 없고, 또 실은 그것이 언제 시작했는지도 모른다. 약 -2000년까지 거슬러 올라가는 그 선조로 보이는 약간의 유물이 있으나, 많은 예를 볼 수 있는 최초의 시기는 -1400년에서 -1200년까지의 시기이며, 그때까지에 중국어 글자체는 이미 현재의 그것과 본질적으로 유사한 아주 잘 다듬어진 체계이었다. 하지만, 아주 초기 단계의 중국어 문자는 상실되었어도, 현존하는 가장 오래된 예들은 아직도 유동적이면서 계속 발전하고 있던 체계를 표시하고 있어서, 그 체계가 전체로서 어떻게 나타났는가를 재구(再構)할 수 있도록 해준다. 서력 기원 조금 전까지 중국어 문자는 모든 점에서 오늘 우리가 알고 있는 것과 같이 고정되어 있지는 않았다.

　글씨와 글씨의 구성 부분의 형태는 크게 변했는데, 주로 매체(媒體)의 변화 때문이었다: 오늘날까지 내려온 최초의 명문(銘文)은 뼈나 금속에 새겨졌었고 자연스런 곡선과 원을 포함했으나, 붓과 먹을 사용하게 되자 -1차 천년기의 후기에 곡선은 곧게 혹은 각지게 되게 하고, 원은 사각형이 되게 했다. 그 결과 유연(有緣)의 글씨가 임의(任意)적인 것이 되었다. 아마 중국어 글씨들의 모든 요소들은 한 때는 무엇인가의 그림들이었을 것이다. 그러나 '하나, 둘, 셋'을 의미하는 글씨인 一, 二, 三을 제외하면, 글씨의 현대의 자형에서 그 뜻을 알아볼 수 있는 어떤 글씨도 나는 생각해 낼 수가 없다. (여기서 '현대'는 약 -200년 이후를 의미한다.)

중국어 글씨는 단순 글씨와 복합 글씨의 2개 집단으로 분류할 수 있다. 이 분류는 글씨의 시각적 복잡성의 정도를 일컫는 것이 아니고, 글씨의 구성에 관한 이론적 근거를 말하는 것이다.

그림 24는 약간의 '단순' 글씨들을 설명하는데, 첫째 난에서는 글씨의 시초형을, 둘째 난에서는 현대형을 보여주며, 이어서 현대 발음과 영어의 주석이 나온다. 문제된 낱말의 의미가 수 천년에 걸쳐 변해 온 몇몇 예에서는 글씨의 구성에 적절한 의미로서 그 원래의 의미를 제시한다. (주의할 것은 'sun/day', 'river/water' 등과 같은 주석은 동음이의어라기보다는 단 하나의 다의(多義)형태소를 표시한다는 것이다: 즉 공교롭게도 중국어는 'sun'을 의미하는 낱말을 확대하여 시간의 단위로서의 날을 의미하도록 하는데, 이는 영어에서 'star'라는 낱말을 확대하여 흥행업에서의 저명인사를 의미하는 것과 같다. 영어의 *meet*와 *meat*가 전에는 달리 발음되었지만 똑같이 발음되게 된 것처럼, 중국어가 'sun'과 'day'를 위한 원래 별개의 낱말을 갖고 있다가 음이 같게 된 것이라는 것은 아니다.)

그림 24의 글씨 중 몇몇은 사물의 솔직한 그림이거나, 혹은 사물의 두드러진 부분인데, 이것이 그 사물을 표시한다. (글씨 6은 무릎 꿇은 여인을 묘사하는데, 그녀의 유방이나 혹은 아마 집안일 할 때의 그녀의 두 팔을 보여주고 있다. 글씨 12는 몸 크기에 비해 머리가 큰 사람을 보여준다. 다른 글씨들은 더 추상적인 사고를 부득이하게 더 미묘하고 더 암시적인 방법으로 표시한다: 글씨 14는 헝클어진 머리의 무사가 무릎꿇고 두 손을 들어 항복하는 것을 보여준다. 다른 예들에서는 글씨-꼴의 이론적 근거는 이제 없어졌다. 글씨 19는 그 뜻이 무엇인지를 알지 못하면 피리라고 인식할 수 있을 것 같지 않고, 글씨 20의 형이 왜 '왕자'에 적합한지 알 수 없다.

모두 해서 이들 '단순' 글씨들은 약 천 개 정도 있다. 그 많은 중국어 낱말의 낱낱을 표시하는 개별적인 그림을 생각해 낸다는 것은 불가능에 가까운 일이었으므로, 필기자들은 발음이 똑같거나 비슷한 다른 낱말을 쓰기 위해서, 공교롭게 비교적 '그림으로 그릴 수 있는' 낱말에 대해서 이미 확

| | | | | |
|---|---|---|---|---|
| 1 |  | 日 | ɽɰ̀ | 'sun/day' |
| 2 |  | 雨 | y̌ | 'rain' |
| 3 |  | 水 | ʂuěi | 'river/water' |
| 4 |  | 魚 | ý | 'fish' |
| 5 |  | 人 | ɽə́n | 'man' (i.e. human being) |
| 6 |  | 女 | ny̌ | 'woman' |
| 7 |  | 口 | $k^{h}$ǒu | 'mouth' |
| 8 |  | 目 | mù | 'eye' |
| 9 |  | 眉 | méi | 'eyebrow' |
| 10 |  | 木 | mù | 'tree' |
| 11 |  | 其 | cī | 'winnowing-basket' |
| 12 |  | 子 | çɰ̆ | 'child' |
| 13 |  | 兼 | ciēn | 'to have two at once' (hand holding two arrows) |
| 14 |  | 若 | ɽuò | 'yield, conform' |
| 15 |  | 東 | tūŋ | 'east' (sun behind tree) |
| 16 |  | 囚 | ciōu | 'prisoner' (man in cell) |
| 17 |  | 好 | xàu | 'love' (woman and child) |
| 18 |  | 奻 | nuàn | 'quarrel' (two women) |
| 19 |  | 言 | jén | 'flute' |
| 20 |  | 辟 | pì | 'prince' |

그림 24

립되어 있던 글씨를 적합시킨다는 명백한 방책에 의지했다. 여기서 예를 드는 데 곤란한 사정이 일어난다: 이들 차용된 글씨와 관계가 있는 중국어 낱말의 발음은 글자체가 발전하고 있던 시기에 통용되었던 발음인데, 이 발음은 동일 낱말의 현대식 발음과 매우 다른 것이 흔하다. 다음 기술에서 나는 소위 '고대 중국어'(고체 중국어라고도 부른다, 즉 약 -1000년경의 중국어)의 발음을 Bernard Karlgren (1957)이 재구한 대로 표기하기 위해서 별표를 사용하는데, Karlgren의 음성 표기를 IPA의 대등한 기호로 바꾼다.[2] 이렇게 해서 글씨 11의 *kjEg '키'는 *gʰjEg 'his'를 위해 차용되었고, 글씨 13의 *kljAm '한 번에 둘을 갖다'는 *kʰljAm '불만의'를 위해 차용되었고, 글씨 19의 *Njan '피리'는 *Njan '말하다'와 *NjEn '만족한'을 위해 차용되었고, 글씨 20의 *pjek '왕자'는 다음 모든 낱말을 위해 차용되었다: *pjek '얇게 썬', *pjek '옥 기장', *bʰjek '법', *bʰjek '가슴을 치다', *bʰjek '열다', *bʰiek '안쪽 관', *pʰjek '비스듬한', *bʰjeg '피하다'. 이 초기 단계에서는 아마도 어떤 글씨가 어떤 특정한 비슷하게 들리는 낱말을 위해 차용될 수 있었는지에 관해 아주 고정되고 명확한 것은 아무 것도 없었을 것이다. 오히려 필기자들은 단순히 있는 글씨의 재료를 될 수 있는 대로 그들의 필요에 잘 적합시켰을 것이다. 몇몇은 단순 글씨가 차용의 예가 전연 없는 데도 글씨 20은 여러 기록된 차용의 예가 많이 있다는 사실은 대강 *pjek 같이 들리는 현저하게 많은 낱말들이 중국어 필기자들이 보기에 그림으로 그리기가 어렵다고 생각한 의미를 가지고 있었다는 사실을 반영할 수도 있다. 혹은 그것은 공교롭게 우리에게 전승되어 온 명문(銘文)들의 특수 수집물의 우연한 성질일 수도 있다.

만약 글씨의 창조를 위한 더 이상의 원칙이 채택되지 않았더라면 그 체계는 아마 음절적인 음성표기식 체계로 끝났을 것이다 (중국어 형태소는 1음절 길이이기 때문에 낱낱 형태소는 다만 단일 음절 기호로 쓰였을 것이라는 중요한 특별한 특징이 있기는 하지만). 그렇지만, 대부분의 글씨가, 셋, 넷, 혹은 십여 개의 형태소의 어느 하나도 표시할 수 있었던, 이 정도로 애매한 체계는 불만스럽게 느껴졌으리라고 생각된다. 더 단순한 글씨를 발명해서 이 문제를 해결하는 대신에, 이것은 그 나름의 글씨가 없는 형태소의 추상성과 그 결과 동료-필기자들에게 적절한 시각적 상(像)에 관해 동의를 얻도록 하는 어려움 때문에 분명 실제적이 아닌데, 하나의 택일적인 해결책이 채택되었다. 특정한 단순 글씨에 대한 비슷하게 들리는 갖가지 독법은 그 글씨를 또 다른 글씨-즉 그 의미가 의도된 특별한 낱말에 대해 단서가 되는 글씨-로 보완함으로써 구별되었다. 그래서 이들 복합 글씨들 중의 하나는 두 부분으로 구성되곤 하는데, 하나는 성부(聲符, *phonetic*)라 부를 수 있는 것이고-즉 기본 글씨로서 일단의 가까운-동음이의어들이며 원래 그들 중의 하나의 그림을 표시한 것-또 하나는 형부(形符, *signific*) 혹은 의부(意符)라 부를 수 있는 것, 즉 문제된 낱말이 포함되는 의미 범주를 표시하는 요소이었다. (중국어의 '형부'는 그 논리가 쐐기문자의 '한정사'(p. 71 참조)에 아주 필적한 것인데, 후자는 단독의 글씨 단위로 썼지만 반대로 중국어의 복합 글씨의 요소들은 단일의 시각적 전체로서 같이 쓰이고 있다.) 글씨를 창출하기 위한 이런 방책은 생산성이 굉장히 큰 것으로 나타났으며 중국어 글씨의 궁극적인 자원의 거의 대부분은 이런 의미에서 '복합 글씨'인 것이다.

예컨대 (현대 형인 글씨를 인용하자면), 其 *kjEg '키'는 土 '땅'과 더불어 基 *kjEg '기초'가 되는데, 이 낱말은 발음이 '키'와 같고 의미는 '땅'과 관계가 있다. (재구된 土의 발음은 *tʰo다. 그러나 형부(形符)로 사용된 글씨의 발음은 관계가 없으므로 이 후로는 이런 정보를 생략하겠다.) 똑같은 글씨가 鹿 '사슴'과 더불어 麒 *gʰjEg '일각수'가 되고, 示 '정신/신성한'과 더불어 祺 *gʰjEg '다행한'이 되며, 人 '사람'과 더불어 倛 *kʰjEg '탈'이 된다. (형부(形符)로서 일반적으로 쓰이는 몇몇 글씨들은 그 정상적인 형의 특별히 압축 또는 단축된 형으로 쓰이는데, 금방 인용한 예에서 亻은 人 '사람'의 '결합-형'이다.)

때로는 형부의 체계는 유사하게 발음되는 낱말들 사이를 구별하는 데 부적절했다: *kjEg '키'같이 들리는 두 낱말이 더 있었는데 *kjEg '수초'와 *gʰjEg '콩줄기'이었고, 이들 둘을 위한 최선의 형부는 '식물'을 의미하는 글씨인 艸이었고, 그 결합-형은 艹이었다: '수초'와 '콩줄기'는 둘 다 其로 쓰인다. 이따금 이런 문제는 형부와 성부(聲符)의 방위(方位)의 차이로 해결됐다: 言 '말하다'는 *kjEg '계획하다'와 *gjEg '공포'를 위한 적절한 형부로 느껴지는 것 같고, 이들 낱말은 각각 諅와 譬로 쓰인다. 그러나 이것은 아주 유별난 예다. 더 흔하게는, 방위의 차이는 자유변이의 관계에 있다(*gʰjEg '장기'는 棋 혹은 棊와 같이 '木'의 형부로써 쓰인다). 그러나 대다수의 경우에 '성부'와 관계된 형부의 방위는 고정되어 있어서, 형부가 어떤 것인가에 의해 보통 결정된다—즉 '식물'의 결합-형인 艹은 언제나 성부의 위쪽에 나타나며, '말하다'의 言은 거의 언제나 성부의 왼쪽에 나타나며, '새'인 鳥는 거의 언제나 오른쪽에 나타난다, 등등.

일단 성부/형부의 체계가 확립되면, 복합 글씨는 그 자체가 형부가 더 첨가된 성부로서 사용될 수 있고, (P/S)/S 즉 (聲/形)/形의 구조인 글씨를 만든다. 이 구조는 P/S 구조보다는 덜 흔하지만, 결코 드물지 않다. 예를 들면, 단순 글씨 可 *kʰa '가능한'은 다음과 같은 P/S 결합을 이룬다: '木'과 더불어 柯 *ka '도끼 자루'를 이루고, '水'와 더불어 河 *gʰa '황하'를 이루고, '口'와 더불어 呵 *xa '꾸짖다'를, '大'와 더불어 奇 *gʰiA '이상한'을 이룬다. 이들 글씨들 중의 마지막 것은 중간음 -i-가 있는 음절을 표시하는 것으로서, 대체로 글씨의 성부이며, 예로는 騎 *gʰiA '타다(馬와 더불어)', 寄 *kiA '숙박(宀과 더불어)', 綺 *kʰiA '무늬 있는 비단(糸와 더불어)' 등이 있다.

오해를 막기 위해 강조해 둘 것은, 내가 일컫는 '성부' 및 '형부(形符)'란 요소는 단순 글씨로도 일어난다는 것이다: 글씨의 요소를 '성부' 혹은 '형부'라고 부르는 것은 그것이 특정한 복합 글씨 내에서 하는 역할을 밝히자는 것이다. 어느 글씨는 단순 글씨로서, 일련의 복합 글씨들에서는 '성부'로서, 또 다른 일련의 복합 글씨들에서는 '형부'로서 나타날 수 있다. 예컨대, 女 *njo '여자'는 여자의 생활과 관계가 있는 낱말들을 표시하는 아주 많은 글씨들에서 '형부'로서 나타난다—古 *ko '옛'과 더불어 姑 *ko '고모'가 되고, 因 *ʔjen '쉬다/의지하다'와 더불어 姻 *ʔjen '혼인에 의한 관계'가 되고, 某 *mEg '이러 이러한'와는 媒 *mwEg '중매자'가 되는 등등. 그러나 반대로 그것은 다른 일련의 복합 글씨들에서는 '성부'로서 역할을 한다—米 '쌀'과 더불어 粆 *njo '쌀과 꿀로 만든 과자'가 되고, 口 '입'과는 如 *njo '동의하다/닮았다'가 되고, 水 '물/강'의 결합-형인 수氵와는 汝 *njo, 강의 고유명사,가 된다. 하지만 불균형이 있다: 거의 모든 단순 글씨는 적어도 한 두 개의 복합 글씨에서 '성부'로서 역할을 하며, 어떤 '성부'도 오직 십여 개 혹은 많아야 이십여 개의 복합글씨에서만 사용된다. 반대로 '형부'는 보통 수십 개의 단순 글씨를 갖는 부류에서 인용되는데, 이들 단순 글씨는 '木', '金', '人', '鳥', '手'(행동을 위한), 등과 같은 기본 의미를 갖고 있으며, 이들 중 몇몇은 수백 개의 딴 복합 글씨에서는 '형부'이다.[3]

글씨의 다각적 사용의 애매함을 없애기 위해 형부를 첨가하고 또 글씨 꼴이 전적으로 임의적으로 되기까지 글씨꼴을 바꾸면서, 음성상 비슷한 낱말들을 표시할 글씨들을 차용하는 과정에서 궁극적으로 나타났던 문자 체계에서는, 반드시 단순 글씨에 부여됐던 음가가 애당초 그 글씨의 구상을 자극했던 낱말이었던 경우는 아니었다. 예컨대, 言으로 쓰고 '피리'를 의미하는 낱말은 중국어 역사의 아주 초기에 폐용됐고, 그래서 이 글씨는 지금은 원래 차용했던 '말하다'를 오로지 의미한다(이 글씨는 실로 언어와 관계 있는 낱말들의 공통의 형부이다). 其 '키'의 경우는 원래의 음가는 폐용되지 않았으나, 차용한 '그의(his)'는 대단히 흔히 있는 낱말이어서 그것이 그 글씨의 기본 음가로 느껴지게 되었고, 이제 其는 언제나 '그의'를 의미하고, '키'를 의미하는 낱말은, '대'의 형부를 첨가해서 쓰인다: 箕. 辟 '왕자'의 경우는 현대의 글자체에서 현저하게 복잡한 상황과 부합한다: '얇게 썬', '법', 및 '안쪽 관'을 의미하는 형태소들은 폐용된 것으로 보이며, '옥 기장'의 낱말은 이제 변함 없이 '옥'의 형부로써 쓰이며, 기타의 차용-음가는 마음대로 형부로써 쓰인다('가슴을 치다'에는 '手'를, '열다'에는 '門'을, 등등) 그러나 아직도 '왕자'를 의미하는 단순 글씨로써 택일적으로 쓰일 수도 있다.

몇몇 예에서는, 형부들은 동음이의어 사이보다는 단일 다의(多義)형태소의 다양한 뜻 사이를 구별하는 데 사용되었다. 예컨대 /méi/ '眉(눈썹)'(고대 중국어는 *mjEr)는 그림 24의 글씨 9로 쓰인 낱말로서, '인중방'이란 확대된 뜻이 있다(인중방은 창(窓)이나 문의 눈썹으로 보였던 것이다), 그러나 그 낱말이 후자의 뜻으로 쓰일 때는 '木'의 형부가 기본적인 '眉'자에 첨가되어 楣가 된다. 십 중 팔 구는 이런 것이 글자체의 발명자들에 의해 형부의 사용에 관한 별개의 차별적 원칙으로서 생각되지 못했을 것이다. 오히려 그들은 다의어(多義語)와 동음이의어 사이에 어디에 경계선을 그어야 할지에 관해 흔히 분명히 알고 있지 않았을 것이다. 그 구별은 어느 언어도 본질적으로 역사적인 것으로서, 특정한 음운 형태가 두 의미 이상으로 사용될 때, 만약 그 낱말들이 예전의 단계에서 완전히 별개의 것이었음을 알면 우리는 명백한 동음이의어들을 가졌다고 할 것이고, 만약 갖가지 의미가 하나의 시초의 뜻에서 발전돼 온 것이 분명하면 하나의 다의어를 갖는 것이다. 언어의 대다수 화자들은 그 언어의 역사에 접근할 길이 없고 따라서 이런 구별을 정확하게 그을 길이 없는 경우가 많다. 그러므로 영어에서 철자를 달리 해서 사용하는 사실은 사람들이 *mettle*과 *metal*을 동음이의어로 생각한다는 것을 보여주는 것이며 (사실 *mettle*의 의미는 *metal*의 의미의 비유적인 확대로서 발전했음에도 불구하고), 반대로 많은 영어-화자들이 (보리의 이삭인) *ear*와 (듣는 기관인 귀인) *ear*가 사실은 원래 다르게 발음됐던 낱말들로부터 나온 우연한 동음이의어임에도 이들을 동일어로 생각하고 있다. 중국어 글자체가 발전하고 있던 시기에 어떤 중국어-화자들도 그들의 언어의 초기의 역사에 의미있게 접근할 길이 없었으므로, /méi/를 '눈썹(眉)'과 '인중방(楣)'의 양쪽으로의 사용이 다의어(多義語)의 예였던 것이 그들에게는 분명하지 않았을 것이다. 중국인들이 글자체가 발명됐던 시기에 다의어를 단일어의 별개의 뜻들로 생각할 수 있었던 대부분의 경우에, 그들은 모든 뜻을 망라하는 데 단 하나의 글씨를 사용했는데, 그 글씨의 형부(形符)가 그 뜻 중 오직 하나에만 적절했어도 그랬었다. 또한, 일단 글자체가 충분히 발전하고 나서는 (서력 기원의 시작까지에) 형부들은 그 후에 일어나는 낱말의 의미의 변화를 반영하기 위해 변화되지 않았다.

예컨대, 里/lǐ/ '마을'(이 후로는 현대 발음을 사용함)은 '옥'의 결합-형인 王과 더불어 동음이의어 理/lǐ/를 표시하는데, 이 자는 '옥을 자르다'의 뜻이지만 훨씬 흔하게 '다스리다, 이치, 도리 등'의 추상적이고 확대된 뜻들을 갖고 있다. 마찬가지로 같은 성부(聲符)가 衣 '옷'과 더불어 裏가 되는데(이 특별한 형부는 보통 두 쪽으로 나뉘어져서 성부인 里가 샌드위치의 고기처럼 사이에 끼워져 있다), 이것은 원래 '옷 안감'을 의미한 /lǐ/로 (그러므로 '옷'이 적절했음) 발음된 낱말을 표시했으나 이제는 '내부', '안에서' 이상으로 더 구체적인 아무 것도 의미하지 않는다. 또한, 雚 /kuàn/ '왜가리'는 木 '나무'와 더불어 權 /chyán/ '대저울 위의 (나무) 추', 따라서 '영향력, 권위,

권리'가 되는데, 현대 중국어에서는 원래의 의미는 사실상 쓰이지 않는다. 아무도 '理'가 '玉' 요소를, '權'이 '木' 요소를 가지고 있는 것을 이상하게 여기지 않는다. 형부가 낱말의 현대 중국어적 의미에 적절한 채로 실제 남아 있으면 글씨들은 그 만큼 외우기가 더 쉽다. 그러나 형부들은 그렇지 않는 것이 아주 흔하다.

성부/형부 체계가 처음 진전했을 때, 형부들은 마음대로 또 변덕스럽게 첨가되었다. 그래서 이 주제에 역사적으로 접근함으로써 내가 독자에게 과거 이 천년에 걸쳐 존재해 온 중국어 글자체에 실제로 있는 것보다도 훨씬 더 큰 혼란과 복잡성의 인상을 주었을지도 모른다. 사실은 이 체계는 서력 기원 초까지에 중국어의 각 형태소에 하나의 분명한 글씨를 마련한다는 이상에 상당히 가까이 접근하게끔 표준화되었었다. 확실히 아직도 특정의 글씨가 택일적인 형태소들을 표시할 수 있고 또 특정의 형태소가 여러 가지로 쓰일 수 있는 예들이 있지만, 이런 예들은 아주 드물다. (후자와 같은 애매함에 대해서는, 영어에서 우리가 *gaol*이나 *jail, connexion*이나 *connection*을 골라 쓸 수 있는 것과 비교해 보라. 글씨의 변화는 영어 글자체에서보다 중국어 글자체에서 더 흔하지만, 압도적으로 더 흔하지는 않다.)

또 한편으로는, 글씨와 형태소 사이의 관계가 일-대-일의 관계에 아주 가까워지지만, 현대 중국어로서는 그 관계는 이제까지 나의 논의에서 제시했을 것 이상으로 훨씬 임의적이다.

이미 지적하였거니와, 수 천년에 걸쳐서 일어난 상당한 의미의 변화와 물질 문화의 변천 때문에, 형부(形符)들은 오늘날에는 글씨의 의미에 대한 길잡이로서는 아주 신뢰할 수 없다. 식물과 동물을 나타내는 명사는 거의 언제나 그들의 범주를 위한 적절한 형부를 갖고 있다, 예컨대 '艹', '木', '鳥', '魚' 등과 같다. 그러나 정반대의 경우, 동사는 아주 다양하고 예측할 수 없는 형부들을 갖고 있다.

그러나 '성부(聲符)'라는 요소의 체계에 비추어, 중국어 글자체가 음성표기적임을 부정하는 것은 나의 잘못이라고 독자들은 생각할지 모른다. 글자체가 -2차와 -1차 천년기에 현재의 형태를 갖추어 가고 있던 동안, 사람들은 이 체계를 본질적으로는 음성표기적 체계이지만, 그러나 그것은 이 언

어에서 역할을 한 모든 음성적 대립을 표기하지는 못했다는 데서 '불완전'
했고, 또 이 결함을 보전하기 위한 비-음성표기적 방책으로서 형부(形符)라
는 체계를 부가한 체계라고 불렀을 것이다. 하지만 중국어 글자체는 수 세
기 전에 이미 어떠한 실질적 의미에서도 음성표기적이기를 멈추었었다. 그
이유는 글자체는 변하지 않았으면서 음성언어는 크게 변했기 때문이다. 이
미 검토하였거니와 특정의 '성부' 요소는 고대 중국어에서 한 범위의 유사
한 음절들의 낱낱을 표시하는 데 사용될 수 있었다. 고대 중국어를 현재와
분리한 수 천년 동안 중국어에는 복잡한 음운 변화가 많이 있었고, 이들
변화는 원래 작은 발음의 차이였던 것을 과장하는 효과가 있었다. (한 예만
들자면: 고대 중국어에 /kl-, gl-/로 시작하는 음절이 있었는데, 이들 음군은
보통은 그 글씨들이 성부를 공유하는 낱말들에 나타난다. 글씨들이 고정된
뒤, /kl-/은 /k-/로, /gl-/은 /l-/로 단순화되었고, 따라서 그 낱말들은 이제는
두운(頭韻)이 맞지 않는다.)

이들 의미론적 및 음운론적 발전의 결과, 형태소와 글씨 사이의 관계는
이제는 대단히 크게 불투명하다. 읽고 쓰기를 배우는 중국어-화자는 그때
그때 경우에 따라 필수적으로 글씨를 배워야 한다. 형부 및 성부는 그가
글씨를 외우는 데 도움이 되는 많은 암시와 단서를 줄 것이다. 그러나 그
들이 제공하는 정보는 너무나 단편적이고 신뢰할 수 없어서 특정의 음성
낱말을 위한 글씨가 무엇일지, 혹은 어떤 음성 낱말이 그가 처음 마주치는
글씨와 상응할 것인지 조차도 그로 하여금 예측을 가능케 할 수가 없다.
현대 화자의 견지에서는, 성부/형부 구조의 가장 중요한 혜택은 많은 붓-획
을 수반하는 글씨들은 한 획 한 획 기억해야 하느니보다는 익숙한 시각적
단위들의 집합으로 볼 수 있다는 것이다. 성부/형부 구조의 뒤에 있는 원
래의 논리는 분명 아직도 유용하나, 그 유용도는 제한되어 있다.

글씨 뒤에 있는 논리가 현대에서 일용(日用)되는 중국어에서 어느 정도
로 분명한가에 관한 느낌을 독자에 주기 위해서, 견본으로 10개의 글씨를
검토용으로 마음대로 선정했다. 보통 글씨들에는 많은 지면을 할당하고 드
문 글씨들에는 적은 지면을 할당하는 그런 사전의 페이지에 바늘을 마음대
로 질러 넣어서 견본을 만들었기에, 10개 글씨의 대부분은 아주 보통의 글

씨이며 오직 한두 개만 약간 드문 글씨다. 아래의 분석에서 성부(phonetic)
와 형부(signific)를 각각 'P'와 'S'로 약기한다. 인용된 모든 주석은 현재 통용
되는 의미를 말하며 (따라서 같은 글씨에 대해 전에 제시한 주석과 비교해
서 일치 않는 것이 한둘 있음), 인용된 발음은 현대 발음이다.

1. 召 ẓau '부름'. P刀 ṭau '칼' + S口 '입'. P의 어두 자음은 아주 폐쇄적이지
는 않다. 다른 한편으로는 복합글씨 자체는 /ẓau/, /ẓʰau/, 혹은 /ṣau/로 발
음되는 낱말들의 많은 (P/S)/S형 글씨들에서 P로서 일어나는데, 이것은 그
음가가 기억되는 것을 돕는다. (p. 209 참조).

2. 前 cʰien '앞'. 이것은 원래 단순글씨였는데, 한때 가졌었을지 모를 어떠한
기억을 돕는 가치도 상실했다. 그 현대 자형은 月 '달'과, '칼'의 결합형인
刂가 거의 독특한 요소인 ᄈ 아래에서 결합된 것 같이 보인다. 그러나 이
낱말은 아주 흔해서 이 글씨에서 투명성이 없는 것은 중요하지 않다(영어
화자들이 *one*의 불규칙한 철자에 관해서 문제가 없는 것과 같다). 전체적인
형이 표준적인 P와 S의 요소의 또 하나의 치환(置換)이기 보다는 아주 변별
적인 것이 이점이기도 할 것이다.

3. 忽 xu '갑자기/부주의한'. 이것은 원래 P 勿 u '아니다' + S 心 ɕIn '마음'
이었다. P 勿가 있는 어떤 낱말도 /x-/로 시작하지 않는다. '마음'은 '부주의
한'에는 적합하지만 '갑자기'에는 적합하지 않고, 또한 아주 흔하고 변별적
인 글씨다(변별적인 이유는 형부로서의 '마음'은 여기서처럼 정자(正字)로
쓰이기보다는 대개는 결합형인 忄로 나타나며, 또한 勿은 흔하지 않고 시
각적으로 단순한 성부이기 때문이다).

4. 絮 ɕy '솜지스러기/옷솜으로 안을 대다'. S糸'명주실'이 기대되지만, P 如
ṭu '같이'는 의외의 P이다(이것은 방해가 되는 것인데, 絮가 빈도가 낮은 낱
말이기 때문이다).

5. 關 kuan '닫음'. 요소인 門은 '문'인데 약간의 상상력이 있으면 나머지는 문빗장 같은 것을 걸려고 뻗어 올린 두 손임을 알 수 있다. 사실 어원적으로는 이 글씨의 안쪽 부분은 음성 요소이었으나 독립된 글씨로서는 오랫동안 폐용되었고 (이것은 '어린이 머리 위의 두 개의 머리칼 타래'를 의미했다), 기타 어떤 복합글씨에서도 P로서 나타나지 않는다. 그래서 이 글씨는 그 발음에 관해서는 이제 아무런 단서도 주지 않으나 아주 흔한 글씨다.

6. 廟 miau '사당'. 이 글씨는 마치 S 厂 '건물'과 P 朝 ẓau '아침' 또는 ẓʰau '왕조'처럼 보인다(후자의 글씨는 음성적으로-판이한 두 낱말의 어느 쪽도 표시하는 소수 집단 중의 하나다). 그러나 그럴 경우 P는 이해할 수 없을 것이다: 음성 요소들은 일반적으로 모음보다는 자음에 관해서 더 확실하지만, 여기서는 자음이 전연 닮지 않다. 어원적으로 이 글씨는 실제로 S + S의 형태(/miau/는 사람이 아침 제사를 행했던 건물이었다)이지만, 교육받은 중국인도 그것을 알고 있을 법하지 않고, 따라서 이 글씨는 대부분 불투명하다.

7. 抒 ṣu '당기다/쏟다' (이 낱말은 현대의 음성언어에서는 쓰이지 않으나, 사전에서는 문어의 일부로서 아직도 올라있다). S 扌('手'의 결합형)은 이 뜻에 대해 상당히 예측가능하며, P 予 'y '나'는 의외의 성부이지만, 같은 글씨가 몇몇 다른 P/S 결합에서 /ṣu/, /ẓu/를 표시하는 P로서 사용된다.

8. 釘 tiN '못', tiN '못을 박다'(성조를 이와 같이 문법적으로 사용하는 것은 이제는 한줌의 낱말에서만 일어나지만, 유사 이전 단계의 중국어의 규칙적 굴절체계의 유물로 생각되고 있다). S 金 '금속'은 전적으로 예측가능하며, P 丁 tiN '개인'은 자연스럽다(대신 P로 사용될 법했던 다른 글씨들도 있기는 하지만). 특히, 우연의 일치이겠지만, P요소가 공교롭게도 못과 아주 닮은 꼴이어서, 배우기 쉬운 글씨다.

9. 自 ˛cừ '자기', '...로부터'. 한 단위로 배워야 할 단순글씨다. 이 자는 매우 자주 쓰인다.

10. 油 jóu '기름'. S인 氵는 '水'의, 결합형이다. P는 由 ǰou '까닭'. 이 글씨는 아주 솔직하다.

중국어 문자체계가 어떻게 작용하는가의 설명은 이 정도로 하겠다. 중국어로 쓰인 원문은 문장의 형태소에 해당하는 글씨들의 연속으로 단순히 구성되며, 낱낱 글씨는 일정한 크기의 추상적인 정사각형을 채우게끔 쓰이고 있고 (그래서 획이 많은 글씨는 비교적 빽빽하게 쓰인다), 구두점이 들어서는 곳이 아니면 균등한 간격을 두고 쓰인다. 글씨들은 로마자로 수서(手書)한 낱말의 글자(자모)들처럼 서로 연결되지 않기 때문에, 어떤 방향으로도 연속해서 쓰는 것이 용이하다. 전통적으로 글씨들은 보통 우측에서 시작하여 위에서 아래로 세로줄로 씌어 왔으며, 때때로 우에서 좌로 수평으로 쓴 일렬의 제명(題銘)을 붙이기도 하는데, 중화인민공화국에서는 이제는 유럽식으로 좌에서 우로 일렬로 쓰이고 있다.

그림 25에서 보는 중국어 글자체의 견본은 1983년 7월 1일자 *Ming Pao* (明報) *Evening News* (홍콩)의 보도 내용의 일부다. 우측 위에서 읽어 내리는 표

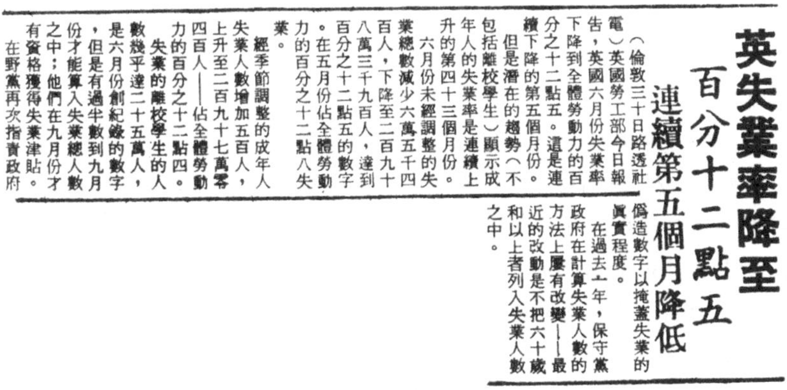

英失業率降至
百分十二點五
連續第五個月降低

（倫敦三十日路透社電）英國勞工部今日報告，英國六月份失業率下降到全體勞動力的百分之十二點五。這是連續下降的第五個月份。

但是潛在的趨勢（不包括離校學生）顯示成年人的失業率是連續上升的第四十三個月份。

六月份未經調整的失業總數減少六萬五千四百人，下降至二百九十八萬三千九百人，達到百分之十二點五的數字。在五月份佔全體勞動力的百分之十二點八失業。

經季節調整的成年人失業人數增加五百人，上升至二百九十七萬零四百人——佔全體勞動力的百分之十二點四。

失業的離校學生的人數幾乎達二十五萬人，是六月份創紀錄的數字，但是有過半數到九月份才能算入失業總人數之中；他們在九月份才有資格獲得失業津貼。

在野黨再次指責政府僞造數字以掩蓋失業的眞實程度。

在過去一年，保守黨政府在計算失業人數的方法上屢有改變——最近的改動是不把六十歲和以上者列入失業人數之中。

그림 25

제는 다음과 같다: '영국 실업률 하강/ 12. 5 퍼센트까지/ 연속 5개월 째의 하락'.

중국어 글자체의 장점과 결점을 계속해서 고려하기에 앞서, 이 시점에서 아주 간단하게 최근의 중국어 문자 개혁에 대해 언급해야겠다. 별개의 두 개혁이 인민공화국 하에서 도입됐다.

첫째, *pinyin*(拼音)이라 부르는 새로운 로마자화 체계(즉 중국어 음을 로마자로 전기하는 체계)가 1958년에 공포되었다. 1979년 이래 중국인들은 상당히 성공적으로 전에 사용했던 갖가지 계획 대신에 이 체계를 사용할 것을 서양의 출판사들에게 촉구해 왔다. (그래서, 예컨대, 毛澤東/m̆au ͵cG t̄uN/이 이제는 'Mao Tśe-tung'이 아니고 'Mao Zedong'으로 철자되고 있는 까닭이다.) *pinyin*(拼音)은 확실히 영어-사용 세계에서 전통적으로 사용된 'Wade-Giles'체계를 포함한 대부분의 다른 체계들보다 더 합리적인 로마자화 체계인데, 이 다른 체계들은, 잘못 이해됐고 또 비전문적 출판물에서 번번이 생략됐던 아포스트러피(생략부호) 및 기타 판독부호의 사용에 크게 의지했었다. 중국 내에서 *pinyin*(拼音)은 사전에서 글씨의 발음을 명시한다든지, 어린 아동들이 읽기 활동에 들어가기 위한 방편으로서랄지, 또 포스터의 선전문구나 도로표시판의 지명과 같은 맥락에서 보통의 중국어 글자체에 대한 보충물로서와 같은 목적으로 사용된다. *Pinyin*으로의 발음은 어느 정도 읽고 쓸 수 있거나 또는 방언을 말하는 독자들을 위해 중국어 글씨 밑에 제시되는데, 그들은 이 정보를 자기들이 잘 모르는 낱낱 글씨의 정체(正體)를 추측하기 위해서, 또는 자기들이 다르게 발음하는 낱말의 표준 발음을 배우기 위해서 이용할 수도 있다.

현재의 상황에서 가장 중요한 점은 전통적인 어표(語標)표기적 중국어 문자를 *pinyin*(拼音)이나 기타 어떠한 음성표기적 글자체로도 일반적 목적을 위해서 대치하자고 제안하지 않는다는 것이다. 그것은 *pinyin*이 공포됐을 때 분명히 했었고 (Chou 1958, p. 17), 또 다른 문자 혁명에 대한 명백한 암시인데, 이런 일은 만약 어표표기적 글자체가 곧 일소(一掃)되려고 한다면 거의 도움이 되지 못할 것이다.

이 둘째 개혁은 글씨의 획수를 줄이기 위해 대부분의 글씨의 형을 변화시키는 것과 관계가 있다. 이 목적을 위해 몇몇 원칙이 사용되었다. 때때로 희귀한 형태소를 위한 획수-적은 글씨가 똑같이 발음되는 보통의 형태소를 위한 획수-많은 글씨를 대치해서 사용된다: 예컨대 里는 전통적으로 /lǐ/ '마을/이수'인데 (p. 212), 이제는 裏/lǐ/ '안에' 대신 사용되기도 한다. 다른 경우에는 획수-많은 글씨 내에서 일어나는 독특한, 또는 거의-독특한 구성-성분이 정자(正字)를 표시하게끔 된 것이다: 예컨대, 豐 /fēN/ '풍부한'은 이제 丰으로 쓰인다. 가장 중요한 원칙은 흔히-반복되는 요소의 육필 초서체로서 전통적으로 사용됐던 갖가지 문자가 이제는 표준인쇄체로서 채택되고 있다는 것이다. 그리하여 馬 '말'은 이제 马가 되었으며, '말하다'의 형부의 결합형은 言에서 讠로 변했다.

이 개혁은 오도된 것 같다. 이 개혁은 그 정당성을 중국어 글자체의 능률을 결정하는 가장 중요한 요인은 글씨에 관계된 획의 수라고 하는 믿기 어려운 판단에 의지하고 있다. 실제에 있어서 적어도 마찬가지로 중요한 고려사항은 요소들의 시각적 변별성이다(이 점은 후에 재론하겠다). 그런 점에서 개혁된 글씨의(전부는 아니지만) 많은 것이 그 전 것만 못하다 (Downing 1973, pp. 201-4; Leong 1973; C.-C. Cheng *et al.* 1977). '말'을 표시하는 글씨는 정자체(正字體)로 쓰기가 전에는 까다로웠으나 알아보고 기억하기가 매우 쉬웠다. 새 자체는 많은 다른 글씨와 상당히 닮아 보인다. (개혁된 글씨는 또한 사전-찾기와 관계있는 더 전문적 성격의 결합들을 수반하고 있다.) 어떤 복합 요소들이 관례적으로 빨리 손으로 쓴 동등한 것을 가지고 있으면서도 그 정자체로 인쇄되는 체계에 대해 거의 반대가 없다고 사람들은 생각했을 것이다. 로마자의 사용자들은 <a>와 <g> 같은 자들은 그들의 인쇄체 형태에서 상당히 벗어나게 수서(手書)되는 사실을 별로 문제시하지 않는다. 초기의 열성적인 시기 이후로, 중국 당국은 이제 간소화 글씨의 목록을 더 이상 내놓지 않게 됐고, 인민공화국 밖의(Singapore를 제외하고) 중국어를 말하는 세계의 어느 곳도 간소화 글씨를 받아들이지 않았다. (이 책에서는 전통 글씨를 사용한다.)

어표표기적 글자체는, 그래서, 중국어를 말하는 세계에서는 고정된 것이 되어 있다. 이 장에서 고려할 마지막 문제는 대부분의 독자들이 훨씬 잘 알고 있는 음성표기적 문자체계와 비교해서 이 글자체의 좋고 나쁜 점이 무엇인가이다.

문외한들이 하는 무심코 한 말들은 중국어 문자는 보통 영국인에게는 거의 고통스럽게 부담되고 어렵게 보인다는 것을 암시한다. 물론 그것은 영어 문자와는 아주 다른 체계이고, 생소한 사물들은 그 이유만으로도 흔히 복잡하게 느껴진다. 그런 일반적 반응이 생소하다는 것보다 더 실질적인 어떤 것에 근거한 것인지를 아는 데 나를 이따금 당황케 했는데, 까닭은 나 자신 그런 반응이 정당하다고 볼 수 없기 때문이다. 유럽인들은 중국인들이 알파벳식 글자체를 위해 그들의 어표표기식 글자체를 포기하는 것이 그들에게 의론의 여지없이 크게 이로울 것이라고 흔히 생각하는데, 이것은 중국어의 어느 특별한 특징들이 불행하게도 중국인들이 그렇게 포기하는 것을 어렵게 만든다는 것을 제외하고 하는 말이다. 중국어를 음성표기식으로 쓰자는 어떠한 제안에 대해서도 큰 문제를 야기하게 될 두 가지 고려사항이 있음을 머지않아 알게 될 것이다. 그러나 이들에 관한 논의는 당분간 미루어 두겠는데, 까닭은 문제된 그 특별한 특징들이 통용되지 않는다 하더라도 어표표기식 글자체가 언어를 가시적으로 기록하는 문제에 대한 해결책으로서 음성표기식 글자체보다도 분명히 열등하리라는 것이 나에게는 분명치 않기 때문이다.

만약 문외한에 대해 왜 그가 중국어 문자를 놀랍도록 복잡한 것으로 보는가에 관해 구체적으로 말하라고 요구한다면, 흔히 언급되는 한가지 이유는 중국어 문자의 무제한적 성격이다. 영어 알파벳의 26자에 익숙한 사람들은 중국어 글자체에는 모두 몇 '자'가 있느냐고 묻고는 그 물음에는 답할 수가 없다고 하면 깜짝 놀란다. 그러나 이것은 낱낱 낱말은, 대충 말해서, 그 자체의 글씨를 가지고 있다는 사실의 단순한 결과인 것이다: 즉 중국어 글자체에는 몇 개의 글씨가 있느냐고 묻는 것은 영어에 몇 개의 낱말이 있느냐고 묻는 것과 같으며, 이것은 명확한 답이 있는 질문이 아니다. 최대의 중국어 산전인 1716년의 강희자전(康熙字典)은 약 4만 자를 수록하고 있는데, 이들 중 대부분은 완전히 폐용된 낱말을 표시하거나 아니면 현행 낱말의 폐용된 변형된 글씨들이다. (마찬가지로 *Oxford English Dictionary*에 수록된 표제어의 대부분은 현재의 영어 화자들에는 생소한 것들인데, *OED*가 다루는 영어의 800년은 큰 중국어 사전이 다루는 기간의 삼분의 일에도 미치지 못하면서도 그렇다.) 읽고 쓸 줄 아는 보통 중국인은 수 천의 – 많아야 오~육 천 – 의 글씨 이상을 아마 알지 못할 것이고 또 알 필요도 없을 것이다. (이 숫자는 화자의 전체 어휘의 척도로서는 낮은 것으로 들릴지 모르나, 기억할 일은 중국어 글씨는 형태소를 표시하며, 중국어는 조금도 중요할 정도로 다른 언어에서 형태소를 차용하지 않았다는 것이다. *king, kingly, kingship, royal, royalty, regal, regalia, Rex, Basil, basilica*와 같은 낱말의 부류는 영국인의 어휘에서는 10개의 별개의 항목으로 계산하지만, 중국어에서 이와 비슷한 부류는 영어의 파생적 접사와 비슷한 갖가지 빈도-높은 형태소와 합성된 단일 어근 형태소를 사용할 것이다.)

　몇 천 개의 글씨라도 로마자의 26자(혹은 유럽의 타자기에 있는 80여 개의 기호)에 비하면 배우기에는 분명히 많다. 중국어 글자체는 지나치게 복잡하다는 자기들의 견해를 정당화하기 위해 사람들은 강조하기를 알파벳식 글자체에 관해서는 그 26자를 사용하기 위한 몇 가지 간단한 규칙을, 쓰게 될 갖가지 낱말의 발음과 더불어 일단 알기만 하면 (이것은 모국어 화자로서는 누구나 의식적인 노력 없이도 습득하는 것인데), 본질적으로 더 이상 배울 것이 없고, 반대로 중국인이 알고 있는 모든 낱낱 낱말에 대해서 그는 그 문자를 개별적으로 배워야 한다는 것이다.

　영어 낱말의 철자는 자동적으로 그 낱말의 발음을 따른다는 것은 물론 영어에 관한 사실이 아니다 – 이 점에서는 영어 정자법은 중국어 정자법과 약간 닮은 데가 있는데, 이것은 제10장에서 전개될 주제이다. 그리고 사실 로마자를 사용하는 글자체치고 이런 의미에서 100퍼센트 '음소적'인 것에 가까운 것은 거의 없다. 우리가 어릴적에 보통 낱말들을 배우는 식으로 우리의 모든 어휘를 노력 않고 무의식적으로 습득한다는 것도 진정 사실이 아니다. 덜 흔한 많은 낱말들은 사전과 같은 것을 찾아보기도 하면서 의식적인 학습을 통해 배우며, 흔히는 그들을 활자에서 먼저 만나게 되고 다음에 그 발음을 알게되지 그 반대는 아니다. 가령 중국어 형태소들이 음소적 글자체로 쓰이지만 음운적으로 현재보다 훨씬 더 복잡하다고 가정한다면,

사정은 그래도 유럽의 문외한에게 큰 경외심을 일으킬 만하게 보일까? 그렇지 않으리라고 나는 생각한다. 중국어 형태소의 음운적 형태는 사실 아주 단순하다: 하나의 초성자음과, 성조가 있는 모음 또는 기껏해서 이중모음, 및 극히 작은 한 벌의 교체형에서 뽑은 아마 하나의 종성자음이다. 자음군과 광범위한 개별적 자음들을 허용하고, 또 형태소들이 다음절적인 것을 허용하는 언어에서는 각 형태소는 순전히 발음의 관점에서, 마치 중국어 형태소가 발음과 쓰기의 관점에서 수반하는 것과 거의 같은 배우기 위한 노력을 수반할 것이다. 하지만 '우뢰'의 중국어 형태소가

léi 雷

라고 하는 생각을 이해하기 어렵게 생각하는 영국인은, 어떤 다른 언어에서 '우뢰'는, 예컨대,

spreʃ'vaugli (발음된 대로 철함)

라고 하는 소식을 듣고도 그렇게 당황하지 않으리라는 것은 있을 법하다.

명백히, 중국어 글씨를 잘 모르는 사람에게는 글씨들 자체가 흔히 아주 복잡하게 보여져서, 음운의 관점에서 글씨의 복잡성에 상응하기 위해 형태소는 믿을 수 없을 만큼 많은 음절을 가져야 할 것이다. 그러나 이것은 사람이 우연히 익숙해진 것에 관한 사소한 일이다. 중국어를 읽을 수 있는 사람이면 누구에게나 위에서 인용한 '우뢰'의 글씨는 오직 2개의 요소로만 구성되어 있는 것이고 그 각각은 아주 잘 알고 있는 것이므로 그들이 구성되어 있는 낱낱 획을 그가 별개의 실체로 보기는 어려운 것이다.

Goody and Watt (1963, p. 313)는 중국어의 문자 체계는 필연적으로 문자 해독(文字解讀)을 '소수의 특별히 훈련된 전문 집단'에 국한한다고 주장한다. 이 주장은 사실상 진실이 아니다. 역사적으로 문자를 해독하는 중국인의 비율은 전-근대적인 유럽의 표준으로 봐서 결코 하찮은 것이 아니었으며, 정확한 숫자는 얻기 어렵지만, 분명히 전문적인 관료계급에 한정되지도

않았다. 1950년대의 일본의 문자해독률은(일본의 문자 체계는 다음 장에서 보는 바와 같이 중국어 문자 체계와 견줄만하지만 훨씬 더 복잡하다) 97-98 퍼센트로 추정되었는데, 이는 캐나다와 같고, 프랑스, 벨기에, 미국보다는 높고, 오직 영국 제도, 스칸디나비아, 네덜란드, 독일, 스위스, 오스트리아, 오스트레일리아, 및 뉴질랜드만 못하다(UNESCO 1957). 추정된 문자해독 수준에 있어서의 작은 차이는, 비슷비슷한 것을 비교한다는 것을 확인하기가 어렵기 때문에 주의해서 해석되어야 한다. 그러나 일본의 아주 높은 숫자는 한 사회의 문자해독 수준을 결정하는 것은 그 사회의 글자체의 성격과는 거의 관계가 없고 그의 총체적인 교육 시설 및 문명의 수준과 거의 전적으로 관계가 있다는 것을 암시한다(Downing 1973, p. 178 참조). UNESCO에 의해 5퍼센트 미만의 문자해독률이라는 최하의 범주로 평가된 25개 지역들은, 여기에는 아라비아, 아프가니스탄, 네팔, 및 부탄과 더불어 영국에 의해 식민지화되지 않았던 아프리카의 여러 나라가 포함되는데, 예외 없이 사용되는 글자체가 음성표기적인 지역들이다. Goody and Watt가 믿는 대로, 만약 중국어의 문자해독률의 기준이 5만(원문 그대로)의 글씨의 전 목록에 정통한다는 것이라면 어느 중국인도 문자를 해독한다고 할 수 없다. 그러나 이것은 우스꽝스러운 일이다.

어표표기식 글자체가 음성표기식 글자체보다 배우기가 더 어렵다는 가정은 다만 거짓일 뿐 아니라 무의미할 것이다, 까닭은 사실은 이 두 가지 글자체는 서로 다르고 또 비교할 수 없는 종류의 어려움을 포함하고 있기 때문이다. 어표표기식 글자체는 많은 글씨를 기억하기 위해 많은 시간이 필요하고, 음성표기식 글자체는 낱말을 음성으로 분할하기 위해 분석적인 지능이 필요하다(p. 45 참조). Rozin, Poritsky, and Sotsky (1971)는 *cat*나 *pip*와 같은 낱말도 읽는 것을 배우지 못한 미국의 학동들에 관해 연구하면서, 30개의 영어 낱말을 표시하는 중국어 글씨들을 사용한 글자체로 쓰인 간단한 이야기들을 읽도록 그들을 가르쳤다. '. . . 약 네 시간에 걸쳐 보통의 영어 정자법보다 여러 가지 면에서 더 복잡한 . . . 한자(漢字)를 아동들이 읽도록 가르쳤다. 그런데도 이들 동일한 아동들은 학교 교육의 거의 2년 후에 영어 읽기의 기본을 습득하지 못했었다.' Steinberg and Yamada (1978-9)에 의

한 실험은 읽기의 초보자들은 어표문자가 시각적으로 더 단순한 음성표기적 기호보다 배우기가 더 쉽다고 생각할 수 있다는 것을 암시하는데, 그 까닭은 어표문자의 의미심장함이 학습 용이성(容易性)을 결정하는 요인으로서 그 시각적 복잡성보다 더 중요하기 때문이다. Ignatius Mattingly가 말한 대로(1972, p. 144), 누구나 여가 시간이 많은 사람은 중국어 읽기를 배울 수 있다. 만약 글자체가 음성표기식이라면 '배우는 시간은 훨씬 짧기 때문에 읽기의 성공은 더 하겠지만, 언어적 자각에 대한 더 큰 요구 때문에 비례적으로는 역시 실패가 더 많을' 것이다.

일본에서(제9장에서 보게 되겠지만, 일본에서는 글자체가 명백히−어표 표기적인 것과 명백히−음성표기적인 요소들을 혼합한다), Makita (1968)는 발전성 난독증(發展性 難讀症)은 서구 국가들에 비해 극히 드물다는 것을 발견한다. Sasanuma (1974)는 후천적인 난독증(즉, 예전에는 읽고 쓸 수 있던 사람의 뇌에 대한 손상으로 야기된 읽기의 어려움)이 글자체의 음성표기적 국면의 처리에 영향을 미치고 어표표기적 국면의 처리에는 영향을 미치지 않는 것이 일본에서는 아주 흔하지만, 그러나 그 반대의 경우는 아주 흔하지 않다는 것을 보여준다. (Margaret Snowling(예컨대 1981)은 발전성-난독증이 있는 영국 아동들에 관한 비슷한 결과를 발견했다−제10장에서 영어 정자법은 어표표기적 및 음성표기적 요소들을 혼합하는 것으로 간주될 수 있음을 다루게 될 것이다.)

어표표기적 중국어 글자체는 배우기가 더 쉬울 뿐만 아니라 일단 배워놓으면 음성표기적 글자체보다 읽기가 더 쉬울 수 있다. 중국어 글자체를 읽을 때는 각 낱말을 시각적인 형태(Gestalt), 즉 그 자체의 독특한 형태를 갖춘 통일적 전체로 인지해야 한다. 음성표기적 글자체를 읽을 때는 이렇게 할 수도 있고 또는 택일적으로 낱말의 정체를 한 자 한 자 밝힐 수 있다. (교사들은 이들 택일적 방법을 각각 '보고-말하기' 독서법 및 '음성적' 독서법이라 부른다.) 잘 알려진 서양의 언어들은 본래 음성표기적 글자체로 씌어 있기 때문에 유럽인들은 두 번째의 '음성적' 독서법을 더 자연스런 것으로 본능적으로 생각하는 경향이 있다. 제10장에서 검토하겠지만, 심리적인 증거는 정반대임을 제시한다: 즉 정상적인 언어-사용자들은(어떠한 글자체로도) '보고-말하기' 독서법으로 가장 자연스럽게 또 능률적으로 읽는다는 것이다. 능률적인 독서의 관점에서 가장 좋은 글자체는 당연히 낱말의 시각적 형태가 비교적 뚜렷한 것이 될 것 같다. 이런 관점에서 중국어 글자체는 — 갖가지로 변하는 공간적 형태로 배치된, 아주 광범위한 종류의 차별적 기본 요소들로 구성된 글씨들 — 모든 낱말이 똑같은 이-삼십 개의 자모 글자를 일차원적, 즉 선상(線狀)의 연속체로 뒤섞은 것들로 구성되어 있는 어떤 알파벳 글자체보다 훨씬 유리한 점이 있다. 일화(逸話)와 같은 이야기인데, 유럽의 글자체를 본 학식있는 중국인들이, 만약 유럽인들이 완전히 점과 대쉬로 된 모르스 전신 부호로 인쇄된 지면을 보고 경험하게 되는 바와 똑같은 단조로움과 변별성의 결여(缺如)의 인상을, 유럽의 글자체는 자기들에게 자아내게 한다는 것을 암시하는 평을 한 것으로 알려져 있다. (Chiang 1973, pp. 3-4; Geschwind 1973.)

어표표기적 글자체는 문화의 매개체로서 열등하다는 견해의 극단적인 의견이 인류학자인 Jack Goody(Goody and Watt 1963; Goody 1977)에 의해 개진된 바 있다. Goody and Watt(pp. 314-15)에 의하면, '자연적 및 사회적 질서의 사물들을 구상화(具象化)하고' 또 그렇게 함으로써 '현존하는 사회적 및 개념적 그림을 영구(永久)히 한다'는 것이 이런 글자체의 본질 속에 있다는 것이다. 이와는 대조적으로, 음성표기적 문자는

> . . . 사회적 자연적 질서의 사물들이 아니고 말로 하는 인간 상호작용의 바로 그 과정을 기호화한다: 동사는 명사만큼이나 표현하기가 쉽다. . . . 그러므로 음성적 체계는 개개의 사고의 모든 미묘한 차이를 표현하는 데 적합하고 . . . [한편 어표표기적 문자는] 학식있는 전문가들이 문자로 표현하기 위해 선택한 문화적 목록 속의 항목들만을 기록한다. 그리고 그것은 그 항목들에 대한 집합적 태도를 표현하는 경향이 있다.

그들은 계속해서(pp. 337-8) 중국어 문자 체계는 '교양있는' 사회(그들은 음성표기적 글자체를 사용하는 사회를 의미한다)에서는 정상적인 논리의 표준을 채택하는 데 불리하다고 주장한다.[4]

중국 문명을 존중하는 어떠한 사람에게도 이와 같은 터무니없는 생각은

아주 불쾌한 것이다. 중국이 전통적으로 보수적인 사회였고, 또 논리적인 문제에는 그렇게 관심이 없는 사회이기도 하는 데 의론의 여지가 있는 나라임은 분명 사실이다. 그러나 이들 문화적 특성의 어느 것이고 어표표기적 글자체의 결과라고 하는 암시는 아주 지지할 수 없다. 중국어 글자체는 사실상 그 언어의 모든 형태소를 위한 글씨를 마련해 주고 있다: 즉 명사뿐만 아니고 동사도, 관념적으로-중요한 생각들을 위한 낱말들 및 진부한 사물들을 위한 낱말들. (문자로 쓸 수 없는 소수의 예외적 형태소들은 지방의 방언이나 속어에서만 일어나는 것들인데 이들은-영어의 *smashing*과 대조되는 *bonzer*(훌륭한) (오스트레일리아 속어)와 같이-표준어의 용어들과는 형태론적으로 무관한 것이다: 글자체에서의 이런 틈새가 중국 문화의 발전에 어떤 중대한 영향을 끼쳤다는 제안은 믿기 어렵다.) 예를 들어 /ṣü/ (士) '문관'이나 /núN/(農) '농부'를 위한 글씨들이 공식적인 중국 문화에 의해 이들 집단에 부여된 유리한 역할을 반영하고, 반대로 /ṣaN/(商) '상인'이나 /pĩN/(兵) '병사'를 위한 글씨들은 이들 계급이 노출되어 있던 혐의와 경멸을 반영하는 방법이란 절대로 없다. (여성해방 운동가들은 질투 같은 불쾌한 성격을 묘사하는 낱말들이 '女'라는 형부(形符)로써 쓰이는 예의 수를 지적할지 모른다. 그러나 이와 같은 일의 빈도는, 예컨대 *bitch* 대 *dog*와 같이 음성영어에 있어서의 비슷한 남녀차별주의적 가정의 빈도보다 더 크지 않다.) 논리의 문제에 관해서는, *음성언어로서의* 중국어의 속성은 논리적 고찰에 대한 의식에 불리하게 작용할지 모른다.[5] (고전 그리이스어의 굴절 및 불변화사에 관한 풍부한 조직은 문장 내의 논리적 관계에 주의를 끌었고, 한편 중국어는 사실상 굴절이 없고 또 불변화사의 조직도 더 빈약하다). 그러나 일단 음성중국어를 주어진 것으로 받아들일 때, 논리적 명석성이 그 언어가 하나 하나의 음소로 쓰이는지 혹은 하나 하나의 형태소로 쓰이는지의 문제로 영향을 받는다는 견해를 위한 주장을 이해할 수 없다. (Goody and Watt는 이런 주장을 하지 않는다.) 어떠한 색다른 문화적 제도도 자명적으로 열등하다고 스스로 대수롭지 않게 생각하는 태도를 사람들은 잘 알고 있다. 상당히 유명한 학자에 의해 그런 말이 된다는 것은 슬픈 일이다.

확실히 중국어 같은 어표표기적 글자체에는 순수한 결점이 있다. 그러나 가장 중대하다고 느껴지는 두 가지 결점은 문외한들이 강조하고 싶어하는 것이 아니다.

이 중의 하나는 인쇄, 및 더 일반적으로는 현대의 낱말-처리(word-processing) 기술에 있어서의 이 글자체의 사용과 관계가 있다. 전신술이 중국에 도입됐을 때, 중국어 전보가 네-자리 숫자들의 연속체로서 송신될 수 있도록 숫자적인 부호가 도입되어야 했다. 이것은 분명히 알파벳 체계에는 없는 부호화 및 부호해석이라는 문제를 도입한다. 마찬가지로 글자판 입력을 사용하는 어떠한 낱말-처리 기계장치도 중국어 글자체에 적응시키기가 어려운데, 이유는 글씨의 수가 실용적인 글자판을 위해서는 너무나 많기 때문이다. 타자기가 제조되고 있으나, 그것은 서양의 타자기에 있는 것과 같은 영구적인 한 벌의 수 십 개의 활자봉(活字棒)을 사용하지 않고, 하나의 채자봉(採字棒)에 의해 뽑히는 별도의 활자들을 (철판인쇄[凸版印刷]에서처럼) 사용한다. 그런 타자기로 글을 쓰는 것은 느려서, 거의 사용되고 있지 않다.

이 결점은 현실적인 것이다. 하지만 그것은 극히 최근의 결점이다. 20세기에 상당히 들어설 때까지는 그 결점은 아마 감지할 정도의 비능률을 야기하지 않았다. 인쇄술 자체가 오래 전에 물론 존재했었고, 실로 중국에서 발명됐었다. 그러나 자본에 대한 노동의 상대적 비용이 상당히 낮은 동안은, 한 벌의 활자가 수 천 개 혹은 단지 수 백 개만 필요할지는 전통적인 손으로-조판하는 활자를 사용하는 인쇄소에는 아마 거의 문제가 되지 않는다. (그 일에 관해서는 활자의 한 벌 수가 19세기의 유럽의 인쇄소에서보다 중국의 인쇄소에서 극적으로 더 많지는 않았을 것인데, 까닭은 유럽에서는 모두 갖가지 크기의 로마체 및 이탤릭체의 대문자, 소문자, 및 작은 대문자 등 많은 여러 자면(字面)의 활자를 저장하는 관습으로 인해 수가 증가했기 때문이다. 중국인들은 다양한 활자-자면에 관심이 없었고, 예술로서의 인쇄술에 전연 관심이 없었는데, 아마도 그 이유는 주요한 예술형식이었던 서도(書道)에서 존중되는 장점들이 바로 활자에서는 재생할 수 없는 자발성 및 비기계적 불규칙성이라는 속성이었기 때문일 것이다: Chiang 1973, p. 115 참조.)

더욱 최근에 새로운 기술이 어표표기적 글자체와 관련있는 비능률을 줄이기 위해 다시 시작됐다. 예컨대, 수 천 개의 건(鍵) 혹은 그와 동등한 것들 중에서 맞는 것을 찾아 글씨를 기계에 집어넣지 않고, 목표 글씨의 몇몇 특성을 명시하여 화면상에 나타난 이들 특성들을 공유하는 갖가지 글씨들 중에서 선택하는 것이 이제는 작은 글자판으로도 가능하다. 마찬가지로 타자기가 없다는 것은 기록-보존이 복사지에 의한 사본에 의지할 때는 성가신 일이지만, 사진복사가 가능한 때는 타자기 없는 것이 훨씬 덜 중요하게 된다.

이런 어려움들을 줄이기 위해 발명되는 장치가 무엇이건 간에, 어표표기 문자는 아마 언제나 계속해서 음성표기 문자보다 약간 더 큰 기술적 문제들을 제기할 것이다. 그러나 이런 차이를 과장해서는 안된다. 어표표기적 글자체는 고도의 현대 기술 발전과 양립될 수 없다는 어떠한 암시도 일본의 예로써 명백히 반박되고 있다.

중국어 글자체의 다른 결점은 덜 분명한 것이지만, 내 생각으로는 더 중대하다. 이것은 외국어 낱말 및 이름과 관계가 있다.

영어와 같은 알파벳식 글자체에서는 차용어를 쓰는 데 아무런 어려움이 없다: *aurry, boomerang, Schadenfreude,* 등등. 영어로 발음할 수 없는 이름들도 쉽게 쓸 수 있고, 또 그들을 약간 관례적으로 오발음할 수 있다: *Nkomo, Tbilisi, Llanllwrchaiarn,* 등. 반대로 중국어 글자체에서는 각 글씨는 중국어의 형태소를 표시한다. 비중국어 낱말을 쓸 수 있는 유일한 방법은 유사한 발음을 갖는 일련의 중국어 형태소로서 하는 것이다. 그러나 중국어는 아주 제한된 범위의 음성을 갖고 있기 때문에 모방은 보통 그렇게 정확하지 못하다.

아주 최근까지 이런 제한은 중국인들에게는 역시 거의 실제적 중요성이 없었다. 역사의 대부분 동안 중국은 지리적으로 외부 세계로부터 대부분 단절된 고도의 문화 지역이었고, 중국인들이 마주친 유일한 비중국인 민족들은 소위 '오랑캐'였다. 중국인들은 다른 언어에서 어휘를 차용할 이유가 거의 없었고, 극히 한정된 범위에서만 차용했을 뿐이다. (유사(有史)시대 내의 주된 예외는 불교가 인도에서 중국에 도달했을 때 많은 Sanskrit 용어를 차용했던 일이다. 한 예가 *nirvāṇa*를 의미하는 涅槃/nie-pʰan/인데 ─ 중국어 형태소의 뜻인 '불투명한 은퇴 장소'는 적절함이 모호하다. 그러나 그 형태소는 근본적으로 그 음으로 해서 선택된 것이다.) 오늘날에도 서양의 기술적 및 기타 용어가 보통 그 원형대로 차용되지 않고, 오히려 중국어는 합성어를 만드는 데 서양에서 라틴어 및 그리이스어의 어근을 사용하는 방법으로 그 자체의 학문적 축적의 형태소들을 사용한다.

자역(字譯)이 불가피한 낱말들은 고유명사들이다. 중국어 이름들은, 인명조차도, 언제나 유의적인 형태소로 구성된다. 반대로 외국 이름은 중국인들에는 무의미한 잡음이다. 선진국들의 이름은 그의 중국어 번역이 중국의 지명의 유형을 따른다는 의미에서 중국어화되어 있다: 그래서 英國 /IN-kúo/ '영웅들의 나라'는 /IN/이 *England*의 시작음과 같이 들리고, 프랑스는 法國 /fa-kúo/ '법의 나라'이다. 중국에서 거주하거나 또는 중국인과 거래하는 서양인들은 중국 이름이 주어진다. 그러나 대다수의 외국 이름들에 대해서는 이런 개별적 취급이 불가능하고, 단순히 글씨들을 길게 연결해서 철자한다. 중국인들은 자역의 목적으로 그들의 어휘의 한정된 하부항(下部項)을 사용하는 경향이 있고, 그 하부항에 있는 많은 형태소들은 사용되지 않으면 거의 혹은 전적으로 폐용된다(이것은 어떤 글씨-연결체가 그 뜻으로보다는 그 음성적 값으로 읽혀져야 한다는 것을 분명히 하는 것이므로 유용한 것이다―중국어 글자체는 글씨의 연결체가 고유명사를 의미한다는 것을 보여줄 대문자와 비슷한 어떠한 고안도 보통 사용하지 않는다). 그러나 이들 경향은 결코 절대적이지는 않다.

다음에 글자 그대로의 형태소 하나 하나의 주석으로 보완된 이런 자역의 예를 몇몇 제시한다:

迭更斯　tíe-kEN-sū　'반복해서-변한다-이것': Dickens
柴霍甫斯基　zʰai-xùo-fū-sū-cī　'장작-갑자기-시작하다-이것-기초':
Tchaikovsky
里約熱內盧　lI-ye-ʈG-nèi-ɬu　'마을-동의하다-더운-내부-화로': Rio de Janeiro
利奧波德維爾　lI-àu-pō-tG-wéi-Eʈ　'이익-신비한-파도-미덕-묶다-당신':
L'eopoldville

이 체계의 결과는 몇몇 이유로 해서 어색하다. 첫째, 외국의 원명(原名)과의 음성적 상응관계가 일반적으로 아주 부정확하다. 둘째, 중국어 음운을 외국어 음성에 적응시키기가 어렵기 때문에, 중국어로 바꾼 외국명이 흔히 중국어의 전 문장만큼이나 길다. 셋째, 그리고 가장 중요한 것인데, 외국 원명과 중국어로의 자역 사이의 맞음새가 엉성하다는 것은 어떠한 외국어 이름에 대해서도 많은 중국어 자역이 가능하다는 것을 의미하는데, 이것은 분명히 실제적인 문제들을 야기시킨다. 실제로 중국인들은 가장 유명한 외국 이름들을 쓰는 데는 상당한 정도로 일관성을 이룩하고 있으나, 이런 경우라도 그 일관성은 완전성에는 크게 미치지 못한다. 예를 덜어, 나의 서가에 있는 두 참고서적은 'Wordsworth'를 華滋華斯 /xúa-ɕɯ-xúa-sɯ/ '꽃같은-맛-꽃같은-이것' 및 威至威士 /wei-ʐù-wei-ʂù/ '위신-도착하다-위신-선비'로 각각 자역하고 있다. 이보다 덜 알려진 이름들은 어쩌다 용케 중국어로 번역되는 거의 모든 경우에 아마도 다르게 쓰일 것이다.

이제 중국인들이 어떤 내부적 목적으로 로마자를 채택했고 또 그들 자신의 글자체를 가로 쓰기로 할 것을 취했으므로, 이들과 같은 자역을 사용할 필요는, 만약 그들이 비중국어 낱말을 쓰기 위해 중국어 문장의 중간에 로마자를 기꺼이 쓴다면, 배제될 수 있을 것이다. 현재로선 이 두 글자체는 서로 아주 생소하게 느껴지므로 이런 일은 가능하지 않다. 중국어 본문의 모든 것은 중국어 글씨로 씌어져야 하는데, 새로운 외국 낱말의 첫 도입 뒤에 기껏해야 로마자의 어형을 괄호 안에 넣어서 할 수 있다. 사정이 이렇게 되어 있는 동안은 외국 낱말의 취급은 중국 방식의 글쓰기의 진짜 결점이다. 그리고 만약 이것이 중국 문화와 같이 비교적 터놓지 않는 그리고 내향적인 문화의 결점이라면, 영국 문화 같은 고도의 국제적 문화로서는 한층 더 그러할 것이다.

하지만 이 결점들은, 아직 논의된 바가 없는 어표표기적 체계의 어떤 이점들에 의해 그 결함이 보충되고도 남음이 있으며, 또 그 이점들은 중국어의 특별한 속성과 관계가 있다.

현대 중국어의 가장 특징적인 자질 중의 하나는, 유럽의 언어에 익숙한 사람에게는 거의 믿을 수 없는 것은 아닐 망정 아주 이상하게 느껴지는 것인데, 동음이의어의 발생이 극히 높다는 것이다. 중국어는 아주 한정된 음운을 가지고 있음이 이미 제시된 바 있다. 중국어의 각 형태소는 한 음절이며, 음운적으로-가능한 여러 음절은 비교적 적다. Karlgren에 의해 재구(再構)된 고대 중국어 기간 중에도 중국어 체계는 소위 '솔기에서 터질 지경'이었던 것 같다: 즉 거의 모든 가능한 음절은, 영어의 *sluck, fran, drebble*과 유사한 거의 사용하지 않는 소수의 형태소와 더불어, 실제의 형태소와 일치했고, 그때에도 상당히 많은 동음이의어가 있었다. 그러나 고대 중국어 시대 이래 일어난 아주 많은 음운-변화는 중요한 음운적 차이의 막대하고도 되풀이되는 상실을 수반했다. 고대 중국어에 있었던 자음군은 단일 자음으로 축소됐고, 어미의 폐쇄자음은 탈락했다. 유성/무성의 차별이 없어지고, 모음-체계는 크게 단순화됐다, 등 등.

　이것이 의미하는 바는 음운적으로-가능한 음절보다도 이제는 몇 배나 더 많은 형태소가 있다는 것이다. 현대 중국어의 보통 음절은, 구어(口語)에서는 쓰이지 않으나 학자가 독서 중 쉽게 마주칠 아주 많은 문어의 형태소와 더불어, 이제는 아마 현대어의 대여섯 개의 여러 행태소를 표시할 것이다(그 중 대부분은 광범위하게-차이나는 다의어(多義語)를 발전시켰을 것이다). 현대 중국어에서는, 영어에서 보통 있는 바와 같이 (/hIt, rIp, d#X, wid/ 등은 각기 하나의 형태소를 표시한다), 명백하게 단일 형태소를 표시하는 어떠한 음절도 거의 없다. 여기에 오해가 있을 수 있다: 중국어의 동음이의어에 관한 이야기를 들은 유럽인은 흔히 '그러나 그들은 낱말의 성조로 문제를 해결한다'고 말한다. 하지만, 중국어에는 차별적인 음절이 비교적 적다고 내가 말할 때는, 그 음절의 자음, 모음, 또는 그 성조에 관해서 차별적인 음절을 의미한다―즉 성조는 중국어 음절의 어떠한 다른 국면과 똑같이 음절의 발음의 중요한 부분이며, 성조를 어떤 특수한 문제를 풀기 위해 첨가됐던 무슨 특별한 것으로 생각하는 것은 오해다.

　그림 26에 문어에서만 발견되는 동음이의의 형태소를 도외시하고, 현대 중국어의 두 음절의 살아있는 현대의 택일적 음가만을 열거해 놓았다. 이들 특수한 음절들은 보통 음절보다는 더 애매하지만, 그렇게 심하지는 않

| graph | gloss | Old Chinese pronunciation | Modern Chinese pronunciation |
|---|---|---|---|
| 欺 | cheat | *kʰjEg | |
| 期 | period | *kjEg | |
| 崎 | mountainous | *gʰia | |
| 溪 | creek | *kʰieg | |
| 七 | seven | | |
| 沏 | to mash tea | *tsʰjĕt | cʰĪ |
| 漆 | varnish | | |
| 妻 | wife | *tsʰiEr | |
| 悽 | grieved | | |
| 棲 | roost | *siEr | |
| 戚 | kinsman | *tsʰiok | |
| 研 | grind/research | *Nian | |
| 延 | prolong | *djan | |
| 蜒 | slug | | |
| 檐 | eaves | *djam | |
| 炎 | flame | | |
| 嚴 | strict | *Njăm | |
| 巖 | cliff | *Nam | jen |
| 言 | speak | *Njăn | |
| 閻 | name of the King of Hell | *djAm | |
| 顔 | face/colour | *Nan | |
| 鹽 | salt | *xljam | |
| 沿 | along | *dɰan | |
| 焉 | there | *ʔjan | |

그림 26

다-훨씬 심한 것들이 많이 있다. (반대로, 고대 중국어에서는, 형태소들이 동음이의어로서 제시되는 몇몇 안되는 경우에도 그 형태소들은 사실 이내 재구되지 않은 발음의-특징에 의해 구별되었을 것이다.) 그래서 현대 구어 중국어는 굉장히 애매하다. 문어 중국어로 쓴 글은 큰 소리로 읽혀질 때는, 문어 중국어 문법의 폐용된 부분뿐만 아니라 그 글에 있는 모든 형태소를 잘 아는 사람에게도, 보통은 아주 이해하기가 어려운데, 까닭은 각 형태소가 수 개의 다른 형태소와 동음이의적이기 때문이다.

음성언어는 이런 애매함을 극복하기 위해 갖가지 방책을 실제로 채택했다. 이들 방책 중 몇몇은 비록 글자체가 음성표기적이라고 하더라도, 쓰기에서 원칙적으로 모방될 수 있을 것이다. 예컨대, 아주 흔하게, 초기 단계에 단일 형태소로써 표현됐던 개념이 현대 구어체 중국어에서 두 형태소의 결합에 의해 표현되고 있는데, 그 각각은 고립해서는 애매할 수 있으나 결합되면 서로의 애매함을 없애준다. (이래서 /jen/ (研) '연구'는 그림 26에서 보는 바와 같이 애매하며, 그것은 역시 많은 동음이의어가 있는 가까운-동의어 /ˌciou/(究)를 갖고 있다 - /ˌciou/로 발음되는 형태소들은 '모으다'(糾), '비둘기'(鳩), '묶다'(摯), '나무라다'(咎)를 포함하는 의미들을 갖고 있다-그래서 현대 중국어에서는 '연구'에는 /jen-ˌciou/(研究)라고 말하고 그 어느 형태소도 단독으로는 쓰지 않는다. 갖가지 다른 범주의 합성어도 역시 사용된다.) 그러나 말 속의 가장 중요한 요소 중의 하나이면서 문자가 그에 대한 동등한 것을 갖지 못하는 것은 대화 중에 일어나는 의미에 관한 끊임없는 절충이다. 사람들이 정면으로 마주보며 이야기할 때 일어나는 오해는 발생하기가 무섭게 거의 무의식적으로 해결되기가 흔하다. 반대로 문자에 있어서는, 일어날 수 있는 애매함을 미리 배제하기 위해 씌어있는 것이 충분해야 하는데, 까닭은 독자와의 절충이 불가능하기 때문이다.

중요한 점은 말로 된 형태에서의 현대 중국어 형태소의 막심한 애매함이 문자에서는 전적으로 배제된다는 것인데, 문자에서 각 형태소는 그 자체의 차별적인 글씨를 보유한다-이에 반하여, 음성표기적 글자체는 애매한 것들이 말에서 문자로 넘어가기 일쑤다. 방금 언급한 형태소-합성의 방법을 가지고도, 현대 음성 중국어는 사실 비교적 애매한 언어다. 실로, 학식 있는 중국인들이 서로에게 말할 때는 문제되는 음절을 분명히 하기 위해 때때로 글씨를 공중에 그린다. 그런데도 말은 전형적으로, 씌어진 문서가 갖고 있는 것보다 더 한정된 한 벌의 화제와 더 예측 가능한 생각을 갖고 있다. 그래서 애매한 것이 말에서보다는 글에서 훨씬 더 큰 어려움을 야기하곤 한다. 언어와 관계 있는 현대의 중국어 출판물은 몇몇 문단으로 된 짧은 원문이 전부 *pinyin*(拼音) 로마자로 쓰인 구석을 때때로 가지고 있는데, 독자들은 놀라운 재주로서 그것을 머리를 써가며 읽는다. 그러나 음성 표기적 문자가 중국어를 말하는 사회의 정상적인 글자체로서 성공적으로 채택될 수 있을지는 의심스럽게 생각된다.[6]

둘째 번의 특별 요소는 중국어의 소위 '방언'과 관계가 있다. '현대 중국어'를 마치 그것이 단일 언어처럼 이제까지 말해왔는데, 그 용어로 표시한 것은 서양에서 'Mandarin Chinese'(표준 중국어)로 알려져 있는 것이다. Mandarin Chinese를 단순히 '중국어'라고 부르는 데는 약간의 정당성이 있다: 즉 그것은 전체 중국인의 약 3분의 2의 말(물론 지역적인 변화는 있되, 상호 이해를 방해하지 않는 변화가 있는)이며, 현 중국 정권에 의해 공식 자격이 있는 유일한 중국어로 간주되고 있다. 그렇지만 많은 중국인들이 Mandarin과는 아주 다른 언어들을 말하고 있다. +1차 천년기 중반쯤 이후로 원래 하나의 상당히 동질적인 중국어이었던 것이 6 혹은 8개의 주요 변종으로 분할했고(각 변종은 하위-변종, 하-하위-변종이 있었고), 이것이 아주 크게 갈라져서 '방언'이라기 보다는 '언어'로 더 잘 불려진다. 중국어의 이런 구분 간의 발음-차이의 예를 하나만 들자면: '北'을 의미하는 낱말이 Mandarin은 /pĕi/, 광동(廣東)어는 /pak/, Hakka(客家)는 /p#t/, Suchow(蘇州)는 /pɯʔ/, 등등이다. 비슷한 큰 차이가 어휘를 통해서도 나타난다. 의사소통을 위한 그 차이의 중요성이 크게 확대되고 있는데, 이유는 중국말의 이해에 있어서의 현저하게 낮은 '오류의 여지' 때문으로서 이것은 가능하지만 사용않는 음절이 고도로 동음이의적이며 또 수가 부족한 데서 일어난 것이다.

그 결과로 북경 사람이 광동(廣東) 사람을 (후자의 언어를 배우지 않고) 이해할 수 없는 것은 런던 사람이 베를린 사람을 이해하지 못하는 것과 같다. Mandarin 아닌 중국어의 변종은 사회 신분이 낮은 사람들에게 국한되어 있지 않다. 모든 사람이 자기 고향 지방에서 통용되는 종류의 중국어를 말한다. 그래도 이들 여러 언어들은 단일 국가에서 쓰이고 있으며 이 나라는 아주 문명화돼 있고 또 정치적으로 오래 동안 중앙집권화 됐으며, 그러므로 보편적 의사소통 수단을 필요로 했던 나라다. 여기서 다시 어표표기적 글자체는 이 문제를 멋지게 해결한다, 까닭은 '방언적' 차이는 동일한 형태소를 여러 갈래로 발음하는 것과 주로 관계가 있으며, 또 이들 갈래는 쓰인 글씨에는 전연 나타나지 않기 때문이다. '방언들' 사이의 어휘 및 문법의 차이는 작다. 그러므로 그 차이는, 오히려 영국의 지방 방언 화자들이 쓰기에서 표준 영어를 쉽게 사용할 수 있는 바와 같이, 글씨 사용에 관한 표준에 동의함으로써 쉽게 해결될 수 있다.

사실 금세기까지 표준적인 문자 사용법은 일천년 이상 구어의 기준으로 사용되지 않았던 언어의 단계를 표시했다. 교육받은 중국인들은 구어가 방대한 규모의 동음이의에서 일어나는 애매함의 문제에 억지로 적응되기 전에, 또 '방언들'이 서로로부터 갈라져 나가기 전에, 있었던 대로의 중국어를 계속해서 썼다. (어떤 목적을 위해서는 아직도 쓰고 있다.) 중국 대중들에게 오래-죽어있는 단계의 중국어의 문법과 어휘의 사용을 가르치는 어려움 때문에, 공화국 시기 이래 현대 Mandarin의 문법과 어휘가 쓰기의 규범으로 채택됐다. 광동어 화자가 이들 언어 수준에서 자기 모국어와 다른 몇몇 차이점에 스스로 익숙해지는 것은 그렇게 큰 일이 아니며 한편 그가 Mandarin을 *말하는* 것을 배우거나 혹은 그것이 음성표기적 글자체로 써져 있는 것을 이해하는 것은 언어 학습의 주요한 위업이 될 것이다.

동음이의어와 '방언'은 중국에서 어표표기적 글자체를 유지하는 2개의 특별한 이유가 되고 있다. 만약 이들 요소가 어쩌다 없었더라면, 어표표기적 원칙이 버려졌을지도 모를 일이다. 그러나 이런 사정은 결코 분명치 않다. 내가 이 장에서 강조하고자 한 주요 요점은 글자로 쓰일 언어의 특별한 성질과는 관계없이, 문자를 위한 어표표기적 원칙이 음성표기적 원칙보다 결코 자명할 만큼 열등하지는 않다는 것이다.

# 제 9 장  혼합 체계: 일본어 문자

한국인들과 같이, 일본인들이 +1차 천년기에 중국 문명을 만나 그것을 받아들이기 시작했을 때 그들 자신들의 문자가 없었다. 한국인들과 같이 - 실은 한국인의 지도 하에 - 일본인들은 어떻게 변통해서, 중국어와는 관계가 없고 또 유형론(類型論)적으로 아주 다른 언어에 중국어 글자체를 적응시켰다. (일본어의 기원(起源)에 관한 인접 언어와의 관계는 오래 동안 불분명했다. 한국어/일본어 관계를 암시하는 남아있는 공통의 특징들이 한정되어 있고 또 그 일은 의론의 여지가 있는 채로 남아있지만 (Patrie 1982, p. 700), 한국어는 일본어와 가장 가까운 관계이어서 일본어 역시 알타이어라고 현재 주장되고 있다(Martin 1966; Miller 1971). 일본어에 관한 표준 안내서는 Miller의 1967년판 저서다.) 한국인들과는 달리, 일본인들은 결코 깨끗이 중국어와의 관계를 단절하고 다른 종류의 글자체를 택하지는 않았다. (뒤에 이런 단절이 한국인들에게 보다는 일본인들에게 덜 가능케 한 요인을 논의하겠다.) 현대 일본어 정자법의 모든 것은 궁극적으로 중국어 문자에서 유래한다. 그러나 이 두 언어는 아주 다르기 때문에, 중국어 글자체가 일본어를 적기 위해 적응되어지는 과정이 흔히 고도로 우원하고 번거로워야 했고, 그 궁극적 결과는 중국어 체계와는 유형론적으로 아주 다른 체계가 된 것이다. 중국어 문자는 엄밀히 말해서 순수한 어표표기적 글자체이다. 일본어 문자는 일부는 어표표기적이고 또 일부는 음성표기적인, 혼합체계다.

일본어 문자는 유형에서 뿐만 아니라 복잡성의 정도에서도 중국어 문자와 다르다. 중국어의 어표표기적 글자체는, 초학자(初學者)들에는 위압적으로 보이겠지만 실제는 상당히 단순한 문자 체계임을 직전 장에서 주장했다. 반대로 일본어 글자체는 언어를 가시화(可視化)하는 데 아주 놀랍도록 복잡한 수단이다.

이런 복잡성의 하나의 이유는 음성언어 즉 구어로서의 일본어와 중국어 사이의 차이와 관계가 있다. 그러나 또 하나의 관련된 요인이 있다. 글자체가 발전되고 있던 기간의 대부분의 동안 일본 사회는 귀족 계급의 존재로 특징지워졌고 그 계급의 많은 성원들은 정치적 권력이나 혹은 실로 어떠한 중요한 직장도 없었기에, 세상에서 그들의 유일한 역할은 문화적 규범 즉 개화된 삶의 방식을 정하고 만들어내는 사람으로서의 역할이었다. (사람들은 아마 프랑스 혁명 이전의 구 *체제* 하의 프랑스와 멀리 비교할지 모른다.) 당연한 결과로서, 일본 문화의 많은 부분이, 그 문자를 포함해서, 솔직히 기능적이라기보다는 아주 잘 다듬어졌고, 섬세하고 또 지적으로 풍부한 것으로 만들어졌다. (이것은 중국의 경우와 대비되는데, 중국의 경우는 그 역사의 대부분의 시기에 현실적이고 실제적인 문명이었고, 예를 들어 글자체는 유사 시기에 주로 할 일이 바빴던 관리들에 의해 만들어졌다.) R. A. Miller (1967, p. 99)를 인용하자면:

> 도대체 읽기와 쓰기에 관계가 있던 인구의 작은 부분이 사실 시간과는 따로 거의 관계가 없었고, 그래서 아주 자연히 (글자체 만드는) 과정이 될 수 있는 대로 시간이 걸리게 할 어떠한 방안도 좋아했다.

만약 일본어 글자체가 음성, 의미, 및 쓰인 부호와 관련해서 불필요하게 복잡하게 보인다면, 그것은 놀라운 일이 아닐 것이다, 이유는 (Miller 1967, p. 100):

> 초기의 일본인들은 ... 이런 문자를 흥미롭고 또 음성적으로 또는 의미적으로 어떠한 단순한 1-대-1의 동등관계의 체계보다 미적으로 훨씬 더 이득이 된다고 보았다. ... 그들과 그들의 문화는 손쉬운 체계, 즉 빨리 쓸 수 있고 또는 간단 명료하게 읽을 수 있는 체계를 발전시키는 데는 관심이 없었다. 이런 가치와 목표는 고대 일본 사회에서는 전연 찾아볼 수 없었다. ...

일본 사회는 위의 인용문에서 언급한 시대 이후로 그 목표와 가치를 많이 바꾸었다. 이에 걸맞게, 20세기 후반에 사용되고 있는 글자체의 형식은 글자체가 한 때 가지고 있던 괴상한 완전한 멋진 꾸밈새와 비교하면 상당

히 단순화돼 있다. 현대의 글자체에 거의 흔적을 남기지 않고 사라진 몇몇
복잡한 것은 나의 기술에서 도외시될 것이다. 그러나 복잡한 것이 많이 제
거되었어도, 남아 있는 것도 많다. 일본어 글자체가 이 책에서 자리를 차지
할 만한 하나의 이유는 바로 글자체가 얼마나 부담스러울 수 있고 그러면
서도 실제 소용에 닿을 수 있는가를 보여주는 한 예로서이다. 기억할 일은
이 장에서 기술될 문자 체계는 반드시 고상하게 한가로운 엘리트층의 사사
로운 장난감이라고는 할 수 없다는 것이다. 직전 장에서 언급된 대로 일본
의 문자 해독률은 아주 높다: 프랑스나 미국보다 더 높다. 그래서 일본어
글자체의 복잡성이 실제 생활에서 능률을 떨어뜨린다고 생각될 수도 있으
면서도, 그것은 일본이 이 지구상에서 우리 시대에 아마 기술적으로 가장
선진국이 되는 것을 막지 못했다.

중국어가 각 형태소나 낱말이 불변의 음절인 '고립어'인 반면에, 일본어
에는 관련된 형태음운론적 교체형이 있는 파생적 및 굴절적 형태론의 풍부
한 조직이 있다. 그래서, 예를 들어, 어근인 /mot-/ '갖-'에서, 다른 것들 중
에서도 다음과 같은 낱말들이 형성되는 것을 본다:

| | |
|---|---|
| moɕu | '갖다' (평범) |
| mocimasu | '갖습니다' (정중) |
| motanai | '안 갖다' (평범) |
| mocimasen | '안 갖습니다' (정중) |
| motta | '가졌다' (평범) |
| mocimaɕita | '가졌습니다' (정중) |
| motanakatta | '안 가졌다' (평범) |
| motō | '갖겠다' (평범) |
| mocimaɕō | '갖겠습니다' (정중) |
| moci | '가짐' (명사) |
| motte | '가지고' |

등

(일본어의 표기에서 /ɕ c ʝ/는 IPA기호로 /ts tɕ dz/로 쓴 파찰음을 표시한다. 장음기호는 모음의 길이를 표시한다. 일본어에서 동사의 굴절과 관계있는 요소 중의 하나는 말을 받는 이의 사회적 신분이다. 그래서 주석에 '평범' 및 '정중'을 표시했다.)

일본어 낱말들은 (굴절하지 않는 단일 형태소로 구성된 것까지도) 흔히 수 개의 음절로 구성되는데, 예로는 /taɕika/ '확실한'이다. 그러나 음절-구조는 중국어보다 더 단순하기까지 한다: 엄밀히 말해서, 음절은 단순모음이 뒤따르는 단일 자음에 국한돼 있고(또는 자음이 없기도 하고), 또 성조의 구별이 없다.[1]

일본인들은 그들 자신의 언어를 +7세기에 처음으로 쓰기 시작했다. 일본어를 중국어 글자체로 내려쓰는 문제에 관한 생각을 얻기 위해 Miller는 우리가 스스로의 문자 체계가 없이 중국어 글자체를 영어를 쓰는 데 사용하기를 원한다고 상상하기를 우리에게 권한다. 가령 우리가 'The bear killed the man'을 써 내리기를 원한다고 하자고 그는 말한다.

공교롭게도 중국어에는 the라는 낱말이 없다. 정관사는 영어에서 중요한 낱말이 아니므로 우리는 이것을 포기하고 낱말 bear를 강조한다. 'Bear'는 중국어로는 /ɕyn/으로 번역되고 熊으로 쓰이므로 우리는 이 글씨를 쓴다. 'Kill'은 중국어로 /ʂa/이며 쓰기로는 殺이다. 그러나 중국어에는 영어의 -ed에 해당하는 굴절이 없다. 그래서 殺은, 예를 들어, 去 /cʰy/ '가다'를 첨가함으로써 '사라진 과거'로 이해되어야 한다는 것을 표시할 것이다. 하나의 대안으로서, 영어의 굴절 -ed는 /d/로 발음되기에, 이와 비슷한 음을 갖는 중국어 형태소를 위한 어떤 글씨―아마 영어의 /-d/와 대충 같은 발음의 的―를 쓸 터인데, 이 글씨는 중국어에서 명사의 소유격을 이루지만, 문법상의 접미사이다. 다음은 또 the에 오게 된다. 전에처럼 이 자를 도외시하는 대신, 이번에는 방금 '철자' -ed에서 거둔 성공에 힘입어, the를 /TE/ 비슷하게 들리는 중국어 형태소를 위한 글씨로써 쓰기로 유사하게 결정한다. 하지만 /TE/는 아주 비슷할 수가 없다, 까닭은 이것은 아주 비중국어적인 음절이기 때문이다: 그래서 아마 色 /sG/ '색'을 선택한다. 끝으로 man인데, 여기서 우리는 아마 人을 쓰겠는데, '인간'이란 의미의 /ʐEn/ '사람'을 위한 글씨다. 다른 한편으로는, 만약 영어의 낱말 *man*이 *woman*과 대조되는 남성을 특별히 언급하는 문맥에서라면, 중국어에는 이를 하나의 낱말로 표현할 낱말이 없다. 중국어는 男人 /nán-ɽɛn/이라는 구를 사용하는데, 글자 뜻 그대로 '남성 사람'이다. 그래서 우리는 하나의 짧은 영어 낱말 *man*을 표시하기 위해 이들 두 글씨를 쓸 것이다.

일본어 문자는 중국어 글자체를 다음과 같은 방법으로 사용한다.

일본어 낱말의 뜻이 문제의 중국어 글씨로 쓴 중국어 낱말의 뜻과 같거나 비슷한 일본어 낱말을 표시하기 위해 사용된 중국어 글씨를 가리키기 위해 사용된 용어가 *kun*(訓)인데, 글자 뜻 그대로 '가르침'이다. 사람들은 글씨는 '*kun* reading'(訓讀-즉 새기어 읽기)이 있다고 말한다. 그래서 일본어 /hito/ '사람'은 人이라 쓴다 (위 참조). 일본어 /jama/ '산'은 山이라 쓰는데, 이는 중국어 /ʂan/ '언덕'의 글씨다. 물론 중국어와 일본어는 두 독립 언어이기 때문에, 사람들은 보통은 어떤 일본어 낱말에 대한 완전한 중국어 동의어를 찾을 수 있기를 기대하지 않을 것이고, 또 번번히 글쓰는 사람들은 거의-동등한 것으로 만족해야 했다. (관련된 2개의 중국어 및 일본어 낱말에 조금 다른 영어 주석을, 그것이 적당할 때, 부여함으로써, 내가 논의하고 있는 훈독(訓讀)의 국면에 일부러 주의를 환기시켰다. 이 두 언어 사이의 의미론상의 동형성(同形性)의 결여에서 일어나는 문제는 이 장의 후반에서 자세히 논의될 것이다.)

초기 일본어 문자에서는 영어의 *the*를 표시하기 위해 色 /sɦ/ '색'을 가정적으로 사용한 것처럼, 글씨가 그 음가(音價)대로 사용됐던 다른 예들이, 새기어읽기(訓讀)되도록 의도된 글씨로 군데 군데 넣어져서 일어나곤 했다. 예를 들어, 일본어의 소유격 조사(助詞) /no/는 乃로 씌었는데, 이는 중국어의 /nǎi/ '너의'이다. 일본어의 주제-표시(主題-表示) 조사 /wa/는 波로 씌었는데, 이는 중국어로 /pō/ '파도'다. 이런 종류의 문자가 일천년 훨씬 전에 실용되고 있었을 때, 이들 두 낱말은 음성적으로 오늘날보다도 서로 더 닮았었다: 중국어 /nǎi/의 핵모음과 일본어 /no/의 모음은 아마 둘 다 그 당시는 애매음 /ɛ/ 같았을 것이고, 조사 /wa/는 전에는 /pa/로 발음되었고, 중국어 /pō/의 /o/는 아직 원순모음이 아니었다. 그렇지만, 동등한 관계는 흔히 아주 부정확했던 것 같다. (불필요한 문헌상의 복잡함을 피하기 위해 아래에 일본어 및 중국어의 어형을 현대의 발음으로 인용하겠다.)

이 두 번째 같은 문자를 일본어로 *man'yogana*(万葉仮名)라고 부르는데, 글자 뜻 그대로 '1만-잎 형의 음성표기적 글자체'(*kana*, 仮名)라는 뜻인데, 이유는 그 *kana*의 모범이 된 가장 유명한 문서가 *Man'yoshu*(万葉集) 즉 '1만-잎 모음'이라는 +8세기 후반에 편집된 명시선집(名詩選集)이기 때문이다. (George Sansom 경은 (1962, p. 531 n. 1) 낱말 *kana*는 한국인들이 한글 발명 전에 사용했던 *ka-na-ta-ra*로 시작하는 음절문자의 첫 두 요소에서 유래한 것이라고 주장한다—그렇다면 일본어 낱말 *kana*는 영어 낱말 *alphabet*과 아주 잘 맞아떨어진다.) 각 중국어 글씨는 한 음절을 표시했고 또 일본어 낱말들은 CVCVCV...형이었으므로, *man'yogana*에서 한 글씨는 (중국어 음절에서의 어떠한 어미 자음도 무시하고) CV 결합을 표시하곤 했다. 이런 식으로 하나의 일본어 낱말은 *man'yogana*에서 최소로 하나의 그러나 대부분의 경우 둘 이상의 중국어 글씨로 표시되곤 했다.

*Man'yogana* 문자의 원칙은 중국어에 의미론적으로 정확한 대등어가 없는 일본어의 '문법적 낱말'에 의해 제기된 문제에 호응해서 발명됐을지도 모른다. 하지만, 원칙이 일단 확립되면, 보통의 어휘상의 낱말은 *kun*의 대안으로서 *man'yogana*로 쓸 수 있었고 또 흔히 썼다. 예를 들어, *Man'yoshu*의 첫째 시는 낱말 /fukuei/ '흙손'을 布久思라 쓰는데, 이는 중국어의 /pu-ciŏu-sɯ/ '천 오래동안 생각'이다. Miller (1967, p. 98)를 또다시 인용하자면,

> 주어진 낱말을 어떤 특별한 경우에 쓰는 방법은 필사자의 선호와, 주어진 원문을 기입하는 데 필요한 빈 공간의 양 [이유는 *man'yogana*는 *kun*쓰기(새기어쓰기)보다 일본어 낱말 당 더 많은 글씨를 사용했기 때문이다], 혹은 다른 미적 요소에 달려 있기가 일쑤였고, 초기의 일본인 필사자들은 글자체가 그들에게 준 우아한 글씨의 변화의 가능성을 상당히 좋아했다는 충분한 증거가 있다.

이 시기에, 일본어 문자로 된 한 페이지는 어떤 중국어 글씨는 *kun*독(訓讀)이 되고 또 다른 글씨는 *man'yogana*로 읽도록 의도된 중국어 글씨로 구성되곤 했는데, 어떤 것을 그렇게 달리 읽어야 할지는 표시되지 않았다. 예를

들어, 波, 중국어로 /po̅/ '파도'의 표시를 보면, 일본인 독자는 일본어의 /nami/ '파도'는 뜻이 안 통하고 따라서 그 글씨는 주제-표시의 /wa/를 의도했을 것이라는 것을(그 반대도 마찬가지) 문맥에서 간단히 헤아려야만 했다. 만약 주제-표시의 /wa/가 항상 波로써 쓰이고 중국어 발음이 거의 비슷한 몇몇 다른 글씨의 어떠한 것으로도 쓰이지 않는다면, 그때에는 '파도'가 적절한 드문 경우를 제외하고는 波를 자동적으로 주제-표시 부호로 받아들이기는 아주 쉬웠을 것이다. 하지만, 중국어의 많은 동음이의어와 각각 언어의 음운 사이의 차이는 (위 인용문에서 대략 기술한 태도와 더불어) 이 체계는 이보다는 훨씬 예측가능성이 덜하다는 것을 의미했다. Sansom (1962, p. 138)은 *Man'yoshu*의 현대 일본어 판의 서문을 다음과 같이 인용한다: '[*man'yogana*]를 정확하게 읽는 어려움이란 형언하기 어렵다 . . . 그것은 옛날부터 끊임없이 연구되어 왔지만 아직도 애매한 구절이 많이 있다'.

때로는 필사자들은 비교적 중요하지 않거나 또는 중국어 글씨로 쓰기 어려운 항목들은 독자들 스스로 메우도록 했는데, 이는 'The bear killed the man'을 가정적으로 전기(轉記)한 것 중의 첫 번째 *the*에 대해 제안한 대로다. 예로, *Man'yoshu*의 255번 시의 첫째 줄인 /tozuma no koko ni araneba/ '나의 먼 사랑이 이곳에 없기 때문에'에서 소유격 조사 /no/가 생략돼 있어서 독자가 자기의 일본어 지식에서 그것을 메워야 한다(그 다음 줄에서 동일한 일본어 낱말이, /zu̅/로 발음되는 중국어 소유격 조사인 之의 *kun*독으로 표시되고, 또 이미 검토한 대로 다른 경우에는 그 낱말은 *man'yogana* 글씨로 쎄었지만), 위에 인용된 줄에서 /no/가 생략된 것은 비슷한 구문에서 중국어는 소유격-표시 부호가 없는 것에 근거했을 것이다. 혹은 이것은 필사자의 마음대로의 결정이었을 수 있다.

지금까지 마치 구어의 일본어는 중국어에서 독립한 채 있고, 그래서 일본인 필자들이 당면한 유일한 문제는 아주 중국어답지 않은 언어를 필기하는데 어떻게 중국어 글자체를 사용하는가이었던 것처럼 논의해 왔다. 그러나 일본어는, 한국어처럼, 중국어 어휘를 대 규모로 차용했다. 중국어는 일본어에 관해 그리이스어, 라틴어, 및 노르만 프랑스어가 영어에 관해 한 것과 같은 역할을 대충 하고 있다: 즉 많은 낱말이 그것이 가리키는 문화적 제도와 더불어 중국어에서 일본어로 유입했는데, 이는 노르만 정복이 노르만의 법률, 오락, 음식 관습 등을 영국에 도입했을 때 영어가 *assize, chase, dinner* 같은 낱말들을 얻은 것과 같다. 그러나 또 일본인들이 그 후 새 용어를 만들 필요가 있을 때는 마치 우리가 라틴어와 그리이스어의 어근을 향하는 것처럼 그들은 자동적으로 중국어 어근에 의지했다. 때로는 이 두 언어는 중국어 어근의 공통 자원에서 차이나는 신어(新語)를 만들기도 하지만, 보통은 현대적 전문 용어는 현대 중국어에서와 동일한 일본어 형태소의 결합을 갖고 있다.

아주 당연히, 중국어에서 차요된 어떤 낱말도 계속해서 그 중국어 글씨로 씌었다. 이것은 일정한 글씨는 중국-일본어(SJ) 차용어로서, 또는 교체적으로 토박이 일본어(NJ) 형식으로 읽을 수 있음을 의미한다. 전자와 같이 읽는 것을 *kun*(훈)독에 대한 *on*(음, 音)독이라 칭한다. (중국어가 겪은 많은 음운 변화 때문에 중국-일본어 낱말과 그의 현대 중국어 발음 사이의 음운적 관계를 알아보기가 흔히 어렵다.)

예로, 잘 알려진 낱말 /kimono/ '의복'을 들어보자. 이 낱말은 NJ 어근의 /ki-/ '입는다'와 /mono/ '물건'으로 만든 합성어이다: 즉 일본어로 의복은 '입을-수-있는-것'이다. 이 합성어는 두 글씨로 쓴다: 着物. 첫 자는 '앉히다, 놓다, 일으키다를 의미하는 아주 애매한 중국어 낱말 /ʑau/에 해당한다─일본인은 이것을 NJ의 /ki-/를 표시하는데 사용했는데, '입는다'를 '걸친다'로 분명히 생각하고서였다. 둘째 번 글씨는 중국어 /u/ '물건, 동생물'에 해당한다. 그러나 이 두 중국어 형태소는 일본어에서 차용어로서 역시 존재한다. 첫 자는 SJ 발음 /caku/가 있고, 예컨대 합성어 着手 /cakuɕu/에서 일어나는데, 문자 그대로 '놓다-손(을)'이며 '시작한다'를 의미한다(말하자면, '손을 핸들에 놓다'와 같은 것). /ɕu/ (手)도 마찬가지로 중국어 /ʂǒu/ '손'의 SJ음이다. 마찬가지로 중국어 /u/ '물건, 동생물'(物)은 예컨대 합성어인 動物/dōbuɕu/ '동물'에서 SJ의 모습으로 존재하는데, 여기서 /dō/는 중국어의 動/tùN/ '움직이다'의 SJ음이다─동물은 '움직이는(즉, 살아있는) 물건'이다. 사람들은 말하기를 글씨 着은 *kun*독(訓讀)으로는 /ki-/가 있고, *on*독(音讀)으로는 /caku/가 있다고 하고, 物은 *kun*독으로 /mono/가 있고, *on*독으로 /buçu/가 있다고 한다. 마찬가지로 글씨 手는 *kun*독으로 NJ의 /te/ '손'이 있고, 動 '움직이다'는 *kun*독으로 NJ의 /ugok-/ '움직이다, 달리다'가 있다. 주목할 일은 글씨에는 아무 것도 着物을 *on*독의 */cakubuçu/가 아닌 *kun*독의 /kimono/로 읽으라든지, 혹은 着手를 *kun*독의 */kite/가 아닌 *on*독의 /cakuɛu/로 읽으라든지를 일러주지 않는다는 것이다. 독자는 일본어 어휘에 관한 자기의 지식에 힘입어 이들 두 대안 중 어느 것이 옳은가를 알아야만 한다. 이런 유의 문제는 중국어 글자체가 중국어를 쓰기 위해 사용될 때는 존재하지 않는데, 까닭은 각 글씨는(극히 드문 예를 제외하고) 오직 하나만의 읽기밖에 없기 때문이다.

일본어는 음운적으로 중국어와 아주 다르기 때문에, SJ의 형태소는 차용당시 있었던 중국어 ('고체' 중국어에 대한 소위 '중세' 혹은 '고대' 중국어)와의 비교가 되건 또는 현대 중국어와의 비교가 되건, 그 중국어의 원래의 형태소와는 보통 아주 다르게 발음됐었다. (고대 로마인은 라틴 어근을 영어 낱말에서 우리가 발음할 때 그것을 알아볼 것 같지 않고, 또 현대 로만스어—즉 라틴어에서 유래한 이탤리어나 프랑스어—의 화자도 영어 말에 있는 로만스어의 어근을 쉽게 알아보지 못한다는 사실과 비교해 보라—정자법이 언어의 관계를 비교적 명백하게 하는 경향이 있기는 하지만.) 몇 가지 점에서 일본어 음운은 중국어 낱말들에서 일어나는 음성 또는 음성의 결합을 수용하게끔 확대되었다: *vain*, *valient* 같은 낱말을 프랑스어에서 차용한 결과 영어에 어두의 /v/를 도입한 것과 똑같이 어두의 /r/가 중국어의 /l/에 가까운 음으로 도입되었고, 자음 + /j/의 음군이 창조되었다. 그러나 중국어의 아주 많은 음운의 차이는 중국어 음절을 일본어의 발음 습관에 적응시키는 과정에서 상실되었다. 일본어는 성조언어가 아니기에 성조의 차이는 모두 사라졌고, 자음과 모음의 대립은 많이 통합되었다.

중세 중국어가 현대 표준 중국어보다 더 많은 음운적 차이를 가졌던 것은 사실이며, 현대 중국어에서는 상실되었지만 중국-일본어에서는 보존되어 있는 소수의 대립이 있다. 그러나 이런 경우는 극히 드문 반면, 중국어에는 보존되어 있으면서도 중국-일본어에는 없는 차이는 아주 많이 있다. 기억해 둘 일은 중국어는 이미 많은 형태소가 비교적 소수의 차별적인 음운상의 음절 사이에 분배되어 있다는 것이다. 발음을 일본어화하는 영향이 가해질 때, 그 결과는 실로 어마어마할 정도의 동음이의어가 SJ 어휘에 생긴다는 것이다. 이것이 전에 내가 순수한 음성표기적 글자체는, 한국인들에는 가능하지만, 일본인들에는 가능하지 않다고 주장한 이유다: 중국-한국어 음운은 현대 중국어에서 상실된 많은 음운 대립을 유지하고 있으나, 중국-일본어는 중국어보다 오히려 더 적은 대립을 가지고 있다.

구체적으로 설명하기 위해, 모두 (현대의 살아있는) 일본어에 있고 SJ 발음이 /kan/인 여러 중국어 형태소의 견본을 제시한다. 표에서 볼 수 있듯이, 표의 각 형태소는 음운적으로-허약해진 현대 표준어식 중국어에서도 뚜렷한 발음을 갖고 있고, 열거된 각 형태소는 당연히 수 개의 중국어 동음이의어를 가지며, 그 중 대부분은 역시 일본어에서도 /kan/으로 존재한다. 그리고 이 표는 SJ의 /kan/에 해당하는 음운적으로-뚜렷한 중국어 음절의 범위를 결코 남김 없이 기록하고 있지는 않다.

| | 중국어 발음 | 의 미 | 일본어 발음 |
|---|---|---|---|
| 甘 | kan | '달콤한' | |
| 感 | kǎn | '감동된' | |
| 刊 | kʰan | '인쇄하다' | |
| 慣 | kùan | '~에 익숙하다' | |
| 観 | kuan | '보다' | |
| 勘 | kʰan | '조사하다' | |
| 緩 | xuǎn | '느린' | *kan* |
| 管 | kuǎn | '관, 통' | |
| 鐶 | xuán | '고리' | |
| 歓 | xuan | '즐기다' | |
| 卷 | cỳan | '책' | |
| 韓 | xán | '한국의' | |
| 漢 | xàn | '중국의' | |

등 등

중국어에 관해서, 형태소 가운데서 하나하나를 보면 아주 많은 동음이의
어가 있지만, 2-형태소 합성어는 보통 명백하다: 만약 한 어휘-항목이 한 쌍
의 음절 XY로 구성된다면 그것은 X로 발음되는 갖가지 형태소 중의 오직
하나와 Y로 발음되는 형태소 중의 하나가 인정받는 합성어로 서로 어울어
지는 경우가 되기 쉽다. 하지만, 중국-일본어에서 발견되는 대량의 동음이
의어에 관해서는, 이것도 전연 사실과 맞지 않는다. 단 한 예만 들자면: 2-
음절어 /kanko/는 (다른 낱말들 중) 다음의 모든 SJ 합성어의 사이에서와
같이 애매하다. 비교하기 위해 다시 중국어 발음을 제시한다:

|  | 중국어 발음 | 의 미 | 일본어 발음 |
|---|---|---|---|
| 甘汞 | k̄an-kŭN | '염화 수은' |  |
| 感光 | kăn-kūaN | '(사진에서) 노출하다' |  |
| 刊行 | kᴴan-ɕíN | '출판' |  |
| 慣行 | kùan-ɕíN | '습관' | kankō |
| 観光 | kūan-kūaN | '관광' |  |
| 勘考 | kᴴan-kʰău | '숙고하다' |  |
| 緩行 | xuăn-ɕíN | '느리게 달리다' |  |

등

만약 중국어가 그 변화 과정에서 이 정도의 동음이의어를 발전시켰더라
면, 분명히 중국어는 그 문제를 해결하기 위해 어떻게든지 해서 조처를 취
했을 것이다(실로 고전 궁국어의 단형태소(單形態素)의 낱말이 현대 음성언
어에서 합성어로 대치됐을 때 일어났던 것처럼). 그러나 일본어는, 말하자
면, 중국어의 마음대로 되어있다−즉 일본 사회의 관점에서 보면, 중국어는
비-토박이 형태소에 관해서나 또 광범위하게, 형태소를 합성하는 인정된
방법에 관해서 권위있는 원천이다. 만약 어근의 이런 재료를 일본어의 발
음 습관에 적응시키는 결과가 어휘의 구어 형태에서 극도로 애매한 그런
어휘라면, 그것은 바로 일본인들에게는 불행한 일이다. 영어에 고립된 유사
한 예가 있다: 로마인들이 '입'과 '귀'를 위한 낱말로 각각 ōris와 auris를 사용

했던 것은 영국인들에는 불행한 일인데, 이들 낱말은 (라틴어에서는 아주 다르게 들리지만) 똑같이 혼란스런 한 쌍의 영어 동음이의어 *oral*과 *aural*이 되었다. 만약 우리가, 예로, *aur*가 아닌 *gaur*를 '귀'의 어근으로서 전문 어휘에서 사용하기로 결정했더라면 우리의 삶은 더 편리할 것이다. 그러나 라틴어는 고정된 주어진 것이라고 우리는 느끼고 있고, 따라서 이런 짓은 할 수 없고, 그 순수한 어근을 사용하는 불행한 결과를 참아야 한다. 일본인들에는 이런 상황이 몇 천배로 증가한 것이다. 이것은, 무엇보다도, 중국어 문자의 어표표기적 성격이 중국인들보다는 일본인들에 더 중요하기까지 하다는 것을 의미한다.

이제까지 많은 여러 가지 중국어 음절이 동일한 SJ 발음과 일치할 수 있음을 보아왔다. 그러나 사정은 그것보다 더 복잡하다. 중국어 발음은 오랜 세월에 걸쳐 변했음을 보아 왔으며, 중국어 어휘는 일련의 각기 다른 물결을 타고 일본어에 차용되었다. 차용의 각 물결에서 일정한 형태소의 일본어 발음은 *당시의* 중국어 발음을 모방하곤 했다. 그러므로 중국어 글씨에 대한 *on*독(音讀)의 여러 '층(層)'이 있다. 바꿔 말하면 중국어의 어느 일정한 방언에서 하나만의 발음을 가진 하나의 글씨는 흔히 일본어에서 (하나 또는, 아마도 둘 이상의 *kun*독(訓讀)은 물론) 둘 이상의 *on*독을 가질 것이다.

이 점을 유추에 의해 설명해 보자. 가령 라틴어가 어표표기적 글자체로 씌어졌다고 하자. 그래서 예로서, 형용사 *masculus*가 ⚲로 씌어졌을 것이다. *Masculus*는 갖가지 음성-변화로 프랑스어의 *mâle*로 변했다. 영어에는 이 어근의 두 형식이 있다, 즉 라틴어 형식의 *masculine, emasculate*와 프랑스어 형식의 *male*이다. 그래서 로마인들로부터 음성표기의 글자체보다는 어표표기의 글자체를 차용했더라면, 영어는 *masculine*의 *mascul*과 낱말인 *male*을 둘 다 ⚲로 쓸 것이다. 그리고 이 글씨를 토박이 게르만어의 형태소인 *bridegroom*의 *groom*을 위해서도 사용할 것이다. 그러면 이렇게 된다:

⚲= /meskjel/은 '로마의 *on*독'이 될 것이고

⚲= /mell/은 '노르만의 *on*독'이 될 것이고

⚲= /grum/은 '*kun* 독'이 될 것이다.

영어 독자는, 예컨대 <$-ine>을 로마의 *on*독으로 읽고, 또 독립된 낱말로서의 <$>은 보통 노르만의 *on*독으로 읽지만 그것이 결혼식의 맥락에서 명사로서 나타나면 *kun*독 음가를 준다는 것을 배워야 할 것이다.

일본어에는 3개 층의 *on*독이 있다: 시대 순으로 그를 *go'on*(吳音), *kan'on*(漢音), 및 *tōsō'on*(唐宋音)이라 부른다. *On*은 '음' 또는 '발음'의 뜻이고, 그러므로 세 용어는 각각 '*Go, Kan* 및 *Tōsō*의 발음'을 의미한다. 이들은 중국의 고유명사로서, 나의 가설적 유추에서 'Roman'과 'Norman'에 유사한 것이다.

*Kan'on*은 '무표(無標)' 층이다: 대부분의 SJ합성어는 *kan'on*발음을 사용하며, 관례적으로 최근에 만들어진 어떤 신조어도 중국어 어근의 *kan'on*식을 사용할 것이다. *Go'on*발음은 특히 +7세기 이전인 초기에 차용된 낱말들에서 일어나며, 중국에서 일본으로의 최초의 중요한 문화의 수출이 불교이었기에, 대부분의 *go'on* 낱말은 원래 불교 용어이었다. 반대로, *tōsō'on* 읽기는 (가장 드문 것인데) 문화 수입의 주요 물결보다 훨씬 늦게, 14세기에, 일본에 들어온 일단의 낱말들에서 일어나는데, 이들 중 많은 낱말이 Zen(禪)과 같은, 늦게 나타난 불교의 종파들에 의해 사용되는 용어다.

만약 *go'on*과 *tōsō'on*의 낱말 사용이 계속해서 불교적 배경에 국한되었더라면, *on*(音)의 여러 층과 관련된 복잡한 일은 오늘날 일상적인 일본 생활에서 거의 실제적 관련이 없을 것이다. 그러나 한 언어에 들어온 낱말은 그것이 담아져서 수입된 주제의 용기 속에서 깨끗이 씌어진 채 남아있지는 않는다. 낱말 *substance*(실체, 본질)는 기독교의 삼위일체의 삼위(三位)에 공통적인 것을 나타내는 철학적 용어로서 영어에 도입됐다. 그러나 20세기 영국인으로서 기포(氣泡)고무를 해면모양의 물질(substance)이라고 묘사하는 사람은 그가 신학적인 이야기를 하고 있었다는 말을 듣고 마땅히 놀랄 것이다. 일본어에서도 사정은 같다. 그래서 예를 들어, 無 '없는'은 예컨대 無事 '일 없이', SJ로 /buji/ '평화, 조용한'에서 처럼 *kan'on*의 /bu/이고, 限 '한계'는 *kan'on*으로 /kan/이다. 그런데 공교롭게도 無限 '한계 없는, 무한의'은 *kan'on*의 */bukan/이 아니고 *go'on*의 /mugen/으로 발음된다, 이유는 이 합성어는 전문적 불교 용어인 '무한의 자비'의 일부로서 일본어에 들어왔기 때문이다. 하지만 오늘날에는 /mugen/은 단순히 '무한'이란 일반적 수학 용어이고, 무한 궤도식 트랙터는 'mugen-궤도 수레'이다. 無限이란 글씨를 읽는 일본인은 그것이 */bukan/이 아니고 /mugen/으로 발음되어야 함을 알아야 하지만, 글씨 자체에는 이를 표시해주는 것이 아무 것도 없다.

*Go'on* 대 *kan'on*의 차이가 도대체 불교와 어떤 관계가 있었는지 분명치 않는 경우가 많다. 그래서 定 '정하다'는 定價 /teika/ '정해진 값'에서 *kan'on*의 /tei/이지만 定連 /ɟoren/ '단골 손님'에서는 *go'on*의 /ɟo/가 되기도 한다. 說 '말하다'는 遊說 /juzei/ '선거 연설'에서 *kan'on*의 /zei/이지만 社說 /ɕaseçu/ '사설'에서는 *go'on*의 /seçu/가 된다, 등등.

몇몇 글씨는 3개 층 모두의 *on*독이 있다. 그래서 일본어의 行자는, '움직이다', '실천하다', 여기서 나온 '실천', '상업 회사', 등 광범위한 뜻이 있는 중국어 형태소를 표시하는 자인데, *kun*독으로는 '간다'를 표시하는 보통의 NJ 어근 /ik-/이 있다. 그러나 그 자는 다음과 같은 *on*독이 있다:

*go'on*의 /gjo/: 예, 修行 (글자 그대로 '수양하다-실천하다') /ɕugjo/ '훈련'. 이 낱말은 원래 고행하는 불교 훈련 규율을 말했던 것이므로 *go'on*으로 읽지만, 현재는 '훈련'이라는 보통 낱말일 뿐이다.

*kan'on*의 /ko/: 예, 銀行 (글자 그대로 '은-회사') /giNko/ '은행'.

*tosoʹon*의 /an/: 예, 行脚 (글자 그대로 '가다-발') /angja/, 원래는 불교도의 순례 여행이었으나, 지금은 '걷는 여행'이다.

주목할 일은 특정의 글씨의 갖가지 *on*독이 음성적으로 얼마나 헷갈릴 수 있는가이다. 일본어 음운의 한계 내에서는, /gjo/와 /an/ (위의 行)이 아니면, /tei/와 /ɟo/ (위의 定)보다 훨씬 더 대립하는 한 쌍의 음절을 찾을 수는 거의 없을 것이다. 그래도 전자의 쌍은 중세 중국어 발음인 /ɣAN/에서 별도의 경로를 통해 내려온 것이며, 후자는 중세 중국어 발음 /dʱeN/에서 내려온 것이다.

택일적인 글씨-읽기는 복합 글씨의 성부(聲符) 요소의 기억을 돕는 가치를 크게 감소하는 것이므로, 낱낱 글씨를 바꿔가며 읽는 체계가, 그 자체가 복잡한 것과는 별도로, 일본인들이 읽고 쓰기를 배우는 길에 어떻게 또다른 어려움을 제기하는가를 여기서 지적해 두는 것이 적절할 것 같다. 가장 보편적인 일본어 낱말의 대부분은 토박이 어휘에 속하므로, 일본인 아동이 읽기와 쓰기를 배울 때, 글씨에 대해 그가 마주치는 최초의 발음은 그 글씨의 *kun*독이 되기 쉬운데, 이것은 분명히 그 글씨의 '성부(聲符)' 요소의 음가를 결정하는 데 전적으로 쓸모가 없을 것이다. 그러나 *on*독 중에서도 중국어 음의 일본화의 과정은, 여러 형식의 중국어에서 차용하는 사실과 더불어, 공통의 '성부'를 공유하는 글씨의 원래의 중국어 발음 중에서 이미 흔들리는 음운 관계를 혼란에 빠뜨린다. 복합 글씨의 형부(形符) 요소는 아마 기억을 돕기로는 거의 중국어에 대해서만큼 일본어에 대해서 유용하다. 그러나 형부들은 작은 부류에서 선택되는 한편 성부들은 아주 다양하다. 그래서 (수학자의 의미에서의) '정보'의 대부분은 복합 글씨의 성부 요소에 집중돼 있다. 따라서 방금 논의한 점은 글자체의 학습가능성을 크게 축소하는 것을 의미하는 것 같다.

택일적 *on*독의 문제에 다시 돌아와서, 지적해 둘 일은 설사 일본인이 글씨의 갖가지 읽기를 *go'on* 대 *kan'on* 대 *tōsō'on*으로 분류하는 것을 배운다 하더라도 이것은 합성어를 어떻게 읽느냐를 결정하는 데 한정된 도움밖에 되지 않으리라는 것이다, 까닭은 SJ 합성어의 두 요소가 보통 둘 다 동일한 *on*독 층에서 선택되지만 아무도 그렇게 된다고는 믿고 기대할 수 없기 때문이다. 그리이스어와 라틴어의 어근을 혼합한 영어의 *television*과 유사한 낱말이 많다. 그 점에 관해서는, 합성어의 모든 요소가 NJ라기 보다는 SJ일 것이라고 아무도 생각조차 할 수 없다(그 반대도 마찬가지다). 그러므로 글씨 宿, 중국음 /ɕu/ '숙박하다'는 *on*독에서는 宿舍, SJ음 /ɕukuɕa/ '숙박소'에서처럼 /ɕuku/인데, *kun*독의 /jado/가 있고, 이것은 '숙박소'의 단독 낱말(宿)과 전적으로 NJ 합성어인 宿屋 /jadoja/ '여관'에서 뿐만 아니라, 宿賃 /jadocin/ '숙박비', 宿帳 /jadocō/ '숙박부'와 같은 반-토박이, 반-중국어의 합성어에서도 나타난다.

이런 현상은, 분명히, 글자체를 배우는 토박이 일본어 화자보다는 일본어에 숙달하려는 외국인에게 훨씬 더 어려운 것이며, 일본인은 발음의 관점에서 어휘에 무엇이 있고 없고를 이미 알고 있다. 그러나 이와 같은 복잡성은 토박이 화자까지도 읽을 때는 항상 조심하게 하는 것이라고 누구나 생각할 것이다. 그리고 어쨌든 일본인은 아마 영국인과 같이 덜 흔한 낱말의 어휘의 대부분을 말로 들어서 보다는 책을 읽는 데서 알아차리게 될 터인데, 이럴 경우 일본인은 이상한 합성어의 발음법을 아는 데 외국인과 똑같은 문제에 봉착할 것이다.

이제까지 중국어 글씨를 그 원래의 형태에서 일본서 어떻게 사용했는가 만을 고찰해 왔다. 이 주제에 관해서 언급할 일이 아주 많이 있으나, 그 문제로 나아가기에 앞서, 일본인들이 *kanji*(漢字) 즉 중국어 글씨와는 별개의, 그들 자신의 글씨 기호의 종류를 발전시킨 과정을 검토해 보자.

초기에 일본인들은 *kun*독 체계의 대안으로서, 그들의 음가(音價)를 표시하는 중국어 글씨로써 NJ 낱말을 써내는 *man'yogana*체계를 어떻게 사용했는지를 우리는 알았다. 세월이 흐름에 따라, *man'yogana*체계는 두 가지 점에서 변했다.

첫째, *man'yogana*에 사용된 특정 글씨는 표준화되었다. 초기에는 아무 글씨라도 그 중국어 발음이 대충 적절하면 그것을 사용했다. 필사자들은 그들의 *man'yogana*에 변화를 주는 것에 대해, 또 어느 쪽도 좋건만 단순 글씨보다는 복합 글씨를 사용하는 것에 대해서도 자랑으로 여겼다. 뒤에 어느 일정한 일본어 음절을 위해서는 한 글씨나 혹은 작은 범위의 택일적 글씨만을 언제나 사용하는 경향이 일어났다. 둘째로, *man'yogana*에 사용되는 글씨의 형이 크게 단순화됐고, 이것은 두 목적에 도움이 됐다: 즉 단순화는 글씨를 더 빨리 쓰게 했고 (이것은 *man'yogana*체계가 낱말마다 수 개의 글씨를 필요로 했던 사실로 보아 유용했고), 그러나 더 중요한 것은 단순화가 순수하게 음성표기적 음절값으로서 사용되는 기호와, *kun*독 혹은 *on*독의 음가를 갖고 사용되는 원래의 형태의 글씨와의 사이에 분명한 시각적 차이를 창출했다는 것이다.

궁극적으로 생겼던 일은 두 벌의 음절 기호가 생겨난 것인데, 이것은 영어의 소문자와 대문자에 견줄 만하다 (영어의 소문자/대문자의 쌍은 모두 공통 조상의 형태에서 유래한 반면, 어떤 경우에는 2벌의 일본어 음절문자표 중의 하나에서 일정한 음절의 기호가 다른 음절문자표의 동일한 음절의 기호와는 다른 중국어 글씨에서 유래하지만). 이 두 음절문자표를 *hiragana* (平仮名) '평범한 *kana*' 및 katakana(片仮名) '부분적 *kana*'라 부르는데, 전자는 완전한 중국어 글씨를 아주 단순화한 초서체 윤곽으로 구성돼 있고, 후자는 원래의 중국어 글씨를 주의해서 쓴 작은 독특한 요소로 구성돼 있다. Kanji(漢字)는 정자체(正字體)의 중국어 글씨에 대해 사용되는 용어이고, 이에 반해 *kana*(仮名)는 2벌의 음절문자표의 어느 것에 대해서도 사용되는 용어다. 19세기 후반까지에는 이 두 음절문자표는 각기, 표시된 각 음절에 대해서 하나만의 차별적 기호를 가질 정도로까지 표준화됐었다 (각 음절문자표마다 모두 49개의 기호가 있다). 손으로 쓸 때 사람들은 아직도 때로는 어떤 *kana*의 표준이 아닌 변형을 사용하는데 (이것은 통상적인 것이 아닌 *kanji*에서 유래했거나 또는 그 *kanji*를 정통이 아닌 방법으로 단축해서 사용한 것이다). 그러나 이런 기호들은 이제는 결코 인쇄되지 않는다. 그림 27은 두 음절문자표의 몇몇 기호의 파생을 보여준다.

| | Katakana | | Man'yōgana | | | Hiragana |
|---|---|---|---|---|---|---|
| i | イ | ← | 伊<br>i 'he' | | 以<br>i 'by' | → | い |
| ro | ロ | ← | | 呂<br>ro (a place name) | | → | ろ |
| ha | ハ | ← | 八<br>haci 'eight' | | 波<br>ha 'wave' | → | は |
| ci | チ | ← | 千<br>ci 'thousand' | | 知<br>ci 'know' | → | ち |
| nu | ヌ | ← | | 奴<br>nu 'slave' | | → | ぬ |
| wo | ヲ | ← | 乎<br>wo (interroga-<br>tive particle) | | 遠<br>won 'far' | → | を |

그림 27

*Hiragana*와 *katakana*가 사용되어 온 기간의 대부분 동안 제4장에서 기술한 선형 문자 B의 음절문자와 같은 의미에서 (또 같은 구체적인 점의 하나에서) 이 두 체계는 약간 '불완전'했다. 주요 결함은 *kana*체계가 저해자음의 유성현상을 표시 안한 것이었다. 즉 /b d g z/는 /h t k s/와 구별되지 않았다. (현대 일본어의 /h/는 예전의 */p/에서 나온 것이다.) 여기에 대해서는 선형 문자 B의 유사한 실패의 경우보다 일본어의 *kana*의 경우에 정당성이 더 있었다, 까닭은 (토박이) 일본어에서 유성화가 일어나는 일은 충분히 예측가능한 것은 아니었지만, 대부분의 유성 저해음의 경우는 그 무성 저해음의 조건변이음이었기 때문이다. (유성화는 중국-일본어 낱말에서 완전히 변별적이었다. 그러나 곧 알게 되겠지만, 이들 낱말은 *kana*로 쓰이지 않았다.) 하지만 최근 수 세기 동안 저해음의 유성화를 표시하기 위해 판독부호가 꾸준히 사용되어 왔고 (또 다른 판독부호가 현대의 /p/를 /h/와 구별하기 위해 사용되었다). 두 벌의 음절문자표는 일본어의 약간 전-근대적 형의 분절음운의 표시로서 이제야 충분히 '완전'하다. (하지만 음절문자표는 p. 300, 주석 1에서 언급한 음높이-악센트를 도외시하고 있다.) *Kana*가 /v/, /ti/ 같은 음 및 음연속을 표시할 수 있게 하기 위해서 여러 방안이 첨가되기도 했다. 이들 음은 일본어에는 나오지 않으나 영어 같은 언어에서 차용된 낱말에서는 실제 일어난다.

현대 일본어 글에서, 갖가지 *kun*독과 *on*독으로 나오는 *kanji*(漢字)는 NJ 및 SJ 어휘의 (고유명사와 보통명사, 동사의 어근, 등의) 어휘적 형태소로 사용되고 있다. *Hiragana*는 영어의 *of, the* 등과 유사한 문법적 형태소 및 굴절된 낱말의 굴절 부분을 철자하는 데 사용된다. *Katakana*는 외국어에서 차용한 (중국어는 아님) 어휘적 낱말, 외국 이름, 또 때로는 너무 희귀해서 사용을 포기한[2] *kanji*로 쓰곤 했던 낱말을 한 자 한 자 철자하기 위해서 사용된다. (바꿔 말하면, *katakana*는 보통은 *kanji*로 쓰이곤 했으나 어쩌다 이런 저런 이유로 이용할 *kanji*가 없는 문법적 부류에 속하는 언어 형식을 위해 사용된다.) 외국어 낱말을 철자하기 위한 *katakana*의 사용은 일본어 문자가 중국어 문자보다 더 능률적인 몇 안되는 점들 중의 하나-그것도 아주 중요한 점-이다.

*Hiragana*의 철자는 흔히 약간 구식이다ㅡ많은 다른 글자체와 같이, 그것은 역사적인 음-변화에 반드시 순응해 오지는 않은 음성표기적 체계를 보존해 왔다. 그래서 예를 들어, 직접목적어를 표시하는 조사 /o/는 현대 일본어에서 /o/ 앞의 /w/는 이제는 나타나지 않는 데도, <o>가 아닌 <wo>로 언제나 쓰이고 있다. 별개의 기호가 <di> 및 <zi>를 위해 사용되나 (ヂ ジ), 이 두 음절은 이제 /ji/로 통합되었다, 등. 최근까지 *hiragana*의 철자는 현재보다 훨씬 더 구식이었다. 근래의 *hiragana* 용법은 음성적 관점에서 영어 철자보다 훨씬 더 '합리적'이다.

굴절을 한 자 한 자 쓰는 데 사용된 *hiragana*를 *okurigana*, '곁따르기 *kana*'라고 부른다. 대충 *okurigana*는 굴절된 낱말의 어근 부분이 끝나는 데서 시작하지만, 복잡한 것이 두 가지 있다.

첫째, (토박이) 일본어에서 (영어에서와 같이), 어근과 문법적 굴절 부분은 낱말의 형태론적 구조를 모조리 나타내 보이지 않는데, 그것은 파생형태론에 의해 복합 어휘-항목이 단순 어근으로 구성되는 그런 파생형태론이 또한 있기 때문이다. 토박이 일본어 낱말을 쓰는 데 있어서는, 파생형태론은 어근의 일부로서 취급되거나 혹은 *hiragana*로 한 자 한 자 쓰이게 될 수 있는데, 그것은 파생된 형을 *kun*독으로서 표시할 적절한 글씨를 중국어가 용케 제공하는 지 여부에 부분적으로 달려있다. 아래에 이를 설명하는 예를 제시한다.

둘째로, 각 *kana* 기호는 자음 + 모음의 결합을 표시하므로, 만약 어근의 최종 음소가 자음인 경우 그 음소는 *okurigana*에 포함되어야 한다. 단순 모음을 위한 *kana*는 선행(先行)하는 자음이 없는 모음만을 표시할 수 있다. 그래서 NJ의 /ajum-/ '걷다'는 *kun*의 步(중국어 /pù/ '한 걸음')자로 쓰이는데, /ajumu/ '나는/너는/그는 걷는다', /ajumanai/ '걷지 않는다', 등과 같은 형은 다음 같이 쓰인다:

步む 걷-mu로 쓰고 *步う 걷-u로는 안쓰고
步まない 걷-ma-na-i로 쓰고 *步あない 걷-a-na-i로 안쓴다.

이 점은 독자에게 유리한데, 까닭은 정확하게 읽은 어근의 최종 자음을 제공함으로써, *okurigana*는 달리 읽을 수 있는 가능성을 배제할 수도 있기 때문이다. 글씨 歩는 2개의 NJ 음가 사이에서처럼 애매하다―그것은 가까운-동의어 /aruk-/ '걸어서 가다'를 표시할 수도 있기 때문이다. *Okurigana*만이 /aruku/ '걸어서 가다' 및 /ajumu/ '걷다' 같은 쌍의 쓰인 형식을 구별해 준다:

$$
歩く \left\{ \begin{array}{l} 걷 \ 다 \\ 걸어서가다 \end{array} \right\} \text{-ku} \quad 대 \quad 歩む \left\{ \begin{array}{l} 걷 \ 다 \\ 걸어서가다 \end{array} \right\} \text{-mu}
$$

(동일한 *kanji*가 역시 두 *on*독인 /ho/와 /bu/가 있다. 그러나 이들은 굴절형에서는 일어날 수 없고 따라서 논의 중의 점과는 관계가 없다.) 이런 경우, 즉 애매함을 없애는 데 *okurigana*의 첫째 자음이 중요한 경우는 아주 자주 일어나지는 않으나, 상당히 빈번히 그 정보는 독자로 하여금 *kanji*를 비교적 빨리 정확하게 읽기에 이르기를 가능케 하는데 무엇보다도 하나의 실마리로서 도움이 될 것이 틀림없다.

현대 일본어 글자체의 갖가지 국면의 실례로서, 그림 28은 문장 /icumo doicugo no hon o jonde iru jo desu/ '(그는) 언제나 독일어 책을 읽고 있는 것 같다'의 서체(書體)를 보여준다. (더 축어적인 영어 번역은 'Always a-look-of-be-reading-book-of-German exists'가 될 것이다―주어 'he'는 생략됐고, 또, 일본어의 어순 규칙은 흔히 영어의 반대이므로, 하이픈으로 연결한 항목들은 일본어 문장에서는 역순으로 나타난다.) 쓴 문장은 수직으로 써 내리는데, 이것은 일본어 글자체에서 아직은 표준이다 (수평적인 유럽의 체계가 점차 들어오고는 있지만).

何
時 } NJ /i̯cu/의 kun독(訓読), '언제'

も hiragana의 /mo/, '언제'를 '언제나'로 바꾸는 조사

ド
イ } katakana의 /do-i-̯cu/ '독일', deutsch에서
ツ

語 SJ /go/의 on독(音読), '언어'

の hiragana /no/, 소유격 조사

本 SJ /hon/의 on독, '책'

を hiragana /wo/, 직접목적어 조사

読 } NJ /jom-/, '읽-'. 어간-끝의 /m/은 후속하는 /d/ 앞에서 변이음
ん } [n]이되어 okurigana ん/n/으로 나타난다.

で hiragana (okurigana) /de/, '-ing(현재분사)'

居 NJ /i-/의 kun독, '있'

る hiragana (okurigana) /ru/, 현재시제의 굴절 어미

樣 SJ /jo̅/의 on독, '모양'

で
す } hiragana /de-su/, NJ /da/, '이다'의 존대형 현재

그림 28

일본어 정자법은 낱말-경계를 표시할 공식 방법이 없고, 단순히 갖가지 부류의 기호를 균일한 공간을 두고 하나 하나 차례로 써내려갈 뿐이다. 하지만 이 점에서는 독자는 중국어의 경우보다는 유리한 입장인데, 이유는 *kanji*와 *kana*가 서로 엇갈리는 것은 기호들을 모아 낱말로 만들어 주는 것을 한눈에 보여주는 데 유리하기 때문이다. 일본어는 접두사는 없고 접미사만 있으므로, *hiragana*에서 *kanji*로 넘어갈 때가 낱말-경계를 표시하는 것이라고 해도 대충 옳은 말이다. 중국어 글에 관해서는, 독자는 글씨를 의미있는 뭉치로 모으는 방법에 관해 아무런 실마리도 주어지지 않는데, 까닭은 모든 글씨가 동등하게 두드러지기 때문이다.

그림 28에서 문장의 각 요소에 관하여 다음 점들에 주목하기 바란다. 중국어는 '언제'를 위한 단일어는 없지만, 그 개념을 두 형태소 /xG ʂɨ/ '어느 때'로 표현한다. 그러므로 단일 NJ 어근 /iʦu/는 두 *kanji*로 쓰인다. 3개의 *katakana* 글씨의 첫 자에서 중복된 점은 유성화의 판독부호이며, <to>를 <do>로 바꾼다. 이 부호는 그 아래에서 *hiragana* <de>가 두 번 나타나는 데서 다시 나타난다. (낱말 /jonde/에서 /d/의 유성화는 어근의 비음 뒤에서 자동적이지만, 현대 *kana* 체계는 유성화를 표시하는 판독부호가 갖춰져 있으므로 유성화가 예측된 곳에서도 그 부호가 사용된다.) 직접목적어를 위한 *hiragana* 철자 <wo>는, 이미 검토한 바대로, 구식이다: 실제의 현대 발음은 /o/다 (그러나 이런 흔한 문법적 단위를 위해 차별적인 글씨꼴이 있다는 것은 편리하다). '읽-'의 어근에서, 끝-음 /m/은 치조음의 조사 /d/ 앞에서의 자동적 음성 법칙으로 /n/이 되는데, 어근이 어표표기적으로 쓰인 고로 이 변화는 *okurigana* <n> (ん)으로 나타난다. 낱말 /iru/에서는, 용케도 자음 /r/는 어근에 속한다기보다는 굴절의 일부이다. 그러나 그것은 양자 어느 경우에도 *okurigana*로 표시되어야 한다.

공교롭게, 그림 28에서 kanji로 쓰인 어형 중 셋 — /iʦu/ '언제', 동사-어근 /i-/ '있', 및 명사 /jo/ '모양' — 은 택일적으로 *hiragana*로 쓸 수도 있다. 이들 어형은 모두 아주 흔하기 때문에, 뒤의 둘은 그 성원의 대부분이 분명히 어휘적인 문법적 부류에 속한다는 사실에도 불구하고, 이들은 어휘적 요소와 문법적 요소 사이의 경계선 상에 위치하는 것으로 감지되고 있다. 현재의 경향은 이런 경계선의 경우에는 *kanji*보다는 오히려 *hiragana*를 선호하고 있다. 그래서 그런 의미에서 그림 28의 글자체는 약간 구식이다. 하지만, 그림 28은 *hiragana*에 대한 *kanji*의 비율로 보아 현대 일본어의 글을 나타내지 않는 것은 아니다. (*Katakana*는 그것이 하는 특수 기능 때문에 훨씬 덜 빈번히 쓰인다.) 현대문은 전형적으로 아주 어림잡아 *hiragana* 두 자에 kanji 한 자로 되어 있다.

이제까지 논의해 온 일본어 글자체의 복잡함은 본질적으로 저자보다는 독자의 어려움이다: 그 복잡함은 일정한 글씨를 일본어의 형태소로 번역하는 택일적인 방법을 수반한다. 자기 언어를 가능성의 축적으로서 알고 있는 일본인으로서는, 이런 택일적 방법으로 제기되는 문제는 때로는 내가 논의에서 제기한 것 보다 크지 않을 것이다. 첫째, 형태소로 된 특정 합성어는 일본어의 빈번한 낱말이고, 한편 동일 글씨의 택일적 값에 해당하는 또 하나의 합성어는 일본어에 존재하지 않는다는 것을 그는 보통 알고 있을 것이다. 그러나 일반적인 일본어 구조 역시 갖가지 유용한 실마리를 제공한다. 예컨대, SJ 낱말은 굴절하지 않으므로 만약 어느 글씨가 뒤에 *okurigana*를 수반하면 그 글씨의 *on*독은 당장 포기된다(그 반대는 적용되지 않는다 － *okurigana*가 뒤따르지 않는 낱말은 SJ일 수도 NJ일 수도 있다). 고립된 낱말로 쓰인 단 하나의 *kanji*는 *on*독보다는 *kun*독을 더 필요로 하기 쉬운데, 까닭은 SJ 형태소들은 주로 2-어근 합성어로 나타나기 때문인데, 이것은 절대적 법칙이라기 보다는 통계적일 뿐이다.

하지만, 독자가 마주치는 문제와 나란히 역시 저자가 마주치는 유사한 문제가 있는데, 저자는 각 글씨가 동일한 언어 형식을 표시할 수 있는 택일적 글씨들 중에서 선택해야 할 일이 흔히 있다.

물론 어떤 의미에서는, 이는 이미 충분히 명백하다. 만약 저자의 할 일이 음소의 연속체로 생각되는 낱말을 글로 쓴 기호로 바꾸는 것이라고 생각한다면, 대부분의 일본어 음절이나 짧은 음절연속은 아주 많은 여러 SJ 또는 NJ의 동음이의어와 일치할 것임을 보아 왔는데, 이들 동음이의어는 각기 그 자체의 글씨가 있다. 그러나 그 생각은 (일본어로든 기타 어느 언어로든) 글쓰는 행위를 생각하는 데 아주 인위적이고 부적절한 방법이다. 받아쓰기를 하는 특별한 경우를 제외하고, 저자는 모든 언어적 수준에서 자기가 기록하려고 하는 단위의 정체를 알고 있다 － 그는 그 단위의 음은 물론 그 의미도 알고 있다. 자기 언어의 무슨 의미있는 요소를 자기가 쓰고 싶어하는 가를 아는 일본인이 언젠가는 택일적 가능성 간의 선택과 마주치게 되리라고 생각할 이유를 나는 이제까지 제공하지 않았다. 그러나 이것은 사실 그럴 것이, 일본어와 중국어 사이에는 의미상의 동형성(同形性)이 없다는 것과 관계가 있다는 이유 때문이다.

예를 들어 NJ의 동사 어근 /kae-/를 생각해 보자. 이 낱말은 다의적(多義的)이여서, 대충 영어의 대등어인 'turn'을 닮았다(이 낱말이 'turn back', 'turn the page', 'turn around', 'turn into a handsome Prince' 등의 구에서 갖는 여러 의미를 생각해보라). 그러나 일본어 /kae-/에 의해 다루어지는 의미의 분야에서, 중국어는 우연히도 더 정확한 낱말이 많이 있다. 따라서 /kae-/의 의미의 여러 미세한 차이는 서로 다른 글씨로 쓰인다. 간단한 굴절형 /kaeru/를 예로 들어, 아래에 몇몇 가능한 것(그 외의 다른 것들도 있다)을 서양인 독자에게 불필요한 부담을 안주기 위해 알파벳 자역을 곁들여 제시한다:

1. /kaeru/ = '집에 돌아오다':               帰 - ru (중국어 /kūei/)

2. /kaeru/ = '다시 오다,
            (본래로)되돌아 가다':          返 - ru (중국어 /fǎni/)

3. /kaeru/ = '바꾸다(타동사)':             変 - e-ru (중국어 /pièn/

4. /kaeru/ = '교환/대용하다':              代 - e-ru (중국어 /tài/
                                          換 - e-ru (중국어 /xuàn/
                                          替 - e-ru (중국어 /tʰì/

                            등

중국에서는 /tài/ '대용하다', /xuàn/ '교환하다', /tʰì/ '. . . 을 대신하여 행동하다' 사이에 작은 의미상의 차이가 있으나, 일본어 /kae-/의 의미의 범위는 이들 중국어 낱말들 사이의 공통된 의미적 기반과만 겹치거나 또는 이들 특별한 의미적 차이는 그대로 유지하기에는 너무 작은 것으로 일본인 저자들에 의해 원래 느껴졌을 것으로 생각된다. 하나의 무리로서의 이들 세 개의 낱말과, 다른 한편의 중국어 낱말들인 /kūei/, /fãn/, 및 /pìen/과의 사이의 의미적 차이는 비록 구어의 (토박이) 일본어에서는 반영돼있지 않지만, 일본어 글에서는 조직적으로 관찰된다. (더욱이 세 개의 *kanji*는 그 *kun*독인 /kae-/에 관해서 상호교환적인데, 그 각각도 적어도 하나의 *on*독이 있고 이들은 물론 차별적이며 상호 교환이 안되는 SJ 형태소들이다.)

/Kaeru/의 경우는 사실(특별히 보기 드문 것은 아니지만) 특수한 복잡성을 가지고 있다. 인용된 일본어 낱말 넷이 모두 발음이 같고, 동일한 NJ 어근을 갖고 있지만, 형태적으로는 동일하지 않다. 3과4는 타동성(他動性) 접

중사(接中辭) /-e-/를 포함하고 있다. (영어 주석은 이들 경우에는 타동인데
도 1과 2의 경우에는 자동임을 주목할 것.) 공교롭게 일본어 음운 규칙에
의해 /kae-e-/가 /ka-e-/가 되므로, 이 특별 어근에 관해서는 접중사가 발음
에 아무런 실질적 차이를 자아내지 않는다. 하지만, 3과 4의 /-e-/는 이 파
생적 적 접중사이며, 따라서 *okurigana*에 표시되고, 한편 1과 2의 /-e-/는 어
근 /kae-/의 일부분이므로 *kanji*에 포함된다.

  일정한 *kanji*가 중국어로부터의 차용의 여러 물결로 인해 한 범위의 여러
*on*독이 있을 뿐만 아니라, 또 일정한 NJ 어근이 이 두 언어 사이에 의미적
동형성(同形性)이 없음으로 인해 한 범위의 여러 *kanji*글자를 갖는다. 이렇
게 의미적 동형성이 없는 것은 또한 단 하나의 *kanji*가 한 범위의 몇몇 상이
한 NJ, 즉 *kun*독 값을 가질 수 있는 결과를 낳는다 (독자에게는 더욱 문제
를 만들어 주면서).

  글씨 上을 예로 들어보자 (중국어 /şaN/ '위에, 위', /şăN/ '오르다' – 이들
은 어원적으로는 동일한 중국어 형태소인데, 그 성조의 차이는 p. 216에서
언급한 초기 중국어 굴절의 드문 추정된 유물 중의 하나다). 이 글씨는 *on*
독의 /ɟo/ '첫째, 훌륭한' 및 /ɕ̄o/ '상부, 관청'이 있으나, 또한 다음과 같은
*kun*독이 있다:

| 上 |  | /ue/ | '위' |
|---|---|---|---|
| 上 |  | /kami/ | '꼭대기' |
| 上 | -ru | /noboru/ | '오르다' |
| 上 | -ga-ru | /agaru/ | '올라가다' |
| 上 | -ge-ru | /ageru/ | '올리다' |

(마지막 두 낱말에서 NJ 어근은 동일하고, *okurigana*는 파생형태론을 표시하기
위해 /kaeru/의 예와는 조금 다르게 사용되고 있다. 타동사인 /ageru/는 형태
론적으로는 /aga-/ + 타동성 부호/-e-/ +굴절 /-ru/인데, 어근 /aga-/의 끝-모
음은 /-e-/ 앞에서 탈락했다. 따라서 /ageru/는 당연히 *okurigana* <-ge-ru>로 철
자된다. /Agaru/의 /-ga-/는 전적으로 어근 안에 들어 있지만, 그의 타동적 대

등 음절 /-ge/와 구별하기 위해 그 낱말의 *okurigana*에 포함시키고 있다.)

위의 낱말들 중, /ue/와 /kami/는 上으로만 쓰이는데, 문맥으로만 이 글씨가 /ue/로 읽혀야 하느냐 혹은 /kami/로 읽혀야 하느냐를 알 수 있다. 까닭은 두 낱말 어느 것도 굴절하지 않기 때문이다. 그러나 /noboru/는 택일적으로 登-ru(중국어 /tēN/ '오르다') 혹은 昇-ru(중국어 /ṣēN/ '일어나다')로 쓰이고, 한편 /agaru/는 택일적으로 揚-ga-ru (중국어 /jaN/ '올리다, 나타내다') 혹은 挙-ga-ru (중국어 /čy/ '줍다, 들다')로 쓸 수 있다. (그리고 /ageru/는 *okurigana*를 적절히 바꾸면서 뒤의 두 글씨의 어느 것도 쓸 수 있다.) 이들 NJ 어근이 독립어로서 사용될 때는 문장의 문맥이, 택일적인 *kanji* 의 어느 쪽이 그 *kanji*의 원래의 중국어 의미의 관점에서 적절한가를 결정할 것이다. ― 그리고 이들 어근을 수반하는 합성어는 어느 *kanji*이든 그 합성어의 뜻에 맞는 것을 사용할 것이다. 그래서 예를 들면, NJ의 /ageⓒio/ '오르는 조수'는 上-ge-潮(뒷자는 /ⓒio/ '조수'의 *kun*독이다)로 쓰고 *揚-ge-潮로는 쓰지 않는다. 이유는 아무도 손으로 조수를 들어올리지 않기 때문이다. 반대로 NJ의 /agemono/ '튀김 음식'은 揚-ge-物(글자 그대로 '올린 물건')로 쓰고 *上-ge-物라고는 쓰지 않는다. 이유는 동아시아의 튀김이란 여러 음식을 깊은 남비에서 주걱으로 굴리는 것을 수반하며, 그 음식이 제 발로 뛰어 오르지는 않기 때문이다.

바꿔 말하면, 일본어를 정확하게 쓰기 위해서는 갖가지 형식의 음성 일본어의 정확한 표기의 범위를 아는 것으로는 불충분하다. 다른 언어, 즉 중국어에서 차용한 기호들 사이에서 통용되는 의미상의 차이를, 그 차이는 음성 일본어와는 관계가 없지만, 아는 것이 역시 필요하다.

아마 틀림없이, 일본인은 이런 사실의 기술을 거부할지도 모른다. 서양 언어학자들의 원리에 따라서 언어란 주로 구어 형식의 체계이며, 문자는 음성언어를 눈에 보이게 하는 데 역할을 하는 보조 수단이라는 것은 동아시아인이 받아들이기가 아주 어렵다. 중국어와 일본어 같이 동음이의어가 가득한 언어의 화자들에게는 말이란 문자언어를 아주 불완전하게, 모호하게 또 애매하게 반영한 것이라고 분명히 생각된다. 그러므로 현대의 일본인은 *kanji*가 똑같은 낱말을 택일해서 쓰는 방법을 제공한다는 것을 아마 부정할 것이다. 예를 들어, '/aga-/ =上', '/aga-/=揚', 및 '/aga-/=挙'를 그는 똑같이 들리고, 밀접히 관련된 의미가 있는 세 개의 다른 낱말로 느낄 것이다. 그러나 적어도 역사적으로는 그는 잘못 알고 있을 것이다.

이미 논의의 과정에서 *okurigana*를 다루는 규칙에서 약간의 복잡한 것을 검토했다. 방금 논의한 예들은 이것을 좀 더 설명하는 데 사용될 수 있다. 이미 검토한 대로 /agaru/ '올라가다'의 /-ga-/는 어근의 일부임에도 불구하고, 타동적 접중사 /-e-/가 있는 /ageru/ '올리다'와 분명히 구별하기 위해 *okurigana*에서 따로 철자되고 있다. 그러나 동사파생명사 /agari/ '오름, 승진'이 있는 반면, 여기에 상응하는 명사 */ageri/는 없다. 그러므로 /agari/는 <上-ri>로 쓰이고, *<上-ga-ri>라고 쓰이지는 않는다. 여기서 *okurigana* 규칙을 정확하게 적용할 수 있으려면 일본어를 잘 알 필요가 있지만, 그 규칙은 논리적이다. 하지만 다른 예에서는 이 논리가 망그러진다. 글씨 富는 *kun*독으로 /tom-/ '부유하다'가 있고, 그 현재 시제 /tomu/ '부유하다'는 기대한 대로 <富-mu>라고 쓴다. 그러나 동사파생명사 /tomi/ '부, 재산'은 다만 <富>로만 쓰고 *<富-mi>라고는 쓰지 않는다. 여기서의 이 설명은 아마이 글씨가 원래 표시했던 중국어 낱말이 동사이기보다는 명사이기 때문일 것이다. 이것은 분명히, 중국어를 모르고 자기 자신의 언어를 쓰는 것을 배우는 일본인의 관점에서는 상황을 결코 규칙적인 것으로 만들지 않는다. (富의 *on*독인 /fu/는 일본어에서 독립된 명사로 나타나지 않는다.)

*Okurigana* 사용을 위한 규약은 최근에야 성문화됐다. 그리고 Pye (1971, p. 235)에 의하면: '만약 *okurigana*의 옛 체계가 전혀 체계가 아니었다면, 현대의 표준화된 체계는 합리성과 옛날부터 써내려온 용법과의 혼합으로 구성돼서 아주 복잡하다.' Pye는 *okurigana*의 규칙에 관한 어느 권위있는 현대적 성명이 1960년에 문부성에 의해 발간된 책의 64페이지를 차지하고 있다고 언급한다. 이 문제에는 더 깊이 들어가지 않겠다. (다른 점에 있어서도, 일본어 정자법의 완전히 거창한 어려움에서 독자를 내가 보호하고 있음을 강조하고 싶다.)

일본어 글자체의 복잡한 것을 감축하기 위해 많은 조치가 채택되어 왔다. 2차 세계 대전이 끝날 때까지 *kanji*의 택일적 읽기가 있음으로써 야기되

는 문제가 독자를 위해서 작은 *hiragana* 기호(*furigana*, '拂リ仮名'라고 부르는
토)를 대부분의 *kanji*의 곁에 붙임으로써 해결되는 것이 인쇄에서는 보통이
었다. 그래서 예를 들어 /mugen/ '무한'이란 낱말 (p. 248 참조)은 그림 29에
서처럼 보인다.

無ﾑ **WITHOUT** ᵐᵘ
限ﾝ **LIMIT** ᵍᵉⁿ

그림 29

그러나 현대의 일본에서는 *furigana*는 아동용 책에서와 어떤 아주 유별난 해
석상의 문제를 제기하는 드문 상황에서만 사용될 뿐이다.

중국의 경우에서와 같이, 일본인들 역시 글씨의 획수의 관점에서 약간의
글씨를 단순화했다. (일본인들은 이 개혁을 중국인들보다 먼저 실행했고,
또 어떤 경우에는 일정한 글씨는 두 나라에서 다르게 개혁되었다.) 이런 식
의 정자법 개혁은 거의 이로울 것이 없음을 제8장에서 제시했는데, 일본의
경우는 특히 무익한 것 같다. 까닭은 자형의 변화가 보잘 것 없는 경우가
흔하기 때문이다. (하지만, 개혁되지 않은 글씨는 현재 일본어를 쓰는 데
전연 사용되지 않으므로, 이 장에서는 새 글씨를 사용한다.)

가장 중요한 개혁 조치는 인정된 *kun*독과 *on*독을 곁들인 1850자의 *kanji*만
의 제한된 목록을 1946년에 공포한 것인데, 이는 다른 *kanji*(몇 인정된 *kanji*
의 유별난 일기)를 정자법에서 제외할 목적이었다. 만약 이 목적이 달성될
수 있다면 그것은 큰 간소화를 표시하게 될 것이다. 세계대전 전의 일본
신문 인쇄 공장들은 약 7∼8000자의 *kanji*를 소장했고, 교육받은 보통 독자
는 약 5000자를 알고 있는 것으로 인정되었다. 오늘날에는, 특히 신문은 인
정된 목록에만 한정하려고 노력하며, 만약 목록에 없는 *kanji*의 어휘상의 형
태소의 인쇄가 필요하면, 괄호 안에 *katakana*의 자역을 첨가하거나 혹은
*kanji* 대신에 *kana*만은 인쇄하기도 한다. 하지만, Pye (1971, p. 5)에 의하면
신문과 공공 서류 이외의 사실상 모든 출판물은 인정된 *kanji*의 목록을 어
느 정도 초과하고 있다. 그리고 이 두 부류에 속하는 출판물도 고유명사를

위해 목록을 초과한다. 까닭은 많은 중요한 인명 및 지명은 그 인정된 목록에 포함되지 않은 *kanji*를 사용하기 때문이다. 전문적 및 학문적 출판에 관해서는 이런 출판은 필요상 계속해서 훨씬 더 광범위한 *kanji*를 사용한다. 그렇지 않는다면 출판 어휘가 불구적(不具的)으로 빈약해짐을 수용하는 것이 될 것이다. 실제 1850 *kanji*의 목록의 주요 기능 중의 하나는 일본인 교육을 위한 명확한 목표로서 역할을 하는 것으로 보인다.

다음 통계는 1850자의 '인정된 *kanji*'의 '인정된 읽기'에 해당한다: 그 *kanji* 중의 844자는 *on*독만 있고 (이들은 그 사이에 903의 *on*독 읽기가 있음), 30자는 *kun*독만 (31 *kun*) 있으며, 나머지 976자의 *kanji*는 *on*독과 *kun*독이 각각 있어, 합계 1103의 *on*독 및 1085의 *kun*독이 있다. 그러므로 1850자의 *kanji*는 모두 3122의 인정된 읽기가 있는데, 평균해서 각 자에 둘 미만의 읽기가 있다. 많은 개개의 *kanji*는 이 평균보다 상당히 많은 읽기가 있다. 이 장에서 언급된 모든 각각의 읽기는 그 인정된 목록에 포함되어 있다(고 나는 믿는다).

비록 한정된 방법으로 *kanji*가 적용되어 왔어도, 인정된 *kanji* 목록은 분명히 일본어 정자법의 엉킨 풍성함에 대한 의미있는 억제 조치를 표시한다. 그러나 그 과정이 더욱 그럴듯하게 취해질 수 있는 명백한 방법이 없다 (실로, 공적으로 인정된 *kanji*와 그 인정된 읽기의 범위를 좁히기보다는 최저한으로 넓히는 것이 근래의 경향이었다). 일본어 글자체가 언젠가는 여기서 기술된 것보다 훨씬 더 단순한 체계로 꼭 변하리라고 생각하는 것은 믿기 어렵다. 분명, 음성 일본어는 본질적으로 현 상태 대로 남아 있겠지만, 음성표기적 글자체의 채택은 아주 실제적이 아닐 것이다.

끝으로, 어느 독자고 일본어 글자체는 매우 어렵다는 나의 견해에 이의를 제기하고 싶으면, 제8장에서 똑같이 잘 논의되었을 요인에 간단히 주의를 환기하고 싶다.

이 책을 통해서, 어느 주어진 글자체로 쓰인 한 편의 글의 낱낱 글씨를 밝히는 능력은 당연한 것으로 여길 수 있는 것이며, 또 흥미로운 것은 글씨와 언어 간의 관계라는 것임을 이제까지 나는 암암리에 가정했었다. 알파벳식 글자체를 위해서 마저도 이런 가정은 때때로 용인되지 않는다. 그 필적을 거의 알아볼 수 없는 친구들을 우리는 모두 가지고 있다. 그럼에도 불구하고, 인쇄술이 발명되기 전에 글자-구조의 명료함과 일정불변함은 서양의 필사자들이, 비록 언제나 달성하지는 못했다 하더라도, 노렸던 목표였다. 그리고 이제는 인쇄와 타자기가 흔한 것이므로 필적이 나쁘다는 것은 실제로 거의 중요하지 않다. 그 까닭은 손으로 쓴 문서는 우리의 생활에서 비교적 중요하지 않은 역할을 하기 때문이다.

다른 한편으로는, 중국과 일본에 관해, 나의 암암리의 가정은 중대한 오해를 받기 쉽다. 첫째, 이들 사회에서는 손으로 쓰는 것이 서양에서 보다는 비교적 더 중요한 역할을 한다. 타자기는 흔하지 않고, 또 예컨대 페인트칠한 간판 상의 글자 쓰기는 유럽에서는 보통 글씨체의 일정불변함을 모방하겠는데, 동아시아에서는 자유로운 붓-과-먹의 작업을 더 흉내낼 것 같다. 그러나 또 손으로 쓴 서체에 적용되는 사회적 규범과 미적 표준은 단정함 및 일정불변함을 존중하지 않는다. 그와 정반대다. 전통적으로 교육받은 사람에게 단정한 글을 써보내는 것은 실제 모욕이라고 보일 수 있었다. 까닭은 그것은 그 이가 초서체를 읽지 못하는 것으로 여겨지는 것을 암시했기 때문이다. 정상적인 필적(筆跡)(중국인이 말하는 *xíng shū,* 행서(行書), '달리는 서체')은 인쇄의 단정함과는 약간 멀고, 별도의 점과 획으로서 인쇄될 것을 융합해서 연속적이고 매끈한 붓(혹은 펜)의 움직임이 되게 한 것이다. 그러나 行書의 표면 형태 밑의 인쇄형을 '보기'를 배우기는 그리 어렵지 않다. 하지만, 가장 존경받는 서도 ─ 예술적 목적뿐만 아니라 일상용으로도 ─ 는 소위 *cǎo shū,* 草書, '풀 서체'인데, 이 서체는 근본적으로 단순화해서 정상적인 인쇄체에서 십여 획 혹은 이십여 획이나 있는 글씨가 몇몇 성급한 암시적인 표시로 축소될 수 있고, 또 글씨를 하나 하나 가시적으로 분리하는 것조차도 어렵다. 예를 들어, 그림 30은 공식 서한의 본보기로서 18세기 혹은 19세기 초에 출판된 일본어 습자책의 한 페이지를 보여준다. (그것이 표시하는 초서체 흘림의 정도는 아주 극단적이 아니며 또 결코 시대에 뒤진 것이 아니다.)

초서체로 쓴 필적을 읽을 수 있는 능력은 그 자체가 하나의 연구인데, 서양의 극히 소수의 동양학자가 통달하는 능력이다. 그래도 일본인이 그림

30과 같은 한 페이지의 난잡하게 보이는 것 뒤에 숨어 있는 특정의 글씨를 밝혀 낼 수만 있다면, 그는 글씨를 이 장에서 기술된 언어 형식으로 판독하는 복잡한 과정을 시작할 수 있을 것이다.

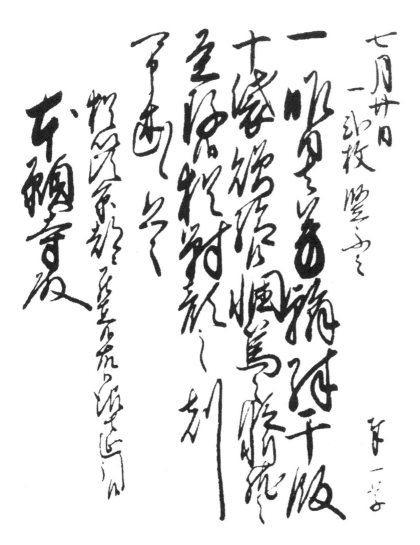

그림 30

# 제 10 장   영어 철자법

앞의 여러 장에서 정의되고 또 구체적으로 설명된 글자체-유형의 범위에서 영어에 사용된 관례적인 정자법은 어디에 위치해야 할 것인가?

유럽의 다른 글자체처럼, 영어 글자체는 분절적이고, 음성표기적인 그리이스어 알파벳에서 유래한 것이다. 대부분의 영국인은 문자에 관한 다른 원칙이 있음을 어렴풋이 알고 있을 뿐이다. 그러므로 영어 정자법은 이 특정의 표준과 관련해서 보통 평가되고 있다. 악명높게도, 이런 관점에서 영어 글자체는 이상(理想)에 훨씬 못 미친다. 영어는 프랑스어와 더불어, 유럽 언어 중에서도 그 철자 체계가, 구어의 발화에서 일어나는 분절음식 연속과 발화를 써 논 대등물에서 나타나는 자소의 연속간의 1대1의 상응 원칙에서 벗어난 정도가 놀랄 만하다.

적어도 많은 영어 화자들이 암암리에 공유하고 있는 이런 상태의 일에 관한 '수용된 견해'가 있는데, 이를 명백히 설명하자면 대충 다음과 같을 것이다.

유사 이후의 먼 옛날 언젠가 영어는 낱말이 발음되는 대로 철자 됐던 '음소적' 정자법이 있었다. (여기에서 또 아래에서 '음소적'이란 말은 발음이 철자로부터의 간단한 규칙에 의해 예측 될 수 있고 또 철자는 발음에 의해 예측될 수 있음을 의미하며, 음소와 변이음 사이의 차별을 특별히 강조하려는 의도는 아니다.) 그러나 발음은 수 세기에 걸쳐서 변했고, 한편 철자는 보수적이었다. 그래서 오늘날 쓰고 있는 정자법은 본질에 있어 오래 전에 사라졌던 음성언어를 위한 음소적 글자체이고 – 한편 현대의 음성언어와 관련해서 영어 철자는 아주 혼란스럽다. 이것은 완전히 탐탁지 않은 것으로서, 치유될 수 없기에 참아야 하는 탐탁지 않은 것들 중의 하나일 수 있다. 그러나 만약 마법의 지팡이를 흔들어서 모든 성인 영어-화자에게 새로운 음성 체계의 철자를 쓸 수 있는 능력을 갖추게 하고 또 도서관과 서류 정리함에 있는 수백만 권의 책과 서류를 새로운 체계로 쓴 사본으로 대치 할 수 있다면, 그렇게 하는 것은 영어-화자의 미래 세대에게 큰 은혜를 베푸는 것이 될 것이다. 잃는 것이 있다면 미적(美的)인 것일 뿐이다: 영어의 전통적 철자는 무엇인가 그 합리성의 부족을 상쇄하는 일을 하며 또 *conquer*나 *passionate*를 <konker>, <pashunut>로 철자하는 체계에서는 상실될 아름다움을 갖고 있다고 느끼는 사람이 많다.

철자의 개혁은 사실 과거 100년 남짓 동안 여러 시기에 아주 활발히 논의된 문제이었다. 음성학 아닌 다른 면의 과학적 언어-연구가 독일에 집중되었던 시기에, 19세기 후반과 20세기 초에 발달했던 음성학이 주로 영국의 일이었던 이유는 초기의 음성학자들이 철자법을 개혁하려는 욕망으로 크게 자극받았던 사실과 관계가 있었다: 공교롭게 독일어 정자법는 이미 거의 음소적이었다. Henry Sweet의 *Handbook of Phonetics*(1877)는 「철자법 개혁의 원칙에 관한 대중적 해설을 포함하여」라는 부제가 붙었다. Daniel Jones 는 이상적인 정자법에서 하나의 자소를 마련해 줄 단위로서의 '음소'의 이론을 발전시켰다. (예, Jones 1932).

개정된 영어 정자법을 위한 상세한 제안이 많이 제창되었다. (그림 31 참조). 아마 가장 잘 알려지고 또 분명히 가장 철저한 것이 1959년에 Kingley Read에 의해 발명된 'Shavian' 체계(MacCarthy 1969)인데, 이것은 George Bernard Shaw의 유언의 조건을 이행하기 위해 설립된 경쟁에 호응한 것이며, 로마자나 기타 현존하는 알파벳 글자와는 자형(字形)에서 전연 관계가 없는 한 벌의 48개 자소로 구성된 것이다. 스웨덴 사람 Axel Wijk은 그의 '규칙화된 영어'의 계획(Wijk 1959, 1069)에서 이 문제를 정반대의 방향에서 접근했다: 이것은 표준 영어의 음소/자소 상응 규칙을 그대로 유지하지만 규칙에 대한 예외는 제거하고, 따라서 어휘의 낱말의 90퍼센트 이상이 그 전통적인 철자를 유지한다. 대부분의 제안은 이들 양 극단의 사이에 위치하는데, 로마자는 유지하면서 (때로는 몇몇 판독부호나 여분의 글자를 추가하면서) 그러나 Wijk의 계획에 있어서 보다는 음소와 자소 간의 더 간단한 관계를 얻기 위해 표준적인 영어 철자법 관례를 벗어난 것이었다. (Wijk 의 계획에서는, 예컨대, 이중모음/eI/는 여러 낱말에서 <ai>, <ay>, <ei>, 또는 *paste*처럼 <a...e>로 표시된다). 그래서 예를 들면, 1956년에 영국의 철자법 간소화 협회와 미국의 철자법 간소화 협회 사이에 합의된 '새 철자법'의 체계는 어휘의 10퍼센트 미만만 제외하고 모든 철자를 바꾸고 있다.

He pauzd for a moement and a wield feeling ov piti kaem oever him.

New Spelling

He pauzed for a moment and a wilde feeling ov pity came over him.

Regularized English

𐑣𐑰 𐑐𐑷𐑟𐑛 𐑓 𐑩 𐑥𐑴𐑥𐑩𐑯𐑑 𐑯 𐑩 𐑢𐑰𐑤𐑛 𐑓𐑰𐑤𐑦𐑙 𐑝 𐑐𐑦𐑑𐑦 𐑒𐑨𐑥 𐑴𐑝𐑼 𐑣𐑦𐑥.

Shavian

hee pausd for a mœement and a wield feeliŋ ov pity cæm œver him.

i.t.a.

그림 31


1980년대에는 적어도 영국에서는 철자법 개혁은 당면한 문제가 아니라 해도 괜찮을 것 같다. 이에 대한 한 이유는 관련된 정자법 실험에 관한 최근의 영국의 경험일 것 같다: 즉 교육부의 지원으로써 1960년에 시작된 James Pitman경의 *Initial Teaching Alphabet* (초기 교육 알파벳)을 문맹과 전통적 정자법의 숙달 사이의 과도기 단계로서 사용하면서 아동들에게 읽기를 가르치려는 시도다('i.t.a.' Downing 1965 참조). i.t.a.는 음소적 원칙과 전통적인 철자법 사이의 절충안으로서 만들어졌다. 그것은 전통적인 정자법에서는 보통은 글자의 쌍으로 철자되는 음소에 대한 많은 색다른 자소를 포함하고 있다. 예를 들어, /eI/는 i.t.a.의 <A>인데, 이것은 (*rate*를 표시하는 <rAt>에 있어서 처럼) 단일 기호로서 학습되고 또 사용되는데, 마침내 아동들이 전통적인 정자법으로 전환할 시기가 오면, 그때 그들은 <A>를 분리해서 *rate* 같은 정상적으로 철자되는 낱말에서 <a...e>가 되는 것을 배운다. (물론 *reign* 같은 불규칙적인 철자의 목록도 배운다). I.t.a.의 지지자들은 주장하기를, 문자 해득력-습득의 초기 단계에서 아동들을 전통적인 철자법의 혼란에서 보호함으로써 그들이 읽기와 쓰기에서 자신감을 신속히 얻게 하고, 결과적으로 i.t.a.를 통해 배운 아동들은 전통적인 정자법으로 전환한 후에도, 관례적으로 배운 아동들보다 평균적으로 앞서 있으며, 전자의 집단에서의 중대한 장기적 독서문제의 발생은 비교적 낮다는 것이다. 이 i.t.a. 실험의 신중한 평가(Warburton and Southgate 1969)는 이 주장이 아마 정당할 것임을 시사한다(하지만 Haas 1969b 참조). 문자해득력에 대한 i.t.a.식 접근방법의 이점은, 아마 몇몇 열심가들이 애당초 회망했던 만큼 아주 극적인 것은 아니지만, 그 실험은 성공이라고 여길 만큼 미더운 것이다. 그렇지만, i.t.a.는 이제는 그 본질적인 장점과는 거의 관계가 없는 이유로 해서 (Prosser 1982), 거의 모두 버려졌다. 1975년에 그것은 영국의 매 10개 초등학교 중 1개 교에서 사용됐으나, 7년 후에는 전국적으로 280교에서만 사용됐다.

I.t.a.는 보통 의미의 철자법 개혁으로서라 하기보다는 관례적 철자법에 이르는 교량으로서 고안됐다. 그렇지만, i.t.a. 운동은 명백히 철자법-개혁 문제와 밀접히 연계되어 있다. 실로 독서심리학에 관한 지도적인 국제적 권위인 동시에, 이 실험의 지도자인 John Downing은 최근에 철자법 간소화 협회(영국)의 회장이 되었다. I.t.a.로 작업을 하면 아동은 물론, 교사와 부모를 음소적 철자법 원칙을 영어에 적용하는 것에 익숙하게 하며, 또 만약 i.t.a. 실험이 보급됐더라면, 그것은 개혁된 정자법에의 비교적 고통 없는 전환의 가능성을 활짝 열었을 것이다(여기에는 분명 i.t.a.의 색다른 외형보다는 표준 로마자의 사용이 필요하였겠지만). 현 상태로서는, 교육학자들이 1960년대에 철자법에 관해서 요리조리 해보려 하다가 탐탁치 않는 일이라고 포기해버린 것을 영국인의 한 세대가 어렴풋이 알게 된 것이다. 인간성이란 그런 것이어서, 이 일은 앞으로 당분간 개혁의 가능성을 막을 면역성을 우리에게 준 것 같이 보인다.

그렇다고 철자법 개혁 운동이 영어를 말하는 세계의 모든 곳에서 소멸된 것은 아니다. 공교롭게도, 현재 오스트레일리아에서 가장 활발한데, 이곳에서 특히 Harry Lindgren의 'SR1'(Spelling Reform One—Lindgren 1969, p. 19)이 상당한 진전이 있었다. 현대의 많은 철자법 개혁가들처럼, Lindgren은 점진주의적 접근방법을 지지한다: 전통적 정자법의 모든 것을 하룻밤 사이에 일소해버리기보다는 (이는 언제나 편견과 몰이해의 암초에 걸려 침몰하기 쉬운 목표다), 이 제안은 대중이 이해하기 쉽고, 또 성공할 때는 사람들로 하여금 더욱 많은 합리화의 생각을 받아들일 수 있게 할 단 하나의 제한된 변화에 사람들이 먼저 동의해야 한다는 것이다. SR1은 음소 /#/는 *bed, lepard, frend, gess*에서처럼 변함없이 <e>로 철자된다는 규칙이다. 이 간단한 개혁은 오스트레일리아인들에 의해 광범위하게 받아드려졌다. 많은 일반적-관심거리의 종이-표지책들 및 그와 같은 것이 SR1으로 인쇄되고 있다. Gough Whitlam의 노동당 정부 하에서 오스트레일리아 보건성은 공식적으로 Ministry of Helth로 철자되었다(하지만 Whitlam이 자유당 정부로 바뀌었을 때 자유당 정부는 정자법의 보수성을 재도입했다).

  SR1의 궁극적 운명이 어떻게 되건, 내 추측으로는 오스트레일리아는 영어를 말하는 세계의 아주 작은 부분을 대표하므로 더 철저한 개혁을 성공적으로 실천할 수가 없을 것 같다. 밖에서의 사용법의 영향이 이런 개혁을 분명히 방해할 것이다. 또한 나 자신도 급진적 철자법 개혁은 영국에서나 북아메리카에서도 일어날 것 같지 않다고 믿는다. 그렇지만, 철자법 개혁의 계획에 실제로 반대할 많은 사람들조차도 몇 문단 앞에서 영어 철자법에 관한 소위 '수용된 견해'라고 대충 설명한 바에 반대하지 않으리라 믿는다. 오히려 그들은 음소적 철자법은 일반적으로 채택만 된다면 더 능률적이라고 인정하겠지만, 그러나 아마도 능률이 전부가 이니라고 주장하거나 또는 전환에 방해가 되는 실제적 어려움들을 지적할 것이다.

  하지만 그 '수용된 견해'는 아주 의문의 여지가 있다. 그것은 따로따로의 부분이 많이 있는데, 어떤 것은 사실에 입각한 것(예를 들어 음소적 원칙에 관한 것)이고, 또 다른 것은 평가적인 것(음소적 원칙의 장점들에 관한 것)이다. 아마 각 부분은 어느 정도는 사실이지만, 또한 적어도 부분적으로는 잘못도 있다. 영어 철자법은 영어 말에 있어서의 혁신에 의해 따라잡힌 단순한 음성표기적 글자체는 아니다. 영어 철자법이 음소적 원칙에서 벗어나는 것은 역사적인 언어-변천과는 거의 관계가 없고, 또 마구잡이로 혼란스럽지도 않다. 만약 우리가 그렇게 하기로 마음만 먹는다면, 음소적인 개혁 철자법을 채택하는 데 실제적 어려움은 거의 없을 것이다. 그러나 이런 변화를 비용들이지 않고 실천할 수 있다 하더라도, 사회가 결국은 그로부터 덕을 보리라는 것은 분명치 않고, 아마도 손해를 볼 형세일 가능성이 크다.

본 장의 나머지에서 이런 주장들을 차례로 논의하겠다. 내가 논의하려들지 않을 수용된 견해의 유일한 부분은 심미적인 부분인데, 이에 관해서는 내가 제공할 특별한 기여는 없다. 나 역시 영어의 현행 정자법은 제안된 어떤 대안보다 더 매력적이라고 생각한다: 표준 정자법을 익히 안다는 그것이 바로 표준 정자법에 호감이 가게 하는 중요한 부분이라고 나에게는 느껴진다. 그러나 이렇게 말한다고 해서 그 즐거움을 잃게 하지는 않는다.

영어는 Norman 정복 전인 11세기까지에 Wessex 지방 말에 입각한 표준적인 국민적 문자형식을 갖고 있었다. - 그것은 사실 그 당시에 있었던 유일한 현대적 유럽 언어였다. 까닭은 다른 곳에서는 라틴어가 모든 공적 목적에 사용됐기 때문이다. 이 문자언어는 일정한 한 벌의 철자법 규약을 담고 있었는데, 이것이 결국은 (완벽하지는 않지만) 대충 음소적 정자법이 됐다. 하지만 영어 철자법이 후에 이런 특성을 상실한 사실은 음성언어인 영어 내부의 내적 변화에 의해 야기된 것은 아니었다. (영어 철자법에 관한 표준적인 역사는 Scragg (1974)이며, 다음 몇몇 페이지에서 이 책에 많이 의지했다.) 많은 음성 변화가 그 후의 몇 세기 동안에 실제 일어났으나, 그 변화는 철자법-체계에서는 오직 작은 변화에 의해서 만이 수용될 수 있었는데, 이러한 것은 이미 11세기에 일어나고 있었다. 오히려, 현대 영어 철자법의 비음소적 성격은 외부의 영향, 특히 Norman 정복에서 오는 정치적 발전에 의해 야기됐으며, 정복은 토박이 철자법 규약과 대항하고 또 서로 서로와도 대항하는 경쟁적인 철자법 규약을 도입했다. 만약 노르만인들이 1066년에 이기지 않았다면, 20세기의 영어 철자법은 적어도 독일어나 스칸디나비아의 언어들만큼 음소적이었을 것이다.

노르만 정복의 직접적 결과는 15세기 초까지 3세기 이상 동안 영어는 공용으로 쓰이는 언어가 아니었다는 사실인데, 이는 불가피하게 영어의 문자형식의 표준화의 붕괴를 낳게 했다. (게다가, 노르만인들에 의해 도입된 봉건 제도는 영어 화자들에게 더 큰 지역 분리주의를 일으키게 했으며, 이는 마찬가지로 표준적인 국민적 정자법 규범에 불리한 영향을 미쳤다.) 공적 생활 용어는 프랑스어와 라틴어였다. 노르만 정복 시에는 프랑스어는 아직 일관된 철자법 규약을 완전히 갖추지 못했었다. 그러나 전부터 있었던 부분적으로 규칙적인 철자법 규칙은 영어 철자법과 아주 달랐다. 필기자들은 비록 그들 자신이 토박이 영어 화자였다 하더라도, 이제는 그들 시간의 대부분을 프랑스어를 기록하는데 소비했으므로, 그들은 당연히 프랑스어 철자법 규약을 영어 낱말 쓰기에 도입했으며 — 따라서, 예컨대, *ice* 같은 낱말에서 <s>대신에 현대의 <c>를 사용한 것이다. 어떤 경우에는 프랑스어의 규약이 완전히 차지했는데, 예컨대, <cw>로 철해왔던 모든 영어 낱말이 이제는 <qu->로 쓰이게 됐다. 다른 경우에는 토박이 정자법이 어느 낱말에 남아 있는가 하면, 프랑스어 정자법이 다른 낱말에서는 예사롭기도 했다. 따라서, 예컨대, 중세 영어와 현대 영어의 동일한 모음이 *deed, beet*에서는 <ee>로 쓰이지만, *fiend, thief*에서는 프랑스어의 관례에 따라 <ie>로 쓰인다.

당연히, 노르만 정복 이후 프랑스에서는 영어로 차용된 많은 낱말이 프랑스어의 규약에 따라 보통 철자되었다. 그러나 여기에 특별한 혼란이 라틴어 정자법의 영향으로 말미암아 일어났다. 노르만 정복 전의 교육받은 영국인은 라틴어를 알고 있었다. 그러나 라틴어를 그들의 국어와 분리해 두는 데 거의 어려움이 없었다. — 영어는 라틴어에서 내려온 것이 아니었고, 영국인 필기자들은 그 두 언어를 글자 쓰기체를 달리해서 쓰기도 했다. (마치 독일인이 고딕체의 글자체를 자기네 국어를 위해 보존하고 라틴어 차용어를 로마자로 쓰면서 20세기에 고딕체를 포기할 때까지 그랬던 것과 같다.) 반면에 프랑스어는 로만스 언어였고, 따라서 프랑스어 낱말 발음의 음소적 철자법과 그 낱말의 라틴어 어원을 반영한 철자법 사이에 끊임없는 긴장이 있었다: 예컨대 *povre* '가난한'은 그것이 라틴어 *pauper*에서 파생됐기 때문에 *pauvre*로 재-철자되었다. 음성 프랑스어에 있어서의 변화와는 관계없이 프랑스어 철자법은 중세에 어원의 원칙이 더 광범위하게 수용됨에 따라 점점 덜 음소적이 되었다(그리고 이 원칙은 17세기 후기 이래 프랑스 한림원을 통해 프랑스 국가에 의해 지지되어 왔다 (Cohen 1958, p. 425)). 따라서, 예컨대, 음성 프랑스어에서는 탈락한 라틴어의 /h/가 문자에서는 재도입됐지만, 일관성이 없다: 그래서 영어 철자에 *honour, hour* 대 *ability*가 있다(한편 현대 프랑스어에서는 어원적이고 비음소적인 철자법이 이 경우에는 완전히 일관성 있게 됐다: *bonneur, heure, habilité*).

　그러자 중세의 영국에서는 일정한 낱말이 보통 많은 방법으로 철자될 수 있었는데, 그 각 방법은 수용된 규약 중의 하나라는 관점에서 정당화됐다. 더욱이, 이런 다양성은 전문적으로 글쓰기와 관계있는 사람들에는 확실한 이점이 있었다. 필경자들은 칫수로 보수를 받았기 때문에 과다한 글자가 있는, 어원을 따지는 철자는 그들의 수입을 불려 주었다. 15세기 후기에 인쇄술이 도입됐을 때 낱말의 길이에 변화를 줄 수 있게 된 것은 활자의 행(行)을 '가지런히 하는' 가장 간단한 방법이었다(즉, 우측 여백을 고르게 유지하는 것). 또 인쇄술은 철자의 습관에 더한 혼란을 가져왔다. 인쇄술은 공적인 정자법의 통제를 수도원과 공문서보관소의 규율있는 세계로부터 작은 사업체의 무정부적인 환경으로 떼어 넘겨줘서, 국가적 규범을 유지할 가능성을 감소시켰다. 더욱이, Caxton은 북해연안의 저지대 국가에서 30년 간 살다가 영국에 인쇄술을 도입했다. 그래서 그는 당시의 영어 정자법 규약을 거의 몰랐고, 그의 식자공들은 외국인이었다. 영국에서 인쇄된 처음 책들은 네덜란드어의 철자법 규약에 의해 크게 영향을 받았다. *Ghost*의 <gh> 같은 철자는 오늘날 이 영향을 반영하는 것이다.

　프랑스에서의 경우와는 대조적으로, 영국에서는 저자들이 일부러 음소적 원칙을 기피했던 시기가 꼭 한 번 있었다: 16세기 초에 절정에 달했던 고전 학문에 대한 열기의 풍조 속에서 고전어에서 유래된 낱말을 그 어원을 반영하는 비음소적인 철자로 쓰는 것이 보통이 됐다. 그러나 Scragg은 이런 유행은 인쇄업자들이 16세기 후기에 각 낱말에 대해 하나의 고정된 철자라는 관례를 받아들이기 시작한 조금 전에 일어났기 때문에 현대 철자법에 대해 균형이 맞지 않는 영향을 끼쳤다고 주장한다. 그래서, 예컨대(라틴어 dēbitum의 영향으로) *det* 혹은 *dette*는 *debt*가 됐고, (salmōnem의 영향으로) *samon*은 *salmon*이 됐고, (sceptrum의 영향으로) *septre*는 *sceptre*가 됐다. 많은 이런 예들이 철자법의 변화가 발음의 변화를 낳게 했다는 사실로 인해 이제는 우리로부터 숨겨지고 있다. *Absolve, captive, corpse* 같은 철자는 중세의 영국인이 *assoil, caitiff, corse*와 같이 말하고 썼던 낱말들을 원래 고풍스럽고 라틴어 식으로 쓴 것이다. 그러나 새 철자는 오히려 말에서 받아들여져서, 오늘날에는 /w#skIts/ (waistcoats)는 /weIstkE@ts/가 되고, /fɔrIdz/ (foreheads)는 /f(h#dz/가 돼가고 있다.

영어의 철자는 1650년 경까지에 고정됐다: (*gaol*/*jail* 같은 작은 비율의 예외는 있으나) 어떠한 낱말도 철자하는 데는 '옳은'방법이 있다는 것이 받아들여졌고, 그때 이후로는 철자법에 사소한 변화만 있었다. 그러나 어느 특정한 낱말의 경우 그 낱말에 쓸 수 있는 택일적인 철자 중 어느 것이 표준이 됐는가는 본질적으로 우연의 일이었다: 그래서 *pity*는 하나의 <t>로, *ditty*는 두개의 <t>로 표준화됐는데, 전에는 두 낱말은 어느 쪽으로도 철자됐다. 때로는 발음에서도 어원에서도 아무런 정당성이 없는 철자가 채택되기도 했다: *foreign*은 고대 프랑스어 *forain*, 라틴어 *foranum*에서 유래했는데, 그 현대의 철자는 라틴어의 *regnum*에서 온 *reign*과 관계가 있다는 분명히 잘못된 생각에서 16세기에 주어진 것이다.

현대 영어의 철자가 음성언어에서의 변화에도 불구하고 원래 음소적이었던 글자체를 바꾸는 것을 단순히 보수적으로 거부한 데서보다는 이런 갖가지 이유에서 일어났다는 사실은, 현행 정자법이 혼란스럽고, 어떠한 체계도 보여주지 못한다는 우리의 인상을 강화할 수도 있다.

하지만 많은 주장이 이런 인상을 반박하기 위해 발표되어 왔다. 영어 정자법이 변화한 방법에 관해서는 분명 체계적인 것이 없었으나, 결과적인 산물은 그 정자법을 있게 했던 과정보다는 더 합리적임을 알 수 있다.

이런 종류의 가장 철저한 견해는 Noam Chomsky와 Morris Halle (Chomsky and Halle 1968)에 의해 대표되는 생성음운론자들의 견해다. Chomsky와 Halle에는, 제7장에서 본바와 같이, 영어 정자법은 거의 모두 정확한 음성표기적 철자-체계다. 그러나 그것이 기록하는 분절음은 어휘 저장의 '기저(基底)'층의 것이고 실제로 발화되는 '표면'음소는 아니다. 생성음운론자는 물론 영어 정자법이 (완벽에 가까운 음소적 정자법으로 보통 인정되는 두 예를 들자면) 스페인어나 핀란드어의 정자법과는 종류가 아주 다르다는 것을 인정한다. 그러나 영어 정자법을 다른 정자법보다 덜 규칙적이라고 취급하지 않고 이런 차이를 분석하는 데에 생성음운론자가 이용할 수 있는 두 가능성이 있다.

한편으로는, 스페인어 정자법은, 그것이 심층의 정자법이라기보다는 표면의 정자법이기 때문에, 더 '음소적'으로 보일 수도 있다. 예컨대, 스페인

어는 하나의 음소 규칙이 있는데, 그에 의하면 |ped| 'ask(묻다)' 같은 어근의 |e|는 강세의 위치에서 /i/가 되어, 다음 같은 표면상의 대립을 가져온다: /pe'dir/ '묻다', /pe'dimos/ '우리는 묻는다' 대 /'pido/ '나는 묻는다', /'pide/ '그는 묻는다'. 이 규칙은 규칙적이다. 심층 정자법에서는 이 모든 경우에 <ped->로 쓸 것이다. 그러나 스페인어 철자법에서는 사실 *pedir, pedimos* 대 *pido, pide*로 쓴다. 만약 이것이 대체로 스페인어 정자법의 놀라운 '음소적' 성격에 대한 설명이라면, Chomsky와 Halle를 위해서는 그 정자법은 열등한 것이다. 까닭은 '정자법의 기본 원리는 음성적 변화는 그것이 예측된 곳에서는 표시되지 않고...최적의 정자법은 각 어휘 항목마다 하나의 표시를 갖는 것일 것'이기 때문이다(Chomsky and Halle 1968, p. 49). 스페인 사람들은 위에 인용한 뒤의 두 낱말을 *<pedo>, *<pede>로 써야 한다. 그들이 그렇게 하지 않는 사실은 그들의 철자법을 '자기가 잘 모르는 언어의 글줄을 읽는 배우'에게는 유리하게 하지만 '그 언어를 아는 독자'에게는 그렇지 않다(상게서).

택일적으로─혹은 추가적으로─스페인어와 핀란드어는 음성언어로서 영어나 프랑스어보다 훨씬 적은 형태음소적 대체형을 가지고 있을 수도 있다. 만약에 그렇다면, 전자의 두 언어의 음운의 표층과 심층 사이의 차이는 비교적 거의 없을 것이고, 그래서 그들의 정자법은 영어 정자법과 같이 Chomsky and Halle의 '기본 원리'를 따르는 데 가까이 갈 것이고, 그래도 그 정자법은 역시 음소적인 것에 가까울 것이다.

언어들은 그 형태음소적 대체형의 복잡성에 있어서 분명히 서로 다르다: 예컨대, 베트남어는 사실상 전연 없다. 스페인어와 핀란드어는 형태음소적으로 영어나 프랑스어보다 더 단수할지도 모른다. 하지만 나의 인상으로는 이 점에서의 차이는 정자법의 관점에서의 차이만큼 크지는 않다. 그러나 이 사항을 주의 깊이 조사하지 않았는데, 까닭은 생성음운론의 이론이 다른 근거에서 설득력이 없다고 생각하기 때문이다.

첫째, 음성영어의 보통 사용자들이 형태음소론적 규칙과 Chomsky and Halle에 의해 그 규칙 때문으로 돌려진 '기저 표시'의 집합을 구문(構文)할 수 있다는 것은 선험적으로 믿기 어려운 일로 보인다. 까닭은 이들 규칙과 표시는 어근의 갖가지 형식 사이의 관계를 인식하는데 달려있기 때문이다. 이들 관계는 언어습득 기간중의 보통 아동들은 말할 것도 없고 지식있는 성인들에까지도 애매한 경우가 많다. Noam Chomsky의 부인 Carol이 논문을 발표하여(C. Chomsky 1970), 생성음운론적 원리로 지도돼서 아동들에게 철자를 가르친 그녀의 경험을 논하는데, 심층의 철자법이 자연스런 것이고 또 교사들은 아동들의 주의를 부적절한 표층 발음에 끌어댐으로써 다만 그들을 혼란에 빠뜨린다고 한다(N. Chomsky 1970 참조). 그녀는 책에 아주 흥미로운 일화를 담고 있는데, 약 12세 되는 7학년 생도에게 *sign*을 어떻게 철자할까를 결정하는 데는 낱말 *signature*를 생각해보라고 말했던 바, 그 생도의 대답이 '그러면 다른 것은 어떻게 합니까?'이었다는 것이다. *Sign*과 *signature* 사이의 의미상의 관계는 생성음운론자들의 규칙이 의지하는 많은 관계에 비하면 비교적 명백하다. 실제 화자들은 어원적으로 동계인 낱말들 간의 관계를 알지 못하는 경우가 흔하며, 또 때로는 이런 관계가 없는 곳에 있다고 생각하기도 한다: 그래서, 같은 논문에서 Carol Chomsky는 라틴어 *prodig-us* '낭비적인'에서 나온 *prodigal*이 라틴어 *prodigi-um* '징조'에서 나온 *prodigious*와 어근을 같이한다고 잘못 예를 들고 있다. 생성음운론적 분석의 심리적 현실을 연구하기 위해 이뤄진 갖가지 시도는 경험적으로 상당히 한결같이 부정적인 결과를 낳았다(예로, Sampon 1970, §7.5 참조; Koerner 1975에서 Hsieh, Skousen, Steinberg 및 Krohn의 논문들; Simons 1975; P. Smith and Baker 1976 등).

더군다나 Valerie Yule (1978)이 지적한 대로, 영어 정자법이 생성음운론자들의 이론의 예측을 따른다는 것은 사실상 옳지 않다. 영어 정자법의 비음소적 성질 중에는 형태음소적 교체형과 아무 관련이 없는 것이 많다. Chomsky와 Halle는 *right/righteous*의 <gh>를 어근이 기저형의 |rixt| 일 것이라는 공시(共時)적 근거에서 논함으로써 정당화한다. 그러나 *night*나 *light*의 기저인 |x|에 대해서는 해당할 만한 근거가 없다.[1] 현행의 형태음소론적 교체형치고 *knee, know, gnash*에서 <kn> 또는 <gn>으로 철자되는 초성 /n/의 어떤 경우도 설명하는 것이 없다. 그리고 반대로, 하나의 어근이 여러 파생된 형에서 교체하는 철자를 보여주는 예는 많이 있다: *spEAk* 대 *spEEch, palaCe*

대 *palaTial, joke* 대 *joCular, colliDe* 대 *colliSion*―철자법에서의 이런 대립 중의 약간은 표면의 발음에서의 교체형을 표시하지만, 이들 교체는 규칙적이어서, 어휘상의 표시에는 아무런 차이도 있을 수 없다. 생성음운론자들의 영어 정자법에 관한 설명은 많은 해 동안 아주 영향력이 있었으나, 그것은 '엉뚱하고 지지받지 못한다'는 W. N. Francis (1970, p. 51)의 말로써 결론짓는다.

겉으로 보기에 혼란스런 영어 정자법의 기저에 있는 체계를 위한 비교적 온당한 주장이 K. H. Albrow (1970; 및 Venezky 1970 참조)에 의해 제시됐다. Albrow의 분석은 J. R. Firth의 언어의 다계통(多系統) 구조 이론의 견지에서 이루어졌다(Sampson 1980a, pp. 215-18). Albrow는 영어 철자법은 상당히 규칙적인 음소/자소의 상응관계를 보여준다고 주장하지만, 이들 상응관계는 여러 유형의 형태소에서 작용하게 되는 하나가 아닌 광범위한 교체적 체계를 형성한다.

예컨대, 영어 정자법에 중대한 한 언어적 대립은 어휘적 형태소와 문법적 형태소 간의 대립이다. 어휘적 형태소는 최소로 세 글자가 있어야 하는 반면, 문법적 형태소는 가능하면 수가 더 적다: 그러므로 *see, bee* 대 *me, be* 또는 (고유명사나 방언의 낱말 이외의) *egg*의 종성/g/를 위한 <gg>의 독특한 사용법(*leg, dreg*와 대비해 보라), 및 *if*의 종성 /f/를 위한 <f>의 유별난 사용법(*stiff, diff*와 대비해 보라). 모음 /I/는 어휘적 형태소에서 <i>로 철자되지만, 문법적 형태소에서는 보통 <e>로 철자된다: 따라서 /Id/는 *solid* 대 *wanted*에서 다르게 철자된다. 이들 대립하는 철자법 규칙은 영어 정자법이 낱말의 소리뿐만 아니라 어휘적 또는 문법적 형식으로서의 낱말의 자격을 표시함을 의미한다. 유창한 독자는 잠깐 보아서 한 편의 산문의 전체 구조를 납득할 수 있도록 이런 신호들을 실제로 이용한다는 증거가 있다(P. T. Smith 1980, pp. 127-8).

이제까지, Albrow의 설명은 (문제가 없는 것은 아니지만: 즉, Albrow는 그의 '세-글자 규칙'에 예외가 되는 낱말 *ox*를 간과한다) 대체로 정확하고 계몽적인 것 같다. 하지만 그가 서로 다른 음소/자소의 상응관계를 사용하여 어휘적 어근을 두 부류로 계속 분류할 때는 그에 따르기가 선뜻 쉽지 않다.

예컨대, Albrow는 한-글자 모음 부호 (<ai>, <ee>, <ou> 등과 대립하는 <a>, <e>, <i> 등)는 다음절어(多音節語)에서 하나의 자음에 선행할 때는, '1호 체계'에서는 장모음을 표시하고, 그러나 '2호 체계'에서는 단모음을 표시한다고 주장한다: 예컨대 <e>는 *meter*에서 /i/를 표시하지만, *merit*에서는 /#/를 표시한다. 이것은 분명히 일정한 어근이 1호 체계에 속하는지 또는 2호 체계에 속하는지를 결정할 일정한 어떤 독립된 기준이 주어지지 않는다면, 정자법의 혼란을 줄이는 데 아무런 도움이 되지 않는다. Albrow는 대체로 1호 체계의 어근은 토박이 게르만어계의 어휘인 반면, 2호 체계의 어근은 프랑스어 또는 고전어의 차용어임을 지적한다(*meter*는 거의 폐용된 토박이 동사 *mete* '측정하다'에서 유래하며, *merit*는 라틴어 *meritum*에서 유래한다). 독자는 앞서의 논의에 비추어, 왜 어원적 기원의 차이가 철자법-규약의 차이와 상호 관련되지 않으면 안되는 것을 이해할 것이다. 그러나 Albrow는 두 부류의 어근간의 대립은, 역사적 이유가 있지만, 현대 영어의 공시(共時)적 사실로서 계속 살아 있다고 주장한다: 즉, 두 어근-부류는 판이한 파생 유형을 보여주는데, 2호 체계의 어근은 *-ic, ical, -ous, -ity, -orious* 등등 광범위한 접미사를 취하는 반면, 1호 체계의 어근은 *-er, -ly, -ship* 같은 작은 범위에 국한되어 있다. 보통의 토박이 영어화자들은 어떤 유형의 파생 접사가 일정한 어근에 적절한가에 관한 느낌을 발전시킨다는 주장은 (그것은 명백히 옳지는 않지만) 불합리하지는 않다. 그렇다면, 그들은 Albrow의 두 정자법 체계 사이에서 선택하는 데 필요한 정보를 갖고 있다.

　이것은 흥미로운 생각이다. 그것을 지지하는 그 이상의 증거를 제시할 수도 있다. 앞서 나는 낱말-쌍의 모범의 예로서 *pity*와 *ditty*를 인용했거니와 이들의 정자법상의 대립(단일 <t>와 중복 <t> 사이의)은 발음에 있어서나 어원에 있어서나 아무런 논거가 없다. 이들 낱말은 운(韻)이 완벽하며, 둘 다 프랑스어에서 유래한 것이다: *pity*는 궁극적으로 라틴어 *pietatem*에서, *ditty*는 *dictatum*에서 나왔고, 고대 프랑스어에서 귀와 눈 양쪽을 위해 이미 운이 맞춰졌다. 그러므로 역사적으로 이 두 낱말은 Albrow의 말대로 2호 체계의 어근이라야 할 것이며, 이럴 경우 *ditty*는 *<dity>로 써야 한다. 그러나 한편 *pity*는 그 파생형인 *piteous*와 분명히 관계가 있고, 따라서 그것을 확고히 2호 체계에 자리매김하는 반면, *ditty*는 공시적인 동족(同族)어가 없다 — *ditty*와 *dictate* 간의 연계를 이해하기 위해서는 문헌학에 깊이 통달할 필요가 있다. 현행의 의미의 관점에서 *ditty*는 보통 게르만어의 기원을 갖는 비공식적이고 평범한 낱말일 뿐이다: 그래서, 결국, *ditty*는 1호 체계의 규칙에 따라 철자하게 된 반면, *pity*는 2호 체계의 철자를 갖게 된 것이 우연이 아닐 것 같다.

하지만 불행하게도 Albrow의 규칙에는 예외가 많다. 만약 *ditty*가 1호 체계로 분류된다면, 왜 *petal*은 똑같이 분류되지 않으며 또 */pitEl/로 발음되거나 또는 *<pettle>로 철자되지 않는가? 사실 그것은 그리이스어에서의 최근의 차용어다. 그러나 현대 영어에서 그것은 흔히-알려진 파생형이 없고, 아주 '평범한' 용어다. Albrow는 *patent*는 /A/ 보다는 /eI/로 흔히 발음된다는 자기의 이론에 대해 하나의 어색한 점이라고 말한다. 사실은 /eI/발음이 둘 중에서 더 흔한 편이며, *latent*는 어미의 *-ent*가, 파생어인 *latency*와 더불어, 그것을 2호 체계의 분명한 예로 만들어야 한다는 사실에도 불구하고, 언제나 /eI/로 발음된다. 또 Albrow는 *ribald*와 *ribbon* 간의 철자-차이를 어떻게 설명할 것인가? — 역사적으로 둘은 프랑스어에서 유래했고, 현대 영어의 관점에서 둘은 1호 체계의 철자를 얻는 데 동등하게 적절한 후보자라고 여겨진다. 이들 대립적 예를 내세움에 있어서 Albrow의 이론을 그 저자가 의도했던 이상으로 더 강력한 주장을 하는 것으로 내가 해석하고 있는 것일지도 모른다. (어찌되었건, Albrow는 자기의 별개의 체계 내에서의 음소/자소의 관계는 1대 1이라고는 주장하지 않는다. 오히려, 그는 주장하기를 (p. 14), 각 체계는 한편으로는 일정한 발음에 대해 여러 가지 철자를 허용하면서도, 일정한 철자에서 발음이 거의 모호함이 없게 읽혀지기를 가능케 한다는 것이다.) 그러나 '중간 보고'로서 제안된 것에 대한 숙고가 더 있을 때까지는, Albrow의 다계통(多系統) 구조의 설명을 영어 정자법에 관한 충분한 근거있는 이론으로 받아들이기는 어렵다.

그래도 만약 로마자의 음성표기적 기원에 우리가 사로잡히지 않도록 하고, 영어철자법을 적어도 부분적으로 어표표기적이라고 생각하면, 외견상 혼란스러운 영어 철자법에 또 하나의 방법을 볼 수 있을 것이다.

로마자가 원래 분절음을 표시했다는 사실은 원칙적으로는 그것으로 순수한 어표표기적 글자체를 만드는 데 아무런 장애가 되지는 않을 것이다. 영어의 갖가지 낱말에 멋대로의 글자-연속체를 그 발음과는 전연 상관없이 지정할 수 도 있을 것이다. - 예컨대, *dog*에는 <pzm>, *cat*에는 <uvcr>, *horse*에는 <ni>, 등등. 현대 영어 정자법이 이와 같이 완전히 그 음성표기적 조상과의 접촉이 끊겨졌다고 분명히 아무도 주장하지 않을 것이다. 그러나 영어 글자체는 음성표기적 원칙과 어표표기적 원칙의 절충이라고 묘사될 수 도 있을 것이다—사실 약간 일본어 글자체와 비슷한, 그러나 일본어보다는 훨씬 높은 비율의 음성표기철자와 이에 상응하는 낮은 비율의 어표표기철자가 있고, 또 하나의 자형(字形)에 대해 교체적 '읽기'의 혼란이 없는 글자체다. (Albrow의 이론에 따르더라도) 영어 낱말의 철자는 발음에서 예측할 수 없으므로, 일본인들이 *kanji*(漢字)를 한 자 한 자 배워야 하듯이, 낱말 철자를 한 건 한 건 배워야 한다. 대부분의 일본어 *kanji*는 *on*독(音讀)을 할 암시를 주는 음성 요소(즉 성부)가 있다. 하지만 이 암시는 영어 철자가, 상응하는 발음에 주는 단서보다 훨씬 정보량이 적다. 일본어에서는 최고-빈도의 어휘-항목은 *kanji*의 *kun*독에 따르는 토박이 낱말이 대부분이고, 여기서는 *kanji*의 자형은 발음과 전연 관계가 없다. 영어 철자법에서, 극도로 불규칙하다는 전반적 인상은 많은 가장 흔한 낱말들이 아주 불규칙하게 쓰이고 있는 사실에서 주로 나오는 것임을 Wijk (1969, p. 52)는 보여 주었다. 영어의 *one, who* 같은 낱말을 *kanji*의 토박이 일본어의 *kun*음가에 비할 수도 있는데 - 하기야 여기 이 비유는 약하기는 하다. 까닭은 이들 영어 철자라도 발음 /wʌn, hu/와 멀리 관계가 있기 때문이다.

영어 철자법의 어표표기적 국면은 동음이의어를 시각적으로 구별하는 결과—일본어에서는 중요한—를 낳는 경우가 많다: 만약 영어 철자법이 순전히 음성표기적이라면, 예컨대 *right, rite, write, wright*는 필연적으로 똑같이 보일 것이다. 유럽 언어에서 동음이의어의 발생은 일본어에서보다 훨씬 낮으므로 어표표기적 글자체의 이 이점은 거의 중요한 것으로 느껴지지 않을 수 있다. 반대로 영어보다도 어원적 원칙에 의해 더 일관되게 규제되고 있는 프랑스어 정자법마저도 동음이의어를 구별하기 위해 비-어원적 방안을 포함시킴으로써 그 원칙을 위반하는 것은 주목할 만하다: 예컨대, *devoir*의 과거분사는 *du=de le*와 구별하기 위해, (프랑스어의 곡절부호가 의례히 가지는) 역사적 /s/와는 아무 관련이 없는 곡절부호 악센트를 붙인 *du*로 쓴다. (이것은 동형이의(同形異義)의 회피가 영어의 불규칙한 철자를 창조한 원동력이라고 주장할 의도는 아니다. 영어에서 가장 불규칙하게 철자된 낱말들 — *bright, debt, psalm* 등 — 은 독특한 발음을 가지며, 동물의 *seal*과 인장의 *seal*과 같은, 철자법상으로 구별되지 않는, 동음이의어의 쌍이 많이 있다.)

여기서 논의되고 있는 관점에서 보면, 생성음운론자들이 영어의 정자법이 따른다는 '기본 원리'에 관해서 한 말은 부분적으로 옳다. 일정한 영어 어휘 항목은 음운 법칙이 택일적인 이형태의 실현을 낳을지 모르는 사실에도 불구하고 고정된 채로 있는 하나의 철자를 보통 갖고 있다 — 마치 일본어에서 *kanji*가 그 발음에 영향을 끼치는 음운 법칙과 관계없이 일정한 자형을 간직하고 있는 것과 같다. 의미상의 단위인 'telegraph'는 단독으로는 /'t#lE,graf/이고, 접미사 *y* 앞에서는 /tE'l#grEf/이며, *ic* 앞에서는 /,tɛlE'grAf/이지만, 언제나 <telegraph>로 쓰인다. 일본어에서 *okurigana*를 사용하는 바와 같이, 영어의 어간(語幹)의 이형태 간의 음성상의 차이는 그것이 접미사에 인접한 어간-끝에서 일어날 때만 문자로 기록되는 경향이 있다: *Peter, Petrine*의 어근의 이형태 간의 음성적으로 가장 두드러진 차이는 분명히 강세받은 모음 /i~#/사이에 있다. 그러나 철자에 반영된 구별은 전자의 애매음(/E/)과 후자의 자음성(子音性) /r/ 사이에 있다. 접미사는, 어근 형태소와는 달리, 개성이 거의 없기 때문에 영어의 접미사 철자가 순전히 음성표기적으로 가까워진다 하더라도 그것은 이해할 만하다. 그러나 만약 음성표기적 문자가 사용되면 그것은 음운 단위를 표시해야 하는데, 이렇게 되면 전체 음절이, 일부는 어근에 또 일부는 접미사에 소속될 때, 음성표기적으로 쓰이게끔 된다.

영어 철자법에 관한 어표표기적 설명에 의해 거부된 생성음운론적 이론의 국면은, 철자법이 표면 음운에서 이탈하는 곳에서 이 이론은 기저(基底)의 음운을 반영한다는 그 주장이다. 어표표기적 견지에서는, *right, righteous*의 <gh>는 다만 이 형태소의 서체(書體)를 다른 것과 차별하는 임의의 부호일 뿐이다. 현대 독자의 견지에서는, 만약 그 낱말이 예컨대, <riite>나 <qurite>

로 철자되더라도, 거의 같은 효과를 거둘 것이다. 이 낱말이 변별적 자질은 <ii>나 <qu>라기 보다는 <gh>라는 사실은, 수 세기 전에 이 낱말이 /x/음으로 발음됐기 때문에 생긴 것이다. 그러나 그 사실은 현대의 영어-화자가 음성언어나 문자언어를 다루는 방식과는 아주 관계가 없다.

영어 정자법에 관한 생성음운론자들의 설명의 양면에 대한 반대-예가 있음을 위해서 검토했다. *Speak/speech*에 공통인 어근과 같은 몇몇 형태소는, 일본어의 *okurigana*와의 유추로써 설명될 수 없는 택일적 글씨꼴을 갖고 있다. 그리고 *knave*와 *nave* 간의 대립처럼, 몇몇 철자법상의 대립은 갈라지는 '기저 발음'을 주장하기 위해 사용될 수도 있는 형태음소론적 현상과 상관 관계가 없다. 그러나 후자의 유의 예는 극도로 많은 반면, 전자의 유의 예는 썩 드물다―영어어휘 항목의 철자는 때로는 종성에 관계된 것을 제외하고, 이 형태 간의 변이를 보통 무시한다는 일반 원칙을 번복할 만큼 그 예가 많지 않다.

노르만 정복에 뒤따르는 수 세기 간의 정자법의 혼란에서 마침내 벗어난 철자법-체계를 음성표기적 유형에서 어표표기적 유형으로 약간 변화한 체계라고 보는 것이, 그것을 아무 의미없이 혼란스런 것이라고 다만 경시해버리는 것보다는 더 사안을 분명히 하는 것이라고 믿는다. 그러나 이렇게 말한다고 해서 그 변화가 좋은가 나쁜가에 관해서 무슨 애기를 하자는 것이 아니다. 제8장에서 영국인을 포함한 유럽인들은 음성표기적 문자를 어표표기적 문자보다 훨씬 우수하다고 보아왔고, 또 어표표기적 글자체를 자체 언어에 특별히 편리하게 만든 중국어의 특수한 특징들(빈도 높은 동음이의어 및 큰 방언-차이)은 영어에 적용되지 않음을 보았다. 이런 견지에서 볼 때는, 영어 정자법의 변화는 아마 퇴보적인 움직임으로 보여질 것이고, 또 음성표기적 철자법 개혁은 완전히 좋은 일이었지만 오로지 큰 실제적 어려움이 수반되기 때문에 채택에는 실패한 것일 것이다.

이러한 판단의 두 부분이 의심스럽다.

첫째, 중대한 객관적 어려움이 철자법 개혁을 방해한다고 나는 믿지 않는다. 사람들은 새로운 철자법으로의 자역이 필요할 막대한 양의 현존하는 서류를 흔히 인용한다. 그러나 그와 같은 일은 전연 필요하지 않을 것이다.

학자와 법률가 같은 어떤 작은 소수파-집단을 제외하고, 10년 남짓 전에 인쇄된 서류나 책을 찾아보는 사람은 드물다 — 문학의 고전을 읽는 사람들이 흔히 있지만, 대개는 언제나 현대 판을 읽는다. 책이 다시 인쇄됐을 때는 물론 새 글자체로 자역되곤 했다. 새 철자법으로 자라난 한 세대의 인쇄업자들이 있다면, 이것은 큰 문제가 아닐 것이고, 또 자동적인 낱말-처리 기술이 하루가 다르게 그것을 더 간편하게 만들고 있다. 전문적인 이유로 옛 서류를 읽을 필요가 있는 사람들 — 또 일반 대중 중의 교양있는 많은 사라들은 분명히 — 소극적으로 그 옛 글자체를 익히게 될 터인데, 이것은 어떤 구어의 낱말에 대한 정확한 전통적 철자법을 제시하는 적극적인 능력보다 훨씬 덜 부담스런 것이다. 영문 모를 옛 철자는 그것이 중요하면 조사할 수도 있는 참고서가 많이 있을 것이다.

국민을 교육하는 문제가 또 있다. 그러나 만약 사회가 전반적으로 이 문제의 해결을 원한다면, 그것은 해결될 수도 있을 것이다. 새로운 체계에 충분히 역량이 있기를 결정적으로 필요로 할 사람들의 부류는 초등학교 교사들이다. 사람들은 오늘날 아주 긴 훈련 기간을 통하여 이 직업을 위한 자격을 얻어야 하고, 또 영어 철자법을 개혁하기로 결정한다면 새 정자법에 관한 지식은 이 훈련의 중요한 구성 부분이 된다. 낡은 철자법으로 교육받은 장차 교사될 사람들은 새 체계에 정통하지 못할 것이라고 분명히 주장하지는 않겠다. 결국, 개혁된 철자법의 요점은 쉬워야 한다는 것이다.

일단 아동들의 한 세대가 새 철자법으로 가르쳐졌다 하면, 어른들의 대부분이 이에 행동을 같이할지 어쩔지는 거의 중요하지 않을 것이다. 인쇄업자들의 영어 철자는 1650년 경까지에 표준화됐다. 그러나 사적인 철자법은 1755년에 Johnson의 사전이 나온 훨씬 뒤까지 이에 따르지 못했다(Scragg 1974, p. 82). 자기네의 특정 독자층이 선호하는 것에 대한 솔직하고 상업적인 고려에 따라, 분명히 어떤 신문, 잡지, 및 도서-출판자들은 새 표준으로 빨리 바꿀 것이고, 또 다른 자들은 옛 표준을 그대로 지키기로 할 것이다. 바꾼 사람은 새 체계에 익숙한 식자공과 편집인을 고용할 것이고, 그들은 예전 체계를 사용한 기고자들의 원고를 새 체계로 자역할 것이다. 이런 전환이 시작된 후 30년이면 낡은 철자법은 오직 몇 안 되는 자의식이 강한 색다른 정기간행물에서만 오래 남아 있을 것이다.

이 모든 것이 절대 일어나지 않을 거라고 추측되는 이유는 객관적인 요인보다는 주관적인 요인과 관계가 있기 때문이다. 살아있는 기억 내에서는 영어의 아주 복잡한 정자법에 변화가 전연 없었으므로, 사람들은 정자법은 변화할 수 없다고 상상하고 개혁의 가능성을 진지하게 생각하는 사람들을 괴상한 자들이라고 대수롭지 않게 여긴다. 유럽에서 가장 비-음소적인 두 정자법인 영어와 프랑스어가 근래에 개혁을 겪지 않은 것은 예사로운 일이 아닌 것이 거의 인식되어 있지 않다. 예컨대, 상당히 음소적인 정자법을 사용하는 스칸디나비아 국가들은 수십 년마다 정자법을 손본다. 가장 음소적인 글자체를 갖고 있는 유럽 국가들이 그것을 가장 개혁하고 싶어한다는 것은 역설적으로 대체로 옳은 것 같다. 만약 글자체가 거의 완벽하게 음소적이라면, 그 자소들을 음성을 표시하는 장치로 보고, 자소들이 음성을 표시하지 못하는 점들을 두드러진 또 치유할 수 있는 결함으로 느끼는 것이다. 반대로 영국인은 영어 정자법을 어떤 한정된 점에서는 본질적인 음성표기적 이상(理想)에서 벗어난 체계로서-마땅히 그런 건데-보지 않는다. 까닭은 현대 영어 철자법은 음성표기적이랄 만큼 어표표기적이라고 불릴 만하기 때문이다. 스페인에서는 최근에 어느 비-전문적 종이표지 책의 출판사가, 광범위하게 사용되는 모든 알파벳 글자체들 중 아마 가장 음소적인 글자체에 대한 개혁의 요구를 공표했다(Mosterín 1981). 이와 비슷한 책이 현재의 영국에서 나타날지는 상상하기 어렵다.

문화적 사항에서는 국가의 역할을 최소화하는 전통은, 영어를 말하는 국가에서는 공통적인데, 영국의 철자법 개혁은 몇몇 다른 유럽 국가들에서보다 대중의 요구에 더 의지하고 있음을 의미한다. 정부는 이러한 변화를 도울 수는 있지만 강요할 수는 거의 없다. 또 영어를 말하는 세계는 이제는 하나의 문화적 중심지가 없기 때문에, 이와 같은 요구는 개개의 사회에서 일어나야 할 것이다-만약 다른 국가들이 똑같이 하기를 원하지 않는다면, 근본적으로 새로운 정자법으로 전환하는 하나의 영어 사용 국가에 편을 드는 말은 분명 거의 할 수 없을 것이다.

이러한 요구가 커질 것 같지는 않다고 믿는다. 이유는 철자법-개혁의 생각을 중대한 가능성으로 여기는 대부분의 영향력 있는 영어-화자들이 그 요구에 반대하는 것으로 보이기 때문이다. 그들은 그 생각을 심미적으로 매력적이라고 보지 않으며, 또 어린 아동들이 있으면 몰라도 그런 생각으로 이득이 될 것은 거의 없다고 그들은 본다. 그들 자신들은 이미 전통적인 정자법에 통달하고 있다(그렇지 않다면 그들은 영향력이 있지는 않을 것이다). 사람들은 의식적이거나 또는 무의식적이거나 철자법-개혁의 생각을 전통적 체계의 대가(大家)인 사람들이 갖고 있는 권위에 대한 위협이라고 분개할지 모른다―철자를 잘 못하는 사람들마저도, 마치 죄인이 무신론을 미워하는 것처럼, 이런 태도를 같이 할 수 있다.

그러나 이들 주관적 문제에서 객관적인 사안으로 돌아서서 볼 때 음성표기적 철자법-개혁이 실제로 열성자들이 흔히 추정하는 만큼 이로운 것인지 의심스럽다. 아주 최근까지 읽기와 쓰기에 관한 심리는 거의 연구되지 않은 분야였고, 대안으로 내어 논 정자법 체계들의 이점과 결점은 오직 비교적 비전문적이고 상식적인 관점에서만 논의될 수 있었다. 최근 수 년 동안 이 분야의 심리학의 연구에 폭발적인 성장이 있었다. (Downing and Leong, 1982에 방대한 참고문헌목록이 마련돼 있다.) 나오기 시작하고 잇는 연구결과는 무엇보다도 음성표기 대 어표표기의 문제에 새로운 빛을 던져 주고 있다.

처음부터 강조해야 할 것은 이 연구는 아주 새로운 것이어서, 연구의 결과 중 논의의 여지가 없는 것이 그의 없다는 것이다. 그러나 상당한 실험의 증거가 쌓인 한 논문은 읽기 및 쓰기의 과정은 사람들이 의례 생각하기보다는 덜 밀접하게 관련되어 있다는 것이다. 여기에 중요한 참고서는 Uta Frith (1979, 1980a) 및 Bryant and Bradley (1980)다.

Frith는 주장하기를 알파벳 글자체의 사용자들이 '귀로 쓰는 것', 즉 낱말을 음성표기적으로 철자하는 것, 그러나 '눈으로 읽는 것', 즉 '음의 매개' 없이―즉 낱낱의 글자의 소리-값과 관련된 낱말의 발음과의 사이의 상응관계를 정확한 낱말을 회수하는 길잡이로 사용하지 않고 ―눈에 보이는 글자-연속체로부터 기억속에 저장된 어휘-항목으로 직접적으로 옮아가는 것은 매우 자연스럽다는 것이다.

'눈으로 읽기'-교사들이 '음성적' 독서법에 대립되는 '보고-말하기' 독서
법이라고 부르는 것-는 그 자체가 애매모호한 개념이다. 그것은 낱말이
분석되지 않은 시각상의 통일적 전체, 즉 낱낱의 글자로 해체되지 않은 단
일 윤곽으로 감지되는 것을 의미할 수 있다. Uta Frith는 음성적으로 매개된
읽기보다 더 자연스런 것은 이런 의미의 눈에 의한 읽기라고 주장하는 것
같다(또 Monk and Hulme, 1983 참조). 그녀는 아래에 예시한 대로, 실험 대
상자가 택일적으로 비틀어진 문장을 읽는 실험을 논의하고 있다.

1. A robln hoppeb up to my window.
2. A robbin hoppt up to my winndo.

1에서 몇몇 글자가 시각적으로-유사한 글자로 바뀌었지만 문장의 모습은
썩 잘 보존되어 있다. 2에서는 영어의 음소/자소의 상응 규칙이 비틀어지
지 않은 발음을 암시하고는 있지만, 문장의 모습은 더 심하게 틀어져 있
다.[2] Frith는 7세 아동들과 (놀랍게도) 성인들이 1형보다는 2형의 변형을 더
어려워하는 것을 발견한다. 하지만, Leslie Henderson (1982) 같은 다른 심리
학자들은 '눈으로 읽기'가 이런 통일적 전체 식으로 보통 일어날지에는 의
심스러워한다. 읽기는 쓰인 낱말을 구성하는 글자의 약간 혹은 전부를 확
인하는 것을 사실 수반한다고 그들은 주장한다. 그러나 이 주장은 전자의
발음이나 혹은 후자의 음성적 암시와는 관계없이 독자들은 의도된 어휘-항
목을 직접 글자-연속체에서 회수한다는 주장을 방해하지 않는다. 그것은
마치 만약 낱말이 임의의 부호화로 (dog에는 <pzm>로, cat에는 <uvcr>로 하
는 식으로) 쓰이더라도 어휘-항목을 우리가 회수해야 하는 것과 같다. 마찬
가지로, 중국인 독자는 대부분의 복잡한 글씨를 극히 작은 것들의 전체라
기보다는 친근한 요소들의 합성물로서 분명히 인지한다. 그러나 이것은 그
가 시각적 요소를 음성과 관련시킴으로써 또 발음에 이 음성이 있는 낱말
을 찾음으로써 이런 글씨에 해당하는 형태소를 회수함을 의미하지 않는다
-중국어 글자체는 어표표기적이기 때문에 그렇게는 작용하지 낳는다. 유
럽의 문자를 일반적으로 음성표기적으로 읽을 수 있다고 해서 그것을 보통

*그렇게 읽는다고* 추정해서는 안 된다.[3]

Bryant and Bradley (1980)는 영어-사용 아동들에 있어서의 읽기 과정과 쓰기 과정 사이의 이런 분리(分離)를 잘 설명하고 있다. 아동들이 정확하게 읽는 낱말을 빈번히 정확하게 철자할 수 없을 뿐만 아니라(그 자체가 크게 놀랄 일은 아님), 또한 아동들은, 더 의외의 일인데, 그들이 읽을 수 없는 낱말을 흔히 정확하게 철자할 수 있다는 것을 Bryant and Bradley는 알아낸다. 더군다나 이들 각각의 유형의 실패가 보통 일어나는 낱말의 종류에는 차이가 있다. 정확하게 읽히지만 정확한 철자가 안 되는 낱말의 예는 *school, light, train, egg* 등인데 모두 그 철자가 발음을 기초로 해서는 비교적 예측할 수 없는 낱말들이다. (*egg*의 어미의 중복된 <g>가 독특하다는 것은 이미 p. 279에서 검토한 바 있다.) 정확하게 철자는 되지만 정확하게 읽히지 않는 낱말의 예는 *bun, mat, leg, pat* 인데 ─음성표기적으로 아주 규칙적이지만 짧고 또 유별난 글자라거나 혹은 글자의 결합이라는 관점에서 시각적으로 두드러진 것을 거의 제시 못하는 낱말들이다.

문자영어의 능숙한 사용자가 되는 데 성공한 사람이면 누구나 두 가지 처리-양식, 즉 읽기와 쓰기에 있어서의 '보고-말하기'(즉, 어표표기적) 전략과 '음성적' 전략을 둘 다 궁극적으로는 사용할 줄 알아야 한다. 새 낱말과 마주치면 읽기에서는 음성적 전략이 사용되어야 한다. 예컨대 생소한 성(姓)은 분명히 하나의 단위로 인식될 수 없으므로, 그것의 발음에 이르게 된 독자는 자소/음소의 전환의 어떤 방법에 의해서 발음해야 한다. 반대로, 완전히 불규칙한 철자를 가진 잘 아는 낱말은 저자에 의해서도 어표표기적으로 취급되어야 한다: 아무도 *knight*자를 '소리로 알아내서' 음소를 자소로 바꾼다고 해서 정확하게 철자할 수는 없을 것이다. (정말, 우리가 영어 정자법의 학습자들이 아니고 정자법의 유능한 사용자들을 논하고 있다면, 그들이 도대체 익숙한 낱말들을 순전히 음성표기적으로 쓰는 것인가를 말하는 것이 타당할지 분명하지 않다. 까닭은 영어 정자법의 음소/자소의 상응관계는 보통은 낱말들을 위한 독특한 철자를 내놓지 않기 때문이다. Andrew Ellis (1984, ch. 6)는 Uta Frith의 주장의 반쪽인 '귀로 쓰기'는 '눈으로 읽기'보다 덜 그럴 듯 하다고 넌지시 제안한다.) 그러나 Frith는 각 처리-양식에서 한 전략은 다른 전략보다 덜 자연스럽고 덜 능률적이라고 믿는다. 배우는 것이 필요할 때는 처리-양식의 어느 쪽인가의 '부자연스런' 전략을 개인들이 얼마나 일찍이 또 얼마나 성공적으로 사용하기를 배우는가는 개인에 따라 다르다. 철자법에 서투른 사람들은, 전략을 바꿀 능력이 부족한 사람들인데, 자신들이 잘못 쓴 철자를 읽는 데 어려움을 겪는 일이 때때로 있다.

부가적이긴 하는데, '음성적' 읽기 전략이라도 그것이 사용 될 때는, 글자-연속을 음성-연속으로 전환하기 위해, Wijk나 Albrow가 기술한 규칙과 같은, 고정된 연산적(演算的)인 규칙의 묶음에 무의식적으로 호소하는 일을 반드시 포함할 필요는 없다. 대안적(代案的)인 한 견해는 생소한 낱말은 그 철자와 어표표기적으로 읽을 수 있는 친숙한 낱말의 철자와의 사이의 유추를 구축함으로써, 또 그 친숙한 낱말의 알려진 발음을 참고하여 새 낱말의 발음을 추측함으로써, 읽혀진다고 주장한다. 음성언어(spoken language)를 다루는 언어학에서는 고정된 규칙과, 신기한 언어 행위를 실행하는 대안적 수단으로서의 한도(限度)-없는(open-ended) 유추와의 사이의 이 대립은 가짜 대립이라고 때때로─내가 믿기로는 잘못되게─무시되어 왔다. 문자해득의 심리에서는 그 두 원칙은 대립하는 경험적 예측을 낳으며, 또 규칙보다는 오히려 유추가 사용됨을 암시하는 어떤 증거가 있다(Baron 1977; Glushko 1979; Henderson 1982, pt 2; 그러나 Ellis 1984 참조). 만약 이것이 옳다면, 읽기에서(또 아마 쓰기에서도) 음성표기적 원칙의 역할은 위에서 제시된 것보다 더 작기도 하다.

이들 연구결과는 음성표기적 철자법 개혁이 문자영어의 유능한 사용자에게 독자로서보다는 저자로서의 그의 역할에 있어서만이, 이롭다면 이로울 것임을 넌지시 의미한다. 그러나 그 암시는 더욱 더 나갈 수도 있다. 만약 '귀로 쓴다'는 것이 자연스런 것으로 안다면, 그때는 저자를 위한 최선의 정자법은 음소적인 것일지도 모른다. 그러나 만약 우리가 어표표기적으로 읽는다면, 그때는 독자를 위한 최선의 정자법은 아마 낱말들이 대단히 차이를 나타내는 정자법일 것이다. 자소의 형태에 관해서 제5장에서 이 점을 분명히 했다. 그러나 그것은 자소-연속의 유형에 똑같이 적용된다: 즉,

능률적으로 읽혀지려면 낱말들은 그 길이 및 낱말이 갖는 글자-결합의 관점에서 아주 다양해야 할 필요가 있다.

이제, 비음소적인 알파벳 글자체는 반드시 낱말들이 차이를 나타내는 철자를 갖는 글자체일 필요는 없다. 예컨대, 만약 영어 정자법을 바꾸어서 음소-연속 /pl/을 <pr>로, 또 /pr/을 <pl>로 철한다면, 그 철자법은 현재보다 덜 솔직하게 음소적일 수도 있게 될 것이다(까닭은 <l>과 <r>의 값은 <p>가 선행하느냐 않느냐에 달려 있겠기 때문이다). 그러나 시각적 변별성에는 아무런 진전도 없을 것이다: 영어 음운은 자음군인 /pl/ 및 /pr/에 유사한 생기(生起)의 자유(privilege of occurence)를 부여한다. 그래서 신기한 정자법에서 일어나는 철자의 범위는 현재 통용되고 있는 범위보다 더 다양하지는 않을 것이다. 그러나, 역함의(逆含意)는 유효하다: 즉 낱말-철자의 변별성을 극대화하는 것은 음소적 원칙에서의 이탈을 요구한다. 예컨대 *knight*의 <kn>과 <gh>, *debt*와 *doubt*의 <b>, *science*와 *sceptre*의 <sc>, 및 기타 많은 낱말들과 같은 비음소적인 영어 철자는, 그런 철자가 있는 낱말을, 만약 그 철자가 소리로 예측이 가능할 때의 변별성보다 더 변별성있게 만든다. 여기서 나는 단순히 동음이의어들은 흔히 변별적인 철자를 갖고 있다고 말하지는 않는다(그것은 내가 강조하는 것의 당연한 결과이지만). 낱말 /dɛt/는 말로는 분명하지만, 그것이 *debt*로 철자되는 사실은 그것이 음소대로 *det*로 철자될 때 *bet, net, den* 등과 구별되는 것보다 훨씬 더 다르게 보이게 한다. 일반적으로, 문장영어의 '자소적 문법'은, 음운적 문법이 영어 낱말을 위해 가능한 음소-연속을 마련하는 것보다 상당히 더 많은 갖가지 가능한 글자-연속을 마련한다는 것이 사실인 것 같다.

그렇다고 해서 영어의 전통적 정자법에 있어서 음소적 원리로부터 모든 이탈이 이런 효과가 있다는 말은 아니다. 전혀 그렇지 않다. 예컨대, 낱말 *tough*는 *<tugh>로 철자되면 더 음소적일 뿐 아니라 시각적으로 더 변별적일 것이다. 일반적으로, 일정한 음을 위한 다양한 철자는 시각적인 두드러짐에 도움이 되며, 한편 여러 낱말에서 일정한 자소나 자소의 결합에 상응하는 음의 다양성은 관계가 없다. Yule (1982, p. 19)은 음소적 원리에서의 이들 두 유형의 이탈이 영어 정자법에서 어느 정도 일어나는가에 관한 확실한 분석을 제공한다. 그렇지만, 전자의 부류의 이탈이 훨씬 더 광범위하다고 말하는 것이 옳을 것 같다.

그러면, 내가 제시하는 바는, '이상적인 정자법'은 저자의 이해관계와 독자의 이해관계 간의 절충이어야 할 것이라는 것이다(참조: F. Smith 1973, p. 117ff; Frith and Frith 1980, p. 295). 저자를 위해서는, 스페인어 글자체 같은 아주 음소적인 글자체가 이상적일 것이고, 독자를 위해서는, 중국어의 어표표기적 글자체처럼 순전히 어표표기적 글자체가, 그 큰 시각적 변별성으로 인하여, 영어 정자법보다 더 좋을 수도 있을 것이다.

현행의 영어 정자법을 비판하는 사람의 대부분은, 그 동기가 이 체계의 유능한 사용자들에 의해 실천되는 읽기 혹은 쓰기의 과정에 관한 생각에서가 아니고, 아동들 측에서건 혹은 성인 문맹자 측에서건, 문자해득력-습득의 문제에서 기인된 것이다. 더욱 음소적인 글자체는 배우기가 훨씬 더 쉬우리라고 널리 추정되어 있다. 만약 철자법이 개혁되면 아동들은 교실 책상에 앉아 무의미한 정자법 화석을 기계적으로 배우면서 지루한 시간을 낭비할 필요가 더 이상 없을 것이고, 그 시간에 아동들은 더 가치있고 재미있는 지식을 습득하면서, 또는 야외에서 신선한 공기 속에서 놀면서 시간을 더 잘 이용할 수 있을 것이다. 성인 문맹자도 줄이거나 없앨 수도 있을 것이다.

음성표기적 글자체를 어표표기적 글자체보다 '더 쉽다'고 하는 것은 문제가 있음을 p. 223에서 보았다. 거기서 논의된 문제는 철자법 개혁이 성인 문맹자에 도움이 되리라는 것을 믿기 어렵게 만든다. (어쨌든, 성인 문맹자가 부족한 것은 능력이라기보다는 동기일 것이다. 문자해득이 삶의 전부인 거만한 학자들, 그리고 시민들이 문서로 된 지시에 빨리 또 능률적으로 호응하기를 원하는 국가 관리들은 모든 인류가 자기들의 특별한 우선순위 척도를 공유한다고 너무나도 쉽사리 추정한다.)[4] 정상적인 나이에 읽기를 배우는 데 성공한 아동들은, 만약 영어 정자법이 더 음소적이라면 더 빨리 배울 수 있으리라고 인정할 수도 있다. 하지만 여기서도 그 이득은 양으로 표시될 수는 없고 결국은 믿음에 달려 있다. 읽고 쓰기를 배우는 데 영국 아동들보다 중국이나 일본 아동들은 x년이 더 걸린다거나—또는 스페인 아동들은 y달이 덜 걸린다거나 하는 허술한 이야기를 종종 듣게 되는데, 그러나 이런 비교는 무의미하다. 이유는 정자법 체계에서의 차이 이외에, 관련된 변수가 언제나 많이 있기 때문이다. 여러 나라의 아동들은 여러 연령에서 학교 교육을 시작하며, 문자해득에 대한 태도가 다른 사회에서 살며, 그들의 학교는 다른 방침으로 운영된다. 문자해득력-습득의 쉽고 어려움은 습득할 정자법의 성질에 달려 있을 뿐만 아니라 그 정자법이 사용되는 음성언어의 성질에도 달려 있다. (Kyöstiö (1980)는 핀란드 및 영어-사용 국가에서의 문자해득력-습득을 비교하는 데서 일어나는 많은 이런 문제들을 자세히 설명한다.) 위에서 논의된 i.t.a.(Initial Teaching Alphabet)(pp. 270~1)의 실험은, 음소적 정자법은 쉽게 배울 수 있다는 주장에 대한 공정한 기준에 이제껏 있었던 아마 가장 가까운 연구법이었을 것이다. 그러나 여기에서도 방해가 되는 변수에서 나오는 거대한 문제들이 있었다. 예컨대, i.t.a.를 사용하는 아동들은 그들 교사가 흥미롭고 새로운 아이디어에 대한 열의가 가득하였기에 유리했을지 모르며, 다른 한편으로는 아동들이 학교의 상황에서 떨어져서 보는 문자가 다른 글자체이었던 사실로 인해 불리했을지 모른다.

그렇지만, 순전히 음소적인 글자체는, 다른 것들이 똑같다면, 영어 글자체와 같은 더 어표표기적인 글자체보다는 더 빨리 배울 수 있음직 하다는 주장에 궁극적으로 반론을 제기하지 않겠다. 그러나 철자법 개혁이 바람직하다는 말은 아니다. 까닭은 학습자의 관심사가, 고려되어야 할 유일한 관심사는 아니기 때문이다. 유능한 사용자의 관심사도 고려되어야 한다. 누구나 교양있는 성인은, 직업적인 저자라도, 쓰기보다는 읽기를 훨씬 많이 한다. 그래서, 위에서 제시한대로, 만약 독자를 위한 이상적인 글자체가 약간 비음소적인 글자체라면, 마치 저자의 관심이 독자의 관심에서 갈라지는 것과 같이, 글자체의 유능한 사용자의 관심은 학습자의 관심과 상충하기도 할 것이다. 이런 관점에서 볼 때, 열정적으로 철자법 개혁을 옹호하는 사람들은 정치 생활에서 아주 흔히 있는 과오, 즉 한 집단의 이해관계는 충분히 충족될 것을 요구하면서 다른 집단의 상쇄적인 이해관계는 전적으로 도외시하는 과오을 흔히 저질러 왔다.

이 모든 것은 영어 정자법이 사실 배우기 쉬움과 읽기 쉬움의 요구 간의 이상적인 절충을 대표하는 것을 의미하는 의도가 아니다. *Tough*의 <ou>같은 약간의 영어 철자는 비음소적이며 또 비변별적이다. 이런 예는 많지는 않겠으나, 이런 것을 제쳐놓으면, 이로운 점의 이상적인 균형이 어디에 있는지 헤아릴 방법이 없다. 철자법 개혁자들이 사회가 보다 더 음소적인 글자체를 채택함으로써 이득을 볼 형편이라고 주장하는 것이 옳을지 모른다. 마찬가지로, 독자에 대한 변별적인 철자의 이로운 점이 아주 중요해서 만약 우리가 훨씬 풍부한 묵자(默字)와 일정한 음소에 대한 택일적인 철자 같은 것을 물려받았더라면 다행스러웠을 법도 하다. 이런 상황은 사회학자 Friedrich Hayek(예로 1955)에 의해 물리적 영역에 대립되는 사회적 영역의 전형이라고 묘사된 것 중의 하나로, 여기서 우리는 최선의 해결책을 공동으로 결정하는 적절한 상쇄적인 고려사항이 무엇인가를 개략적으로는 알 수 있으나, 더 나아가 그 최선의 해결책이 무엇인가를 분명히 밝힐 수는 없다.

기껏해서, 만약 독자가 나로 하여금 아주 추리적인 말로 끝맺음하게 끔 허용한다면, 사회적인 이점의 균형이 역사에 걸쳐서 변화해 온 방향에 관해서 우리는 무엇인가를 말 할 수 있을 것이다.

첫째, 독자의 관심사는 글씨상으로 구별이 분명한 (그래서 적어도 부분적으로 어표표기적인) 글자체를 지지하는 한편, 저자의 관심사는 음성표기적 글자체를 지지한다는 생각을 고려해 보자. 인쇄술의 발명과, 기술의 진보에 따라 인쇄가 더욱 값싸게 된 것은 일정한 원문이 읽히는 기회의 평균 수를 Gutenberg 이래 500년에 걸쳐 어마어마하게 증가시켰을 것임이 분명하지만, 한편으로는 각 원문은 아직도 오직 한 번만 쓰이고 있을 뿐이다. 개인 서한과 같이 오직 한번만 읽히는 명이 짧은 원문들이 있다. 그러나 전화의 발명이래 인구 1인당 이런 원문의 수는 감소했을 것이며, 어쨌든 그 원문들은 오늘날에는 써 놓은 도로-표지, 일간신문, 광고재료, 등과 같은 대량의 원문-이들은 각기 수백만번씩 읽힐 것이다-과 나란히 공존하고 있는데 이런 경우는 2-3백년 전에는 거의 없었다. 이것은 이점의 균형이 독자 쪽으로 움직이고 저자로부터 멀어지는 경향이 있어 왔음을 의미한다: 즉 하나의 원문을 쓰는 데 드는 여분의 수고는 그 원문을 읽는 아주 많은 행위의 증가된 능률로 이제 크게 보답될 수 있다. 그러므로 이상적인 정자법은 이제 전보다 더 어표표기적이고, 덜 음성표기적이어야 한다.

또한 학습자와 성숙한 사용자 간의 관심사의 대립을 고려해 보자. 중세 이래 일어나 왔던 또 한 벌의 사회 변화는 평균여명(平均餘命)이 증가한 것 (여기서 관련 된 것은 개인들이 정자법에 숙달했을 때의 나이에서의 평균여명이고, 이것은 출생시의 평균여명보다 훨씬 덜 극적으로 증가했지만) 및 문자해득력-습득이 더 어려서 일어난다는 것이다(성인이 읽고 쓰기를 배운다는 것은 한 때 그것이 통례였지만 이제는 예외다). 이것은 이점의 균형을 학습자로부터 멀리하여 성숙한 사용자 쪽으로 옮기는 경향이 있음이 틀림없다: 즉, 만약 여분의 시간을 보내는 것이, 일단 통달하고 나면 비교적 능률적인 체계를 습득하는 비용이라면, 이제 정자법을 배우기 위해 더 많은 시간을 소비할 가치가 있다는 것이다. 이유는 평범한 개인이 정자법에 통달한 후 누릴 수 있는 즐거움의 기간이 예전보다 이제는 더 길기 때문이다. 재언하거니와, 앞서 기술한 가정하에 이들 변화는 더 어표표기적이고, 덜 음성적인 글자체를 좋아한다.

그러므로 현대 영어 철자법은 9세기 이전의 철자법보다 훨씬 덜 규칙적인 것은 우연이 아닐 것이다. 문단 명사들 측의 완고하고도 비사회적인 보수주의를 대표하기보다는, 이런 현상은 사회의 여러 세력의 변하는 균형에 대한 적절한 (그러나 분명, 계획된 것이 아닌) 대응이 될 수도 있을 것이다. 영어 정자법은 우리 조상들이 우리에게 물려 준 제도 중 아마 가치가 가장 적은 것이 아닐 것이다.

# 주 석(Notes)

## 제 1 장 서 론

1 Dell Hymes (1961)와 John Honey (1983)가 이 가설을 의문의 여지가 있다고 보는 것은 유별나다.

2 Updike (1922, vol. 2, p. 229, n. 1)에 의하면, 긴 ſ는 처음 John Bell에 의해 1775년경에 로마자 활자에서 버려졌다. 필적에서 그것이 마지막으로 사라진 시기를 확정하기는 분명히 어려울 것이다. Winifred Holtby의 소설 *South Riding* (1936)에 단서가 제시되는데, 여기서 연로한 작중 인물 중의 한 사람이 그 구별을 한 마지막 사람으로 묘사되어 있기는 하다.

3 '자소' 및 '변이철자(変異綴字)'라는 개념과 더불어 일어나는 문제에 관해서는 Bazell (1956) 및 Minkoff (1975, pp. 195-6)을 보라.

## 제 2 장 이론적 준비

1 사실 문어의 중국어 글의 관례적인 발음은 중국의 지역에 따라서 변한다. 그러나 이것은 여기서 주장하고 있는 바와는 관계가 없다.

2 이론적 견지에서는 음성적 자질을 분절음의 요소라고 묘사하는 것은 오해를 낳게 한다. 오히려 자질은 서로 겹치며, 한 음절 내에서는 복잡하게 다른 자질들의 연속체와 공기(共起)한다. (Sampson, 1980a, pp. 217-18). 그러나 여기서 이 문제에 들어 갈 필요가 없다.

## 제 3 장 최초의 문자

1 공교롭게, 이 특별한 명문(銘文)의 번역의 다른 부분은 이제는 의심스럽다고 생각되고 있다: Edzard 1968, pp. 167-8 참조. 그러나 이것은 이 글자체의 일반적 성격에 관한 우리의 이해에 영향을 끼치지 않는다.

2 Arno Poebel (1923, pp. 10-11)은 수메르어의 쐐기문자의 음성표기적 원칙의 역할은 이보다는 훨씬 컸다고 제창하지만, 그의 해석은 더 최근의 권

위자들의 마음에 들지 않았다. Civil (1973, pp. 26-7) 은 갖가지 수메르어 원문에 있는 어표표기적 문자와 음성표기적 문자의 상대적 비율에 관한 통계적 세목(細目)을 제시한다.

## 제 4 장  음절체계: 선형 문자 B

1 그리이스어에서 단모음은 장모음보다 훨씬 흔하기 때문에, 예를 들 적에는 이 장과 제6장에서 장모음은 표시하고 단모음은 표시 안 한 채 두겠다. 소수의 예에서는 길이는 알려져 있지 않다(Allen 1968, pp. 86-9).

## 제 5 장  자음문자

1 Syria 해안의 현대 Latakia 가까이 있는 Ugarit의 유적지에서 나온 증거 (Diringer 1968, pp. 150-2, Jensen 1970, pp. 118ff.)는 아주 시초의 셈어 알파벳은 히브리어에서는 다른 음소와 합병한 원시 히브리어 자음을 위한 수 개의 여분의 글자를 갖고 있었을 것이라고 암시한다.

2 Gelb는 주장하기를 모든 글자체의 역사는 어표표기적인 것에서 음절적인 것을 거쳐 분절적인 것으로 가는 진행이며, 또 중간 단계를 빠뜨릴 수 있다는 것은 '생각 할 수 없다'는 것이다. 그래도 그는 이집트학자들의 대부분이 그렇게 생각하고 있음을 인정한다.

3 아마도 성서 히브리어의 모음 음운에 관한 최선의 분석은, 그것이 결정적인 해결책이라고 주장되지는 않지만, J. Cantineau (1950)에 의한 분석이며, 그는 '다계통(多系統)적' 설명을 제시한다(Sampson 1980a, p. 215ff.). Z. S. Harris (1941) 및 Morag (1962)도 참조하라.

4 '초점(Focus)'이라는 말이 여기서는 막연히 사용되고 있다. 관련이 있는 것은 단순히 렌즈가 글자를 망막 위에 집중시키기 위해 조절되느냐 뿐만 아니라 일정한 글자들이 망막함몰(fovea)이라고 부르는 아주 예민한 망막 부위에 집중시키는, 전체 시야의 2도에 해당하는 부분 이내에 들어오느냐라는 것이다. 예로, Downing and Leong (1982, pp. 136-7)을 보라.

5 아랍어 독자들에 일어나는 비슷한 문제에 관해서는, 예컨대 Mahmoud (1979)을 보라.

## 제 6 장　그리이스-로마 알파벳

1 몇몇 학자들은 G의 발명을 Spurius Carvilius에 보다는 Appius Claudius Caecus (-4세기 후기)에 돌린다.

2 'gothic', 'roman' 및 'humanist' 같은 용어는 로마자의 종류를 말할 때는 소문자로 쓴다.

3 활자체에 대한 약간 애매하고 일정치 않은 용어를 인위적이고 국제적으로 합의된 용어로 바꾸려는 시도가 최근에 있었다: Old Face는 'Garalde'로, Modern Face는 'Didone'로, Sans Serif는 'Lineale'로 된다. 내 경험으로는 이들 새 이름은 드물게 쓰이므로 여기서는 무시하겠다.

## 제 7 장　자질적 체계: 한국의 한글

1 나의 공식화는 Martin (1954, p. 14)에 근거한 것이다. 이와 다른 설명으로는 Chang (1982, p. 30)을 보라.

2 여기서는 생략된 복잡한 것은 Martin (1954, pp. 21-2)을 보라.

3 내가 아는 한 예에서는 음성표기적 문자는 '심층'에서 시작하여 점차로 얕아지는 방향으로 변했다고 주장되고 있다. 즉 수메르어의 쐐기문자에서 그렇다(Civil and Biggs 1966, pp. 14ff.). 그러나 이 글자체가 주로 어표표기적이라는 사실은 이런 발전이 생성음운론에 대한 큰 지지를 제공하는 것인지를 의심케 한다.

## 제 8 장　어표문자 체계: 중국어 문자

1 문자 중국어의 문법과 어휘는 음성 중국어의 그것과 동떨어진 것은, 다른 많은 언어의 예와 마찬가지로(p. 33) 사실이며, 실로 20세기 초에 성문화된 규범이 개정되기 전에는 그 차이가 아주 심했다. 그러나 문어 중국어가 '논리적'이거나 '철학적'언어가 아니었던 것은 현대의 음성 중국어가 그렇지 않은 것과 같다.

2 이 점에서 순환적(循環的) 요소가 있는데, 그것은 글씨-구조가 고대 중국어를 재구(再構)하는 데 사용되는 증거의 범주 중의 하나이기 때문이다. 다른 종류의 증거도 사용할 수 있다. 그러나 강조해 둘 일은 Karlgren의

재구는 시험적이라는 것이고, 또 많은 개정책이 전문가의 문헌에서 제안
되고 있다. 특히, 이제는 우리가 이해하기 어려운 고대 중국어에서 그 이
상의 음성표기적 대립이 있었을 법하다.

3 Gelb (1952, p. 104)는 성부는 형부의 애매함을 없애주기 위해 첨가된 것
이고 그 반대가 아니라고 주장함으로써 중국어 글씨에 있어서의 성부 요
소와 형부 요소 간의 관계를 오해하고 있다. 역사적으로 이것은 분명 정
확하지 않다(예로, Forrest 1948, p. 37을 보라). 실로 중국어 글자체에서 공
통의 형부를 공유하는 모든 낱말들 사이에서처럼, 낱낱의 기호가 애매한
문자 체계는 사용 불능할 것이다. Gelb는 수메르어 글자체에서 틀린 유
추를 하여 오도된 지 모른다(pp. 70-1 참조).

4 중국어 글자체에 관한 비슷하게 색다른 진술이 McLuhan (1962, p. 27) 및
Havelock (1976, p. 85)에 의해 상론(詳論)되고 있다.

5 Graham (1959, pp. 110-12)은 중국어의 이 국면은 과장된 것이라고 주장한다.

6 독자는 한국인이 음성표기적인 한글 글자체로 쓰인 중-한 어휘를 어떻게
이해할까 하고 의아해 할 것이다. 그 답은 이중적(二重的)이다: 첫째, 중-
한 발음은 중국어가 현재보다는 더 많은 음운적 대립을 보존하고 있던
시기에 고정됐고, 둘째, 중-한 어휘는 현대 중국어의 합성하는 특징을
반영하고 있다. p. 185 이하에서 논의된 한국어 정자법의 얕음/깊음의 문
제는 여기에서도 관계가 있다: 음성 한국어의 형태음소적 규칙은 중-한
낱말들의 기저형(基底形)에서 발견되는 대립의 범위를 축소한다. 그러므
로 천층에서 심층의 철자법으로 옮기는 것은 중국어 글씨의 사용을 피하
기 위해 한국인들이 치러야 했던 대가다. (이기문은 전통적인 얕은 철자
를 선호함을 우리는 보았다. 그러나 그는 현재의 한국 언어학자 중에서
중-한의 요소를 쓰는 데 한글보다는 중국어 글씨를 계속해서 사용하는
것이 색다르다.)

*1987년 판에 대한 주석:* 위 문단은 애매함이 실제로 문제가 아니라는 가
정 하에 씌어졌다. 하지만, 1986년에 내가 남한을 방문했을 때, 순수한 한
글 글자체의 현재의 추세는 대량의 어휘를 사용하는 원문의 이해에 정말
로 어려움을 낳고 있구나 하는 인상을 받았다. 북한이 전적으로 한글만

사용한다는 사실은 지적으로 억압당하고 있는 그 나라에서 출판되는 자료를 특징 지워주는 Orwell적인 언어의 빈곤과 상간관계가 있을 법하다.

## 제 9 장 혼합체계: 일본어 문자

1 완전함을 위해서 세 가지 점이 더 언급되어야 한다. 근래 몇 세기 동안 단자음(單子音)과 중자음(重子音) 간의 대립이 비-초성의 저해자음(沮害子音)을 발달 시켜 왔고, 종성 /-n/이 있는 한 범위의 음절이 나타났다. 또한 일본어는 성조언어(聲調言語)가 아니면서도 고대 그리이스어와 한국어의 체계에 유사한 '음높이-악센트'를 갖고 있다. 이것은 문자 체계와 관련해서 아무런 관계가 없으므로 이후의 기술에서 언급하지 않는다.

2 *Katakana*도 역시 때로는 아주 공식적인 서류에서 *hiragana*를 대치하거나, 이탤릭체화와 동등한 것으로서 사용된다.

## 제 10 장 영어 철자법

1 실로, *delight, delicious*가 그 발음에서 *right, righteous*의 유형보다는 *expedite, expeditious*의 유형을 따른다는 사실은 *delight*는 Chomsky and Halle 자신들의 주장에 의해 기저의 /x/가 없다는 것을 의미하는 것 같다. 사실은 *delight*는 현재와 같이 철자 되는데, 이유는 16세기에 누군가가 그것이 낱말 *light*와 관계가 있다고 생각했기 때문이며, 이번에는 *light*는 그 발음에 /x/음이 있었을 때 이후 죽 <gh>로 철자 되어 왔다.

2 적어도 Frith는 그렇게 생각하고 있다, 비록 <hoppt> 및 <winndo>는 정상적인 철자법 규약을 어기고 있는 한편, <hopped>, <window>는 정상적으로 철자된 낱말이라고 주장되겠지만.

3 Feldman and Turvey (1983)는 유럽 언어들은 그것을 읽는 데 있어서 음의 매개(媒介)가 정상인 정도에 있어서 다르다고 주장한다.

4 성인의 문자해득 및 숫자해득에 관한 최근의 영국의 조사(ALBSU 1983)는 문자해득에 문제가 있는 사람들의 70퍼센트 이상이 그런 문제가 자기들의 일상 생활에서 어떤 어려움을 야기시켰다는 것을 부정했음을 발견했다.

# 참 고 문 헌

Abercrombie, D. (1967), *Elements of General Phonetics*, Edinburgh University Press (Edinburgh)

Albrow, K. H. (1972), *The English Writing System: Notes towards a Description*, Longman for the Schools Council

ALBSU (1983), *Literacy and numeracy: evidence from the National Child Development Survey*, Adult Literacy and Basic Skills Unit

Allen, W. S. (1965), *Vox Latina*, Cambridge University Press

Allen, W. S. (1968), *Vox Graeca*, Cambridge University Press

Amiet, P. (1966), 'Il y a 5000 ans les élamites inventaient l'ecriture', *Archeologia*, vol. 12, pp.16-23.

Baron, J. (1977), 'What we might know about orthographic rules', in S. Dornïc, (ed.), *Attention and Performance VI*, Erlbaum (Hillsdale, NJ)

Barr, J. (1976), 'Reading a script without vowels', in Haas (1976b)

Bazell, C. E. (1956), 'The grapheme', reprinted in Hamp *et al.* (1966)

Bradley, Lynette and Bryant, P. E. (1983), 'Categorizing sounds and learning to read -- a causal connection', *Nature*, vol. 301, pp.419-21

Brady, M. (1981), 'Toward a computational theory of early visual processing in read', *Visible Language*, vol. 15, pp.183-215

Breasted, J. H. (1926), *The Conquest of Civilization*, Harper and Brothers

Bryant, P. E. and Bradley, Lynette (1980), 'Why children sometimes write words which they do not read', in Frith (1980b)

Bryden, M. P. and Allard, F. (1976), 'Visual hemifield differences depend on typeface', *Brain and Language*, vol. 3, pp. 191-200

Burt, C. (1959), *A Psychological Study of Typography*, Cambridge University Press

Cantineau, J. (1950), 'Essai d'une phonologie de l'hébreu biblique', *Bulletin de la*

*Société de Linguistique de Paris,* vol. 46, fasc. 1, pp.82-122

Chadwick, J. (1958), *The Decipherment of Linear B,* Cambridge University Press

Chadwick, J. (1976), *The Mycenaean World,* Cambridge University Press

Chang, Namgui (1982), *Phonological Variations in 15th Century Korean,* Project on Linguistic Analysis (Berkeley, Calif.)

Chao, Yuen-Ren (1934), 'The non-uniqueness of phonemic solutions of phonetic systems', reprinted in M. Joos (ed.), *Readings in Linguistics,* American Council of Learned Societies (New York), 1957

Chao, Yuen-Ren (1968), *Language and Symbolic Systems,* Cambridge University Press

Cheng, Chin-chuan *et al.* (1977), 'In defense of teaching simplified characters', with responses by Leong and others, *Journal of Chinese Linguistics,* vol. 5, pp.314-54

Chiang Yee (1973), *Chinese Calligraphy* (3rd edn), Harvard University Press (Cambridge, Mass.)

Chomsky, Carol (1970), 'Reading, writing, and phonology', *Harvard Educational Review,* vol. 40, pp.287-310

Chomsky, N. (1970), 'Phonology and reading', in Levin and Williams (1970)

Chomsky, N. and Halle, M. (1968), *The Sound Pattern of English,* Harper & Row

Chou En-lai *et al.* (1958), *Reform of the Chinese Written Language,* Foreign Languages Press (Peking)

Civil, M. (1973), 'The Sumerian writing system: some problems', *Orientalia,* vol. 42, pp.21-34

Civil, M. and Biggs, R. D. (1966), 'Notes sur des textes suḿeriens archaïques', *Revue d'assyriologie et d'archéologie orientale,* vol. 60, pp.1-16

Cohen, M. (1958), *La grande invention de l'écriture et son évolution* (2vols.), Klincksieck (Paris); page references are to the Text volume

Derrida, J. (1967), *Of Grammatology,* English translation published by Johns Hopkins University Press, 1976

Diringer, D. (1968), *The Alphabet* (2 vols.), Hutchinson; page references are to vol. 1

Downing, J. (1965), *The Initial Teaching Alphabet Explained and Illustrated* (5th, revised, edn), Cassell

Downing, J. (ed.) (1973), *Comparative Reading*, Collier-Macmillan

Downing, J. and Leong, C. K. (1982), *Psychology of Reading*, Collier-Macmillan

Driver, G. R. (1954), *Semitic Writing, From Pictograph to Alphabet* (2nd edn), Oxford University Press

Dunn-Rankin, P. (1978), 'The visual characteristics of words', *Scientific American*, January 1978, pp.122-30

Edzard, D. O. (1968), *Sumerische Rechtsurkunden des III. Jahrtausends aus der Zeit vor der III. Dynastie von Ur (Bayerische Akademie der Wissenschaften, Philosophisch-Historische Klasse, Abhandlungen*, new series, vol. 67), Verlag der Bayerischen Akademie der Wissenschaften (Munich)

Eisenstein, Elizabeth L. (1979), *The Printing Press as an Agent of Change* (2 vols.), Cambridge University Press

Ellis, A. W. (1984), *Reading, Writing and Dyslexia: a cognitive analysis*, Lawrence Erlbaum

Feitelson, Dina (1967), 'The relationship between systems of writing and the teaching of reading', in Marion D. Jenkinson (ed.), *Reading Instruction, International Reading Association* (Newark, Delaware)

Feldman, Laurie B. and Turvey, M. T. (1983), 'Word recognition in Serbo-Croatian is phonologically analytic', *Journal of Experimental Psychology: Human Perception and Performance*, vol. 9, pp. 288-98

Forrest, R. A. D. (1948), *The Chinese Language*, Faber & Faber

Francis, W. N. (1970), 'Linguistics and reading: a commentary on chs. 1 to 3', in Levin and Williams (1970)

Frith, Uta (1979), 'Reading by eye and writing by ear', in P. A. Kolers, M. Wrolstad, and H. Bouma, (eds.), *Processing of Visible Language, I*, Plenum (New York)

Frith, Uta (1980a), 'Unexpected spelling problems', in Frith (ed.) (1980b)

Frith, Uta (ed.) (1980b), *Cognitive Processes in Spelling*, Academic Press

Frith, Uta and Frith, C. (1980), 'Relationships between reading and spelling', in Kavanagh and Venezky (1980)

Gelb, I. J. (1952), *A Study of Writing*, University of Chicago Press

Gelb, I. J. (1958), 'New evidence in favour of the syllabic nature of West Semitic writing', *Bibliotheca Orientalis*, vol. 15, pp.2-7

Geschwind, N. (1973), letter to the Editor, *Science*, vol. 173, p.190

Gibson, E. J. and Levin, H. (1975), *The Psychology of Reading*, MIT Press

Glushko, R. J. (1979), 'The organization and activation of orthographic knowledge in reading aloud', *Journal of Experimental Psychology: Human Perception and Performance*, vol. 5, pp. 674-91

Goodman, K. S. (1967), 'A psycholinguistic guessing game', *Journal of the Reading Specialist*, vol. 6, pp.126-35

Goody, J. (1977), *The Domestication of the Savage Mind*, Cambridge University Press

Goody, J. and Watt, I. (1963), 'The consequences of literacy', *Comparative Studies in Society and History*, vol. 5, pp.304-45

Graham, A. C. (1959), '"Being" in Western philosophy compared with *shih/fei* and *yu/wu* in Chinese philosophy', *Asia Major*, vol. 7, pp.79-112

Gray, W. S. (1956), *The Teaching of Reading and Writing (Monographs on Fundamental Education*, X), UNESCO (Paris)

Green M. W. (1981), 'The construction and implementation of the Cuneiform writing system', *Visible Language*, vol. 15, pp.345-72

Grumach, E. (1976). 'The Cretan scripts and the Greek alphabet', in Haas (1967b)

Haas, W. (ed.) (1969a), *Alphabets for English*, Manchester University Press (Manchester)

Haas, W. (1969b), 'From look-and-say to i.t.a.', *Times Educational Supplement*, 28 November 1969

Haas, W. (ed.) (1976b), *Writing Without Letters*, Manchester University Press (Manchester)

Halliday, M. A. K. (1967), *Intonation and Grammar in British English*, Mouton (The Hague)

Hamp, E. P. et al. (eds.) (1966), *Readings in Linguistics II*, University of Chicago Press

Harris, Z. S. (1941), 'Linguistic structure of Hebrew', *Journal of the American Oriental Society*, vol. 61, pp.143-67

Hartley, J. (ed.) (1980), *The Psychology of Written Communication*, Kogan Page

Hartley, J. and Roourn, D. (1983), 'Sir Cyril Burt and typography: A re-evaluation', *British Journal of Psychology*, vol. 74, pp.203-12

Havelock, E. A. (1976), *Origins of Western Literacy*, Ontario Institute for Studies in Education (Toronto)

Havelock, E. A. (1978), *The Greek Concept of Justice*, Harvard Universtiy Press

Hayek, F. A. (1955), *The Counter-Revolution of Science*, Collier-Macmillan

Henderson, L. (1982), *Orthography and Word Recognition in Reading*, Academic Press

Hochberg, J. and Brooks, Virginia (1976), 'Reading as an intentional behavior', in H. Singer and R. B. Ruddell (eds.), *Theoretical Models and Processes of Reading* (2nd edn), International Reading Association (Newark, Delaware)

Honey, J. (1983), *The Language Trap: Race, Class, and the "Standard English" Issue in British Schools*, National Council for Educational Standards

Householder, F. W. (1969), Review of Langacker, *Language and its Structure*, *Language*, vol. 45, pp.886-97

Hymes, D. (1961), 'Functions of speech: an evolutionary approach', in F. C. Gruber (ed.), *Anthropology and Education*, University of Pennsylvania Press

Jeffery, L. H. (1961), *The Local Scripts of Archaic Greece*, Clarendon Press (Oxford)

Jensen, H. (1970), *Sign, Symbol and Script* (3rd edn), George Allen & Unwin

Johnson, A. F. (1966), *Type Designs* (3rd edn), André Deutsch

Justeson, J. S. (1976), 'Universals of langauge and universals of writing', in A. Juilland (ed.), *Linguistic Studies Offered to Joseph Greenberg on the Occasion of his Sixtieth Birthday*, vol. 1, Anma Libri (Saratoga, Calif.)

Karlgren, B. (1957), *Grammata Serica Recensa*, reprinted from the Museum of Far Eastern Antiquities Bulletin 29 (Stockholm)

Kavanagh, J. F. and Mattingly, I. G. (eds.) (1972), *Language by Ear and by Eye*, MIT Press

Kavanagh, J. F. and Venezky, R. L. (eds.) (1980), *Orthography, Reading, and Dyslexia*, University Park Press (Baltimore)

Kim, Chin-Wu (1965), 'On the autonomy of the tensity feature in stop classification', *Word*, vol. 21, pp.339-59

Kim, Chin-Wu (1968), 'The vowel system of Korean', *Language*, vol. 44, pp.516-27

Kim-Renaud, Young-Key (1975), *Korean Consonantal Phonology*, T'ap Ch'ulp'ansa (Seoul)

Kiparsky, P. (1979), 'Metrical structure assignment is cyclic', *Linguistic Inquiry*, vol. 10, pp.421-41

Knowlson, J. (1975), *Universal Language Schemes in England and France 1600-1800*, University of Toronto Press (Toronto)

Koerner, E. F. K. (ed.) (1975), *The Transformational-Generative Paradigm and Modern Linguistic Theory*, John Benjamins (Amsterdam)

Kramer, S. N. (1963), *The Sumerians*, University of Chicago Press

Kratochvíl, P. (1968), *The Chinese Language Today*, Hutchinson

Kyöstio, O. K. (1980), 'Is learning to read easy in a language in which the grapheme-phoneme correspondences are regular?', in Kavanagh and Venezky (eds.) (1980)

Labat, R. (1963), *Manuel d'épigraphie akkadienne*, Imprimerie Nationale (Paris)

Labov, W., *et al.* (1972), *A Quantitative Study of Sound Change in Progress*, US Regional Survey (Philadelphia)

Lambdin, T. O. (1973), *Introduction to Biblical Hebrew*, Darton, Longman, & Todd

Le Brun, A. and Vallat, F. (1979), 'L'origine de l'ecriture à Suse', *Cahiers de la delegation archeologique française en Iran*, vol. 8 (dated 1978), pp.11-59

Ledyard, G. (1966), *The Korean Language Reform of 1446*, PhD thesis, University of

California, Berkeley

Lee, Ki-moon (Yi Ki-mun) (1963), English resumé of *Kugŏ p'yogipŏp ŭi yŏksajŏk yŏn'gu* (A study on the history of the Korean writing system), Han'guk Yŏn'guwŏn (Seoul)

Lee, Ki-moon (Yi Ki-mun) (1977), *Geschichte der Koreanischen Sprache,* Dr Ludwig Reichert Verlag (Wiesbaden)

Lee, Ki-moon (Yi Ki-mun) (1981), 'Chu Si-gyŏng: a reconsideration of his linguistic theories' (in Korean), *Ŏhak Yŏn'gu,* vol. 17, pp.155-65

Leong, Che Kan (1973), 'Hong Kong', in Downing (ed.) (1973)

Levin, H. and Williams, J. P. (eds.) (1970), *Basic Studies on Reading,* Basic Books (New York)

Lieberman, S. J. (1980), 'Of clay pebbles, hollow clay balls, and writing: a Sumerian view', *American Journal of Archaeology,* vol. 84, pp.339-58

Lindgren, H. (1969), *Spelling Reform: A New Approach,* Alpha Books (Sydney)

Love, N. (1980), *Generative Phonology: A Case-Study from French,* John Benjamins (Amsterdam)

Lowenstamm, Jean (1981), 'On the maximal cluster approach to syllable structure', *Linguistic Inquiry,* vol. 12, pp.575-604

MacCarthy, P. A. D. (1969), 'The Bernard Shaw alphabet', in Haas (ed.) (1969a)

McCawley, J. D. (1970), 'Some tonal systems that come close to being pitch accent systems but don't quite make it', in *Papers from the Sixth Regional Meeting, Chicago Linguistic Society,* Chicago

McLuhan, M. (1962), *The Gutenberg Galaxy,* Routledge & Kegan Paul

Mahmoud, Y. (1979), 'On the reform of the Arabic writing system', *The Linguistic Reporter,* September 1979, p.4

Makita, K. (1969), 'The rarity of reading disability in Japanese children', *American Journal of Orthopsychiatry,* vol. 38, pp.599-614

Marrou, H.-I. (1965), *Histoire de l'éducation dans l'antiquité* (6th edn). Editions du Seuil (Paris)

Martin, S. E. (1951), 'Korean phonemics', *Language*, vol. 27, pp.519-33

Martin, S. E. (1954), *Korean Morphophonemics*, Linguistic Society of America (Baltimore)

Martin, S. E. (1966), 'Lexical evidence relating Korean to Japanese', *Language*, vol. 42, pp.185-251

Martin, S. E. (1968), 'Korean standardization: problems, observations, and suggestions', *Ural-Altaische Jahrbücher* 40, pp.85-114

Mattingly, I. G. (1972), 'Reading, the linguistic process, and linguistic awareness', in Kavanagh and Mattingly (eds.) (1972)

Miller, R. A. (1967), *The Japanese Language*, University of Chicago Press

Miller, R. A. (1971), *Japanese and the Other Altaic Languages*, University of Chicago Press

Minkoff, H. (1975), 'Graphemics and diachrony: some evidence from Hebrew cursive', *Afroasiatic Linguistics*, vol. 1, pp. 193-208

Monk, A. F and Hulme, C. (1983), 'Errors in proofreading: evidence for the use of word shape in word recognition', *Memory and Cognition*, vol. 11, pp.16-23

Morag, S. (1962), *The Vocalization Systems of Arabic, Hebrew, and Aramaic*, Mouton (The Hague)

Morison, S. (1972), *Politics and Script*, Clarendon Press (Oxford)

Morison, S. (1973), *A Tally of Types*, Cambridge University Press

Mosterín, J. (1981), *La ortografía fonémica del español*, Alianza Editorial (Madrid)

Myers, Prue W. (1984), 'Handwriting in English education', *Visible Language*, vol. 17, pp.333-56

Norman, D. A. (1972), brief contribution in Kanvanagh and Mattingly (eds.) (1972, p.156)

Palmer, L. R. (1963), *The Interpretation of Mycenaean Greek Texts*, Clarendon Press (Oxford)

Paterson, D. G. and Tinker, M. A. (1932), 'Studies of typographical factors influencing speed of reading: X. Style of type face', *Journal of Applied Psychology*, vol. 16, pp.605-13

Patrie, J. (1982), review of R. A. Miller, *Origins of the Japanese Language*, vol. 58, pp.699-701

Poebel, A. (1923), *Grundzüge der sumerischen Grammatik, Selbstverlag des Verfassers* (Rostock)

Poulton, E. C. (1965), 'Letter differentiation and rate of comprehension in reading', *Journal of Applied Psychology*, vol. 49, pp.358-62

Powell, M. A. (1981), 'Three problems in the history of Cuneiform writing: origins, direction of script, literacy', *Visible Language*, vol. 15, pp.419-40

Prosser, Margaret (1982), 'A sound idea which did not work', *Times Educational Supplement*, 27 August 1982

Pulleyblank, E. G. (1979), 'The Chinese cyclical signs as phonograms', *Journal of the American Oriental Society*, vol. 99, pp.24-38

Pye, M. (1971), *The Study of Kanji*, Hokuseido Press (Tokyo)

Rabin, C. (1977), 'Acceptability in a revived language', in S. Greenbaum (ed.), *Acceptability in Language*, Mouton (The Hague)

Rayner, K. and McConkie, G. W. (1977), 'Perceptual processes in reading: the perceptual spans', in Reber and Scarborough (eds.) (1977)

Reber, A. S. and Scarborough, D. L. (eds.) (1977), *Towards a Psychology of Reading*, Erlbaum (Hillsdale, NJ)

Reischauer, E. O. (1960), ch. 10 of E. O. Reischauer and J. K. Fairbank, *East Asia: The Great Tradition*, Houghton Mifflin (Boston)

Rosén, H. B. (1977), *Contemporary Hebrew*, Mouton (The Hague)

Rozin, P. and Gleitman, Lila R. (1977), 'The structure and acquisition of reading II: the reading process and the acquisition of the alphabetic principle', in Reber and Scarborough (eds.) (1977)

Rozin, P., Poritsky, S. and Sotsky, R. (1971), 'American children with reading problems can easily learn to read English represented by Chinese characters', *Science,* vol. 171, pp.1264-7

Ruijgh, C. J. (1967), *Etudes sur la grammaire et le vocabulaire du grec mycénien,* Adolf Hakkert (Amsterdam)

Sampson, G. R. (1970), 'On the need for a phonological base', *Language,* vol. 46, pp.586-626

Sampson, G. R. (1975), 'One fact needs one explanation', *Lingua,* vol. 36, pp.231-9

Sampson, G. R. (1980a), *Schools of Linguistics,* Hutchinson and Stanford University Press

Sampson, G. R. (1980b), *Making Sense,* Oxford University Press

Sansom, G. B. (1962), *Japan: A Short Cultural History,* Appleton-Century-Crofts (New York)

Sasnuma, Susumo (1974), 'Impairment of written language in Japanese aphasics: *kana* versus *kanji* processing', *Journal of Chinese Linguistics,* vol. 5, pp.141-58

Schmandt-Besserat, Denise (1978), 'The earliest precursor of writing', *Scientific American,* June 1978, pp.38-47

Schmandt-Besserat, Denise (1979a), 'The archaic recording system in the Uruk-Jemdet Nasr period', *American Journal of Archaeology,* vol. 83, pp.19-48, 375

Schmandt-Besserat, Denise (1979b), 'Reckoning before writing', *Archaeology,* May/June 1979, pp.22-31

Schmandt-Besserat, Denise (1981), 'From tokens to tablets: a re-evaluation of the so-called "numerical tablets"', *Visible Language,* vol 15, pp.321-44

Scragg, D. G. (1974), *A History of English Spelling,* Manchester University Press (Manchester)

Sribner, Sylvia and Cole, M. (1981), *The Psychology of Literacy,* Harvard University Press

Shannon, C. E. and Weaver, W. (1949), *The Mathematical Theory of Communication,* University of Illinois Press (Urbana, Ill.)

Shimron, J. and Navon, D. (1980), 'The distribution of visual information in the vertical dimension of Roman and Hebrew letters', *Visible Language*, vol. 14, pp.5-12

Simons, H. D. (1975), 'Transformational phonology and reading acquisition', *Journal of Reading Behavior*, vol. 7, pp.49-59

Smith, F. (1973), 'Alphabetic writing -- a language compromise?', in F. Smith (ed.), *Psycholinguistics and Reading*, Holt, Rinehart & Winston

Smith, P. T. (1980), 'In defence of conservatism in English orthography', *Visible Language*, vol. 14, pp122-36

Smith, P. T. and Baker, R. G. (1976), 'The influence of English spelling patterns on pronunciation', *Journal of Verbal Learning and Verbal Behavior*, vol. 15, pp.267-85

Snowling, Margaret J. (1981), 'Phonemic deficits in developmental dyslexia', *Psychological Research*, vol. 43, pp.219-34

Sommerstein, A. H. (1973), *The Sound Pattern of Ancient Greek*, Blackwell (Oxford)

Spencer, H. (1969), *The Visible Word* (2nd edn), Lund Humphries

Steinberg, D. D. and Yamada, J. (1978-9), 'Are whole word Kanji easier to learn than syllable Kana?', *Reading Research Quarterly*, vol. 14, pp.88-99

Stratton, J. (1980), 'Writing and the concept of law in Ancient Greece', *Visible Language*, vol. 14, pp.99-121

Stubbs, M. (1980), *Language and Literacy: The Sociology of Reading and Writing*, Routledge & Kegan Paul

Trubetzkoy, N. S. (1958), *Principles of Phonology*, English translation published by University of California Press, 1969

Twyman, M. (1985), 'Articulating graphic language: a historical perspective', in M. E. Wrolstad and D. F. Fishers (eds.), *Toward a New Understanding of Literacy*, Praeger (New York)

Ullendorff, E. (1971) 'Is Biblical Hebrew a language?', *Bulletin of the School of Oriental and African Studies*, vol. 34, pp.241-55

UNESCO (1957), *World Illiteracy at Mid-Century: A Statistical Study (Monographs on Fundamental Education,* XI), Paris

Updike, D. B. (1922), *Printing Types: Their History, Forms, and Use* (2 vols.), Harvard University Press

Vachek, J. (1973), *Written Language: General Problems and Problems of English,* Mouton (The Hague)

Venezky, R. L. (1970), *The Structure of English Orthography,* Mouton (The Hague)

Ventris, M. and Chadwick, J. (1956), *Documents in Mycenaean Greek,* Cambridge University Press (2nd edn, 1973)

Vos, F. (1964), papers on Korean studies in J. K. Yamagiwa (ed.), *Papers of the CIC Far Eastern Language Institute, The University of Michigan,* Committee on Far Eastern Language Instruction of the Committee on Institutional Cooperation (Ann Arbor, Michigan)

Warburton, F. W. and Southgate, Vera (1969), *i.t.a.: An Independent Evaluation,* John Murray

Watts, Lynne and Nisbet, J. (1974), *Legibility in Children's Books: A Review of Research,* NFER Publishing Co. (Windsor)

Weir, Ruth (1967), 'Some thoughts on spelling', in W. Austin (ed.), *Papers in Linguistics in Honor of Leon Dostert,* Mouton (The Hague)

Wells, J. and Colson, Greta (1971), *Practical Phonetics,* Pitman

Wheatley, P. (1971), *The Pivot of the Four Corners,* Edinburgh University Press (Edinburgh)

Wijk, A. (1959), *Regularized English,* Almqvist & Wiksell (Stockholm)

Wijk, A. (1969), 'Regularized English: the only practicable solution of the English spelling reform problem', in Haas (ed.) (1969a)

Xolodovíc, A. A. (1958), 'O proekte reformy korejskogo orfografii 1949 g.', in *Voprosy Korejskogo i Kitajskogo Äzykoznanïa (Ucenye zapiski Leningradskogo Ordena Lenina Gosudarstvennogo Universiteta imeni A. A. Ždanova,* no. 236), Leningrad University (St Petersburg)

Yi Ki-mun, see Lee, Ki-moon

Yule, Valerie (1978), 'Is there evidence for Chomsky's interpretation of English spelling?', *Spelling Progress Bulletin,* vol. 18, no. 4, pp.10-12

Yule, Valerie (1982), 'An international reform of English spelling and its advantages', *Revista Canaria de Estudios Ingleses,* no. 4, pp.9-22

Zachert, H. (ed.) (1980), *Hun Min Jeong Eun: Die richtigen Laute zur Unterweisung des Volkes (1446),* Otto Harrassowitz (Wiesbaden)

# 찾아보기

자주 쓰이는 전문 용어는 그 정의에 관계가 있는 글에 대해서만 색인을 붙였다.

# 한글 찾아보기

# 영한 용어 대조표

abjunct   부가어(附加語)
absorption   병합(倂合)
abstract phonology   추상음운론(抽象音韻論)
accent   악센트
acrophonic principle   두음법 원칙(頭音法 原則)
agglutinating language   교착언어(膠着言語)
allograph   이철자(異綴字)
allophone   이음(異音)
allophonic alternant   이음적 교체형(異音的 交替形)
allophonic variant   이음적 변형(異音的 變形)
alternant   교체형(交替形)
alternation   교체음/형(交替音/形)
analogy   유추(類推)
approximant   반모음(半母音)
arbitrary   자의적(恣意的)
articulation   발음(發音)
aspirated   유기(有氣)의
aspiration   유기(有氣)

behavior pattern   행동 방식/양식(行動 方式/樣式)
binary branching   이원분지(二元分枝)
book faces   도서용 자면(圖書用 字面)
boundary   경계(境界)
*boustrophedon*   좌우교호서법(左右交互書法), 우경식서법(牛耕式書法)
branching category   분지범주(分枝範疇)
breath group   기식군(氣息群)
Bureau of Standard Sounds   정음청(正音廳)

calligraphy   서도(書道)
*căo shu*   초서(草書) (중국어에서)
carry-over   이월(移越)

case filter　격여과(格濾過)
chain link　연쇄(連鎖) 고리
character　문자(文字)
checked vowel　구속모음(拘束母音)
combination-form　결합형(結合形)
communicative competence　의사소통능력(意思疏通能力)
complementizer　보문소(補文素)
complex noun phrase　복합명사구(複合名詞句)
composition　성분(成分)
conditional variant　조건변이음(條件變異音)
connectionism　연결이론(連結理論)
consonant cluster　자음군(子音群)
constraint-based grammar　제약중심 문법(制約中心 文法)
continuant　연속음(連續音)
contour　억양곡선(抑揚曲線)
convergence　합치(合致)
coronal area　설정 부위(舌頂 部位)
Cuneiform　쐐기 문자(文字)
cursive writing　초서(草書), 흘려쓰기

deaf and dumb　농아자(聾啞者)들
deep orthography　심층 정자법(深層 正字法)
Demotic　민용문자(民用文字)
derivation　파생(派生), 도출(導出)
derivational morphology　파생 형태론(派生 形態論)
determinative　한정사(限定詞)
diachrony　통시태(通時態)
diacritic mark　판독기호(判讀記號)
discharged constituent　방출된 성분(放出된 成分)
disjoint　서로 소(素)
display faces　전시용 자면(展示用 字面)
distinctive feature　변별적 자질(辨別的 資質)
distinctiveness　변별성(辨別性)
double articulation　이중발음(二重發音)
dyslexia　난독증(難讀症)

embedded　내포(內包)된

empty category principle   공범주 원리(空範疇 原理)
encode   부호화(符號化)하다
epenthetic   삽입음(插入音)의
equivalent   상당어(相當語)
ethnocentrism   민족중심주의(民族中心主義)
extended projection principle   확대투사원리(擴大投射原理)
etymological principle   어원적 원칙(語源的 原則)

face   (활자의)자면(字面)
featural writing   자질적 문자(資質的 文字)
feature (in phonetics)   자질(資質)
feature mismatch   자질 부조화(資質 不調和)
feature non-match   자질 비조화(資質 非調和)
focus   초점(焦點)
font   활자체(活字体)
foot/feet   음보(音步)
frontness-marker   전설성 표지(前舌性 標識)
functional yield   기능 부담량(機能負擔量)
*furigana*   ふりがな(拂り仮名)

geminated   중첩음(重疊音)의
gemination   음중복(音重複)
generative linguistics   생성 언어학(生成 言語學)
generative phonology   생성 음운론(生成 音韻論)
gloss   용어해석(用語解釋)
glottographic writing   언어표기문자(言語表記文字)
*go'on*   吳音 (일본어에서)
gothic   고딕(체)
graph   글씨
grapheme   자소(字素)
grass style   초서체(草書体)
graphic art   필사 예술(筆寫 藝術)
graphic symbol   필사 기호(筆寫 記號)

hand   (필체의)필적(筆蹟)
handwriting   필적(筆跡), 육필(肉筆)
harmony   조화(調和)

Hieratic   성용문자(聖用文字)
Hieroglyphic   상형문자(象形文字)
highest projection   최고투사(最高投射)
*hiragana*   平仮名(일본어에서)
homophones   동음이의어(同音異義語)

icon   도상(圖像)
iconicity principle   도상성 원리(圖像性 原理)
ideographic (in Chinese writing)   표의문자(表意文字)
ideographic (in Linear B)   의미표기적(意味表記的)
illiterates   문맹자(文盲者)
implication   함의(含意)
inflectional node   굴절(屈折)마디
inflexion, inflecting language   굴절(屈折), 굴절언어(屈折言語)
initial cluster   시발음군(始發音群)
initial consonant   어두자음(語頭子音)
inscription   명문(銘文)
intelligibility   이해 가능성(理解 可能性)
intermediate projection   중간투사(中間投射)
internal structure   내부구조(內部構造)
International Phonetic Association   국제음성학회(國際音聲學會)
intonation   억양(抑揚)
isolating language   고립언어(孤立言語)
isomorphism   동형성(同形性)
italics   이탤릭체(体)

Japanese   일본어(日本語)

*kana*   かな(仮名) (일본어에서)
*kanji*   漢字 (일본어에서)
*kan'on*   漢音 (일본어에서)
*katakana*   片仮名 (일본어에서)
keyboards   문자판(文字板)
Korean Language Research Society   조선어학회(朝鮮語學會)
*kun readings*   訓読 (일본어에서)

labio-velar   입술-연구개음(軟口蓋音)

letter  문자(文字),글자
lettering  글자-새김
level of representation  표시층위(表示層位)
lexical feature  어휘자질(語彙資質)
lexical item  어휘항목(語彙項目)
life expectancy  평균여명(平均餘命)
linear  선형(線形)의
linguistic competence  언어능력(言語能力)
linguistic performance  언어수행(言語遂行)
lip-rounding  원순화(圓脣化)
literacy  문자해득(文字解得)
literacy-acquisition  문자해득력-습득(文字解得力 習得)
logic  논리(論理)
logographic writing  어표표기적 문자(語標表記的 文字)

majority  다수집단(多數集團)
majuscules  대문자(大文字)
manifestation  표출(表出)
*man'yogana*  萬葉仮名 (일본어에서)
marginal  주변적(周辺的)
mark  기호(記號)
mathematical symbolism  수학적 기호표시(數學的 記號表示)
merge  합병(合倂)
message  전언(傳言), 정보(情報)
mid-vowel  평설모음(平舌母音)
minimal link condition  최소 고리 조건(最少 고리 條件)
minimal pair  최소변별쌍(最少辨別雙)
minority  소수집단(小數集團)
minuscules  소문자(小文字)
mnemonic writing  기억문자(記憶文字)
modifier  수식어(修飾語)
monogenetic hypothesis  일원발생적 가설(一元發生的 假說)
monogenetic theory  일원발생론(一元發生論)
monoline letter-forms  단선 문자형(單線 文字形)
monumental lettering  기념비식(紀念碑式)의 글자-새김
morpheme  형태소(形態素)
morphemic writing  형태소적 문자(形態素的 文字)

morphological feature   형태론적 자질(形態論的 資質)
morphophonemic alternations   형태음소적 교체형(形態音素的 交替形)
motivated   유연적(有緣的)
motivation   유연관계(有緣關係)
movable type   가동성 활자(可動性 活字)

native Japanese   토박이 일본어(日本語)
native stock   토박이 어휘(語彙)
nativism   생득론적 견해(生得論的 見解)
natural language   자연언어(自然言語)
neutral term   무난한 용어(無難한 用語)
niceties   세세한 차이(細細한 差異)
non-linguistic feature   언어외적 특성(言語外的 特性)
numeracy   숫자해득(數字解得)

obstruent   저지음(沮止音), 저해음(沮害音)
*okurigana*   送り仮名 (일본어에서)
*ŏnmun*   언문(諺文)
ontogency   개체발생(個體發生)
operator absorption condition   운용소 병합조건(運用素 倂合條件)
operator-variable   운용소 변항(運用素 變項)
optimality theory   적정이론(適正理論)
orientation   방위(方位)
origin of language   언어의 기원(言語의 起源)
orthography   정자법(正字法)
ostracism   패각추방(貝殼追放)
outline   외형(外形)
overt operation   공공연한 작업(公公然한 作業)

parallel alternation   유사한 교체(類似한 交替)
particle   첨사(添辭)
partitive case   부분격(部分格)
passive form   피동형(被動形)
pharyngalize   인두음화(咽頭音化)
philosophical language   철학적 언어(哲學的 言語)
phone   단음(單音)
phoneme   음소(音素)

phonemic writing   음소문자(音素文字)
phonetic (in Chinese writing)   성부(聲符) (중국어에서)
phonetic complement   음성보어(音聲補語)
phonetic feature   음성자질(音聲 資質)
phonic mediation   음의매개(音의 媒介)
phonics   음성적 독서법(音聲的 讀書法)
phonographic writing   음성표기적 문자(音聲表記的 文字)
phrase marker   구절표시(句節表示)
phrase-structure   구절구조(句節構造)
phylogency   계통·발생(系統發生)
pictography, picture-writing   그림문자(文字)
pidgins   피진
*pinyin* romanization   拼音로마字化 (중국어에서)
pitch-accent   음(音)높이 악센트
pitch-contour   음높이 곡선
Pitman's shorthand   Pitman의 속기법(速記法)
pixel   화소(畵素)
pointing (in Semitic Script)   점(點)찍기
polysemy   다의어(多義語)
polysystemic structure   다계통 구조(多系統 構造)
Prague School   프라그 학파(學派)
preceding   선행(先行)하는
precondition   선결조건(先決條件)
preoccupation   선입관(先入觀)
pre-writing   선-문자(先-文字)
principle of greed   이기원리(利己原理)
printing   인쇄(술)(印刷術)
privilege of occurrence   생기(生起)의 자유(自由)
procrastinate   지연(遲延)하다
proof-reading   교정(校正)
Proto-Semitic   원시-셈어(原始-셈語)
punctuation   구두점(句讀點)

Railway Type   철도용 활자(鐵道用 活字)
raising predicate   인상술어(引上述語)
reduced vowel   축소모음(縮少母音)
redundancy   잉여성/도(剩餘性/度)

reform of Chinese writing  중국어문자 개혁(中國語文字 改革)
reform of English spelling  영어철자법 개혁(英語綴字法 改革)
reformulation  재공식화(再公式化)
Regularized English  규칙화된 영어(規則化된 英語)
relativized minimality  상대적 최소(相對的 最少)
representation  표시(表示)
resistance principle  저항원리(抵抗原理)
retina  망막(網膜)
retracted  수축(收縮)된
road signs  도로표지(道路標識)
rule-based  규칙중심의(規則中心의)
rule-governed  규칙지배의(規則支配의)

saturation  침윤(浸潤)
script  글자체
segment  분절음(分節音)
segmental writing  분절적 문자(分節的 文字)
semantic content  의미적 내용(意味的 內容)
semasiographic writing  의미표기적 문자(意味表記的 文字)
sequence  연속(체)(連續(体))
shortest chain  최단(最短) 연쇄(連鎖)
shorthand  속기(법/체)(速記法/体)
significant  유의적(有意的)
sign languages  손짓말(농아자들의)
signific (in Chinese writing)  형부(形符) (중국어에서)
Sino-Japanese  중국-일본어(中國-日本語)
Sino-Korean  중국-한국어(中國-韓國語)
sloping  경사체(傾斜体)의
solidus  사선(斜線)
sonorant  공명음(共鳴音)
sound  음성(音聲)
sound change  음성 변화(音聲變化)
sound-sequence  음연속(音連續)
sound shift  음추이(音推移)
specifier  지정어(指定語)
speech  말
speech act  언어행위(言語行爲)

speech-chain  음성 연속체(音聲 連續体)
spelling-conventions  철자규약(綴字規約), 철자법(綴字法)
spelling reform  철자법 개혁(綴字法 改革)
spoken language  음성언어(音聲言語)
spoken sound  화음(話音)
standardization of writing  문자의 표준화(文字의 標準化)
stress (in letter-forms)  힘(글자-형에서)
stress (in phonology)  강세(强勢)(음운론에서)
style of writing  필체(筆体)
stylize  양식화(樣式化)하다
subcomponent  부차적 요소(副次的 要素)
subjacency condition  하위인접조건(下位隣接條件)
subset  하위항(下位項)
subsidiary  보조적(補助的)
superiority condition  우월조건(優越條件)
super-raising  극상의 인상(極上의 引上)
suprasegmentals  초분절음(超分節音)
syllabary  음절문자표(音節文字表)
syllabic writing  음절문자(音節文字)
syllable-division  음절-분리(音節-分離)
syllable-grouping  음절-집합(音節-集合)
symbol  기호(記號)
synchrony  공시(共時)
system  체계(体系)


task-oriented  직무중심(職務中心)의
telegrams  전보(電報)
token  증거(證據)
tonal accent  성조(聲調) 악센트
tone  성조(聲調)
tone-group  성조군(聲調群)
tongue root  혀뿌리
topic-marking  화제표지(話題標識)
*tōso'on*  唐宋音 (일본어에서)
transcription  전사(轉寫)
transition  이행(移行)
transliteration  자역(字譯)

triliteral language   삼자음 언어(三字音 言語) (셈어족에서)
type-face   활자-자면(活字 字面)
typewriters   타자기(打字機)
typography   인쇄술(印刷術)
typology   유형(학)(類型學)

underlying form   기저형(基底形)
utterance   발화(發話)

value   음가(音價)
variable   변항(變項)
variant   변형(變形), 변이음(變異音)
variety   변종(變種), 변음(變音)
vertical line/stroke   수직획(垂直畫)
visibility condition   가시성 조건(可視性 條件)
voice   유성(有聲)
voicing   발음(發音), 유성(有聲)
vowel harmony   모음조화(母音調和)

word   낱말
word-based writing   낱말에 기초한 문자
word-final allographs   어미 이철자(語尾 異綴字)
word-initial   어두(語頭)
word-internal   어중음(語中音)
word-processing   낱말-처리(處理)
word-spacing   자간(字間) 비우기
writing-system   문자체계(文字体系)
written documents   기록(記錄)된 문서(文書)
written form   문자형태(文字形態)
written language   문자언어(文字言語)
written system   문자체계(文字体系)

*xíng shū*   行書 (중국어)

*yin* and *yang*   음(陰)과 양(陽)

저자 약력: **Geoffrey Sampson**

약력
- 1944년 영국 Hertfordshire 생

- Cambridge 대학 St. John's College에서 동양학 전공
- 미국 Yale대학 대학원에서 언어학 전공
- Oxford 대학 Queen's College에서 연구원
- Lancaster 대학과 Leeds 대학에서 언어학 강의
- Geneva 대학(스위스)과 Cape Town 대학에서 객원교수
- 영국 국방연구원과 영국 통신 연구소에서 자문역
- 1991년 이후 Sussex 대학에서 컴퓨터학과 인공지능강의

주요저서
- *Educating Eve* (1997)
- *Evolutionary Language Understanding* (1996)
- *English for the Computer* (1995)
- *The Computational Analysis of English* (1987)
- *Writing Systems* (1985)
- *An End To Allegiance* (1984)
- *Schools of Linguistics* (1980)
- *Liberty and Language* (1979)
- *The Form of Language* (1975)


역자 약력 : **신상순(申相淳)**

약력
- 1922년 생

- 문학박사(전남대학교 1975년)
- 일본와세다대학 졸업(1944년)
- 미국하와이대학교대학원 영어교육전공(1961-63)
- 미국 콜럼비아대학교 대학원 수학(1962)
- 미국 워싱톤주립대학 대학원 수학(1962)
- 하와이 동서문화센터 연구원(1979)

- 한국 영어교육학회장(1972-74)

주요저서
- 영어음성학 (공저)(1984) 신아사
- 훈민정음의 이해 (공편)(1988) 한신문화사
- *Understanding Hunmin-jŏngŭm* (공편)(1990) 한신문화사
- *High School English* (공편)(1990) 문교부 검인정

세계의 문자체계

**1판 1쇄 발행** 1999년 12월 31일

**원 제** | Writing Systems
**지 은 이** | Geoffrey Sampson
**옮 긴 이** | 신상순
**펴 낸 이** | 김진수
**펴 낸 곳** | 한국문화사
**등 록** | 제1994-9호
**주 소** | 서울특별시 성동구 아차산로49, 서울숲코오롱디지털타워3차 404호
**전 화** | 02-464-7708
**팩 스** | 02-499-0846
**이 메 일** | hkm7708@hanmail.net
**홈페이지** | http://hph.co.kr

ISBN 978-89-7735-721-1 93740